Helmut Schmidt/Loki Schmidt

und

Willi und Willfriede Berkhan

Ruth Loah

Ursula Philipp

Dietrich Strothmann

Kindheit und Jugend unter Hitler

Mit einem Vorwort von

Wolf Jobst Siedler

Pantheon

Der Wortlaut dieses Buches folgt unverändert der Ausgabe aus dem Jahr 1992; auch das Vorwort von Wolf Jobst Siedler wurde von damals übernommen. Die Beiträge des Bandes sind in den Jahren 1990/1991 entstanden.

FSC
www.fsc.org
MIX
Papier aus verantwortungsvollen Quellen
FSC® C083411

Verlagsgruppe Random House FSC-DEU-100
Das für dieses Buch verwendete FSC®-zertifizierte Papier *Lux Cream* liefert Stora Enso, Finnland.

Der Pantheon Verlag ist ein Unternehmen der Verlagsgruppe Random House GmbH.

Erste Auflage
Pantheon-Ausgabe Oktober 2012

Umschlaggestaltung: Büro Jorge Schmidt, München
Satz: Ditta Ahmadi, Berlin
Druck und Bindung: CPI – Clausen & Bosse, Leck
Printed in Germany
ISBN: 978-3-570-55183-7

www.pantheon-verlag.de

Inhalt

Vorwort

WOLF JOBST SIEDLER, 1992
Das Unbegreifliche begreifen 7

Kindheit und Jugend unter Hitler 21

LOKI SCHMIDT
Gezwungen, früh erwachsen zu sein 23

WILLI UND WILLFRIEDE BERKHAN
Überstandene Jahre 81

URSULA PHILIPP
Zur Kritik wurden wir nicht erzogen 119

DIETRICH STROTHMANN
Alltägliche Jugend 167

RUTH LOAH
Kinderszenen im Kriege 193

HELMUT SCHMIDT
Politischer Rückblick auf eine unpolitische Jugend 213

Das Unbegreifliche begreifen

WOLF JOBST SIEDLER, 1992

Es scheint sehr schwer zu sein, sich in eine vergangene Welt hineinzudenken. Das wird gerade jetzt wieder deutlich, wo die Lebenswirklichkeit des eben erst untergegangenen sozialistischen Systems uns plötzlich fern und fremd geworden ist. Was eben noch Gegenwart war, ist mit einem Mal ein Gegenstand von Vergangenheitserkundung geworden, von Geschichtsschreibung.

Nur mit Mühe macht man sich heute deutlich, wie die Menschen die Herrschaft des zerbrochenen Sozialismus erfuhren und wie sie wirklich unter ihm lebten. Der Stasi-Verdacht, unter den inzwischen fast jedermann geraten ist, macht deutlich, daß nachträglich schon ein Gespräch mit den Behörden des Staates verdächtig macht. Die Grenzen zwischen Tätern und Opfern sind undeutlich geworden, und plötzlich muß sich rechtfertigen, wer mit dem Bestehenden einen Modus vivendi zu finden suchte. Aber schien die Macht nicht gestern noch für alle Zeiten gesichert? Für die drinnen wie für die draußen?

Schon vor zwei Jahrzehnten sprach ein bekanntes Buch von den Deutschen im anderen Teil des gemeinsamen Landes als von fremden Nachbarn und meinte damit die Schwierigkeit, den Menschen gerecht zu werden, die das Schicksal in die Welt östlich der Elbe gestellt hatte. Der Schritt über die Grenze machte auf den ersten Blick schon deutlich, daß es mehr war als die fremden Hoheitszeichen, die das eigene Leben von dem sozialistischen Herrschaftsgebiet trennte. Dort nannte man ein Brathähnchen einen Broiler und sprach von den altvertrauten Schrebergarten-Lauben als von Datschen. An solchen sprachlichen Wendungen wurde deutlich, daß es ein anderes Klima war, das das Leben diesseits und jenseits der Barriere bestimmte.

Das alles fand erst gestern statt; wir haben es sozusagen mit unserer Gegenwart zu tun. Wieviel ferner ist uns die andere Herrschaft gerückt, die nun schon ziemlich genau sechs Jahrzehnte zurückliegt.

Wurde der Nationalsozialismus denn eigentlich, aus der Nähe betrachtet, als Gewaltherrschaft verstanden? Hatten die Menschen das Gefühl, einer Diktatur unterworfen zu sein? Eines der bedeutenden Bücher, das über Verlauf und Zerbrechen des Dritten Reiches geschrieben wurde, hatte den Titel »Verführung und Gewalt«, und es wollte damit zum Ausdruck bringen, daß die Nachlebenden allzu leicht von einem Terrorregime sprachen, wo viele Mitlebende vor allem Vitalität, Energie und Aufbruch erlebten; zeitweise wohl auch Glanz.

Das Ausmaß der Verbrechen des Regimes bestimmt heute alles Sprechen über das Leben in der damaligen Zeit; angesichts von Auschwitz scheint es unmöglich geworden, von den kleinbürgerlich-gemütlichen Zügen zu sprechen, die das Regime auch hatte. Nach dem Untergang des Reiches schien es, als hätten Reglementierung, Verfolgung und auch Terror die ganze Wirklichkeit der Menschen beherrscht. Unterdrückung war aber nur das eine Gesicht des Dritten Reiches, das andere war Zustimmung, die sich den Besuchern aus dem Ausland für viele Jahre in einem Maße aufprägte, das die inneren Gegner des Regimes, die späteren Verschwörer, verzweifeln ließ. Nicht die Instrumente der Unterdrückung drängten sich dem fremden Beobachter auf, sondern die freiwillige Folgsamkeit, die auf Akklamation weithin eher bauen konnte als auf Furcht.

Das läßt sich aus dem Abstand von mehr als einem halben Jahrhundert schwer begreifen, vor allem da sich die vergangene Wirklichkeit allmählich verwischt und unkenntlich wird. In den Dokumenten der Historiker spielen die Sonnenwendfeiern der frühen dreißiger Jahre eine gewisse Rolle, aber es ist schwer, einen Überlebenden zu finden, der jemals eines jener germanischen Thing-Spiele mitgemacht hat, die in der Tat in den Anfangsjahren hier und da praktiziert wurden. Aus dem Vokabular einer untergegangenen Welt läßt sich deren Wirklichkeit nur unzulänglich rekonstruieren; das muß bei Wörterbüchern aus unmenschlicher Zeit immer beachtet werden.

Die Heimabende des »Bundes Deutscher Mädel« sind in der Vorstellung der Nachgeborenen Veranstaltungen, die von der Partei reglementiert wurden, aber in Wirklichkeit wurden die Vierzehnjährigen dort vorzugsweise in Handwerksarbeiten unterwiesen und zu gemeinschaftlichem Singen von Volksliedern angehalten. Die Reisen und Sommerlager des Jungvolkes haben natürlich am Ende der Wehrertüchtigung gedient; aber damals wurden sie nicht selten als Befreiung aus der städtischen Welt empfunden und erinnerten mehr an das Leben der Pfadfinder als an das der uniformierten Scharen, als das sich ihr Anblick den Außenstehenden präsentierte. Waren sie sehr verschieden von den Fahrten des »Wandervogels«? Nur das macht ja begreiflich, weshalb die Zwölfjährigen in die »Fähnlein« der Hitler-Jugend drängten, lange bevor sie Staatsjugend wurde. Schnitzeljagden und Mutproben sind den heute sich erinnernden Siebzigjährigen zumeist deutlicher in Erinnerung als politische Schulungsabende, auf denen die Grundsätze der Partei gelernt werden mußten.

Auch das veränderte sich im Lauf der Jahre. In den letzten Jahren vor dem Kriege hatte die Reglementierung der Jugend eine andere Form angenommen als in den Anfangsjahren, wo noch mancher Enthusiasmus das Erleben bestimmte. In den Kriegsjahren dann beherrschten zwei Jahre kriegerische Triumphe das Leben der Heranwachsenden; dann kam die Zeit der Niederlagen, der Rückzüge und schließlich der Bombenangriffe. Schulungsabende in ideologischer Doktrin traten aber auch dann wenig in Erscheinung. Wer sich heute an jene Zeit erinnert, sieht eher Jahre der Bedrückung als solche der Unterdrückung vor sich, und es ist zu vermuten, daß es bald ähnlich mit Veranstaltungen wie der »Jugendweihe« sein wird, die zur Verwunderung vieler im Westen sich nach dem Fall der Mauer in der Konkurrenz zur Konfirmation und Kommunion behauptet.

Mit dem Abstand der Jahre wird sich auch hier herausstellen, wieviel des vom Regime Inszenierten unfraglicher Lebensbesitz im anderen Deutschland geworden war. Wäre die Zwangsherrschaft stets als Gewaltherrschaft zu erkennen gewesen, hätte sie keine Verführung ausgeübt, die Millionen in ihren Bann zog. Das muß immer im Bewußtsein haben, wer die Vergangenheit zu erfassen sucht.

Eben dieser Bemühung gilt der Band »Kindheit und Jugend unter Hitler«, in dem sich sieben Angehörige der Generation zwischen 1915 und 1935 zusammengetan haben, die auf die eine oder andere Weise ihre Erfahrung von Jugendjahren im Dritten Reich teilten. Sie haben wenig miteinander zu tun; die meisten kommen aus bürgerlichen oder kleinbürgerlichen Kreisen, einige aus Arbeitervierteln. Der eine wurde in Berlin geboren und verbrachte entscheidende Jahre in Schlesien, während die andere aus Hannover kommt, wo sie für die Arbeiterwohlfahrt zur Sekretärin ausgebildet wurde. Zwei junge Leute dienten dann vom ersten Tag des Krieges an in der Armee, in der sie es schließlich zu Offizieren brachten; ein junges Mädchen wurde eine Führerin im »Bund Deutscher Mädel« und hing bis zum Tage des Zusammenbruchs gläubig der Idee an. Zwei Freunde aus Kindertagen zählten aber früh schon zur sozialistischen Arbeiterjugend und gehörten zu jener »Kinderrepublik«, in der sich der Widerstandswille der untergehenden Weimarer Republik eine Bastion schaffte.

Zusammengeführt hat diese Gruppe einerseits der Zufall des Lebens, vor allem aber die frühere oder spätere Nähe zu Helmut Schmidt, der die verbindende Mitte dieses Freundeskreises abgibt. Das eine junge Mädchen heiratete ihn noch während des Krieges, der andere Generationsgenosse wurde, als Helmut Schmidt Kanzler geworden war, Wehrbeauftragter des Bundestags, und wiederum eine Autorin war später eine seiner vertrautesten Mitarbeiterinnen und steht ihm noch heute zur Seite. Es sind persönliche Verbindung und Bindung, die im Hintergrund dieses Buches stehen, und bei seiner Lektüre wird deutlich, daß dieselben Generationserfahrungen die meisten Unterschiede politischer und sozialer Herkunft ausglichen. Das gemeinsame Erleben verband stärker als das familiäre Herkommen.

So ist dieser Band unversehens repräsentativ für eine ganze Altersgruppe geworden, die vom Dritten Reich und vom Krieg geprägt wurde, auch wo sie seinen Lagern und Kriegen entkam. Nach dem Ersten Weltkrieg schrieb Ernst Glaeser einen schnell berühmt gewordenen Roman über jenen »Jahrgang 1902«, dem der Autor selber angehörte. Der Roman sollte schon durch seinen Titel deutlich machen, daß die Zugehörigkeit zum selben Geburtsjahrgang eine Gemeinsamkeit über alles Trennende hinweg schafft.

Von Lebenshintergrund in diesem Sinne ist die Bundesrepublik bestimmt. Drei Generationen haben den Staat von Bonn aufgebaut und getragen. Zuerst kamen die Überlebenden der Republik von Weimar, Konrad Adenauer wie Theodor Heuss, Kurt Schumacher wie

Ernst Reuter. Die heutige Republik wird von den Jungen getragen, die nach der Katastrophe aufwuchsen, Kohl wie Engholm. Aber dazwischen waren die damals jungen Leute am Zuge, die Diktatur und Krieg noch als Heranwachsende erlebt hatten und die Vergangenheit mit der Zukunft verknüpften. Das waren Willy Brandt und Helmut Schmidt, die eine ganz neue Epoche für die Bundesrepublik heraufführten, das sozialdemokratische Jahrzehnt. Diese Generation kommt hier zu Wort, und sie erinnert sich an ihre sie prägenden Erlebnisse der Jugendzeit. Das macht die Bedeutung des Buches »Kindheit und Jugend unter Hitler« aus.

Es ist diese Zeitzeugenschaft, die alle Autoren dieses Buches verbindet und die über manche literarische Unbeholfenheit triumphiert. Natürlich ist hier und da sprachliche Laienhaftigkeit zu spüren, aber solche stilistische Unbeholfenheit legt eben Zeugnis ab von der Unmittelbarkeit des Erlebten und Beobachteten. Das Buch will nicht schön, sondern wahr sein, und eben diese Authentizität muß es am Ende rechtfertigen.

Natürlich bezieht das Buch seine Bedeutung vor allem daher, daß einer der Autoren später der Bundeskanzler und eine der maßgebenden Gestalten des neuen Staates wurde; vermutlich wird der Band auch seine Wirkung in der Öffentlichkeit der Rolle verdanken, die Helmut Schmidt erst nach den in diesem Buch geschilderten Ereignissen gewann. Aber im Grunde ist es eher das Alltägliche, nicht das Besondere, das diese Erinnerungen kennzeichnet.

Keiner der Autoren gehörte dem Widerstand an oder verbrachte Jugendjahre im Zuchthaus. Aber auch keiner spielt eine hervorgehobene Rolle im Dritten Reich; nicht ein einziger war Mitglied der Partei und mußte, als alles vorüber war, »entnazifiziert« werden. Die Autoren gehörten natürlich alle der Staatsjugend an, dem Jungvolk, der Hitler-Jugend oder dem Bund Deutscher Mädel, die einen widerstrebend, die anderen gleichgültig, wenige begeistert. Aber die Ideologie des Nationalsozialismus scheint ihnen allen wenig bedeutet zu haben, eher ein vages Gemeinschaftserlebnis charakterisierte sie und nur sehr selten eine Bindung an die Heilsgestalt, die sich ihnen als Führer präsentierte. Die Jungen absolvierten jene Mutproben, an deren Ende die Verleihung des »Fahrtenmessers« stand, und manche von ihnen waren stolz, wenn sie jenen Lederknoten tragen durften, der die Aufnahme in den Bund Deutscher Mädel symbolisierte. Sie gingen in die »Spielscharen«, besuchten Hochschulen der Partei für Musikerziehung oder für Lehrerbildung. Aber das Eigentliche war doch, daß man zum Beispiel als Bratschistin im BDM seinen jeweiligen Interessen nachgehen durfte – gefangen in einem System, lebte man sein eigenes Leben. War das die wahre Wirklichkeit Deutschlands unter der Herrschaft Hitlers?

Vor ein paar Jahren noch wäre all das Archäologie gewesen, Suche nach den Spuren eines Regimes, das langsam im Dunkel versinkt. Inzwischen ist ein zweites Herrschaftssystem zusammengebrochen, und paradoxerweise ist es das Naheliegende, das uns das Ferne besser verstehen läßt. Die heutigen Historiker, meist ein oder zwei Generationen jünger, haben Mühe, die Wirklichkeit des Dritten Reiches zu begreifen, schon weil die Untaten des Regimes so alles Maß sprengen und die Folgen ganz Europa umgestürzt haben. Man hält es nicht für möglich, daß man im Rahmen dieses Reiches von erschreckender Energie zum Bösen durchaus im Herkömmlichen lebte; man geht von der Allgegenwart des Terrors aus, der auch das alltägliche Leben bestimmt habe.

Aber so war es nicht, und man konnte in dieser Welt sein privates Leben führen und von dem verordneten Reglement wenig Notiz nehmen. Hin und wieder mußte man an Aufmärschen teilnehmen, in Sportstadien dem neuen Reich huldigen und an Ferienlagern in der Schorfheide teilnehmen. Aber den wenigsten ist aus den Jahren des Friedens mehr in Erinnerung geblieben, und vielleicht zählt zu dem eigentlich Bedrückenden, daß die wahre Natur des Dritten Reiches den damals Lebenden so ganz und gar verborgen blieb.

Solange man Schüler war, absolvierte man die Lager in den Sommerferien; aber kam man aus Arbeitervierteln in Hamburg oder dem Häusermeer Berlins, so waren das für das Gefühl Wochen der Freiheit in ungebundener Natur. Was spielte es für eine Rolle, daß hin und wieder ein Fahnenappell stattfand, der durch das abendliche Lagerfeuer bei weitem aufgewogen wurde. Später dann übte man im Arbeitsdienst mit geschultertem Spaten Paraden, und kaum daß man achtzehn geworden war, leistete man seine Wehrpflicht ab, wobei man sich damit behalf, daß das ja in ganz Europa galt.

Wer begriff das alles als Vorbereitung auf einen Eroberungskrieg, der erst Europa zum Ziel hatte und dann die unabsehbare Ländermasse im Osten, wo man »Neubauern« freies Land gewinnen wollte? Aber auch das wurde ja höchst zivil, in klassischen Versen umschrieben: »Nur der verdient sich Freiheit wie das Leben, / Der täglich sie erobern muß! / Solch ein Gewimmel möcht ich sehn, / Auf freiem Grund mit freiem Volke stehn!«

Goethe wurde im Deutschunterricht häufiger zitiert als die Strophen Schirachs oder Anackers. Sicher, Zerkaulen, Steguweit und Luserke, das waren die Dichter, die an den Schulungsabenden empfohlen wurden; aber die Ausleihzahlen der Leihbüchereien zeigen, daß ganz andere Bücher gelesen wurden: Wiechert, Bergengruen oder von Frank Thieß der Roman von Byzanz mit dem vieldeutigen Titel »Das Reich der Dämonen«, wenn es nicht Saint-Exuperys »Wind, Sand und Sterne« oder Margaret Mitchells »Vom Winde verweht« waren, die Bestseller mitten im Dritten Reich.

Solche Dinge werden zumeist mit dem Blick von heute gesehen, aus dem Nachhinein. Damals, als die »Kindheit und Jugend unter Hitler« stattfand, empfand man besten- oder schlimmstenfalls das ständige Reglementieren, das aber weniger bedrohlich als lästig war. Die Pflicht, ein- oder zweimal in der Woche an einem »Heimabend« teilzunehmen, der meist sehr unpolitisch verlief, war das eigentlich Ärgerliche, nicht aber das Wissen, daß dies alles die Jugend zu einem »Volkskörper« zusammenschließen sollte, der ein Werkzeug in der Hand der Staatsführung sein würde, die zu ganz anderem entschlossen war.

Den Nachlebenden kommt es mitunter so vor, als habe es in den dreißiger Jahren gar kein freies Leben mehr gegeben, aber jenseits dieser »Erfassung« der Jugend fand das Leben im Familien- oder Freundeskreis in der alten Manier statt. Keine Heere von fahlen Arbeitslosen bestimmten das Straßenbild mehr; da sah man über die marschierenden Kolonnen hinweg, die ja aber selten genug in Erscheinung traten – bei nationalen Feiertagen, den Erntedankfesten, deren Höhepunkt in Bückeburg stattfand, bei Führer-Geburtstagen und bei ausländischen Staatsbesuchen, wo man dem König von Afghanistan Unter den Linden so zugejubelt hatte wie jetzt dem Duce Italiens auf dem Reichssportfeld.

Schaut man zurück, so kommt einem die Epoche des Dritten Reiches als eine einzige Zeit des Feierns vor; die Städte waren eigentlich unaufhörlich beflaggt, und irgendein Erfolg des Regimes wurde ständig gefeiert: die Fertigstellung eines Reichsautobahnabschnitts, die Errichtung eines Koogs in der Nordsee und der Bau einer aus gewaltigen Quadern errichteten Brücke über irgendwelche Ströme im Osten oder in Alpentälern im »Altreich«.

Aber dieses Reich – und mit ihm die Jugend – feierte auch seine vergangenen Niederlagen. Zur Erinnerung an den gescheiterten Putsch von 1923 fanden Totenrituale statt, wo ganze Straßen mit schwarzen Tüchern behängt wurden und bei dumpfen Trommelklängen nächtliche Kolonnen im Fackelschein ewiges Erinnern gelobten. Sollte das die heranwachsende Jugend nicht beeindrucken?

Es ist schwerer, die Normalität des Dritten Reiches zu begreifen als seine verbrecherische Natur, und insofern liegt die Bedeutung des Buches von Helmut Schmidt und seinen Freunden eher darin, daß es vergangene Lebenswirklichkeit sichtbar macht, als daß es eine Erkundung in die Landschaft des Schreckens darstellt.

Wer all das damals aus anderer Perspektive und in vielem anders erlebt hat, wird geradezu darauf gestoßen, wie partiell unser Wirklichkeitsbild immer ist und mit welcher Vorsicht man Memoiren begegnen muß. Nicht daß sie fälschen oder gar lügen, sondern daß jeder nur seine eigene Wirklichkeit erzählt, macht sie zu so unzuverlässigen Zeugen des Gewesenen. Vor mehr als einem Jahrzehnt hat der Autor dieser Einleitung eigene Erinnerungen an seine Jugend im Dritten Reich zu erzählen gesucht, und so sei der Passus hier eingerückt, wie er damals in einer Rede zur Eröffnung der 750-Jahr-Feier Berlins gegeben wurde.

*

Wenn man noch immer in demselben Berliner Haus lebt, in dem man seine Kindheit verbrachte und Abschied von Eltern und Großeltern nahm, macht es keine Mühe, Empfindungen der Anhänglichkeit an die Stadt seines Lebens zu entwickeln. Fallen die Stationen des eigenen Weges aber mit denen des Gemeinwesens zusammen, so schimmert durch beiläufige Erinnerungen die Epoche hindurch. Berlin, das war der Schulweg durch stille Villenstraßen, in denen das Geräusch des Rasensprengers deutlicher zu hören war als der Marschtritt der Bürgerkriegsarmeen, die ja längst entmachtet waren, die eine Seite wie die andere, SA wie Rotfront. Nahm der Zehnjährige etwas wahr von der Wirklichkeit des Dritten Reiches, wenn er mit den Eltern in den großen Ferien an die See fuhr, die Bäder auf Usedom oder Wollin? Wohl nur, daß auf den Strandburgen Feldzeichen gleich verschiedene Fähnchen im Seewind knatterten, die pommerschen Farben hier, die preußischen dort, wenn es nicht Phantasieflaggen waren, die kaiserliche Standarte oder der Nivea-Wimpel. Die Doppeldecker jedenfalls, die oben über die Steildünen Spruchbänder zogen, warben für Zigarettensorten, Kurkonzerte und Seebäderdienste nach Rügen oder Zoppot. Politische Parolen sind dem Rückschauenden nicht im Gedächtnis.

War es eher die Normalität als die Vulgarität, die wenige Jahre später dem Internatsschüler an Berlin auffiel, wenn er aus der Hermann-Lietz-Schule in Thüringen zu den Ferien ins elterliche Haus zurückkehrte? Im dörflichen Ettersburg wie im kleinstädtischen Weimar hatte man beim Bäcker mit dem Namen des »Führers« grüßen müssen, wenn man einen Mohrenkopf oder einen Amerikaner verlangte; mit dergleichen hätte man sich in der Reichshauptstadt lächerlich gemacht.

Aber inzwischen war die Unschuld dahin. Der Pücklersche Park der Schloß-Schule Ettersburg grenzte ja an den Forst von Buchenwald, und zwischen Haselnußsträuchern und Robiniengebüsch war man beim morgendlichen Waldlauf auf Warnschilder mit dem Totenkopf gestoßen, der auf elektrisch geladene Sperrzäune aufmerksam machte; hin und wieder war es vorgekommen, daß die Schüler nachts durch Alarmsirenen und Hundegebell geweckt wurden. Die Dorfbewohner erzählten am nächsten Morgen, daß ein Häftling – womit man sehr ungenaue Vorstellungen verband – einen Fluchtversuch gemacht oder im geladenen Drahtverhau den Tod gesucht hatte.

Da kehrte man dann nach Berlin wie in die Geborgenheit zurück; schon im Internat hatte man die Spielpläne studiert, und zu Hause galt die erste Sorge Grabbes »Hannibal« in Heinrich Georges Schiller-Theater und Shaws »Heiliger Johanna« in der Volksbühne. Das war in den Osterferien des Jahres 1940 gewesen, in vier Wochen würde der Frankreich-Feldzug beginnen. Als er vorüber war, hatte die Mutter, deren Vater schon in den ersten Schlachten 1914 als Regimentskommendeur gefallen war, am Tage der Siegesparade in Paris sich am Familientisch verwundert, daß »dem Mann« alles in ein paar Wochen gelinge, was im ersten Krieg in vier langen Jahren fehlgeschlagen war. Da hatte der Vater nur knapp bemerkt, mit der Parade der Deutschen auf den Champs-Elysees fange es an und mit der Parade der Russen Unter den Linden werde es enden. An der Tafel, der Vierzehnjährige verfolgte jedes Wort, hatte man eingeworfen, man dürfe es mit dem Haß auch nicht übertreiben, diesmal seien die Russen die Verbündeten, nicht die Gegner. Unvergeßlich die väterliche Antwort in das Schweigen hinein: »Es fragt sich nur, wie lange noch.«

Das war Berlin in jenem Sommer 1940. In den benachbarten Häusern fanden im Herbst die Gartenfeste statt, auf denen die Tanzstundenfreunde der Schwester als dekorierte junge Offiziere von den Tabletts die Fruchtgetränke nahmen; schräg gegenüber der neunzehnjährige Fahnenjunker Pabst von Ohain hatte das Glück einer Verwundung gehabt, die es ihm erlaubte, einen Stock mit einer Silberkrücke zu tragen und sich elegant darauf zu stützen. Im Jahr darauf kamen aus Afrika und Rußland die Anzeigen mit den Kreuzen des Abschieds; in den Zeitungen, die man zu Hause las, war von stolzer Trauer selten die Rede; die Wendung vom Tod für Führer und Vaterland gab es in den Trauerkarten der Verwandten nicht.

Noch einmal zwei Jahre, und der Siebzehnjährige fand sich wegen einer Sache in der Zelle, die das Gericht Heimtücke und Wehrkraftzersetzung nannte; erst nach einem Dreivierteljahr wurde er gnadenweise zur Frontbewährung entlassen. Die Halbwüchsigen, zu denen als bester Freund der Sohn Ernst Jüngers zählte, der später bei einem Himmelfahrtskommando an der italienischen Front fiel, hatten zudem noch Lebensmittelkarten für Juden gesammelt, die hier in Kohlenkellern und dort auf Dachböden versteckt lebten. Otto Hahn, der spätere Nobelpreisträger und enge Freund des Vaters, hatte sie verteilt, ohne daß die Sechzehnjährigen wußten, wer die Empfänger waren.

Man hat nur noch in Erinnerung, daß man darüber und überhaupt über vieles nicht sprechen durfte, wenn das Mädchen gerade servierte, wie sie denn ihren freien Tag bekam, wenn Freunde der

Eltern mit dem Judenstern kamen. Begriff man die ganze Ungeheuerlichkeit der Verfolgung derer, die eben noch zu einem gehörten? Was ist politische Leidenschaft, was jugendlicher Widerspruchsgeist, wenn Siebzehnjährige gegen die Epoche rebellieren? Der sich Erinnernde läßt es dahingestellt.

Schemenhaft sind die Erlebnisse in der Zelle zurückgeblieben; die Tage im Zuchthaus vergehen einer wie der andere und markieren sich wenig im Gedächtnis. Aber da ist jener Besuch Ernst Jüngers in der Strafanstalt, der den eigenen Sohn und dessen Freund im Raum des Wachhabenden aufsuchte und in der Uniform des Offiziers aus dem Pariser Stabe Stülpnagels kam. Jünger pflegte wenig Aufhebens von seinen Orden aus dem Ersten Weltkrieg zu machen, aber diesmal hatte er den Pour le Mérite angelegt, was an solchem Ort fast eine Provokation war. Den tadelnden Blick des Kommandanten beschied er mit einem einzigen Satz: »Ja, das ist in diesen Zeiten die einzige Gelegenheit, da man seine Orden anlegen darf – wenn man seine Söhne in der Zelle besucht.«

Und eine andere Reminiszenz, unvergeßlich hat sie sich dem Siebzehnjährigen eingeprägt. Im Keller, wohin während der fast ständigen Luftangriffe auch die Todeskandidaten in Fesseln geführt wurden, war er mit einem zum Tode verurteilten jungen Oberleutnant zusammen, der über die Untaten des Regimes sprach – Demütigungen, Folterungen, Hinrichtungen. Nur, daß es Todesfabriken im Osten gebe, das sei natürlich britische Kriegspropaganda wie während des Ersten Weltkriegs die Legende von den abgehackten Kinderhänden in Belgien. So etwas sei undenkbar, wie schreckenerregend die SS in den besetzten Ostgebieten auch wüte. Zehn Tage später wurde der junge Offizier hingerichtet. Noch im Angesicht des Richtblocks hielt man Treblinka nicht für möglich.

Aus den kurzen Tagen des Abschiedsurlaubs zwischen Zuchthaus und Front ist nur weniges deutlich in Erinnerung, Furtwängler in der unzerstörten Philharmonie und Gründgens in dem gerade wieder aufgebauten Schinkelschen Schauspielhaus, vor allem aber die Familie im Garten, der am Nachmittag verlassen werden mußte, der rußigen Asche wegen, die aus der brennenden Innenstadt herüberwehte. Dann der allerletzte Abend vor dem Aufbruch, als die jüdische Nenntante

Else Meyer – auch ihr Mann war schon im August 1914 als Bataillonskommandeur im Regiment des Großvaters gefallen – zum Lebewohl kam und zur Erinnerung eine Ziertasse mit dem Brandenburger Tor brachte. Am nächsten Morgen mußte sie sich um drei Uhr früh am Bahnhof Grunewald zum Transport nach Osten einfinden.

Wußte die Achtzigjährige, was sich hinter dem Wort »Umsiedlung« verbarg? Sie sprach jedenfalls vom Wiedersehen – »wenn alles vorüber ist«. Die letzten Tage hatte sie in ihrer Wohnung in Lichterfelde-West in der Nähe der alten Kadettenanstalt mit Aufräumen, Silberputzen und Staubwischen verbracht. Niemand solle sagen können, sie habe eine Judenwirtschaft hinterlassen.

Vor einem lag die Front, mit der aber nach dem Vorausgegangenen nicht Gefühle der Bedrückung, sondern der Befreiung verbunden waren. Glanzvoll war nichts mehr, was man erlebte, Verwundungen und Rückzüge. Erst vier Jahre später, Ende 1947, kehrte man, vom Glück begünstigt, aus der Gefangenschaft zurück – Glück, daß die Familie es überstanden hatte; Glück, daß es noch das Haus der Kindheit gab, wenn auch erst von den Russen, dann von den Amerikanern beschlagnahmt; Glück, daß Berlin noch da war und das eigene Viertel im richtigen Sektor lag. Da waren die vertrauten Straßen des erst ein paar Jahre, aber Geschichtsepochen zurückliegenden Schulwegs, da war, als das Haus sehr bald freigegeben wurde, das Zimmer mit den vertrauten Möbeln, der Garten mit den Bäumen, in deren Ästen man eben erst geklettert war. Nur die Stämme waren immer unmerklich gewachsen, an ihrem Umfang hatte man das Verstreichen der Zeit abgelesen, nach der Schulzeit, nach der Haftzeit, nach den Kriegsjahren – Verheißungen der Dauer.

Wie wäre an Weggehen zu denken gewesen? Die Familie war hier seit je zu Hause gewesen, über die Generationen hinweg. Da war die Kadettenanstalt, wo der ungekannte Großvater als junger Hauptmann Taktik gelehrt hatte; dort war das Brandenburger Tor, auf das der Vorfahr die Quadriga gestellt hatte; wo war das Haus, von wo der andere Ahn, Zelter, seinem Freund Goethe immer die erbetenen Teltower Rübchen schicken mußte?

Und dann die Ungenannten und Unbekannten, von denen man ebensoviel und vielleicht mehr in sich trug, Handwerksmeister in der

Mark, die Kaufleute Gerson am Werderschen Markt, Prediger in den alten Kirchen, der Kupferstecher Schmidt, Feldwebel, Justizräte. Ganz zum Schluß noch der Bruder des Vaters, Eduard Jobst, der das Buch über die märkische Stadt im Mittelalter schrieb und dann für die Weimarer Republik die Reichskanzlei baute, die Hitler so haßte, daß Speer sie umbauen mußte.

Um 1870 starben achtzig Prozent der Deutschen in dem Ort ihrer Geburt; um 1880 waren es nur noch zwanzig Prozent gewesen. Sollte man den Zufall der Beständigkeit, unerworbenes Privileg, in den Wind schlagen? Man blieb sein weiteres Leben in Berlin, das die Stadt des Lebens ist.

*

Kindheit und Jugend unter Hitler – auch so also wurden sie erlebt. Mehr das Herkommen als die eigene Gesinnung mag das Tun und Lassen geprägt haben; letzten Endes entscheidet immer das Allgemeine das Persönliche. Das gilt in beiden Richtungen, für den Widerstand wie für das Mitmachen. Wäre es sonst begreiflich, daß im Dritten Reich wie im Sozialismus so vieles widerspruchslos hingenommen wurde, was den Söhnen und Enkeln unbegreiflich ist?

Nach den Ereignissen versuchte man beide Male die Schuldigen herauszufinden und auszusondern. Man weigerte sich, mit dem Mantel des Verstehens und Schweigens zuzudecken, was in der Zeit der Verwirrung geschah. Aber das Vergessen ist eine Tugend, die das Weiterleben ermöglicht.

Hermann Lübbe hat die Nachsicht Adenauers gerechtfertigt, der die einstigen Parteigenossen, so sie nicht von eigener Schuld beladen waren, in den Staat von Bonn aufnahm, statt sie durch Zurückweisung in die Isolierung zu drängen. Wie sonst, fragte Lübbe, hätte aus dem Staatsvolk des Dritten Reiches die Bürgerschaft der Republik werden sollen?

Wahrscheinlich ist das die Lehre, die das Dritte Reich für die aus der zweiten Diktatur Auftauchenden bereithält – und auch die Lektüre dieses Buches.

Kindheit und Jugend unter Hitler

Gezwungen, früh erwachsen zu sein

LOKI SCHMIDT

Kindheit und Volksschulzeit bis etwa 1931

Ein Bericht über meine Jugend und die Zeit von 1933 bis 1945 wäre unvollständig, wenn ich nicht auch die Erlebnisse der Jahre davor beschriebe, so gut ich sie noch im Gedächtnis habe. Immerhin wurde ich 1933 bereits vierzehn Jahre alt.

Geboren wurde ich am 3. März 1919 im Arbeiterviertel Hammerbrook in der Schleusenstraße in Hamburg. Das Haus, in dem ich zur Welt kam, war in der Gründerzeit gebaut worden, aber sicherlich nicht für eine Arbeiterfamilie; denn die Wohnung hatte fünfeinhalb Zimmer, in denen damals acht Menschen wohnten: meine Großeltern Agnes und August Martens, drei ihrer vier erwachsenen Töchter (meine Mutter war die Älteste), ihr Schwiegersohn – mein Vater – und eine Pflegetochter, Thora, ein Nachbarskind, deren Mutter gestorben war.

Meine Großeltern hatten alle vier Töchter einen Beruf erlernen lassen, gewiß ungewöhnlich für die Zeit der Jahrhundertwende und für die Kinder einer Köchin und eines Polsterers, der später Krankenbesucher der Ortskrankenkasse wurde. Meine Mutter wurde Schneiderin, ihre drei jüngeren Schwestern Kontoristinnen. Ende Februar 1919 hatte der Umzug aus einer kleinen Wohnung in die Schleusenstraße stattgefunden, wo meine Eltern, Gertrud und Hermann Glaser, zwei ineinander übergehende Räume bekommen hatten. Am 2. März gab es die große Einweihungsfeier – und am nächsten Morgen kam ich zur Welt.

Ich erinnere mich an wenig aus diesen ersten Jahren, außer daß immer viele Menschen im Haus waren. Abgesehen von meinen Großeltern und den Tanten kamen viele Freunde; jede Gelegenheit wurde genutzt, um zu feiern, mit selbstgedichteten Theaterstücken und Liedern und viel Krepp- und Seidenpapierdekoration. Wurden mir die Vorbereitungen zuviel, verkroch ich mich mit meiner schwarzweißkarierten, von meiner Mutter genähten Puppe Laura unter einen Klapptisch, der noch nach dem Krieg im Haus meiner Großeltern in der Heide stand.

Ein Eindruck aus diesen Jahren ist mir besonders im Gedächtnis geblieben. Meine Großmutter war krank. Als ich sie besuchte, stand an ihrem Bett eine wunderbare dunkelrote, halbgeöffnete Rosenknospe, die auf einem Blütenblatt in Goldbuchstaben die Aufschrift »Gute Besserung« trug. Wohl kaum hat eine Blüte später je wieder so einen Eindruck auf mich gemacht wie diese Rose, die Tante Anni geschickt hatte, Tante Anni, die – ebenso wie ihre wenig ältere Schwester, Tante Toni – damals für uns einfach eine Freundin der Großeltern war wie viele andere auch. Im Rahmen dieses Berichtes muß aber etwas ausführlicher von ihr und ihrer jüdischen Familie, den Mendels, erzählt werden.

Toni und Anni Mendel waren von meiner Großmutter, nachdem diese mit fünfzehn Jahren aus der Schule gekommen war, als Kindermädchen betreut worden. Als die beiden Mädchen eingeschult wurden, lernte Großmutter bei Frau Mendel kochen, später führte sie ihr den Haushalt, und als sie mit fünfundzwanzig Jahren heiraten wollte, mieteten die Mendels, die wohlhabend gewesen sein müssen, für das junge Paar eine kleine Wohnung in ihrer unmittelbaren Nähe, so daß meine Großmutter den Mendelschen Haushalt weiterführen konnte.

Auch als die alten Mendels starben, blieb die freundschaftliche Verbindung. Annis Tochter Renee war einige Jahre älter als Helmut und ich und ging auch auf die Lichtwarkschule, bis Mutter und Tochter 1933 noch rechtzeitig nach Frankreich ausreisten. Toni heiratete Hans Riekmann, Geiger im Hamburger Symphonieorchester und, wie es damals hieß, »arisch«. So hofften wir alle, daß ihm und Tante Toni nichts passieren würde, denn obwohl wir nicht wußten, was passieren konnte, gab es doch gegen Kriegsbeginn vage Gerüchte von Deportationen. Gerüchte über Konzentrationslager erzählte mir nur mein Vater, der von Arbeitslagern für Kriminelle, aber auch für politisch Oppositionelle und Juden gehört hatte. Wir erregten uns über die Ungerechtigkeit; von den schrecklichen Konsequenzen und von den Vernichtungslagern jedoch erfuhren wir erst viel später, kurz nach dem Krieg.

Nach 1938 wurde Hans Riekmann bedrängt, sich scheiden zu lassen. Nachdem er es immer wieder abgelehnt hatte, schien es Toni und ihm eines Tages nicht mehr sicher genug in ihrer Wohnung, und von da an übernachteten sie bei ihren vielen Freunden, mal hier, mal da, auch bei uns – auf dem Boden. Kurz vor Kriegsende wurden sie dann doch noch in das KZ Neuengamme gebracht, glücklicherweise aber nach wenigen Wochen von den Engländern befreit.

Doch zurück ins Jahr 1922. Meine Eltern haben damals eine eigene Wohnung gefunden. Ich erinnere mich an den Umzug: Auf einem Handwagen zogen mein Vater und einige seiner Freunde nach Arbeitsschluß unsere Habseligkeiten quer durch die halbe Stadt, vom Hafen nach Borgfelde. Da es schon dunkel war, hing eine Papierlaterne am Wagen. Meine Mutter schob den Kinderwagen mit dem Baby, mein Bruder saß am Fußende, und ich marschierte nebenher.

Die neue Wohnung war Ende des vorigen Jahrhunderts gebaut worden, ein sogenanntes Terrassenhaus, im Hinterhaus gelegen, dunkel und primitiv und nicht größer als achtundzwanzig Quadratmeter, aber billig: siebenundzwanzig Mark im Monat, etwa ein Wochenlohn meines Vaters. In die beiden Vorderzimmer schien nur selten die Sonne. Die Küche und das vier Quadratmeter große Schlafzimmer meiner Eltern, zur Hälfte mit einem selbstgezimmerten Bettrahmen ausgefüllt, waren noch düsterer, denn die nächste Häuserreihe – die nächste »Terrasse« – war nur vier Meter entfernt. Es gab dort einen Wasserhahn mit Ausguß gleich neben der Haustür in der Küche, doch keinen Flur, auch kein Badezimmer und kein WC. Letzteres befand sich draußen im Treppenhaus, fensterlos. Das Wohnzimmer besaß einen kleinen Ofen und war mit einem ovalen Tisch, einem Sofa und drei Stühlen möbliert, während der vierte Stuhl vor der Nähmaschine am Fenster stand; außerdem gab es dort zwei schmale Bücherschränke, die mein Vater gebaut hatte. In dem zweiten Vorderzimmer waren unsere drei Gitterbetten und der Familienkleiderschrank untergebracht. Der große Kohlenherd in der Küche wurde nur im Winter benutzt; meine Mutter kochte auf einem kleinen Gasherd, der auf dem großen Ofen stand. Mit Gas wurden auch Küche und Wohnzimmer beleuchtet. Leider gingen die Topfpflanzen, die mein Vater häufiger vom Blumenmarkt mitbrachte, bei der Gasbeleuchtung schnell ein; daß allerdings die Gasdämpfe möglicherweise auch für uns schädlich sein könnten, bedachte damals niemand. Ich fand die Wohnung herrlich, weil sie uns allein gehörte.

Unser Leben war äußerst bescheiden. Fleisch gab es höchstens einmal in der Woche, dafür aber viel gedünstetes Gemüse. Meine Mutter hatte in der Volkshochschule früh von Bircher-Benner und seiner Ernährungslehre gehört, und so bekamen wir häufig Bananen- und Gurkenscheiben, getrocknete Feigen und Weißkäse als Brotbelag.

Überhaupt spielte die Volkshochschule in unserem Elternhaus eine große Rolle. Mein Vater wie meine Mutter hatten acht Jahre lang die Volksschule besucht und danach die einjährige Selekta, die einzige Möglichkeit, die begabte Kinder aus finanzschwachen Familien hatten, noch ein bißchen mehr zu lernen; denn alle Gymnasien oder »höheren Schulen«, wie es damals hieß, kosteten ein beträchtliches Schulgeld. So besuchten meine Eltern zwei- bis dreimal in der Woche einen Kursus der Volkshochschule,hörten Vor-und Frühgeschichte, lernten viel über das Bauhaus und über die modernen Hamburger Backsteinbauten von Schumacher und Höger, wurden angeregt, Vögel und Tiere zu beobachten, und erfuhren einiges vom französischen Impressionismus und deutschen Expressionismus.

Ein neuer Lebensabschnitt begann, als wir in die Schule kamen. Thora, die Pflegeschwester meiner Mutter, die arbeitslos war und kaum Unterstützung bekam, versorgte unseren Haushalt. Sie schlief im Wohnzimmer auf dem Sofa. So konnte meine Mutter tagsüber zum Nähen gehen. Sie bekam dafür meistens fünf Mark pro Tag und gutes Essen, vor allem aber brachte sie abgetragene Kleider mit, aus denen sie uns Kindern etwas zum Anziehen nähen konnte, denn fertige, gekaufte Kleidung gab es bei uns nicht. Pro Jahr bekam jedes Kind ein paar Schuhe, die mein Vater, wenn sie entzwei waren, besohlte.

Als Betriebselektriker beim Arbeitsamt verdiente mein Vater wenig. Aber mit dem Geld, das meine Mutter dazuverdiente, wurden die Eltern, die Pflegetante und wir drei Kinder satt, und es reichte auch noch für einige Volkshochschulkurse und – ab und zu – zum Kauf eines Buches. Außerdem wurde in unserer kleinen Wohnung mit Freunden der Eltern viel gesungen. Und so bekam ich trotz des knappen Geldes seit 1925 Geigenunterricht.

Unsere Eltern schickten uns in eine der fünf »Versuchsschulen«, die es in dem pädagogisch besonders lebendigen Hamburg gab: in die Burgstraße 35. Dort versuchten pädagogisch engagierte Lehrer, im Unterricht und in der Erziehung neue Wege zu gehen. Alle Klassenräume hatten – ungewöhnlich für die damalige Zeit – Tische und Stühle, bei deren Herstellung die Eltern mitgeholfen hatten, wie überhaupt die enge Zusammenarbeit zwischen Lehrern und Eltern eine große Rolle spielte. Es gab Nachmittage, wo alte Kleidung für bedürftige Schüler geflickt und geändert wurde, außerdem gab es neben dem Unterricht Gymnastik- oder Werkkurse, einen Theaterkreis und ein Orchester, in dem Eltern, Lehrer und ehemalige Schüler zusammenspielten, und auch ich gehörte dem Orchester lange Jahre an. Vor allem aber gab es das Schulheim an der Kieler Förde, das für die meisten Kinder die einzige Möglichkeit bot, einmal zu verreisen.

Fast alle Kinder in der Burgstraße kamen aus Arbeiterfamilien, von denen es den meisten finanziell ähnlich schlechtging wie uns. Ihre Eltern hatten diese pädagogisch fortschrittliche Schule in der Hoffnung gewählt, daß ihre Kinder dort besonders befördert wurden. »Wissen ist Macht« – die Baconsche Formel war ein Schlagwort der damaligen Arbeiterschaft.

Jahre später – vielleicht um 1933 herum – fragte ich meine Eltern einmal, ob sie nie in einer politischen Partei gewesen seien. Beide hatten der USPD angehört, waren aber von dem kleinlichen Parteigezänk so abgeschreckt worden, daß sie bald austraten und niemals wieder einer Partei angehörten. Ich vermute, daß sie vor 1933 SPD, möglicherweise auch KPD wählten. 1933 – ich war damals vierzehn Jahre alt – sagte mein Vater zu mir: »Diese Wahl bedeutet Krieg.« Auf meine Nachfrage meinte er nur: »Ich kann es dir nicht erklären, ich will dich nicht beeinflussen.« Seine ernsten Worte habe ich nie vergessen.

1929 war meine jüngste Schwester Rose geboren worden, wodurch unsere Wohnung endgültig zu klein für uns wurde, so zogen wir um in einen Neubau für kinderreiche Familien in Hamburg-Horn. Die

Wohnküche von zwanzig Quadratmetern umfaßte eine Kochnische, eine kleine Loggia, eine Speisekammer und einen Müllschlucker. Mein Bruder bekam ein sechs Quadratmeter großes Zimmer für sich allein, allerdings mußte er es mit dem Familienkleiderschrank teilen; wir beiden größeren Mädchen erhielten ein neun Quadratmeter großes Zimmer. Meine Eltern schliefen mit dem Baby in einem großen Zimmer von sechzehn Quadratmetern; später zogen wir drei Mädchen in dieses Zimmer, und meine Eltern behalfen sich mit dem kleinen. Es gab ein richtiges Badezimmer mit Wanne und Boiler und ein WC, außerdem hatten alle Räume Zentralheizung.

Arbeitslosigkeit

Als mein Vater 1931 arbeitslos wurde, fingen bei uns viele Schwierigkeiten an. Unsere neue Wohnung von etwa sechzig Quadratmetern gefiel uns zwar, kostete aber monatlich 77 Mark Miete. Ich weiß nicht, wie hoch die Arbeitslosenunterstützung meines Vaters war; ich weiß nur, daß das Geld niemals reichte, und wenn wir auch schon immer viele Dinge selbst gemacht hatten, mußte jetzt doch noch mehr gespart werden. Mein Vater besorgte, wenn er im Hause war, alle Reparaturen; häufig wurden die Arbeitslosen allerdings auch zu Arbeitseinsätzen eingeteilt: Dann ging es montags mit dem Bus zu Obstbauern ins Alte Land oder zu Erntearbeiten in Hamburgs Umgebung, wo man in Scheunen im Stroh übernachtete, bis man am Wochenende zurückkehrte. Wenn mein Vater nicht zum Arbeitseinsatz mußte, war er den ganzen Tag in der Schule Burgstraße, wo er mit anderen arbeitslosen Vätern nach eigenen Plänen eine zusammenschiebbare Bühne für die Turnhalle baute, und im Spätsommer 1932 fuhr die ganze Gruppe mit dem Fahrrad zweimal in der Woche zum Schulheim bei Kiel, um die Waschräume zu kacheln.

Taschengeld hatten wir vier Kinder schon vorher niemals bekommen. Wenn aber eins von uns Kindern von Nachbarn für eine Hilfeleistung fünf oder sogar zehn Pfennig bekam, wanderte alles in den Familientopf. Am schlimmsten war es, wenn unsere Mutter weinte, weil wirklich kein Pfennig mehr im Haus war. Auch das Einholen auf

Pump war schlimm. Als Thora ebenfalls arbeitslos wurde, zog sie zu uns und versorgte den Haushalt, und meine Mutter ging wieder aus dem Haus zum Nähen, eine Arbeit, die sie auch dann noch fortsetzte, als Thora 1932 ganz unvermutet eine unbezahlte Stelle als Lehrschwester im Krankenhaus bei freier Station bekam. Oft brachte sie Eßwaren und alte Kleidung mit, so daß wir trotz der geringen Arbeitslosenunterstützung meistens satt wurden und etwas anzuziehen hatten. Damals versorgte ich als Älteste den Haushalt, so gut es ging.

Um diese Zeit freundeten meine Eltern sich mit einem Mitbewohner unseres Hauses an. Vati Demmler – wie wir ihn nannten – war Musiklehrer und gab uns drei Großen von nun an kostenlos Musikunterricht. Jeder von uns hatte schon vor der Arbeitslosigkeit unseres Vaters Musikunterricht gehabt, wir alle spielten im Schulorchester, doch jetzt musizierten wir noch häufiger als früher, Streichquartette oder -quintette. Das half uns allen – besonders jedoch den Erwachsenen – für kurze Zeit die politisch so schwierige Zeit zu vergessen.

Denn inzwischen war Hitler an die Macht gekommen. Viele der jüdischen Freunde meiner Großeltern und Eltern waren schon ausgewandert oder planten es, und da Vati Demmler und noch eine weitere Familie in unserem Wohnhaus politisch den Sozialdemokraten oder den Kommunisten nahestanden, kam es bei uns mitunter zu Hausdurchsuchungen. Wir selber blieben davon zum Glück immer verschont; trotzdem hörte ich noch, als ich bereits erwachsen war, im Traum gelegentlich die schweren Schritte, die eine Durchsuchung ankündigten. Schon im Sommer 1933 hatten meine Eltern ihre nicht allzu zahlreichen Bücher durchgesehen, von einigen die Umschläge abgerissen und sie hinter andere Bücher gestellt. Ich erinnere mich, daß wir uns Gedanken machten, was wir mit den Einbänden tun sollten; verbrennen konnten wir sie nicht, und der Müllschlucker endete im Keller, für jedermann sichtbar. Doch weiß ich nicht mehr, wie wir das Problem lösten.

Erst viel später habe ich begriffen, daß die große Arbeitslosigkeit, beginnend wohl 1930, einer der Gründe für Hitlers Erfolg gewesen ist. Dennoch haben viele Arbeiter, die zum Teil seit mehreren Generationen fest in der politischen Tradition der Sozialdemokratie standen, an ihrem Standpunkt festgehalten, und bei meinen Eltern und ihren Freunden wurden manche Probleme beispielsweise auch durch ihre vielfältigen Interessen aufgefangen, durch das Malen, die Mitarbeit in der Schule oder das Musizieren. Bei anderen dagegen führte die Ausweglosigkeit zur Radikalisierung: entweder im Sinne der KPD oder – damals weit überwiegend – der NSDAP.

Von der Schulzeit bis zum BDM

Seit Ostern war ich in der Lichtwarkschule, der einzigen höheren Schule mit Koedukation, die es in Hamburg gab. Das Schulgeld wurde mir wegen unserer finanziellen Schwierigkeiten erlassen, aber ich hatte einen weiten Schulweg: zwanzig Minuten Fußweg zur S-Bahn, zwanzig Minuten S-Bahn-Fahrt zur Alten Wöhr und weitere zwanzig Minuten Fußmarsch durch den Hamburger Stadtpark, an dessen Rand die Schule lag.

Ihre Gründung lag damals vier Jahre zurück: 1925 hatten von ihrem Beruf begeisterte Lehrer mit neuen pädagogischen Ideen sich zu einem Wahlkollegium zusammengetan und von der Hamburger Schulbehörde die Erlaubnis erhalten, eine Schule nach ihren Vorstellungen zu schaffen. Sie hatten ihr den Namen Lichtwarkschule gegeben, weil sie sich den Lehren von Alfred Lichtwark besonders verbunden fühlten, der in seinen Schriften und als Direktor der Hamburger Kunsthalle immer wieder Menschenbildung durch den Umgang mit Kunst gefordert hatte – betrachtend, aber vor allem auch ausübend. Es wurde musiziert und gesungen, gemalt und gezeichnet, in Holz, Metall und mit Textilien gearbeitet, Theater gespielt und Literatur gelesen. Mehrmals wöchentlich gab es eine Art Blockunterricht, der sich Kulturkunde nannte, eine Zusammenfassung von Deutsch und Geschichte, aber auch der naturwissenschaftliche Unterricht kam nicht zu kurz. Und jeden Tag gab es eine Stunde Sport, im Sommer häufig im Stadion im Stadtpark.

Als mein späterer Mann und ich gemeinsam in die Sexta eingeschult wurden, hatte die Schule schon ihr eigenes Gebäude, einen schönen Klinkerbau, von Fritz Schumacher entworfen. Dort fand drei

Jahre später der Höhepunkt unserer ersten Schuljahre statt: das Goethefest zum 100. Todestag des Dichters im Jahre 1932. Vier Tage wurde mit verschiedenen Aufführungen, Singspielen und Musik gefeiert. Alle Mädchen hatten weiße Linonkleider an, zum Teil selbst genäht oder von den Müttern angefertigt, während die Jungen großkarierte Westen trugen, deren Stoffe im Zeichenunterricht bemalt worden waren. So paßten wir zum Jahrmarkt von Plundersweiler, dessen Papp-Hauskulissen den Flur zur Aula zierten. Außerdem führte unsere Klasse ein selbstgeschriebenes Stück über die Planeten und deren Lauf um die Sonne auf, und ich sehe uns als Planetendarsteller noch in dunkelblauen, sackartigen Gewändern auf der Bühne stehen, das jeweilige Planetensymbol aus Goldpapier auf dem Bauch. Die für uns »Kleine« eindrucksvollste Veranstaltung allerdings war eine Revue der Primaner, an deren Refrain Helmut und ich uns noch heute erinnern:

»Wo ist der Mond, wo ist der Mond?
Hat denn keiner den Mond gesehen?
Und da kriegt er von Herrn Bollmann einen Schubs nach rechts,
und da kriegt er von Herrn Heine einen Schubs nach links.«

Das war natürlich politisch gemeint und zeigte, daß die Einstellungen der Lehrer vom Konservatismus bis zum Kommunismus reichten, obwohl sie pädagogisch dieselben Ziele verfolgten.

Jedes Jahr machten wir eine Klassenreise. Das war für mich und manchen Mitschüler das erste Mal, daß wir über Hamburgs unmittelbare Umgebung hinauskamen. Jedes Jahr schrieb auch jeder von uns eine Jahresarbeit, deren Thema wir frei wählen konnten. Im Anschluß an eine Klassenreise, auf der mich die Bückeburger Trachten interessierten, die dort im Weserbergland noch getragen wurden, schnitzte ich Puppenköpfe, nähte die Puppenkörper und die maßstabsgerechten Trachten. Ein anderes Mal untersuchte ich ein kleines Moor südlich von Hamburg und bestimmte alle Pflanzen; heute nennt man das eine Biotop-Aufnahme. Nach einer Dresden-Reise schrieb ich über Dresdener Barockbauten. Helmut verglich einmal die Häfen Hamburg und Rotterdam, ein anderes Mal schrieb er mehrere Variationen über einen Choral. Ich berichte über die unterschiedlichen Themen der Jahresarbeiten, um deutlich zu machen, daß wir in der Schule immer wieder zu selbständigem Arbeiten angeregt wurden.

Dazu gehörte auch das reiche Angebot von freiwilligen Nachmittagsstunden. In dem großartigen Schulorchester, das Hermann Schutt leitete, spielte ich Bratsche. Auch der Schulchor übte nachmittags. Am wohlsten fühlte ich mich aber bei Elsbeth Mittelhaus, die ihre Referendarzeit bei unserem Zeichenlehrer John Börnsen machte und mehrmals in der Woche nachmittags in der Schule war; bei ihr lernte ich Gobelinweben, Bildteppiche entwerfen und herstellen, die komplizierte Brettchenweberei und vielerlei Sticktechniken.

Nach 1933 änderte sich auch in unserer Schule manches. Unser Schulleiter Heinrich Landahl, der bei uns allen sehr beliebt gewesen war, wurde 1934 von uns in der Aula verabschiedet, nachdem vorher schon unser Englischlehrer Teddy Heine verschwunden war – nach England, wie wir später hörten. Auch unsere Klassenlehrerin Ida Eberhardt wurde versetzt, für mich besonders schmerzlich, denn sie war eine großartige Biologin, von der ich viele Anregungen bekommen habe. Dagegen war unsere erste Begegnung mit Erwin Zindler, dem neuen Schulleiter, recht abstoßend: Wir mußten uns alle auf dem Schulhof versammeln, dann öffnete sich im ersten Stock ein Fenster, und Herr Zindler brüllte etwas auf uns nieder. Seine Rede gipfelte in dem Satz: »Ich werde diesen roten Saustall schon ausmisten.«

Kurz darauf besuchte Adolf Hitler Hamburg. Die Schulen blieben an diesem Tag geschlossen, weil alle Schüler vom Flughafen bis zur Innenstadt Spalier stehen sollten. Unsere Schule hatte die Alsterkrugchaussee zugewiesen bekommen, wo wir nun in drei Reihen hintereinander standen. Ich hatte mir fest vorgenommen, weder die Hand hochzunehmen noch zu rufen. Wir warteten und warteten. Dann ein Brausen in der Ferne, das langsam anschwoll. Und plötzlich entdeckte ich, daß ich laut brüllte und winkte. Ich bekam einen Riesenschreck und schämte mich wie wohl nie zuvor in meinem Leben. Als ich meinem Vater abends davon berichtete, erzählte er mir von Massenpsychose: Mein Verhalten sei nur menschlich gewesen. Aber die Scham blieb.

Zusammen mit Herrn Zindler waren ein paar Lehrer an unsere Schule gekommen, die schon äußerlich unangenehm auf uns wirkten.

Einer hatte häufig Eiflecke auf der Weste, ein anderer, der auf unangenehme Weise eitel war, manikürte ständig seine Fingernägel, wieder andere wirkten einfach grau und unscheinbar. Nachträglich denke ich, daß eine Sammlung von Lehrern zu uns stieß, die andere Schulen gern loswerden wollten. Mit einer Ausnahme: Erna Stahl kam und wurde – da die Kulturkunde inzwischen abgeschafft worden war – unsere Deutschlehrerin. Sie machte uns mit klassischer Literatur vertraut, indem sie wöchentlich einen Kreis von Schülern zu sich in die Wohnung einlud und uns vorlas; dort lernte ich unter anderem Goethes »Werther« kennen.

Bald nachdem Herr Zindler Schulleiter geworden war, bat er mich zu sich und meinte, ich solle doch meine Haartracht ändern, ich sähe aus wie ein Chinese: Seit Kleinkinderzeiten trug ich einen Pony. Jetzt kämmte ich brav meine Haare zu einem Mittelscheitel, eine Veränderung, die mir – ganz abgesehen davon, daß sie mit Zwang durchgesetzt worden war – auch aus einem anderen Grund im Gedächtnis geblieben ist.

Ich muß etwas weiter ausholen: Trotz aller Veränderungen hatte sich der Umgangston in der Lichtwarkschule nach 1934 nur wenig geändert. Den wenigen neuen Lehrern begegnete unsere Klasse ablehnend und höflich; mit einigen alten Lehrern dagegen entstand eine neue Vertrautheit, die allerdings auch einfach daher gerührt haben mag, daß wir älter wurden. So war es auch mit Dr. Hans Roemer, der seit 1934 unser Klassenlehrer war. Er war uns nicht ganz unbekannt, weil er uns einige Jahre zuvor auf einer Klassenreise ins Weserbergland begleitet hatte, und wir mochten diesen freundlichen Hans-Albers-Typ alle recht gern. Politisch allerdings war er für uns nicht einzuordnen: Wir hatten niemals eine politische Äußerung von ihm gehört.

Eines Tages kam er mit einem leichten Lächeln in die Klasse und hatte ein zirkelähnliches Instrument in der Hand. Er erzählte uns von der nordischen, dinarischen und ostischen Menschenrasse und erklärte, daß man durch eine Schädelmessung leicht feststellen könne, zu welchem Menschentyp wir gehörten. Natürlich, so meinte er nebenbei – noch immer mit einem Lächeln –, sei die nordische Rasse die wertvollste.

Und nun begannen die Messungen. Herr Roemer fing bei unserem großen, blonden Klassenkameraden Hans-Friedrich Lenkeit an: Ein eindeutig dinarischer Schädel war das Ergebnis. Unter Gekicher ging es weiter. Am Ende verkündete Herr Roemer: »Den nordischsten Schädel hat ausgerechnet Loki, die aussieht wie ein Chinese.« Unter großem Gelächter der ganzen Klasse packte er seine Meßinstrumente ein und begann mit dem Geschichtsunterricht.

Nachdem ich 1935 die Mittlere Reife abgelegt hatte, bekamen meine Eltern den Bescheid, daß für mich künftig kein Schulgeld mehr bezahlt werden könne, da ein späteres Studium aus finanziellen Gründen wohl nicht in Frage käme. Meine Mutter schrieb daraufhin einen Brief an die Lichtwarkschule, ob nicht doch eine Möglichkeit bestünde, mich weiter zur Schule gehen zu lassen, ein Schreiben, das sich durch einen Zufall Jahre nach dem Krieg im Keller der Schule wieder anfand. Es ist sicher der einzige Brief, den meine Mutter je mit »Heil Hitler« unterschrieben hat.

Kurz darauf hörte ich von Herrn Zindler, daß sich das Kollegium für eine Fortsetzung meiner Schulzeit einsetzen wolle; doch sollte ich nach Möglichkeit in den BDM eintreten. Nachdem wir im Familienrat ausführlich über diese Frage gesprochen hatten, tat ich es 1935. Eine Nachbarstochter, die in Hörn eine BDM-Gruppe aufgebaut und mich schon mehrmals gefragt hatte, ob ich nicht mitmachen wolle, vermittelte mir ein Treffen in ihrem BDM-Heim.

Es lag in der ersten Etage einer alten Kutscherwohnung am Rande eines kleinen Parks, der einst – wie ich mich zu erinnern meine – der Familie Blohm gehörte. Der Raum, in den ich trat, war nur mit einer schwachen nackten Birne an der Decke erhellt, es gab kaum Möbel, alles wirkte düster und ungemütlich. Eine Gruppe von etwa zwölf Mädchen – alle ungefähr in meinem Alter – saß auf klapprigen Stühlen, und nachdem ich ihnen vorgestellt worden war, sangen wir ein Lied. Dann wurden Pläne gemacht, wie man dieses alte, muffig riechende Zimmer etwas wohnlicher herrichten könne. Schon an den nächsten Sonnabenden säuberten wir es mit viel Schwung: Es wurde gestrichen, und Kissen und Gardinen wurden genäht, was uns allen viel Spaß machte. Inzwischen hatte meine Mutter mir auch den dunkelblauen Rock und die braune Jacke genäht, die wir Affenjacke nannten, und bei einer Nachtwanderung war mir außerdem noch feierlich der zur Uniform gehörende schwarze Schlips verliehen worden. Als mein Vater mich zum ersten Mal mit Rock, weißer Bluse, Jacke und Schlips sah, verdrehte er die Augen, sagte aber nichts.

Als wir dann im Sommer einmal ein Wochenendlager veranstalteten – ich glaube es war in Großhansdorf –, gab es abends ein großes Lagerfeuer. Während wir, um das Feuer gruppiert, unsere Lieder sangen, dachte ich an die verschiedenen anderen Lagerfeuer, die wir auf unseren Klassenreisen entzündet hatten. Im Kreis der vertrauten Klassenkameraden hatte ich mich wohler gefühlt; hier war alles etwas gezwungener und organisierter. Zum Abschluß des Abends wurde ich mit mehreren anderen feierlich zur Kameradschaftsführerin ernannt und bekam eine rotweiße Kordel überreicht, die ich von nun an zur Uniform trug.

Ich war jetzt bei den Heimabenden für eine Gruppe von zehn bis zwölf Mädchen verantwortlich. Wir arbeiteten weiter an der Verschönerung des Heimes; außerdem bekam ich einige schriftliche Unterlagen über die Auslandsdeutschen, besonders in Afrika, um darüber auf den Heimabenden zu berichten. Und kurz darauf begann dann auch noch eine für mich ausgesprochen unangenehme Seite des BDM-Dienstes: die Straßen- und Haussammlungen, bei denen wir, mit einer Blechdose ausgestattet, zu zweit durch die Straßen zogen und die Passanten um eine Spende für die Auslandsdeutschen baten. Wer uns Geld in die Sammeldose steckte, bekam dafür eine blaue Kerze, die wenig später, als die Sammlungen für die Winterhilfe begannen, von einer kleinen Kunstblume abgelöst wurde. Hatte ich das Glück, mit jemandem zu sammeln, der die »Bettelei« genausowenig liebte wie ich, gaben wir allen, die uns mehr als zehn Pfennig in die Dose steckten, gleich mehrere Blumen; abgeben durften wir unsere Sammelbüchsen nämlich erst, wenn alle Blumen vergeben waren.

Angenehmer wurde die Vorweihnachtszeit, in der wir viel Weihnachtsschmuck bastelten. Ab und zu brachte ich auch meine Bratsche mit und begleitete das Singen, wovon irgendeine höhere BDM-Führerin gehört haben muß. So wurde ich 1936 zu meinem Glück als Mädelsscharführerin versetzt und Bratschistin im Hamburger BDM-Orchester, wo wir überwiegend Barockmusik spielten, so daß der

»Dienst« viel Freude machte. Bei diesen wöchentlichen Übungs- und Musizierstunden wurde nie über irgend etwas außerhalb der Musik gesprochen, schon gar nicht über Politik. Auch die Solisten, die gelegentlich mit uns spielten, zum Beispiel bei Bachs Brandenburgischen Konzerten, hielten sich mit Bemerkungen zurück.

Mit dem Eintritt in das BDM-Orchester, dem ich bis zum Beginn des Arbeitsdienstes angehörte, war mein eigentlicher BDM-Dienst beendet. Wenn ich mich heute frage, ob diese Zeit mich beeinflußt hat oder ob ich sie als einen wichtigen Teil meines Lebens empfinde, so kann ich das nur verneinen. Das Zusammensein mit Gleichaltrigen und das Einrichten des Heimes hat mir häufig Spaß gemacht, und an politisch gezielte Schulung kann ich mich nicht erinnern. Wahrscheinlich hat dabei eine Rolle gespielt, daß ich mit Vorbehalten in den BDM eingetreten war, nur zu dem Zweck, in der Schule bleiben zu können. So hat mir häufig die Zeit leid getan, die ich dort verbrachte, denn ich konnte nun weniger im Haus helfen und kaum noch Nachhilfestunden geben. Allein die wöchentlichen Orchesterproben im BDM-Orchester sehe ich auch heute noch als eine Bereicherung an.

Im Turnunterricht gab es ab Ostern 1936 Kleinkaliberschießen. Als ich energisch erklärte, daß ich kein Gewehr anfassen würde, bekam ich diese Sportstunden frei, was ich allerdings zuvor bei Herrn Zindler beantragen mußte. Ob es bei diesem Gespräch war oder einem späteren, kann ich nicht mehr genau sagen, jedenfalls hörte ich von unserem Schulleiter, daß die Lichtwarkschule doch etwas Großartiges sei – ganz anders, als er sie sich vorgestellt habe. Leider gebe es jedoch in der Schulbehörde Bestrebungen, die Schule aufzulösen. »Koedukation ist heute nicht mehr zeitgemäß«, sagte er zu mir, »aber ich werde versuchen, die Lichtwarkschule zu erhalten.« Beim nächsten Arbeitsnachmittag erzählte ich John Börnsen und Elsbeth Mittelhaus von diesem Gespräch, die auch schon von dem Gerücht gehört hatten.

Kurz vor Weihnachten 1936 war es dann soweit: Im Musiksaal waren unsere Eltern versammelt und bekamen mit düsteren Worten zu hören, daß die Lichtwarkschule ab Ostern nicht mehr weiterbestehen werde. Die Jungen würden im Gebäude bleiben, das dann Heinrich-Hertz-Realgymnasium heißen werde, die Mädchen würden auf die Klosterschule kommen. Abitur werde künftig schon nach zwölf Schuljahren gemacht: bei den Jungen Ostern 1937, bei den Mädchen im Herbst desselben Jahres. Dann sollten wir noch ein halbes Jahr Hauswirtschaft machen, bis wir Ostern 1938 das Zeugnis bekommen würden.

Als ich mich kurz darauf von Herrn Zindler verabschiedete, nahm er mich in den Arm und sagte: »Loki, Loki, was haben sie aus unserer Schule gemacht!« So hatte sich dieser Mensch unter dem Einfluß der Schulatmosphäre geändert, nachdem er noch 1934 den »roten Saustall« ausmisten wollte.

Wir waren zu sechst, als wir Anfang Januar in der Klosterschule eintrafen. Eine siebte Schülerin stieß noch aus einer anderen Schule zu uns. Wir kamen mit großen Vorbehalten, doch zu unserem Erstaunen hieß es nach einer freundlichen Begrüßung: »Wir können Sie ja doch nicht mehr viel beeinflussen, darum bleiben Sie als kleine Klasse zusammen und bekommen das Kartenzimmer als Raum.« Ich glaube, wir haben uns alle ganz wohl gefühlt in diesem halben Jahr an einer Schule, wo uns kaum jemand mit »Heil Hitler« grüßte. Allerdings wurde mehrere Male ein Luftangriff simuliert, und während alle Klassen mit den Lehrkräften im Keller verschwanden, hatten wir sieben achtzehnjährigen Mädchen Brandwache auf dem Dach zu halten.

Im Frühsommer 1937 wurden dann alle Oberprimanerinnen – das heißt wir sieben und unsere sehr viel zahlreichere Parallelklasse – zu einem Luftschutzkursus einberufen. Es begann mit einem Erste-Hilfe-Kursus; anschließend wurden wir in der Brandbekämpfung ausgebildet und lernten Schläuche an Hydranten anschließen, dazu das Signal: »Wasser marsch!«. Eigentlich wäre der Kursus ganz interessant gewesen, wenn nicht immer wieder die bange Frage aufgetaucht wäre: Warum? Zum Abschluß mußten wir in graugrüner Uniform mit Stahlhelm und Spritzen einen Umzug durch die umliegenden Straßen machen. Zu allem Unglück entdeckten wir unseren geliebten Zeichenlehrer aus der Lichtwarkschule, John Börnsen, auf der anderen Straßenseite. Sein Gesicht zeigte Entsetzen.

Im Herbst 1937 machten wir das Abitur. Einige gingen für ein halbes Jahr in Haushalte, zum Teil sogar in ausländische, während ich in Hamburg eine Kochschule besuchte. Danach bekam ich Ostern 1938 mein Abiturzeugnis. Ein Biologiestudium, mein Traum, kam aus finanziellen Gründen nicht in Frage, und da beim pädagogischen Studium damals nur die Einschreibgebühren zu bezahlen waren und mein Vater endlich wieder Arbeit bei einer Firma im Hafen bekommen hatte, die elektrische Geräte für Schiffe herstellte, meinten meine Eltern, daß das wohl zu schaffen sein müsse, wenn ich mir das Fahrgeld und das Büchergeld durch Nachhilfestunden selbst verdienen würde.

Helmut und ich sind noch heute dankbar für unsere Schulzeit in der Lichtwarkschule, auf der wir unendlich viele Anregungen bekommen haben. Daß die Koedukation und die Erziehung zum selbständigen Denken und Arbeiten nicht in den Nazi-Zeitgeist paßten, haben wir wohl erst später verstanden. Ein bißchen nämlich war die Schule für uns eine Insel in der damaligen politischen Landschaft. Für die Schüler unserer Parallelklasse sah das anders aus, denn dort waren viele Kinder aus angesehenen jüdischen Familien. Die meisten von ihnen waren bis Ostern 1935, als die Klassen zusammengelegt wurden, ausgewandert, auch Muschi Orthmann, die einige Jahre älter als ich war und die ich 1975 bei einem Schultreffen wiedertraf. Sie war die Tochter von Freunden meiner Eltern und wollte als Kind unbedingt meinen Vater heiraten, wenn sie groß sei. Noch rechtzeitig ist sie, wie andere Schulkameraden auch, aus Deutschland entkommen und lebt nun in Kalifornien.

Arbeitsdienst und Studium

Bevor das Studium an der Hochschule für Lehrerbildung begann, mußte ich zum Arbeitsdienst, der 1938 noch nicht für alle Frauen Pflicht war, doch für all diejenigen, die studieren wollten. Ich kam nach Hagenow in Mecklenburg. Alle mit mir Eingezogenen – etwa zwanzig – wurden in einem alten Haus mit Garten in Hagenow-Stadt untergebracht, wo schon etwa zwanzig »Arbeitsmaiden« lebten, die drei Monate vor uns ihren Dienst begonnen hatten.

Wir schliefen in einem großen Bodenraum auf Strohsäcken. Auf einer langen Holzbank standen Waschschüsseln und Wasserkannen zum Waschen, was für uns alle eine große Umstellung war. Zwar duftete das Stroh gut und frisch, aber das morgendliche Bettenbauen war mühsam: Der Strohsack hatte nur auf der Mitte der Oberseite einen Schlitz, durch den man greifen und das Stroh einigermaßen ordnen konnte. Die Waschschüsseln mußten immer blitzblank, die Spinde makellos aufgeräumt sein. Die ersten Wochen mit Flaggenappell und in Uniform waren schrecklich. Ich hatte Heimweh und freute mich sehr über einen Telefonanruf von Helmut, der inzwischen beim Militär war.

Wohl fühlte ich mich nur, wenn ich draußen auf dem Feld arbeitete. Wir halfen in zwei Dörfern, kleine Bauernstellen, die kaum eine Familie ernährten; ich glaube, sie waren im Zuge der Depression als Nebenerwerbsstellen geschaffen worden. Morgens früh zogen wir los zum Arbeiten. Meistens halfen wir draußen auf dem Feld, Kartoffeln legen, Rüben pflanzen und hacken, hacken, hacken. Im Spätsommer kam die Getreideernte, und weil manche der Bauern noch keine Bindemaschine hatten, mußten die Garben erst mit Halmen gebunden und dann zu Hocken aufgestellt werden. Das Hochstaken der Garben auf den Wagen war eine Knochenschinderei. Für unsere Arbeit bekamen wir zwanzig Pfennig pro Tag.

Die Stimmung im Lager änderte sich merklich, als wir nach einigen Wochen eine neue Lagerführerin bekamen, Ruth Schmarje. Zwar blieb es bei den morgendlichen Flaggenparaden, aber der Umgangston wurde freundlicher. Ruth Schmarje fragte nach Problemen, bestellte zum Beispiel sofort den Arzt, als sie merkte, daß durch ungewohnt schwere Arbeit und einseitige Ernährung bei vielen von uns Menstruationsbeschwerden auftauchten.

Bei den Bauernfamilien gab es mittags meist Kartoffeln mit ausgebratenem Speck; nur selten wurde Gemüse gekocht. Auch die Ernährung im Lager war recht einseitig: Die Milchsuppen, die es häufig gab, waren nicht selten angebrannt. Wir aßen sie trotzdem, weil wir hungrig waren, und machten unsere Witze. Überhaupt lachten wir viel und alberten. Nach Schule und Abitur lebten wir alle in den Tag hinein, vorläufig ohne irgendwelche Pläne, und genossen sogar in gewisser Weise die körperliche Arbeit in einer für uns Städter neuen Umgebung.

Eigentlich war zweimal in der Woche eine politische Schulungsstunde vorgesehen. Frau Schmarje aber fand, daß wir alle viel zuwenig

Lieder kannten, und suchte der kleinen Vorsängergruppe Lieder aus, die gesungen werden sollten, darunter viele aus der bündischen Jugend und aus dem Wandervogel. Noch deutlicher wurde Frau Schmarjes politische Einstellung bei der Sudetenkrise. Wir waren gerade beim Stopfen von Strümpfen, als sie aufgeregt gelaufen kam und sagte: »Ich habe gerade Radio gehört. Betet oder drückt den Daumen, daß die Soldaten nicht ins Sudetenland einmarschieren. Das würde Krieg bedeuten.« Was hatte einen Menschen wie Ruth Schmarje bewogen, Arbeitsdienstführerin zu werden? Sie war gelernte Sozialfürsorgerin. War sie arbeitslos? Kam sie aus der bündischen Jugend? Hatte sie idealistische Vorstellungen hinsichtlich der Erziehung von jungen Menschen? Ich weiß es nicht. Jedenfalls blieb die Zeit, die wir unter ihrer Leitung verbrachten, von Politik fast unbeeinflußt.

Gleich nach dem Arbeitsdienst habe ich mich im Herbst 1938 in der Geschäftsstelle der Hochschule für Lehrerbildung eingeschrieben. Die Räume der Hochschule waren recht verstreut, ein großer Teil der Vorlesungen und Übungen fand am Bornplatz, andere in der nahegelegenen Binderstraße statt. Nach dem Krieg erfuhr ich, daß dieses Gebäude die alte Talmud-Thora-Schule gewesen sei – sie ist es auch heute wieder. Überhaupt war das ganze Viertel um die Binderstraße und den Bornplatz seit je von Juden bewohnt, und auch meine Mutter hatte einige Kunden dort, wobei ich mich vor allem an die Familie Ascher erinnere: Die Frau wollte ausreisen, der Mann aber – so erzählte meine Mutter – sagte immer wieder: »Ich bin Deutscher, ich war im Krieg Offizier und habe das EK.« Beide sind dann noch rechtzeitig nach Schweden entkommen.

Vor Beginn unseres Studiums gab es für uns Studienanfänger ein dreitägiges »Einführungslager« im südlichen Hamburg am Rande der Lüneburger Heide mit Flaggenappell und Frühsport, das fast alle nur widerwillig mitmachten, wie ich an Gesprächsfetzen und Mienen erkannte. Allerdings hörten wir auch praktische Hinweise über den Aufbau des Studiums und wie viele Testate von Vorlesungen und Übungen wir brauchten, um das Examen zum Volks- und Realschullehrer zu machen. Außerdem lernten wir einige Dozenten kennen. Die rundliche, mittelalterliche Frau Margarete Martens, die Nadelarbeit unterrichtete, schien eine nette, völlig unpolitische Frau zu sein. So nahm ich Nadelarbeit und später Musik als Wahlfach und behielt die Biologie für mich privat.

An das Studium erinnere ich mich nur wenig. Manches rauschte einfach vorbei, unter anderem die ganze Vererbungslehre, die Pflichtfach war. Ich hatte mich schon vor 1933 mit Gregor Mendels Vererbungsversuchen beschäftigt, hatte mir meine eigene Meinung darüber gebildet und wußte in der Materie Bescheid. Auch im Sport, in der Musik und bei der Nadelarbeit brauchte ich kaum im Hause zu arbeiten, zumal ich die freie Zeit dringend benötigte, um Geld zu verdienen, hauptsächlich für die Monatskarte, aber auch für Bücher und gelegentliche Konzertkarten. Für eine Nachhilfestunde bekam ich zwei Mark, für das Beaufsichtigen von Schulaufgaben eine Mark. Da ich unbedingt nach vier Semestern fertig sein wollte, belegte ich in jedem Semester über vierzig Wochenstunden mit Vorlesungen oder Übungen.

Im Wintersemester 1938/39 planten die Dozenten für Deutsch und Niederdeutsch, Dr. Block und Prof. Niekerken, für den Frühsommer eine Radfahrt durch Holland und den flämischen Teil Belgiens. Warum ich gefragt wurde, ob ich nicht mitfahren wollte, weiß ich nicht mehr; vielleicht, weil sich unsere Familie lange mit Volkstänzen beschäftigt hatte. Ich besaß jedoch – wie die anderen Studenten auch – kaum Geld für solch eine Fahrt, und so wurde der Hamburger Kaufmann Alfred Toepfer gebeten, uns finanziell zu unterstützen, denn in der damaligen Zeit gab es weder bei staatlichen noch bei privaten Institutionen Gelder für solche Reisen. Wir verbrachten im Frühling alle ein Wochenende auf Alfred Toepfers Hof Thansen in der Lüneburger Heide, wo Toepfer, der später große Stiftungen machte und sich außerordentliche Verdienste um die Lüneburger Heide erwarb, mit uns allen – meist in Plattdeutsch – redete und unauffällig prüfte, ob wir seinen nicht ganz regimegetreuen Vorstellungen entsprachen. Hinterher bezahlte er großzügig die Hälfte unserer gesamten Reisekosten.

Im Frühsommer radelten wir los. Wir hatten Kochtöpfe und Dekken mitgenommen, um uns selbst versorgen und auch mal in einem Stall übernachten zu können. Für uns alle war es die erste Auslandsreise, und das in einer Zeit, wo Devisen lange vorher beantragt werden mußten und wo bei uns schon manche Nahrungsmittel wie Kaffee, Eier oder Butter nur noch begrenzt verkauft wurden. Jetzt dagegen – im Ausland – kochten wir uns jeden Morgen große Mengen von starkem Kaffee, und jeden Morgen gab's Eier, wobei ich mich noch erinnere, daß ich für einige der »Jungs« morgendlich drei Zuckereier schlug. Und dann süßes, dunkles Pumpernickel oder Rosinenbrot mit dicker Butter und einem Stück Käse darauf.

Aber was waren diese Genüsse gegen das, was wir an holländischer und flämischer Architektur sahen, Gent und Brügge, Beginenhöfe und Belfrys, Amsterdam mit seinen Grachten und das wunderbare Rijksmuseum mit seinen Schätzen: Rembrandt und Rubens, Vermeer und Breughel und van Gogh, den ich damals besonders liebte. Oder das Mauritzhuis in Den Haag mit seinen herrlichen Bildern. Kunst, die uns bisher nur von Postkarten oder Kalendern bekannt war, konnten wir nun in unvorstellbarer Fülle genießen.

Wir besuchten aber auch manchen Soldatenfriedhof, zum Beispiel den kleinen Eichenhain in Langemark, wo so viele junge Deutsche im Ersten Weltkrieg gefallen waren. In der Nähe von Ypern krochen wir in einem Schützengrabensystem herum, das als Gedenkstätte erhalten war; beim Anblick von einzelnen Stiefeln oder Teilen von Ausrüstungsgegenständen wurde uns allen ganz beklommen zumute. Ich dachte an die Worte meines Vaters von 1933: »Das bedeutet Krieg.« Damals ahnte keiner von uns, was im September, nur wenige Monate später, passieren würde.

Doch hatte ich in diesen Tagen ein noch viel düsteres Erlebnis. Wir hatten uns zu dritt oder viert verfahren. Es war ein heißer Tag, wir hatten Durst, und als vor uns in Belgien ein adrettes Dörfchen auftauchte, gingen wir ins erste Haus und baten auf Plattdeutsch um ein Glas Wasser. In der Stube waren mehrere Männer und eine junge Frau versammelt, die uns neugierig anguckten: »Woher kommt ihr? Wir können euch verstehen, aber es ist keine Sprache von hier.« Wir sagten, daß wir aus Deutschland kämen. Die Stille nach diesen Worten war so lang und qualvoll, daß ich mich einem Baby zuwandte, das in einer Holzwiege in meiner Nähe lag. Als es meinen Finger ergriff und laut vor sich hingluckste, ging die Frau zur Tür und sagte, sie wolle Wasser für uns holen. Von den Männern erfuhren wir, daß das Dorf im Ersten Weltkrieg von Deutschen völlig zerstört und erst in den zwanziger Jahren wieder aufgebaut worden war. Viele, viele Male habe ich danach im Krieg und auch noch später an dieses Dorf und seine Menschen gedacht – ein Dorf, dessen Namen ich nicht einmal kannte.

Als ich von dieser erlebnisreichen Reise zurückkam, hatte sich bei uns zu Hause etwas Dramatisches ereignet. Eigentlich waren es die Auswirkungen eines Dramas, das Freunde meiner Eltern in Spanien betraf.

Meine Eltern waren seit den zwanziger Jahren mit Herbert und Hedwig Reppekus befreundet. Gegen Ende desselben Jahrzehnts war der Kaufmann Herbert Reppekus von seiner Firma nach Spanien geschickt worden, wo er es zu einigem Wohlstand brachte. Alle zwei bis drei Jahre kam die Familie mit dem Auto auf Heimaturlaub, denn ihnen gehörte ein kleines Sommerhaus am Rande von Hamburg. Waren sie bei uns zu Besuch, wurden wir Glaser-Kinder alle ins Auto geladen und einige Minuten um Häuserblocks gefahren. Wir genossen das sehr.

Als 1936 in Spanien der Bürgerkrieg begann, hatten die Kommunisten, die in ihrem Kampf gegen Franco Geld brauchten, auch bei der Familie Reppekus um Geld gebeten; doch obwohl Herbert und Hedwig Reppekus keine Kommunisten waren, gehörte ihre Sympathie den Franco-Gegnern. Ende 1937 oder Anfang 1938 wurde dann bei einer Haussuchung eine Liste gefunden, auf der sorgfältig alle Geldgeber der Kommunisten aufgeführt waren, auch Herbert Reppekus. Er und sein damals sechzehnjähriger Sohn Erwin wurden daraufhin erschossen; Hede, mit etwa achtzehn Jahren die älteste Tochter, flüchtete nach Frankreich, wir haben niemals wieder von ihr gehört. Tante Hedwig erwartete damals ein Kind, das sie dann zum Andenken an ihren Mann Herberte nannte.

Sobald sie halbwegs wieder zu Kräften gekommen war, betrieb sie ihre Rückreise nach Deutschland. Sie konnte etwas von ihrem Haushalt mitnehmen und kam mit drei Söhnen und dem kleinen Baby in Hamburg an, wo sie mit ihren Kindern zunächst in dem recht primitiven Sommerhaus wohnte. Bald stellte sich jedoch heraus, daß sie Lungentuberkulose hatte, worauf die kleine Herberte, die wir Nena nannten, zu meinen Eltern kam.

Hedwig Reppekus spürte wohl, daß sie nicht wieder gesund werden würde. Sie mußte ins Krankenhaus, weshalb nun auch die drei Jungs zu uns kamen. Trotz ihrer Krankheit betrieb sie mit großem Eifer die Adoption ihres Sohnes Klaus, eines blonden Lockenkopfs, der noch nicht zur Schule ging; er kam auf einen Bauernhof nahe Magdeburg. Auch von ihm hörten wir nie wieder.

Durch meine zeitweilige Abwesenheit in der Kinderlandverschikkung gab es dann später – 1940 – ein bißchen Raum in unserer Wohnung. Doch Hedwig hatte ihre kleine Tochter mit Tbc angesteckt. Sie starb zu unser aller Entsetzen, und auch Hedwig lebte nicht mehr lange. Ihre beiden Söhne Dieter und Uli kamen daraufhin endgültig zu meinen Eltern; Dieter wurde bald nach Kriegsbeginn eingezogen und fiel wenige Wochen später. So blieb von der befreundeten achtköpfigen Familie durch die schrecklichen Zeitumstände nur einer am Leben.

Während des Studiums hatten wir jedes Semester zwei Praktika in verschiedenen Volksschulen zu machen. Hier habe ich mehr für meinen Beruf gelernt als bei fast allen Vorlesungen und Übungen, mit Ausnahme vielleicht der Vorlesungen von Prof. Flitner über Erziehungswissenschaft, die immer im alten Universitätsgebäude am Dammtor stattfanden.

Bei den Praktika konnten wir in einer Klasse wöchentlich eine Stunde hospitieren und bald auch selbst unterrichten; hinterher nahm sich der Lehrer Zeit, den Unterricht kritisch durchzusprechen und Anregungen für die nächste Stunde zu geben. Bei den eigenen – manchmal natürlich noch etwas mißlungenen – Unterrichtsversuchen, bei den Hospitationen und bei den nachträglichen Gesprächen habe ich mehr gelernt als durch die theoretischen Vorlesungen, wobei ich heute glaube, daß sich für die anstrengende, zusätzliche Arbeit, die es bedeutet, wenn man sich junge Studenten in seine Klasse holt, hauptsächlich engagierte Lehrer zur Verfügung stellten, die noch in der hamburgischen Tradition fortschrittlicher Pädagogik aus den zwanziger Jahren standen.

Am Ende des zweiten Semesters, im Sommer 1939, mußten wir ein Landschulpraktikum von mehreren Wochen absolvieren. Ich wollte ins Teufelsmoor nach Worpswede, der Worpsweder Maler wegen; dort aber war kein Platz, und so landete ich am Rande des Teufelsmoores in Hambergen, wo es eine zweiklassige Schule gab. Der Hauptlehrer, Herr Backhaus, bei dem ich zugleich wohnte, betreute die Klassen 1 bis 4, sein Kollege die Klassen 5 bis 8. Hier lernte ich eine neue Art des Unterrichtens kennen – vier Jahrgänge gleichzeitig in einem Raum, eine Erfahrung, für die ich später dankbar war. Ansonsten verlief das Leben auf dem Dorf gleichförmig, die Kinder waren lieb und gehorchten. Inzwischen war es August geworden.

Im Haus von Herrn Backhaus gab es kein Radio. Da er allerdings nicht nur Lehrer, sondern auch Kantor war und sich oft in der Kirche aufhielt, wo ich seine Choräle auf der Bratsche begleitete, standen wir in enger Verbindung mit Pastor Flügge, der im Ersten Weltkrieg Offizier gewesen war und einen Arm verloren hatte. Er ritt auf einem Rappen, um alle Gemeindemitglieder betreuen zu können. Seine Predigten waren knapp und häufig hintergründig; ob allerdings seine Moorbauern die Vieldeutigkeit mancher Sätze verstanden, wage ich zu bezweifeln. Jedenfalls war es Pastor Flügge, von dem wir die Nachricht bekamen: »Die Deutschen sind in Polen eingefallen, der Krieg ist da.«

Am nächsten Wochenende fuhr ich mit dem Fahrrad nach Hamburg zu meinen Eltern, die ich natürlich sorgenvoll und verstört fand. Damals hatte ich noch zwei Wochen in Hambergen vor mir. Als ich aus Hamburg zurückkam, sagte Herr Backhaus zu mir: »Morgen fällt die Schule aus, wir beide müssen Lebensmittelkarten ausgeben. Hoffentlich habe ich noch ein bißchen Benzin im Auto.«

Die Lebensmittelmarkenausgabe war eine merkwürdige Sache. Während Herr Backhaus und ich mit dem Auto – damals auf dem Lande eine ausgesprochene Seltenheit – unsere Besuche machten, lernte ich auf abgelegenen Moordörfern tatsächlich Menschen kennen, die den Empfang ihrer Karten mit drei Kreuzen bestätigten, weil sie niemals eine Schule besucht hatten und ihren Namen nicht schreiben konnten. Schulen für geistig Behinderte, wie wir sie heute haben, gab es damals nicht, im Gegenteil: Diese armen Menschen wurden als »völkisch wertlos« abgestempelt, und die Familien, die ein mongoloides oder auf andere Weise geistig behindertes Kind hatten, konnten froh sein, wenn es nicht in ein Heim gesteckt wurde, sondern – eingebettet in seine Familie – einfache Arbeiten auf den Höfen verrichten konnte.

Mitte September nahm ich dann vom Ehepaar Backhaus, von Pastor Flügge und von meinen etwa vierzig Schulkindern Abschied. Wir ahnten nicht, daß wir uns einige Jahre später alle wiedersehen würden.

Das Wintersemester 1939/40 brachte in privater Hinsicht nichts Besonderes. Der Krieg mit seinen Erfolgsmeldungen, mit seinen Nachrichten von Gefallenen und mit seinen Einschränkungen lähmte uns; andererseits war mein Tag auch so ausgefüllt, daß ich kaum zum Nachdenken kam.

In der Hochschule hatte ich achtundvierzig Wochenstunden Übungen und Vorlesungen belegt, um möglichst bald alle zur Prüfung nötigen Testate zusammenzubekommen, und in den wenigen freien Nachmittags- und Abendstunden gab ich Nachhilfeunterricht, um mir meine Monatskarte für die Vorortbahn kaufen zu können und noch etwas Taschengeld zu haben.

Zu Hause war die abendliche Stimmung meistens gedrückt. Meine dreieinhalb Jahre jüngere Schwester, die nach der Auflösung der Lichtwarkschule ebenfalls die Klosterschule besuchte, fühlte sich dort gar nicht wohl. Mein jüngerer Bruder, der nach der mittleren Reife in der Burgstraße die Schule verlassen und eine Elektriker- und Installateurlehre begonnen hatte, war abends meistens mit Freunden zusammen, die – wie er selber – nicht in der HJ waren; wir sahen ihn kaum. Einmal lud er mich ein, ihn zu einem Fest seiner Freunde zu begleiten. Ich fragte ihn, was das für Freunde seien, was sie beruflich machten, aber ich erinnere mich nur, daß er mir erzählte, alle seien begeisterte Segler, manche besäßen sogar ein Boot. Das Fest fand in einer großen Atelierwohnung in der Innenstadt statt, die dem damals engsten Freund meines Bruder gehörte. Von den etwa zwanzig Menschen, die sich dort versammelt hatten, kannte ich niemanden. Es wurde viel gelacht und getrunken, vor allem aber wurde ganz offen über die neuesten BBC-Nachrichten gesprochen und über die Partei oder die »Braunen« geschimpft, und dort habe ich wahrscheinlich auch zum ersten Mal den Ausdruck »Adolf Nazi« gehört, der bald in unserer Familie üblich wurde und noch heute von Helmut und mir benutzt wird. Mir jedoch machte das provokative Reden Sorge, denn wie viele andere hatte ich Angst vor Denunzianten. So blieb ich dem Kreis meines Bruders von nun an fern.

In den Semesterferien nach dem Wintersemester war ein Arbeitseinsatz in einer Fabrik vorgesehenen, in meinem Fall bei Röntgenmüller in Fuhlsbüttel. Meine Arbeitskolleginnen und der Meister Bim guckten kritisch, als die Studentin erstmals ihren Arbeitsplatz an einer mit Tetrachlorkohlenstoff gefüllten Wanne betrat, wo ich gestanzte Kassetten für Röntgenfilme entfetten mußte. Von diesem Teufelszeug wurden allerdings auch meine Hände völlig entfettet; außerdem war ich giftigen Dämpfen ausgesetzt, weshalb ich täglich einen Liter Milch bekam. Doch nach einer Woche kam Meister Bim und gab mir einen anderen Arbeitsplatz. Dabei sagte er: »Wir haben dich beobachtet, wir dachten, du als Studentin würdest dich als was Besseres fühlen. Aber du bist ja genau wie wir, und darum werde ich dich jetzt auch duzen.« Von da an schmirgelte ich im Akkord Kassetten.

In den Pausen spendierte mir mal die eine, mal die andere Arbeitskollegin eine Brause, aber die Gespräche, die wir dabei führten, drehten sich immer nur um kleine Begebenheiten in der Fabrik oder zu Hause, und ich glaube nicht, daß irgendeine von den Arbeiterinnen politisch interessiert war; vielleicht waren sie auch durch Beruf und Haushalt zu müde. Wie es mit dem Meister war, kann ich nicht beurteilen, er machte nie eine politische Bemerkung.

Zum Abschluß meiner Arbeit bekam ich von der Firma Röntgenmüller einen Büchergutschein über zehn Mark. Den eigentlichen Verdienst, den ich in den vier Wochen erarbeitet hatte, erhielt die Arbeiterin, deren Platz ich eingenommen hatte: Sie hatte zum ersten Mal mit ihrer kleinen Tochter Urlaub gemacht.

Am 28. April 1940 fand die mündliche Prüfung meines Lehrerexamens am Bornplatz statt. Ich wurde nach den Prinzipien der Arbeitsschule und nach Kerschensteiners Pädagogik befragt, und da es sich hier um Vorläufer und Wegbereiter jener Schulen handelte, die ich besucht hatte, gab es für mich bei den Antworten keine Schwierigkeiten. Nach zwei Stunden hatte ich, einundzwanzig Jahre alt, die erste Lehrerprüfung geschafft. Und es dauerte keine vierundzwanzig Stunden, bis ich die Nachricht erhielt, daß ich wegen der finanziellen Situation meiner Eltern ausnahmsweise in Hamburg arbeiten könne und nicht – wie es damals hieß – »im Osten eingesetzt« würde. Ich sollte mich umgehend in der Schulbehörde melden.

Lehrerfreunde meiner Eltern aus der Burgstraße rieten mir, mich an den Schulrat Fritz Köhne zu wenden: Er sei kein Nazi und habe schon oft Kollegen heimlich geholfen, deshalb solle ich keinen Schreck bekommen, wenn er ein Parteiabzeichen trage – er tue es immer, zur Tarnung.

So fragte ich mich mit bangen Erwartungen in der Dammtorstraße, wo die Schulbehörde damals saß, zum Schulrat Könne durch. Ein weißhaariger Herr, sehr korrekt hinter dem Schreibtisch sitzend, begrüßte mich höflich. Ich erzählte, daß ich gerade mein Examen gemacht hätte und in Hamburg arbeiten dürfe, weil mein Vater sieben Jahre arbeitslos gewesen sei. Und dann platzte ich heraus: »Gibt es irgendwo in Hamburg noch eine Schule mit Koedukation?« Ich bekam selbst einen Schreck über meine Voreiligkeit, denn die Koedukation war ja schon vor einigen Jahren »abgeschafft«, das heißt verboten worden.

Fritz Köhne musterte mich ziemlich lange und fragte dann mit leiser Stimme: »Warum willst du das denn, mien Deern?« Nachdem ich ihm von der Burgstraße und der Lichtwarkschule und von meiner Vorstellung des Lehrerberufs erzählt hatte, sagte er mir, daß es tatsächlich noch eine einzige Schule in Hamburg gebe, in der Jungen und Mädchen – jedenfalls in einigen Klassen – zusammen unterrichtet würden. Er selbst kenne die Schule nicht, wisse jedoch, daß dort Asoziale, die beim Abriß des Gängeviertels nach Hörn umgesiedelt worden waren, ihre Kinder einzuschulen hätten; deshalb sei in dieser Schule immer Bedarf an Lehrern, niemand gehe gern dorthin.

Der Beginn des Berufslebens

So kam ich also zum Bauerberg 44, einer Schule, die um 1885 gebaut worden sein muß. Im Inneren roch es nach Bohnerwachs und Kaninchenstall. Aber nur eine Hälfte des Gebäudes stand damals der Schule zur Verfügung, die andere wurde von der Ausgabestelle für Lebensmittelmarken belegt.

Am 2. Mai meldete ich mich beim Schulleiter Riekmann, der hauptsächlich für die moderne Nachbarschule Pachthof, aber auch für

Bauerberg verantwortlich war. Er brachte mich in einen Klassenraum, sagte mir vor der Tür: »Dies ist ein viertes Schuljahr, Fräulein Glaser«, und verschwand. Vor mir saßen 54 Jungen und Mädchen, die mich ziemlich uninteressiert musterten. Ich hatte weder eine Namensliste erhalten noch etwas über den durchgenommenen Stoff erfahren, aber bei all dem Fragen und Erfragen lernten wir uns ganz gut kennen. Da ich bei gutem Wetter in der Regel auch nachmittags in der Schule war, hatte ich einen Schlüssel zu den Sportgeräten, und so gab es immer einige Kinder, die Schlagball, Völkerball und Treibball spielten. In den Vormittagsstunden übten wir Rechtschreibung und die vier Grundrechnungsarten. Kein Kollege kümmerte sich um die junge Lehrerin; oft kam ich mir recht hilflos vor. Nur bei Elternbesuchen merkte ich die Dankbarkeit der Väter und Mütter, daß man sich um ihre Kinder kümmerte.

Durch Zufall traf ich 1980 bei einer Wahlveranstaltung eine ehemalige Schülerin aus dieser meiner ersten Klasse. Ich hätte sie natürlich nach den vierzig Jahren nicht wiedererkannt, aber als sie ihren Mädchennamen nannte, fiel mir sofort ihre Adresse wieder ein, und ich erinnerte mich auch an das Kindergesicht. Sie erzählte, daß sie noch Verbindung mit einigen ehemaligen Klassenkameraden habe: Ob sie nicht ein Klassentreffen organisieren solle, zu dem dann auch ich eingeladen würde?

Ende 1980 fand das Klassentreffen statt. Trotz der Kriegswirren und der Ausbombung von Hamburg 1943 kamen von den 54 Kindern, die ich 1940 unterrichtet hatte, 36 würdige Frauen und Männer von 50 und 51 Jahren. Ich hatte mir ein paar Begrüßungsworte notiert, weil ich dachte, einige würden Hemmungen haben, wenn ich käme; mein Mann war ja zu der Zeit Bundeskanzler. Doch schon als ich zu dem Restaurant nahe unserer alten Schule ging, in dem wir uns verabredet hatten, hörte ich laute Unterhaltung und Gelächter, und als ich dann erschien, gab's ein großes Hallo und den lauten Ausruf: »Fräulein Glaser, Sie haben sich überhaupt nicht verändert.« Das war ja sehr schmeichelhaft, traf allerdings auf meine Ehemaligen natürlich überhaupt nicht zu. Einige waren müde und ein bißchen verbraucht, aber die meisten machten einen patenten, lebendigen Eindruck. Ich sah viele Bilder von ihren Kindern und hörte, daß manche studierten oder sogar Auslandsstipendien bekommen hatten, und ich freute mich darüber, was aus meinen Kindern geworden war. Leider lebte wohl niemand mehr von diesen verbohrten Beamten der Nazizeit, welche diese Kinder und ihre Eltern damals zu Asozialen gestempelt hatten.

Es dauerte einige Zeit, bis ich mich mit zwei anderen Lehrern ein bißchen anfreundete. Christian Bollmann, etwa fünfzehn Jahre älter als ich, hatte in der Lichtwarkschule Arbeiterabitur gemacht, Fritz Liebnau war etwas jünger. Wir trafen uns öfter auch außerhalb der Schulzeit. Wenn wir über die politische Lage, über die Partei und den Krieg redeten, gingen wir meistens draußen spazieren, damit uns niemand zuhörte, denn wir alle waren gegen Hitler, gegen das Regime. Doch auch meine beiden Kollegen hatten keine rechte Vorstellung von einem Deutschland, wie sie es sich wünschten. Christian Bollmann hatte nach beendetem Studium in den sogenannten »goldenen zwanziger Jahren« auf einem Kohlenplatz für ein winziges Taschengeld gearbeitet, um nicht zu verhungern, und auch Fritz Liebnau hatte erst spät eine Anstellung bekommen, weshalb die letzten Jahre der Weimarer Republik für beide nicht das Ideal eines demokratischen Staates verkörperten.

Einmal Anfang des Monats fuhren wir gemeinsam zur Schulbehörde, um dort an der Kasse unser Gehalt abzuholen; Überweisungen auf ein Konto gab es noch nicht. Ich bekam monatlich 126,14 Mark, wovon ich 100 Mark meinen Eltern gab.

Die Luftangriffe auf Hamburg begannen. Beim ersten Sirenengeheul setzte ich einen Kessel auf, um Pfefferminztee zu kochen, den wir mit in den Luftschutzkeller nahmen, um die Magennerven zu beruhigen. Die ersten Bomben fielen, es gab die ersten Toten. Evakuierungspläne wurden entworfen. Die Kinder kamen unausgeschlafen in die Schule. Die Kinderlandverschickung begann.

Aus meiner Klasse sollten nicht alle Kinder mitreisen; dafür wollten einige Eltern, daß jüngere und ältere Geschwister in meine Gruppe aufgenommen würden, und so waren es schließlich dreiundzwanzig Mädchen von neun bis fünfzehn Jahren, die mir anvertraut waren, während die Jungen mit Herrn Bollmann oder Herrn Liebnau fuhren. Jede Klassengruppe bekam außerdem eine BDM-Führerin oder einen HJ-Führer als Begleitung. Meine BDM-Führerin, von uns Charly genannt, war Mädelschaftsführerin und fünfzehn Jahre alt, so alt wie meine ältesten Mädchen.

An einem kühlen Oktobernachmittag ging es los – einige Kinder mit Koffern, andere mit Pappkartons. Nach einer Nachtfahrt kamen wir im Morgengrauen in Kulmbach in Oberfranken an, wo auf dem Bahnhof geschäftige SA-Leute standen, um die einzelnen Lehrkräfte aufzurufen und ihren Quartieren zuzuweisen. Meine beiden Freunde, so hörte ich, bekamen den »Gasthof zur Hölle« zugewiesen; befriedigt wurden die Listen zugeklappt, die Klassen setzten sich in Bewegung; nur wir standen noch da. Auf meine Frage nach unserem Quartier kam mit erstaunter Stimme die Auskunft: »Uns sind nur zwölf Gruppen gemeldet.« Einiges Hin und Her folgte. Ich mußte zu mehreren Dienststellen laufen, und am Ende organisierten wir für die erste Woche eine verteilte Unterbringung: Wo immer bei anderen Hamburger Gruppen einige Betten frei waren, kamen die Kinder und ich unter.

Nach einer Woche wurde im Gasthaus Schatz auf dem Berg unmittelbar unter der Plassenburg ein Saal für uns und eine Hilfsschulklasse (heute eine Sonderschule für Lernbehinderte) frei gemacht, in dem für die knapp vierzig Mädchen vierzehn Dreierbetten standen, sogenannte Nürnberger Betten, wohl weil sie bei den Nürnberger Parteitagen aufgestellt wurden. Aber damit rissen die Probleme nicht ab: In Hamburg war uns gesagt worden, daß wir weder Bettwäsche noch Handtücher mitzunehmen brauchten. Doch während die anderen Gruppen wirklich alles bekommen hatten, fanden wir auf unseren Betten nichts als eine dünne Wolldecke. Wieder lief ich von Dienststelle zu Dienststelle. Die blauweißkarierte Bettwäsche war schnell beschafft, für die Handtücher dagegen bekam ich nur Bezugsscheine und brauchte einen weiteren Tag, um das Geld zu ihrem Kauf zu beschaffen, zwei Stück für jedes Kind.

An einen geregelten Schulunterricht war vorerst nicht zu denken. Außer dem Schlafsaal hatten wir ja keinen Raum für uns, und zum Essen ging's nach wie vor jeden Tag den Berg hinab in die Stadt ins Vereinshaus. So erkundeten wir Kulmbach mit seinen schönen alten Straßen, besichtigten die Plassenburg mit dem herrlichen Renaissance-Hof. Postkarten an die Eltern wurden auf der Bettkante geschrieben.

Ende November fiel Schnee. Es wurde mühsam, sich draußen zu bewegen. Die Kinder hatten Heimweh, und es war schwierig, sie sinnvoll zu beschäftigen. Vielleicht waren die Anstrengungen, die nun schon seit Wochen andauerten, der Grund dafür, daß ich mich an das Weihnachtsfest 1940 kaum erinnere. Familie Schatz hatte einen kleinen Weihnachtsbaum aufgestellt; für die Kinder waren einige Päckchen mit der Post gekommen. Außerdem meine ich mich zu erinnern, daß ich für meine Mädchen um diese Zeit je einen dunkelblauen Rock und ein sogenanntes Berchtesgadener Jäckchen bekam.

Es war eine überaus schwierige Zeit. Ich war eine ausgebildete Volks- und Realschullehrerin, kam jedoch kaum zum Unterrichten, sondern lebte für und mit dreiundzwanzig Mädchen, die auf mich angewiesen waren, immer nur von einem Tag zum anderen. Immerhin erreichte ich nach etlichen Gesprächen in der Kreisverwaltung, bei denen ich auf die unzumutbaren Bedingungen im Schatzschen Gasthof hinwies, vor allem auf die mangelnden Waschgelegenheiten und auf die Unmöglichkeit, einen geordneten Unterricht zu geben, endlich einen Wechsel des Wohnorts: In einer ehemaligen Trinkerheilstätte waren für uns Räume frei gemacht worden.

In diesen schwierigen Wochen, von denen ich meinen Eltern nicht berichten wollte, hatte ich mir angewöhnt, Schulrat Köhne in Hamburg brieflich zu schildern, wie unser Leben in der Kinderlandverschickung aussah. Bei irgend jemandem mußte ich meine Probleme ja abladen, denn wenn ich auch jede Woche mit den Kindern eine Wanderung quer durch die Stadt zu meinen Hamburger Freunden Christian Bollmann und Fritz Liebnau im Gasthof »Hölle« machte, hatten wir bei solchen Treffen doch kaum Zeit, miteinander zu reden; unsere Kinder brauchten uns. Um so mehr freute ich mich, daß ich auf fast jeden meiner Briefe bald eine Antwort von Schulrat Köhne erhielt, lange, sorgfältig formulierte und väterlich beruhigende Briefe in einer kleinen, sauberen Schrift, die mich trösteten und mir Mut machten.

Eines Tages im Vorfrühling war es soweit. Unser Umzug nach Hutschdorf südlich von Kulmbach fand statt. Mit einer Kleinbahn fuhren wir unserem neuen Zuhause entgegen, dann folgte noch ein längerer Fußmarsch durch schlammige Wege, bis wir an einem Hang, der mit hohen Bäumen bestanden war, die zwei langgestreckten, hellgelben Häuser der Heilstätte liegen sahen. Eine freundliche Diakonissin, Schwester Maria, begrüßte uns und zeigte uns unsere Räume. Sie waren alle in der gleichen Weise eingerichtet: In der Mitte stand ein Tisch mit vier Stühlen; außerdem gab es vier Schränke, für jedes der dort wohnenden Mädchen einen. Und was mich selbst betrifft, so hatte ich nun, mit fast zweiundzwanzig Jahren, zum ersten Mal in meinem Leben ein Zimmer für mich allein.

Von nun an verlief unser Leben in etwas geregelteren Bahnen. Der Lehrer des Dorfes, Herr Schwarz, hatte mir schon kurz nach unserer Ankunft zugesichert, mir für mehrere Tage in der Woche einen Klassenraum zur Verfügung zu stellen; es gab Tafel und Kreide, Hefte und Schreibmaterial und sogar Landkarten. So konnte morgens nach dem Frühstück endlich auch ein bißchen Unterricht stattfinden, wobei es sich als günstig erwies, daß ich in Hambergen gelernt hatte, verschiedene Jahrgänge in einem Klassenraum zu unterrichten. Mittags versammelten sich dann alle Lehrer und Kinder in dem Speisesaal zum Essen. Die Diakonissen gaben sich große Mühe, uns trotz aller Einschränkungen gut zu ernähren. Es gab viel Gemüse, gelegentlich auch mit Fleisch gekocht; abends konnten wir reichlich belegte Brote essen. Nach dem Mittag verordnete ich nun regelmäßig eine Ruhe, in der die Kinder in ihren Zimmern blieben; einige schliefen, andere lasen. Vor allem aber hatte ich auf diese Weise Gelegenheit, mit einzelnen Mädchen unter vier Augen zu reden. Einige hatten Heimweh oder Sorgen, weil sie lange keine Post von zu Hause bekommen hatten, andere – und das war mein größtes Problem – hatten zum ersten Mal ihre »Tage« bekommen und keine Ahnung, was mit ihnen geschah. Da hatte ich dann ein weinendes Häuflein Elend auf dem Schoß sitzen, dem ich erklären mußte, daß es nicht sterben müsse, sondern lediglich erwachsen werde.

Oft kam auch meine BDM-Führerin Charly in der Mittagspause, und wir besprachen, wie der Nachmittag verlaufen solle. Wenn das Wetter es nur einigermaßen zuließ, waren wir draußen und erwanderten die Umgebung. Später, im Frühjahr, beobachteten wir die Tiere, vor allem aber die besonders schöne Pflanzenwelt des auslaufenden Fränkischen Jura, und die Kinder legten mit Begeisterung ein Herbarium an. Im Frühsommer gingen wir so oft wie möglich zum Walderdbeerenpflücken und aßen uns an den Früchten satt. Niemals aber fand eine Wanderung ohne mich statt, und wenn ich nachmittags Hefte korrigieren, wenn ich mich vorbereiten wollte oder wenn eine Konferenz im nahen Kulmbach stattfand, blieben meine Mädchen mit Charly auf dem Gelände des Heimes, wobei wir vorher im groben besprachen, was sie machen sollte, Sport, Singen oder Vorlesen. Ob sie dabei jemals eine Art politischer Schulung betrieben hat, weiß ich nicht; jedenfalls habe ich von meinen Mädchen nichts darüber gehört.

Etwa alle zwei Wochen fand in Kulmbach eine Lehrerkonferenz statt, an der etwa fünfzehn Kollegen der Hamburger Gruppen teilnahmen. Wir waren ohne Ausnahme in derselben Situation: Den ganzen Tag waren wir für die Kinder verantwortlich, nicht nur während des Unterrichts. Aber viele Kollegen, von denen ich mit Abstand die Jüngste war, hatten immerhin ihre Ehefrauen und Kinder mitgebracht, was natürlich eine Hilfe darstellte. Wichtig für uns bei den Konferenzen war der Erfahrungsaustausch; wichtig für uns war aber auch, daß wir jedes Mal ein kleines Tütchen mit einem Achtelpfund Bohnenkaffee bekamen, damals eine Rarität.

Im März 1941 hatte ich Geburtstag und wurde zweiundzwanzig Jahre alt. Ich war sehr gerührt, als morgens beim Frühstück nicht nur ein Kuchen, sondern auch eine blühende weiße Azalee auf meinem Platz stand.

Irgendwann im Vorfrühling fiel mir auf, daß einige Mädchen sich häufig am Kopf kratzten. Ich hatte bisher noch keine Kopflaus gesehen, jetzt aber lernte ich sie kennen. Von einem Apotheker im nahen Städtchen Thurnau bekam ich ein Mittel mit dem schönen Namen »Lauto«, mit dem ich, unterstützt von den größeren Mädchen, alle Köpfe einrieb, denn inzwischen hatten sämtliche Kinder Läuse. In dem Moment, da wir nach einer bestimmten Einwirkungszeit die Haare waschen wollten, wurde mir der Besuch vom Oberschulrat angekündigt, der meinen Unterricht inspizieren wollte. Als ich ihm vorgestellt wurde, sagte ich höflich: »Heute findet kein Unterricht statt. Meine Mädchen haben Läuse, und ich muß ihnen die Köpfe abspülen. Wenn Sie mir dabei helfen könnten, wäre ich dankbar.« Woher ich die Kühnheit nahm, wußte ich hinterher nicht mehr. Den Oberschulrat habe ich nie wiedergesehen.

In der ehemaligen Trinkerheilstätte, die nun seit einigen Wochen unser Heim geworden war, lebten in der obersten Etage noch sechs Patienten. Wir sahen sie kaum; nur ein großer, schlanker Herr in vorgerücktem Alter fiel mir auf, weil er oft in der Nähe stand und zuhörte, wenn wir sangen. Wir kamen ins Gespräch, und eines Abends erzählte Herr Fiehler mir aus seinem Leben: Voller Begeisterung war er schon in den zwanziger Jahren in die NSDAP eingetreten, von der er nach 1933 sogar das goldene Parteiabzeichen erhalten hatte. Aber die Entwicklung der Partei nach der »Machtergreifung« hatte ihm so sehr mißfallen, daß er austreten wollte, eine Entscheidung, die man in der NSDAP allerdings nicht als bloße Privatsache ansehen wollte, denn inzwischen war sein Bruder Oberbürgermeister von München geworden. So wurde Herr Fiehler hier nach Hutschdorf in die Trinkerheilstätte gesteckt, und vielleicht hatte er ja auch wirklich versucht, seine Probleme mit Alkohol zu betäuben. Jedenfalls saß er jetzt hier, eingesperrt und verzagt, und seine einzige Freude – so sagte er mir – waren die Kinder, besonders wenn sie sangen. Einmal fragte er mich, ob er für sie ein Lied dichten dürfe. Da ich wußte, daß der Lehrer im Dorf gern musizierte, brachte ich die beiden zusammen, und es entstanden einige Lieder im Volkston, die meine Mädchen mit Begeisterung sangen. Der Höhepunkt unserer Verbindung war schließlich eine Zirkus- und Singvorstellung für das ganze Heim, bei der Herr Fiehler mit einem Zylinderhut den Zirkusdirektor spielte.

Nach meiner Rückkehr aus der Kinderlandverschickung schrieben wir uns dann ab und zu. Er heiratete, und seine Frau bestätigte mir mehrfach, daß ihr Mann die für ihn schlimme Zeit in Hutschdorf nur deshalb so gut überstanden habe, weil er durch die Kinder aufgemuntert worden sei.

Bei unseren zahlreichen Wanderungen hatten wir in der Nähe von Hutschdorf das kleine Katendorf entdeckt, wo sich ein bescheidener Gasthof befand, den wir Kolleginnen in der Mittagspause gelegentlich besuchten. Nachdem wir nämlich mit der Wirtin bekannt geworden waren, bekamen wir dort – ohne Lebensmittelkarten! – eine Schnitte Landbrot mit frischer Butter, für uns eine ungewohnte Delikatesse (unsere Lebensmittelkarten brauchten ja die Diakonissen, um uns zu verpflegen). Und von Zeit zu Zeit spendierte uns die freundliche Wirtin sogar eine Tasse Bohnenkaffee. Trotz solcher kleinen Oasen und vieler guter, auch vergnügter Stunden belastete mich die Verantwortung für die Mädchen mehr und mehr. Wir bekamen kaum Nachrichten, ein Radio besaßen wir nicht, und so wußten wir nicht, wie es auf den Kriegsschauplätzen aussah, und erfuhren auch aus Hamburg nur wenig. Ich schlief schlecht. Immer wieder kam nachts eines der Mädchen, das Heimweh hatte und getröstet werden wollte. So war ich froh, als ich vom Lagerleiter hörte, daß ich einige Wochen Urlaub machen sollte; eine Vertretungslehrerin aus Hamburg war bereits angekündigt.

Ich schrieb daraufhin einen Brief an meinen Schulkameraden Helmut Schmidt, in dem ich ihm vorschlug, Mitte August zu ihm nach Berlin zu kommen. Helmut und ich waren schon in der Sexta miteinander befreundet gewesen, und 1935 hatten wir auf einer Bank im Hamburger Stadtpark erste zarte Küsse ausgetauscht. Mit ihm konnte ich mich so gut zanken, wie wir es nannten; auf unserem gemeinsamen Schulweg diskutierten wir endlos über Gott und die Welt. Als Helmut dann im Arbeitsdienst war, waren wir gelegentlich ins Theater gegangen, und noch von Hambergen aus hatte ich den Rekruten Schmidt einmal in Vegesack besucht. Wir waren uns damals aber recht fremd, und für einige Zeit riß die Verbindung ab, bis ich Anfang 1941 nach langer Zeit wieder einen Brief von Helmut bekam, den meine Eltern mir nach Hutschdorf in die Kinderlandverschickung nachsandten. Helmut war damals in Stolp in Hinterpommern stationiert. Ich schrieb schnell zurück. Und bei dem Briefwechsel, der nun begann, stellte sich bald die alte Vertrautheit wieder her, so daß der Wunsch nach einem Wiedersehen bei uns beiden groß war.

Am 17. August kam ich in Berlin an. Helmut, der inzwischen beim Reichsluftfahrtministerium arbeitete, hatte mir ein Zimmer in der Nähe seiner Unterkunft besorgt; wir freuten uns, beieinander zu sein. Von Helmut erfuhr ich endlich einiges vom Krieg, von den Entwicklungen in Frankreich, in England, von der Besetzung Norwegens und vor allem von dem Kriegsbeginn mit Rußland. Auch Helmut sollte am 24. August nach Rußland: Wir hatten nur eine Woche für uns.

Wir malten uns aus, wie die Welt wohl nach dem Krieg aussehen würde: schrecklich auf jeden Fall, ganz gleich, wie der Krieg ausgehen würde. Irgendwann bei diesen Gesprächen, die sich mit der Zeit nach dem Krieg beschäftigten, wurde uns jedoch klar, daß unser Leben auch in der Gegenwart wichtig sei, da wir am Ende des Krieges möglicherweise verbrauchte Menschen sein würden. Und da beschlossen wir eines Abends auf einer Bank in der Nähe des U-Bahnhofes Nollendorfplatz, daß wir, wenn Helmut gesund aus Rußland zurückkäme, heiraten wollten.

Die letzten Tage vor Helmuts Abfahrt verbrachten wir verliebt und in neuer Vertrautheit. Als ich Helmut am 24. August zum Zug brachte, standen viele junge Frauen weinend auf dem Bahnsteig – wie ich. Wir fragten uns wohl alle, ob wir unsere Männer je wiedersehen würden.

Den Rest meines Urlaubs verbrachte ich in Berchtesgaden, wo mir Herr Fiehler von Hutschdorf aus bei einem befreundeten Schlachter ein Zimmer bestellt hatte. Von der schönen Umgebung lernte ich allerdings nur wenig kennen; es regnete fast die ganze Zeit, und ich dachte an Helmut in Rußland. Immerhin kam ich im September einigermaßen ausgeschlafen und erholt nach Hutschdorf zurück.

Es gab Neuigkeiten. Im Hamburg waren in den letzten Monaten keine Luftangriffe mehr gewesen, worauf sich viele Eltern an die Schulbehörde gewandt und darum gebeten hatten, daß ihre Kinder zurückkehrten. So packten wir im Oktober unsere Koffer, verabschiedeten uns von den freundlichen Schwestern und kamen nach einem Jahr Kinderlandverschickung zurück in unsere Heimatstadt.

Anfang der fünfziger Jahre, als wir schon ein Auto hatten, fuhren Helmut, unsere kleine Tochter Susanne und ich nach Hutschdorf. Schwester Betty, die Oberin des Heimes, das inzwischen eine Lungenheilstätte geworden war, lebte noch und freute sich über den Besuch. Bei dem Gespräch mit ihr wurde mir klar, wie schwierig es damals für die wenigen Diakonissen gewesen sein muß, uns Hamburger Kinder durchzufüttern und für unsere Wäsche und die Sauberkeit des Hauses zu sorgen. Für mich war es wohl das schwierigste Jahr meines Lebens überhaupt; die Verantwortung für die Kinder mit all den vielen Problemen jeden Tag und jede Stunde zu tragen, hat mich unendlich belastet. Aber es ist ein wichtiger Teil meines Leben, und ich habe viel daraus gelernt.

Unser Jahr in der Kinderlandverschickung war der noch etwas improvisierte Beginn einer später straff geplanten Organisation. Wir waren noch für den Unterricht *und* für die Nachmittags- und Abendstunden verantwortlich und zum Teil in sehr primitiven Unterkünften untergebracht; später lebte ein Teil der Kinder bei Pflegeeltern oder in durchorganisierten Lagern, so daß sich die Lehrer weitgehend nur noch um den Unterricht zu kümmern hatten.

Verlobung und Hochzeit

Nach einigen Ruhetagen meldete ich mich in meiner alten Schule am Bauerberg zurück. Inzwischen unterrichteten dort einige neue Kolleginnen, während die Männer bis auf eine einzige Ausnahme – Herrn Zetsche, den Schulleiter – eingezogen worden waren. Die Klassen waren zum Teil noch voller als vorher, es gab keine gemischten Klassen mehr, und da das Schuljahr Ostern angefangen hatte und alle Klassen mit Klassenlehrern versorgt waren, wurde ich als Vertretungslehrerin beschäftigt.

Mein Bruder war eingezogen worden. Zu unserer Beruhigung schrieb er häufig, ebenso wie Helmut, wobei wir uns – wie viele andere auch – angewöhnt hatten, unsere Briefe zu numerieren. So konnte ich sehen, daß seine Briefe mich fast alle erreichten, selbst wenn ich nicht wußte, wo er sich befand; denn der Absender enthielt ja immer nur eine Feldpostnummer. Außerdem hatten meine Eltern sich, während ich in Hutschdorf war, einen Volksempfänger angeschafft und die Nachrichten von BBC, die wir nun häufig, verzerrt und unvollkommen, unter der Bettdecke empfingen, ließen uns auf ein nicht allzu fernes Ende des Krieges hoffen.

Die Luftangriffe häuften sich. So war es auch, als eines Tages ein Anruf meiner Eltern kam, daß Helmut aus Rußland zurück sei und bei seinen Eltern auf mich warte. Ich machte mich sofort auf den Weg. Straßenbahnen fuhren nicht, also ging ich zu Fuß, wobei ich zwischen Hoheluft und Barmbeck dreimal von einem Fliegeralarm überrascht wurde und in einem fremden Luftschutzkeller fliehen mußte. Als ich endlich in der Wohnung meiner späteren Schwiegereltern ankam, fand ich Helmut gesund vor; er hatte nur einen kleinen Kratzer abbekommen, allerdings mußte er sich schon bald wieder in Berlin beim Luftfahrtministerium melden.

Wir nutzten die wenigen Tage, um ein Zimmer für mich zu suchen; denn weder in der kleinen Wohnung meiner Eltern noch bei seinen Eltern waren wir für uns allein. Das Zimmer, das wir schließlich fanden, lag in der Nähe meiner Schwiegereltern, was für mich einen Schulweg von fast einer Stunde oder eine umständliche Fahrt mit der Straßenbahn bedeutete.

Aber dieses Zimmer in der Wandsbeker Chaussee ist später unsere erste Ehewohnung geworden: ganze zwölf Quadratmeter. Außer einem Bett und einem Kleiderschrank fanden dort noch ein kleiner quadratischer Tisch und zwei Sessel Platz, die mein Vater getischlert hatte und die ich mit Bezügen aus alten bunten Stoffresten versah; daneben paßte gerade noch eine alte Mahagoni kommode, bei der mein Vater aus den beiden oberen Schubladen mit Hilfe einer Sperrholzplatte einen Schreibschrank zum Arbeiten für mich gemacht hatte. Außerdem gehörte zu dem Zimmer ein schmaler, langer Raum; unter dem kleinen Dachfenster befand sich das Klo, am Eingang ein kleines Waschbecken, daneben – auf einem Schränkchen – ein zweiflammiger Gasherd, auf dem ich kochte. Eine etwas ungewöhnliche Mischung.

In diesem Zuhause schmiedeten wir Zukunftspläne. Daß wir bald heiraten wollten, war klar; wir wollten uns aber auch kirchlich trauen lassen. Wir waren uns beide einig, daß die Lage nach Kriegsende schrecklich sein würde, ganz gleich, ob Deutschland den Krieg gewann und die Nazizeit mit ihrer Bevormundung, geistigen Einengung und Bespitzelung weiterging oder ob unserem Land ein vollkommener Zusammenbruch bevorstand, was uns im Grunde noch lieber war. Und was letzteren Fall betraf, so glaubten wir beide, daß dann den beiden Kirchen eine ganz wichtige Rolle zufiele, was uns in unserem Entschluß noch bestärkte. Doch gab es ein Problem: Ich war nicht getauft. Freundlicherweise übernahm der Vater eines ehemaligen Klassenkameraden, Pastor in einer Hamburger Kirche, den vorbereitenden Unterricht und taufte mich. Meine Mutter war entsetzt, aber mein Vater sagte, als ich meine Gründe angab: »Ich kann dich verstehen.«

1942 war es noch üblich, daß auch Kriegsoffiziere wie Helmut, der inzwischen zu einem Lehrgang in die Flak-Artillerieschule II auf dem Venusberg oberhalb Bonns abkommandiert worden war, ihre Bräute ihren Kommandeuren vorstellten. Als ich daraufhin meine Schwiegereltern besuchte, um Helmuts Papiere für meinen Besuch in Bonn und die spätere Bestellung des Aufgebots abzuholen, meinte mein Schwiegervater: »Ihr seid doch viel zu jung zum Heiraten. Und außerdem hat Helmut noch gar keinen Beruf und kann keine Familie ernähren.« Ich setzte ihm auseinander, daß ich eine Familie ernähren könnte und daß wir vor allem deshalb heiraten wollen, weil wir nicht wüßten, wie lange der Krieg noch dauern würde. Als er mir dann die Papiere übergab, erzählte er mir etwas zögernd, daß er unehelich geboren worden und sein Vater unbekannt sei; erst nach dem Krieg erfuhr ich von Helmut, daß sein Großvater Jude war. Und noch einmal viele Jahre später, als mein Schwiegervater schon über achtzig war, berichtete er mir von seinem Herkommen: Sein Vater, ein Herr Gumpel, hatte als junger Mann in Hamburg gelebt. Als sein unehelicher Sohn geboren worden war, sorgte er dafür, daß das Ehepaar Schmidt das Kind adoptierte, während er selber nach Sachsen zog und eine Mantelfabrik übernahm.

Obwohl mein Schwiegervater keinerlei Anregung aus seinem Elternhaus bekam – sein Ziehvater war ungelernter Hafenarbeiter –, besuchte er nach der Volksschule die Selekta und machte anschließend eine Lehre als Rechtsanwaltsschreiber; später konnte er dank der Förderung eines wohlhabenden Mannes sogar das Lehrerseminar besuchen, und als er schon verheiratet war und zwei kleine Kinder hatte, nahm er neben seinem Lehrerberuf noch ein Studium auf und wurde Gewerbelehrer. Er war mit Recht stolz auf diesen Werdegang, und so schrieb er eines Tages seinem leiblichen Vater, um ihm von seinen Erfolgen zu berichten – und auch davon, daß er mittlerweile zwei Enkel habe. Als Antwort erhielt er einen Umschlag mit fünfzig Mark, die er umgehend zurückschickte. Die menschliche Enttäuschung war ihm noch anzumerken, als er mir Jahrzehnte später davon erzählte, und Helmut und ich haben immer den Eindruck gehabt, daß er unter seiner unehelichen Geburt mehr gelitten hat als unter den Schwierigkeiten, die ihm und seiner Familie in der Nazizeit hätten entstehen können, wenn seine jüdische Abstammung bekanntgeworden wäre.

Doch zurück ins Jahr 1942. In den Osterschulferien fuhr ich nach Bonn, um mich bei Helmuts Kommandeur vorzustellen, Oberstleutnant Andersen. Helmut hatte mir die Anweisung gegeben: Mantel anbehalten, nur zehn Minuten bleiben. Aus den zehn Minuten wurde fast eine Stunde. Das große Zimmer, in das ich geführt wurde, hatte vom Venusberg aus nicht nur einen herrlichen Blick auf das Rheintal, es hingen auch viele Bilder – hauptsächlich französische Impressionisten – an den Wänden, über die wir uns unterhielten. Wir bekamen unsere Heiratserlaubnis.

Meine Schwiegereltern wünschten eine offizielle Verlobungsfeier, was mit den wenig üppigen Lebensmittelmarken jedoch recht schwierig zu bewerkstelligen war. Aber zwei Vettern von mir hatten gerade die Schule abgeschlossen. So legte nun die ganze Sippe Lebensmittel für ein Fest zusammen, und auf dem Heidegrundstück meiner Großeltern wurde mit Musik und Volkstanz Schulentlassung und Verlobung gefeiert. Alle vermieden es sorgsam, vom Krieg, von unseren Schwierigkeiten und der ungewissen Zukunft zu reden, und so wurde es das letzte halbwegs vergnügte Fest der Großfamilie.

Nach den Osterferien 1942, zu Beginn des neuen Schuljahres, kamen besonders viele Schulanfänger, und Lehrkräfte waren knapp. Daher erhielt ich gleich zwei erste Klassen auf einmal: Klasse la hatte montags, mittwochs und freitags drei Stunden, während Klasse lb sich an diesen Tagen mit nur zwei Stunden begnügen mußte; an den restlichen Tagen – dienstags, donnerstags und sonnabends – war es umgekehrt. Für mich hieß das nicht weniger als dreißig Wochenstunden und einhundertdreiundzwanzig kleine neugierige Kinder, die Lesen, Schreiben und Rechnen lernen sollten und – wie ich erleichtert merkte – fast alle auch lernen wollten. Als ich erst einmal alle Namen im Kopf hatte, war die größte Anfangsschwierigkeit überwunden, aber manches Mal fragte ich mich abends vorm Einschlafen doch: Hast du eigentlich mit jedem ein persönliches Wort gewechselt?

Die Klassenräume waren für diese große Kinderschar nicht eingerichtet. Die Mädchen mußten in den altmodischen Bänken sehr zusammenrücken, und überdies hatten sie alle noch alte Schiefertafeln mit quietschenden Griffeln, die ich allerdings nach den ersten Schreibübungen abschaffte; von da an wurde auf Heftseiten mit Bleistift geschrieben. Auch Fibeln waren nicht ausreichend vorhanden, und die vorhandenen Exemplare gefielen mir nicht besonders: Es marschierten zu viele SA-Männer durch die Seiten. So machten wir uns unsere Fibel selber, indem die Kinder zu den Buchstaben und Lauten, die neu gelernt werden sollten, Dinge aus ihrem kleinen Alltag oder aus der Schule malten.

Eine Schwierigkeit allerdings blieb: Wie sollte man mit den vielen Kindern einen Lehrspaziergang machen? Doch halfen mir manchmal Mütter, wenn wir eine kleine Wanderung zur Homer Rennbahn, zur neugebauten Autobahn nach Lübeck oder ins Horner Moor machten. In der Schule malten wir nach diesen Ausflügen, vor allem aber erzählten die Kinder von ihren Beobachtungen und stellten Fragen. Das war mir besonders wichtig.

Ende Juni, kurz vor den großen Ferien, bekam Helmut drei Wochen Urlaub. Wir konnten heiraten. Das Aufgebot beim Standesamt hatte ich rechtzeitig bestellt, unsere Klassenkameradin Ursula Humke und Helmuts Freund Kurt Philipp waren unsere Trauzeugen, und am Nachmittag und Abend des 27. Juni 1942 feierten wir im Familienkreis bei meinen Schwiegereltern zugleich unsere Hochzeit und die Verlobung von Helmuts jüngerem Bruder Wolfgang mit Gesa Teltau. Da meine Eltern schon in jungen Jahren aus der Kirche ausgetreten waren und meine Mutter – wie gesagt – über meine Taufe nicht unbedingt froh war, gingen wir allen Unstimmigkeiten aus dem Wege und ließen uns nicht in Hamburg, sondern in Hambergen trauen, dem Dorf, in dem ich bei Kriegsbeginn gearbeitet hatte. Übrigens hat uns Kurt Philipp erst jetzt, beim Schreiben dieser Erinnerungen, gestanden, daß er unsere kirchliche Trauung damals als Provokation empfunden habe. So hatten wir sie eigentlich nicht gemeint; aber ein gewisser Protest gegen die Zeit war es natürlich schon.

Am 1. Juli gingen wir zur alten Hambergener Kirche, Helmut in Uniform und ich in einem weißen, selbstgenähten Kleid, dessen Stoff ich auf eine Sonderkleiderkarte gekauft hatte. Weißen Stoff für einen Schleier gab es nicht mehr, und so trug ich einen rosa Schleier und einen selbstgebundenen Myrtenkranz, dessen Zweige mir eine Freundin meiner Schwiegereltern aus Bremen besorgt hatte. Da die Trauung nach dem Gottesdienst stattfand, war die Kirche schon leer, doch auf der Empore standen meine ehemaligen Schülerinnen und Schüler und sangen. Mir gingen viele Gedanken durch den Kopf: Wie wird unsere gemeinsame Zukunft aussehen? Werden wir überhaupt zusammen überleben? Wird es eine Zeit ohne Krieg und ohne Nazis für uns geben? Werde ich die Kinder, die da oben für uns singen, noch einmal wiedersehen? Ich konnte nicht wissen, daß ich alle Fragen eines Tages mit Ja würde beantworten können. Denn viele Jahre später – Helmut war inzwischen Bundeskanzler – besuchten wir abermals Hambergen. Die Kirche war gerade renoviert worden, und die bemalte Empore war verschwunden. Ich wurde gefragt, ob ich nicht auch die alte Schule besuchen wolle, und ging noch einmal den vertrauten Weg von der Kirche zum Schulgebäude. Als ich die Tür öffnete, saßen meine »Ehemaligen« – inzwischen erwachsene Mütter und Väter – auf ihren einstigen Plätzen und freuten sich über meine Überraschung.

Durch Vermittlung meines Schwiegervaters bekamen Helmut und ich im Herbst 1942 eine Wohnung zur Untermiete, ganz in der Nähe unseres Zimmers. Die Besitzer, die Familie Wardenphul, lebten im »Warthegau« und hatten in einem kleinen verschlossenen Zimmer lediglich noch einige private Dinge zurückgelassen. Sonst war die große Wohnung leer: Eine Riesenküche, ein dreißig Quadratmeter großes Schlafzimmer, ein geräumiges Bad und zwei ineinandergehende Wohnzimmer in einem Haus aus der Gründerzeit sollten nun mit einem Mobiliar eingerichtet werden, das bisher für ein Zimmer von zwölf Quadratmetern bemessen war. Ich kaufte ein gebrauchtes Schlafzimmer für 250 Mark, und von den Umzugsleuten, die mitleidig die fast leere Wohnung betrachteten, erstand ich – ebenfalls für 250 Mark – einen alten, soliden Eßtisch, zwölf dazugehörende Stühle und ein »Sofa mit Umbau«. Da ich damals als Lehrerin keine zweihundert Mark verdiente, dachte Helmut, ich sei größenwahnsinnig. Als aber mein Vater aus dem Sofaumbau mit Hilfe einer großen Sperrholzplatte einen großen Schreibtisch getischlert hatte, neben den ich unseren kleinen Tisch mit den zwei Sesseln stellte, und als der große Eßtisch mit Sofa und Stühlen das andere Zimmer füllte, war er bei seiner ersten Besichtigung während eines Kurzurlaubs doch sehr zufrieden. Wir erlaubten uns sogar, für fünf Mark im Monat ein Klavier zu mieten.

Ab und zu, wenn Helmut von Berlin, wo er wieder im Reichsluftfahrtministerium saß, übers Wochenende nach Hamburg kommen konnte, hatten wir Gäste. Die Bewirtung war schwierig. Ich erinnere mich, daß ich häufiger beim Fischmann saure Heringe bekam; so gab es Pellkartoffeln, Heringe und eine Soße aus einem winzigen Stück Speck. Die Gespräche drehten sich natürlich immer um den Krieg und sein Ende, und zu meiner Verwunderung gab es unter den Männern noch immer einige, die an den »Endsieg« glaubten.

So verging das Jahr 1942. Meine Schulkinder, der weite Schulweg, ein bißchen Haushalt und viele Besuche bei meinen Eltern füllten die Tage. Ab und zu musizierten wir mit Vati Demmler; aber eigentlich lebte ich immer nur von einem Tag zum anderen, müde von dem Schulalltag und einzelnen nächtlichen Alarmen, ohne irgendwelche Zukunftspläne, die ja auch vergeblich gewesen wären. Nur immer wieder die Frage: Wann nimmt das endlich ein Ende?

Zum Jahresende besuchte ich Helmut in Berlin, wo wir uns ein Zimmer in einem Hotel am Alexanderplatz gemietet hatten. Da wir beide sehr müde waren, wollten wir erst einmal ausschlafen, nur vorsichtshalber stellte ich den Wecker auf zwölf Uhr. Als er klingelte, machten wir kurz Licht, riefen »Prosit Neujahr!«, löschten das Licht und schliefen gleich wieder ein.

Die letzten Kriegsjahre

Im Sommer 1943 wurde Helmut zum Schießplatz Rerik abkommandiert. Da Sommerferien waren, fuhr ich ins nahegelegene Kühlungsborn, wo Helmut uns ein Privatzimmer besorgt hatte. Zwei andere Offiziere hatten es genau so gemacht, und so verbrachten wir mitten im Krieg – wenigstens nachmittags und abends, wenn die Männer dienstfrei hatten – eine richtige Strandbad-Ferienzeit. Wenn wir drei Frauen morgens spazierengingen oder am Strand saßen, beschlich uns zwar oft ein schlechtes Gewissen, daß wir so faul in den Tag lebten, aber wir genossen es auch.

Eines Morgens im Juli ging die Sonne in Kühlungsborn blutrot auf. Ein merkwürdiger Dunst lag über der Landschaft, den die Sonne nicht recht durchdringen konnte. Mittags kamen erste Gerüchte auf, daß Hamburg nachts bombardiert worden sei. Aber niemand wußte Genaueres, und in Kühlungsborn hatte es keinen Alarm gegeben. Nachmittags war die Sonne noch immer verschleiert; wir hatten jedoch inzwischen erfahren, daß dieser Schleier Rauchwolken waren, die von unserer schwerzerstörten Heimatstadt so weit herübergezogen waren. Helmut und ich sorgten uns um unsere Eltern und Verwandten, die ja alle in Hamburg lebten. Helmut wollte am nächsten Tag versuchen, dorthin durchzukommen, während ich schweren Herzens in Kühlungsborn blieb.

Nach einigen Tagen kehrte Helmut erschüttert zurück. Mit einem verbogenen Fahrrad, das am Straßenrand gestanden hatte, war er durch riesige Trümmerfelder gefahren. Seine Familie hatte er in Sasel in der kleinen Bude ihres Schrebergartens gesund vorgefunden. Alle Wohnungen hingegen waren zerstört, teils durch Bomben, teils durch Luftminen. Im Haus meiner Eltern waren alle Wohnungen ausgebrannt, doch ein kleiner Zettel hing an den Trümmern: »Wir sind alle unverletzt und wollen nach Neugraben.« In Neugraben, einem Stadtteil Hamburgs südlich der Elbe, lebten meine Großeltern Martens. Von unserer Wohnung in der Gluckstraße, über die wir so froh waren, war die Vorderfront heruntergestürzt. Das Klavier hing noch zwischen Trümmern, und in meinen Balkonkästen wuchsen noch die Tomaten, die ich im Frühjahr gepflanzt hatte. Der Kellereingang war halb verschüttet; aber Helmut meinte, daß die Hausbewohner heil aus dem Loch herausgekommen seien. Monate später haben dann wir auf abenteuerlichen Umwegen sogar unseren kleinen Koffer wiedererhalten, den wir mit ein paar Wertgegenständen immer im Keller gelassen hatten; Nachbarn hatten ihn rührenderweise gerettet. Das Eßbesteck aus diesem Koffer besitzen wir noch heute. Und umgekehrt konnten wir den Nachbarn, die Verbindung mit meinen Schwiegereltern hatten, dadurch helfen, daß wir auf die Bezugsscheine, die sie nach der Hamburger Katastrophe erhielten, in Berlin Bettwäsche und Handtücher für sie kauften, denn in Hamburg war damals nichts mehr zu bekommen.

Helmut hatte nach seiner Rückkehr aus Hamburg die Nachricht vorgefunden, sich sofort in Berlin zu melden, und so verließ er noch am Abend Kühlungsborn. Auch ich packte am nächsten Morgen unser Gepäck und versuchte, nach Berlin zu gelangen, wo ich schließlich mitten in der Nacht eintraf. Mehrere Male gab es Tieffliegerangriffe auf den Zug; dann lagen wir Reisenden in den noch nicht abgemähten Kornfeldern und warteten, bis das Brummen der Maschinen sich wieder entfernt hatte.

Ein Onkel und eine Tante von mir – sie war die Schwester meiner Mutter – besaßen in Berlin-Tegel ein kleines Siedlungshaus. Im Sommer 1943 lebten dort allerdings nur mein Onkel, der in einem Rüstungsbetrieb arbeitete, und mein Vetter, der Flakhelfer war, während meine Tante mit ihren kleinen Kindern und meinen Großeltern nach Niederschlesien zu Verwandten gezogen war. So konnten Helmut und ich in Tegel erst einmal unterkommen. Inzwischen war Helmuts Dienststelle aber nach Bernau, nordöstlich von Berlin, verlegt worden, was für ihn täglich einen weiten Weg bedeutete. Darum nahmen wir dankbar das Angebot eines Offizierskameraden an, der uns in seiner Wohnung in Bernau ein Zimmer anbot: sechs Quadratmeter mit einem Bett und einem Stuhl, aber im Augenblick hatten wir ja auch kein Gepäck. Dieses Zimmer war die kleinste »Wohnung«, die wir in unserer Ehe je bewohnt hatten, doch das Ehepaar Schatzer war sehr freundlich und half uns, in der Nähe eine Wohnung zu finden.

Eine halbe Stunde Fußweg von Bernau entfernt wurde uns auf dem Berliner Stadtgut Schmetzdorf eine Gutsarbeiterwohnung in einer alten »Schnitterkaserne« angeboten. Die Häuser waren etwa 1880 für polnische Saisonarbeiter gebaut worden, die während der Erntezeit hier arbeiteten und von denen sich einige schon vor einer Generation in Schmetzdorf niedergelassen und geheiratet hatten; als wir dorthin zogen, wurde daher in mehreren Familien noch polnisch gesprochen.

Unsere Wohnung, im ersten Stock gelegen, war – wie alle anderen auch – sehr einfach: Vom Treppenhaus ging es durch eine Tür in die Küche, durch eine andere Tür in zwei kleine, ineinander übergehende Zimmer. In jedem Haus lebten vier Familien, für die es im Hof eine gemeinsame Pumpe gab. Wir brauchten zwei Eimer: Mit einem brachte man frisches Wasser in die Küche, mit dem anderen trug man das Schmutzwasser hinunter und goß es auf den unbefestigten Hof.

Eine unserer ersten näheren Bekanntschaften war der Standortarzt Dr. Willy Arnold. Er hatte seine Praxisräume in der schönen alten Stadt Bernau vermietet und war in das Waldhaus seiner Familie in der Nähe von Schmetzdorf gezogen, wo wir auch seine Frau Edelgard und die drei kleinen Töchter kennenlernten. Nach wenigen, vorsichtig begonnenen Gesprächen war uns vieren deutlich, daß wir alle den Wunsch hegten, der Spuk der Nazizeit und damit der Krieg möchten möglichst bald beendet sein. Und weil die Arnolds häufig auch einen größeren Kreis um sich versammelt hatten, konnte es geschehen, daß Frau Arnold mich anrief (wir hatten inzwischen sogar Telefon) und sagte: »Heute abend kommt Herr Hauptmann X. Er spielt gut Klavier, aber bitte Vorsicht bei den Gesprächen.« Oder: »Herr Oberleutnant Y schickt mir eine große Schüssel Heringe. Er möchte beim Musikabend dabei sein. Ich traue ihm nicht. Seien Sie bitte vorsichtig.«

Inzwischen bekam ich per Post jeden Monat mein Lehrergehalt, für das ich nun auch arbeiten wollte. Daher schrieb ich wieder einmal einen Brief an Oberschulrat Köhne und bekam von ihm bald darauf die Antwort, ich solle doch versuchen, in der Bernauer Schule zu arbeiten; sicher wäre der Arbeitsstil anders als in Hamburg und vielleicht ganz interessant für mich. Der Schulleiter in der Bernauer Schule sah mich ein wenig mißtrauisch an. Erst als er hörte: »Hamburg bezahlt weiter mein Gehalt, ich möchte nur nicht ganz aus der Arbeit kommen«, lächelte er überrascht. Und da die Lehrerin einer dritten Klasse erkrankt war, übernahm ich für die Zeit ihres Fehlens die Vertretung.

Der Ton in der Schule war kühl und in meinen Augen zu diszipliniert. Wenn man in die Klasse kam, sprangen die Kinder aus den Bänken und standen bewegungslos, bis man sie zum Sitzen aufforderte; dann hatten alle brav ihre Hände auf dem Tisch. Sie gewöhnten sich aber schnell an das morgendliche Lied und an freies Sprechen zum Unterrichtsstoff. Als die Klassenlehrerin dann zurückkam, machte ich noch für einige Zeit Vertretungsstunden und lernte dadurch die Schule ganz gut kennen. Der erste Eindruck bestätigte sich: Lehrer waren Respektspersonen, die Kinder fragten nicht, sondern wurden abgefragt. Die Kollegen begegneten mir kühl und abwartend, möglicherweise wußten sie einfach nicht, was sie von mir halten sollten.

Doch blieb ich ohnehin nicht lange an dieser Schule. Da ich mich nicht recht wohl fühlte, ging ich im Februar 1944 zu Dr. Arnold, um mich gründlich untersuchen zu lassen. Das Ergebnis: Ich erwartete ein Kind und war schon am Ende des vierten Monats, worauf Dr. Arnold mir riet, mich etwas zu schonen.

Nun war ich ausschließlich Hausfrau, ungewohnt und neu für mich. In Ruhe konnte ich den weiten Fußweg nach Bernau zum Einkaufen machen, wobei ich einen Schlachter entdeckte, bei dem man bestimmte Fleischsorten wie Leber, Herz oder Nieren auf halbe Marken bekam. Von dem Verwalter des Stadtgutes Schmetzdorf, bei dem ich etwas Gemüse kaufen wollte, erfuhr ich außerdem, daß allen Bewohnern des Gutes ein bestimmtes Deputat zustünde – auch uns. Und so hatten wir nun Kartoffeln, Möhren und sogar täglich einen halben Liter Milch für wenig Geld. Helmut lud darauf recht häufig Offizierskollegen, die ohne Familie in Bernau lebten, zum Abendessen ein.

Das anfangs eher distanzierte Verhalten des aktiven Offizierskorps gegenüber dem Kriegsoffizier Schmidt und seiner Frau veränderte sich schnell. Deutlich erinnere ich mich an einen Abend im Kasino, zu dem General Axthelm eingeladen hatte. Es gab etwas Gutes zu essen, überdies guten Rotwein. Die neuesten politischen Witze wurden erzählt, wir lachten viel, und als am späten Abend noch ein Kreis von zehn oder zwölf Personen in der Halle stand, um sich zu verabschieden, sagte General Axthelm zu mir, die ich damals schon einen kleinen Kugelbauch hatte: »Frauen in Ihrem Zustand haben doch oft besondere Wünsche. Was möchten Sie denn jetzt gern?« Ich platzte heraus: »Radieschen!« General Axthelm rief eine Ordonnanz: »Wir brauchen Radieschen.« Eine Offiziersfrau rief dazwischen: »Aber mit Butter!« Nach kurzer Zeit wurde uns ein Teller mit knakkigen Radieschen – aufgeschnitten und mit Butterstückchen versehen – serviert, und wir knusperten unter Lachen die Radieschen. Plötzlich stülpte die Majorsfrau der Hitlerbüste, die in der Mitte der Halle stand, die Mütze ihres Mannes schief über den Kopf und rief: »Ja, wenn du wüßtest, was wir so treiben!« Alle brachen in großes Gelächter aus und gingen vergnügt nach Hause.

In diesem Offizierskreis, mit dem wir häufig zusammen waren, hat es meines Wissens keinen Nazi gegeben. Offen wurden abfällige

Bemerkungen über die »Braunen« gemacht und giftige politische Witze erzählt, aber im größeren Kreis oder wenn wir Frauen dabei waren, wurde niemals über die Zukunft oder über das Ende des Krieges gesprochen. Ich habe in dieser Zeit gelernt, mich in einem Offizierskreis sicher zu benehmen und mich auch wohl zu fühlen, obwohl ich anfangs innerlich immer noch etwas zusammenzuckte bei der Anrede »Gnädige Frau«. Auf der anderen Seite hatte ich aber trotz meiner Jugend schon genug Lebenserfahrung, um schnell zu merken: Menschen in allen Schichten und Gruppierungen haben einige Wünsche und Sehnsüchte gemeinsam. So hat mir das Zusammenleben mit Soldaten vieler Dienstgrade in Bernau später sehr geholfen, als Helmut Verteidigungsminister war.

Im Spätherbst, als die Schmetzdorfer Wohnung eingerichtet war, besuchten uns meine Schwiegereltern. Sie kamen mit unserem kleinen Koffer, den – wie schon erzählt – Nachbarn aus dem zerstörten Keller gerettet hatten, vor allem aber brachten sie Bündel von Bezugsscheinen für zahlreiche Gebrauchsgegenstände mit. In Hamburg hatten Familien, deren Wohnungen zerstört waren, in den Ortsämtern, die noch arbeiten konnten, Bezugsscheine für etwas Kleidung, Bettzeug, Handtücher und Tischwäsche bekommen, was allerdings nicht viel nützte, weil es nichts zu kaufen gab. Und so waren meine Schwiegereltern jetzt täglich mit der S-Bahn von Bernau nach Berlin unterwegs, um für ihre eigenen Bezugsscheine wie für die von Bekannten wenigstens etwas zu erstehen. Nachts teilten wir uns zu viert unsere schmalen Ehebetten. Meine Schwiegereltern waren solche Enge schon gewohnt: In Hamburg hausten sie mit den zwei unverheirateten Schwestern meiner Schwiegermutter in einer winzigen Gartenlaube. Ihre Einkaufsfahrten nach Berlin waren so erfolgreich, daß sie nach einigen Tagen mit einem großen Koffer voller Bettwäsche und Handtücher nach Hamburg zurückkehrten.

Und meine Eltern? Als nach der Zerstörung Hamburgs wieder einige Züge nach Süden fuhren, hatten sie sich auf den Weg nach Kempten im Allgäu gemacht. Dort lebte meine jüngste Schwester Rose mit ihrer Klasse und ihrer Klassenlehrerin, mit der meine Eltern befreundet waren, in der Kinderlandverschickung. Mein Bruder war damals Soldat; meine Schwester Linde hatte ihr Studium an der

Kunsthochschule abbrechen müssen, um als Schweißerin im Hafen zu arbeiten.

1944 nun kamen meine Eltern mit Rose nach Hamburg zurück. Sie schrieben mir, daß sie vorübergehend in der winzigen Wochenendbude einer Tante auf dem Heidegrundstück meiner Großeltern wohnten. Ich kannte das Hüttchen, das nur für Sommeraufenthalte gedacht war und weder über Wasser noch über ein WC verfügte. Ich wollte meine Eltern wiedersehen. Der Zug nach Hamburg, den ich kurz darauf bestieg, war – wie damals alle diese Züge – überfüllt, vor allem mit Soldaten, aber auch schon mit Flüchtlingen aus dem Osten. Wir näherten uns Hamburg ohne große Verzögerung. Ich stand im Gang am Fenster, und obwohl ich von der Zerstörung Hamburgs gehört hatte, erwartete mich nun doch ein Bild, das meine Knie zittern ließ. Ruinen, nur Ruinen, soweit ich bei der Einfahrt in den Hauptbahnhof sehen konnte; nicht einmal vertraute Straßenzüge waren wiederzuerkennen. Erst später, als ich jenseits der Elbe in Neugraben angekommen war und das letzte Stück Weg vom Bahnhof zu Fuß zurücklegte, beruhigte ich mich wieder: Hier hatte sich nichts verändert, es roch vertraut nach Heide und Kiefern.

Nach der ersten Begrüßungsfreude fragte ich meine Eltern nach den Bombennächten. Es kam nur ein zögerndes: »Es war schlimm.« Nichts weiter. Und nach einer Pause sagte meine Mutter: »Auf unser Haus fielen viele Brandbomben. Aber«, und dabei lachte sie, »deine ›Flora von Deutschland‹ haben wir gerettet.« Und mein Vater ergänzte: »Stell dir vor, alle Badewannen sind langsam durch die Stockwerke in unsere Wohnung im Parterre gerutscht und standen dort wie gestapeltes Geschirr.« Ich wollte wissen, wie sie durch die zerstörten Stadtteile über die Elbe nach Neugraben gekommen waren, aber meine Eltern winkten ab und sagten nur: »Das erzählen wir später mal. Jetzt wollen wir erst einmal von dir hören.« Ich berichtete von Tegel und von dem kleinen Zimmer in Bernau, von Schmetzdorf und den freundlichen Gutsarbeitern, ich beschrieb ihnen unsere gute Nachbarschaft und Freundschaft mit der Familie Arnold und erzählte von den Kasinoabenden und den freimütigen Gesprächen der Offiziere untereinander. Wiederholt fragte mein Vater nach, und ich merkte, wie sehr ihn dieses Gespräch beschäftigte. Dann fragte er:

»Du meinst sicher zu sein, daß diese Offiziere keine Nazis sind?« Und als ich nickte: »Warum sind sie dann Offiziere?« – »Sie wollen ihr Vaterland verteidigen« – das war das einzige, was mir einfiel. Doch im Laufe der zwei Tage, die ich in Hamburg blieb, kam mein Vater immer wieder auf dieses Gespräch zurück; nachdenklich, wie er war, beschäftigte ihn das Problem sehr. Er hatte niemals aktive Offiziere kennengelernt, und so war er wohl bisher der Meinung gewesen, daß der größte Teil der Offiziere das Hitlerregime auch innerlich unterstütze. Erst durch meine Erlebnisse begann er über den Zwiespalt in den Köpfen und Seelen vieler Soldaten nachzudenken.

Am nächsten Abend hörte ich in der Dämmerung ein leises Klopfen am Fenster und ein Flüstern: »Frau, Brot.« Erschrocken fragte ich meine Mutter, was das sei. »Polnische oder russische Zwangsarbeiter«, sagte sie. »Bist du da ganz sicher?« Als ich darauf das schmale, blasse Gesicht sah, wußte ich, daß das Stück Brot für diesen Menschen wichtiger war als für uns. »Es kommt häufiger mal einer, wenn es dunkel geworden ist«, sagte meine Mutter ruhig.

Übrigens erzählte mir mein Vater erst kurz vor meiner Abreise einiges von dem, was meine Eltern auf ihrem Weg durch die Ruinen nach Neugraben gesehen und erlebt hatten. »Ich weiß nicht, was schlimmer war, die von den Luftminen getöteten Menschen, die saßen oder lagen, als ob sie schliefen, oder die Menschen, die im weichen Asphalt steckten und sich noch bewegten. Nun frag nicht mehr.«

In Schmetzdorf, wohin ich kurz darauf zurückkehrte, hatte sich nichts geändert. Nur die Angriffe auf Berlin hatten zugenommen: Jeden Abend sahen wir am Himmel die »Christbäume« von Leuchtkugeln und die Lichtspuren der Flakgeschütze, aber auch bei Tage hörten wir das Geräusch der anfliegenden Bomber wie riesige Mükkenschwärme und konnten in der Luft die winzigen silbrigen Flugzeuge erkennen.

Mit der Zeit war ich recht unförmig geworden, rechnete aber erst Anfang Juli mit der Geburt unseres Kindes, als ich am 25. Juni plötzlich sehr viel Fruchtwasser verlor. Zum Glück war Helmut im Haus. Er telefonierte mit der Kaserne und bat um ein Auto, das mich so schnell wie möglich ins Krankenhaus bringen sollte. Kurze Zeit später stand der große Wagen von General Axthelm vor der Tür. Gut eingepackt und in die roten Ledersitze gedrückt, saß ich mit recht gemischten Gefühlen darin: Auf der einen Seite hatte ich etwas Angst vor der Geburt, auf der anderen Seite genoß ich den Luxus des Automobils und freute mich über die Selbstverständlichkeit, mit der es mir zur Verfügung gestellt worden war. Im Krankenhaus angekommen, ging die Geburt dann allerdings doch nicht so schnell, wie ich geglaubt hatte, und während ich wartete, leistete mir eine Hebamme Gesellschaft. Von ihr erfuhr ich, daß das Krankenhaus jetzt ein Lazarett sei und daß die Entbindungsstation nicht mehr als neun Betten habe, sie erzählte mir außerdem, daß am Morgen eine polnische Arbeiterin ein Kind bekommen habe: »Ich wollte sie nur bitten, sich umzudrehen«, sagte sie, »aber die Polin verstand mich nicht, stand unmittelbar nach der Geburt aufrecht neben dem Bett und guckte mich ängstlich an. Erst als ich sie aufs Bett drückte, lächelte sie und legte sich wohlig hin.«

Unser Sohn wurde nach anstrengenden Stunden am Morgen des 26. Juni geboren. Helmut kam vormittags mit einem Strauß stark duftender weißer Pfingstrosen, und noch heute werde ich beim Geruch von Pfingstrosen an diesen Morgen erinnert. Nach einer Woche konnte ich nach Hause, doch dieses Mal fuhr ich nicht in einem Generalsauto: Mein Baby und ich hatten einen ganzen Mannschaftswagen für uns. Frau Arnold hatte inzwischen einen gebrauchten Kinderwagen besorgt, und auf Bezugsschein bekamen wir zwölf Windeln. Allerdings war das tägliche Windelwaschen mit dem Kochen in der Küche und dem Spülen an der Pumpe auf dem Hof recht mühsam.

Knapp vier Wochen später, am 20. Juli, kam Helmut vorzeitig nach Hause. Er war aufgeregt. »Auf Hitler ist ein Attentat verübt worden. Aber es ist schiefgegangen.« Bei den »Gerichtsverhandlungen« gegen die Attentäter sollte Helmut zwei Tage später dabei sein: Zur Warnung für ihn, zur Abschreckung? Am ersten Abend kam er völlig aufgelöst und deprimiert nach Hause und sagte: »Das kann ich nicht noch einmal mitmachen; der Freisler ist ein widerliches Schwein.«

Voller Hochachtung dagegen sprach Helmut von der Haltung von Herrn von Hasseil. Und noch am selben Abend ging er zu seinem General, erstattete ihm Bericht und äußerte auch, daß er das nicht noch einmal mitmachen könne. Der zweite Verhandlungstag wurde ihm erspart.

Im Herbst wurde unser Sohn in Bernau auf den Namen Helmut Walter getauft. Es war eine Taufe ohne Patenonkel, denn unser Freund Walter Plennis konnte nicht dabei sein, weil er zu diesem Zeitpunkt noch in Nordafrika stationiert war. Kurz vor Weihnachten bekam Helmut dann einen Bescheid, daß er in den ersten Januartagen an die Westfront abkommandiert werde; später erfuhren wir, daß Helmuts oft recht freimütige Bemerkungen irgend jemand veranlaßt hatten, »den roten Schmidt« anzuzeigen. Damit ihm ein Kriegsgericht erspart bliebe, wurde er nun versetzt. Der Abschied war schwer.

Im Februar bekam unser Sohn plötzlich hohes Fieber und Krämpfe. Dr. Arnold stellte Gehirnhautentzündung fest, doch außer Sulfonamiden gab es keine Medikamente. Nach drei Tagen Fieber und Bewußtlosigkeit starb unser Kind. Es wurde Ende Februar auf dem Friedhof des Dorfes Schönow in der Nähe von Schmetzdorf beerdigt.

Das Kriegsende in Hamburg

Irgendwann meldete meine Tegeler Tante sich bei mir. Sie war mit ihrer zweijährigen Tochter rechtzeitig aus Niederschlesien nach Berlin zurückgekehrt und fragte mich, ob wir nicht gemeinsam versuchen wollten, uns nach Hamburg durchzuschlagen. Das Ehepaar Arnold riet zu, sie meinten: »Sie haben hier keine Familie und außer uns keine Freunde, und die Front rückt von Tag zu Tag näher. Versuchen Sie, nach Hause durchzukommen.« So nähte ich mir aus einem dicken Bettuch eine Art Rucksack, packte etwas Wäsche und Waschzeug ein und obendrauf – da wir sonst keine Wertgegenstände besaßen – eine kleine Keramikfigur, die wir heute noch haben.

Mit meiner Tante hatte ich per Telefon, das damals noch funktionierte, verabredet, daß wir uns am nächsten Tag auf dem Anhalter Bahnhof in einem Zug nach Hamburg treffen würden. Am Morgen marschierte ich los. Als ich am Anhalter Bahnhof ankam, war dort ein heilloses Gedränge von Soldaten und Flüchtlingen mit Koffern und Bündeln. Ich kaufte mir eine Bahnsteigkarte und stieg über verschiedene Gleise an überfüllten Zügen vorbei, als ich plötzlich meine Tante entdeckte, die mir aus einem Waggon zuwinkte. Ich stieg durch ein Fenster in ein völlig überfülltes Abteil, in dem sich außer uns noch neun dick verpackte Frauen und mehrere größere Kinder befanden. Ich setzte mich vor meine Tante auf den Boden, so daß meine kleine weinende Nichte zwischen mir und ihrer Mutter liegen konnte. Es wurde wenig gesprochen. Wir fuhren die Nacht durch. Einmal, bei einem Fliegeralarm, stand der Zug auf einem Abstellgleis; doch in der Dunkelheit konnten wir nicht erkennen, wo wir uns befanden. Im Morgengrauen hielten wir an: Hände reichten einige Becher heißen Kornkaffee durchs Fenster, den wir uns teilten; dann ging es weiter. Der Tag verging mit Fahren, Stehen auf irgendwelchen Nebenstrekken, wieder Fahren, wieder Halten. Ich hatte alles Zeitgefühl verloren. Die Luft war zum Schneiden, der Weg zu einer der überfüllten Toiletten ein Abenteuer. Am nächsten Morgen um vier Uhr kamen wir in Hamburg an. Wohin meine Tante mit ihrer kleinen Tochter ging, daran erinnere ich mich nicht mehr.

Eine Weile saß ich auf einer Bank im kalten, zugigen Hauptbahnhof, dann endlich konnte ich einen Zug nach Hamburg-Neugraben besteigen. Es war noch dunkel, als ich ankam. Am Schalter saß ein Bahnbeamter, der die Fahrkarten einsammelte. »Ich habe keine Karte, ich komme aus einem Flüchtlingszug«, sagte ich zu ihm. »Seien Sie froh, daß Sie hier sind«, murmelte er. Mit meinem Rucksackbeutel wanderte ich durch die dunkle Heide auf den Wegen, die mir seit Kinderzeiten vertraut waren. Berlin und Schmetzdorf waren weit weg.

Im Haus meiner Eltern brannte Licht. Es war eine sonderbare Ankunft: Meine Mutter, die geträumt hatte, daß ich nach Hause käme, hatte ein Feuer angemacht, und weil es nun warm war, waren meine Eltern nicht wieder ins Bett gegangen; so fand ich sie beide im Zimmer sitzend. Meine Mutter sagte nur: »Da bist du ja!« Ich wunderte mich natürlich über diesen Empfang. Und während mein Vater mir von dem merkwürdigen Traum meiner Mutter erzählte, schlief ich ein.

Es ereignete sich noch mehr Seltsames. Ich hatte Helmut von Schmetzdorf aus über die Krankheit und den Tod unseres Kindes berichtet, auch davon, daß ich nach Hamburg zurückgehen wollte. Aber jetzt, nachdem ich bei meinen Eltern etwas zur Ruhe gekommen war, beschlich mich plötzlich ein Gefühl des Zweifels: Wenn er nun meine Briefe gar nicht bekommen hatte? Ich glaube, es war der Brief Nummer 23, in dem ich Helmut dann noch einmal ganz ausführlich über die bösen letzten Wochen geschrieben habe, und dieser Brief war in der Tat der erste, der ihn erreichte.

Nachdem Helmut bei seinem Kommandeur um einen Tag Sonderurlaub nachgesucht hatte, traf er Anfang März in Hamburg-Neugraben ein, und da ich in meinem kleinen Rucksack kaum etwas aus Schmetzdorf hatte mitbringen können, beschlossen wir, jetzt gemeinsam noch einmal dorthin zu fahren. Vor allem wollte Helmut auch zum Grab des Kindes, wobei sich allerdings das Problem ergab, daß Zivilisten damals nicht mehr nach Berlin und in die Umgebung reisen durften. Um eine Lösung zu finden, besuchten wir General von Rantzau, den Helmut aus Berlin kannte und der jetzt in Hamburg-Blankenese stationiert war. Er empfing uns freundlich und fragte: »Na, Schmidtchen, was kann ich für Sie tun?« Helmut schilderte ihm unsere Lage und erkundigte sich, ob es eine Möglichkeit gäbe, daß ich mit nach Berlin und Bernau kommen könne, um ihm das Grab zu zeigen. Nach einiger Überlegung meinte Herr von Rantzau: »Ich kann Ihre Frau zur Flakhelferin ernennen. Sie hat sich in Bernau bei einem Offizier, der Ihnen beiden bekannt ist, zu melden und muß sich danach wieder nach Hamburg begeben.« Dann wandte er sich an seinen Adjutanten: »Was passiert, wenn das herauskommt?« – »Das kostet den Kopf, Herr General.« – »Gut«, sagte General von Rantzau, »dann machen wir das so.«

Ausgestattet mit meiner Ernennung zur Flakhelferin und einem Marschbefehl, saßen Helmut und ich am nächsten Tag im Zug, in dem sich außer uns nur noch einige Soldaten befanden. Wir hatten uns dünn angezogen, um auf dem Rückweg möglichst viel von unserer Kleidung mitnehmen zu können, froren erbärmlich und versuchten, uns mit den Sitzpolstern zuzudecken. Immerhin kamen wir ohne Unterbrechung in wenigen Stunden ans Ziel, und das war viel, denn einige Wochen vorher hatte ich für dieselbe Strecke in umgekehrter Richtung eineinhalb Tage gebraucht.

Es war ein eigenartiges Gefühl, noch einmal in Schmetzdorf zu sein. Wir besuchten den Friedhof, und Helmut notierte sich die genaue Lage des kleinen Grabes. Irgendwo in uns war doch die Hoffnung, einmal wieder hierherkommen zu können, was fast vierzig Jahre später dann wirklich geschehen sollte. Das Grab war nicht wieder belegt. Ein Stein erinnert an unser erstes Kind.

Wir trafen uns auch mit dem Ehepaar Arnold. Keiner von uns ahnte damals, daß wir ihnen und den drei Kindern später wieder begegnen sollten. Nach dem Mauerbau 1961 lebte die älteste Arnold-Tochter, die mit ihren zwei jüngeren Schwestern hatte fliehen können, als Pflegetochter bei uns, und es gelang Helmut, 1962 auch noch das Ehepaar Arnold – mit gefälschten Pässen – über Schweden nach Hamburg zu holen.

Nach dem Besuch bei den Arnolds suchten wir in unserer Schmetzdorfer Wohnung zusammen, was wir tragen konnten. Vor allem lösten wir ein Bild des Hamburger Malers Hugo Schmidt vorsichtig aus dem Rahmen; aufgerollt kam es mit zurück und erfreut uns heute immer noch.

Kurz nachdem wir wieder in Hamburg waren, kam der Abschied von Helmut. Es war diesmal besonders schwer. Ich begleitete ihn noch längere Zeit auf der Chaussee von Neugraben nach Harburg, deren letztes Stück voller Bombentrichter und kaum noch passierbar war. Von einem Hügel aus sah ich ihn in der Ferne zum Bahnhof gehen und wußte nicht, wann wir uns wiedersehen würden.

Im April gab es noch ein paar fürchterliche Bombenangriffe. Als die Fischbeker Kaserne am südwestlichen Rand von Hamburg geräumt wurde, hörten wir von unseren Nachbarn, daß im Keller noch Kokosfett und Öl lagerten. Sofort machten meine Schwester Linde und ich uns mit einem Korb und einer Flasche auf den Weg. Als wir angekommen waren, fielen einzelne Schüsse, Dachpfannen rutschten vom Kasernendach: Englische Soldaten hatten die Hamburger Stadtgrenze erreicht. Im Kasernenkeller stank es nach ranzigem Öl, und der Boden war glitschig. Aber wir brachten einen Korb voller zerbrochener Kokosfettplatten und eine Flasche Öl mit zurück.

Alles war in Auflösung. Kein Zug ging mehr über die Elbe in den nördlichen Teil Hamburgs. Niemand arbeitete, alles wartete auf das

Ende. Die Engländer hatten ein Ultimatum gestellt: Hamburg sollte zur offenen Stadt erklärt werden. Nachmittags sah man ab und zu einen kleinen Panzerspähwagen mit englischen Soldaten durch die Sandwege fahren, sie warfen den Kindern Schokolade zu und verschwanden wieder. Am 3. Mai erklärte der Reichsstatthalter Karl Kaufmann Hamburg zur offenen Stadt. Für uns war der Krieg zu Ende, auch wenn die endgültige Kapitulation erst am 8. Mai erfolgte. Wir hatten das Dritte Reich und den Krieg überstanden.

Nach dem Krieg

Aber ein Gefühl wirklicher Erleichterung stellte sich noch nicht ein. Zu groß war noch die Sorge um Helmut und auch um Christoph, meinen Bruder. Außerdem steckte in uns allen noch tief die Erinnerung an all die Bombennächte, und immer wieder plagten uns Angstträume. Auf der anderen Seite waren die ersten Wochen nach Kriegsende ganz ungewöhnlich. Die Hilfsbereitschaft aller Menschen untereinander – vielleicht aus dem Gefühl: wir haben überlebt – war ein einmaliges Erlebnis. Entlassene Soldaten klopften an die Türen, fragten nach Landkarten, um nach Hause zu wandern, und wurden wie selbstverständlich mit Verpflegung versorgt.

Eines Tages bekam ich von einem Soldaten einen eng zusammengefalteten Zettel, auf dessen Oberseite meine Adresse stand. Er war durch mehrere Hände gegangen: Nachricht von Helmut. Kurz vor Kriegsende war er in der Südheide in englische Gefangenschaft geraten und hatte diese Botschaft einem frühzeitig entlassenen Soldaten zustecken können. Auch mein Bruder war wohlbehalten: Im Juni, nachdem er den ganzen Weg vom Plattensee zu Fuß marschiert war, kam er zurück.

Helmut wurde im August entlassen und traf völlig abgemagert zu Hause ein. Ich hatte gerade von der Schulbehörde Arbeit in einem Kinderheim erhalten und mir daraufhin in der Nähe meiner Eltern ein Zimmer gesucht, damit meine Eltern und meine zwei Schwestern in dem Häuschen etwas mehr Platz hätten. Am 1. September 1945 zogen Helmut und ich in dieses Zimmer. Ein neuer Lebensabschnitt begann.

Im Wintersemester 1945/46 nahm Helmut sein Studium auf. Sein Wunsch, Architekt zu werden, war unerfüllbar; dazu hätte er in einer anderen Stadt studieren müssen, was wir von meinem Lehrergehalt nicht bezahlen konnten. So begann er mit dem Studium der Volkswirtschaft. Er konnte viel lesen, all die französischen und amerikanischen Autoren, die für uns vorher unerreichbar gewesen waren. Und in dem neu gegründeten SDS, dem Sozialistischen Deutschen Studentenbund, den Helmut zeitweilig sogar leitete, gab es interessante Diskussionen. Leider konnte ich daran nur wenig teilnehmen: Mein Arbeitstag war zu lang. Ich verdiente damals als Lehrerin 250 Mark; das reichte knapp für die Miete und die Lebensmittel, die wir auf Marken bekamen. Darum strickte ich abends noch Pullover und Jacken oder nähte Kinderkleider, um zusätzliche Lebensmittel für uns beschaffen zu können.

Helmut hat während des Studiums wenigstens ein wenig Jugendzeit nachholen können. Aber meine eigene Jugendzeit – wann war sie eigentlich zu Ende gegangen? Während des Studiums, als ich nach über vierzig Wochenstunden mit Vorlesungen und Seminaren noch Nachhilfeunterricht gab, um Fahr- und Taschengeld zu verdienen? Vielleicht. Ganz sicher aber, als ich mit 21 Jahren in der Kinderlandverschickung die Verantwortung für 23 Mädchen übernehmen mußte.

Wenn ich mich heute rückblickend frage, was mich in meiner Kinder- und Jugendzeit am meisten beeinflußt und geprägt und welche Rolle der Nationalsozialismus dabei gespielt hat, komme ich zu folgendem Ergebnis: Den größten Einfluß auf mich haben ohne Zweifel meine Eltern gehabt. Die eigenartige Mischung von ärmlichen, zum Teil primitiven äußeren Verhältnissen, von Geld, das niemals reichte, von Ernährung, die zwar sorgfältig und auch nach heutigen Maßstäben gut zusammengestellt war, aber ebenfalls nicht immer reichte, und – auf der anderen Seite – jenem großen Wissensdrang, den meine Eltern auf vielen Gebieten zeigten: von Malerei, Musik und Architektur bis hin zu den Naturwissenschaften; dazu ihre Großzügigkeit und die wiederholte Aufforderung an die Kinder, nachzudenken, nachzulesen, nachzufragen und den Dingen auf den Grund zu gehen, auch in politischer Hinsicht – dies alles war die Grundlage meiner Erziehung. Meine Eltern haben ja auch ganz bewußt bestimmte Schulen für uns ausgesucht, zuerst die Burgstraße mit ihren modernen pädagogischen Zielen, dann die Lichtwarkschule, die eine sinnvolle Weiterführung war. Den BDM nahm ich als eine etwas unangenehme Notwendigkeit hin, bei der ich mir die Dinge heraussuchte, die mir Spaß machten und die in meine Vorstellungen paßten, vor allem das Musizieren; ähnlich war es mit dem Arbeitsdienst.

Dennoch habe ich in dieser Zeit, von 1933 bis 1945, gelebt. Ich war eine von vielen Deutschen, neben der die ungeheuerlichsten Dinge geschahen, von denen wir erst nach dem Krieg erfuhren. Das nachträgliche Entsetzen und das Grauen darüber, daß Menschen gefoltert, umgebracht und vergast wurden, während ich versuchte, mit meinem kleinen Leben fertig zu werden, wird wohl bis zu meinem Ende in meinem Bewußtsein immer wieder auftauchen.

Überstandene Jahre

WILLI UND WILLFRIEDE BERKHAN

Wenn meine Frau und ich heute niederschreiben, wie wir die Jahre des aufkommenden Unheils und die Jahre des Unheils selbst in Erinnerung haben, so tun wir es einerseits, um unsere Erlebnisse noch einmal zu bedenken, andererseits jedoch in der Hoffnung, daß die Leser dieser Zeilen sich darüber Gedanken machen, was ihnen die heutige Demokratie mit ihren grundgesetzlich verbrieften Freiheiten wert sein muß, ungeachtet aller sozialen Schwierigkeiten, von denen unser Alltag noch immer belastet wird. Lohnt es sich, für die Demokratie einzutreten, sich für sie einzusetzen, sie mitzutragen und zu gestalten oder sollte der Mensch als Einzelgänger seinen Weg gehen, sein Glück allein suchen? Die Antwort auf diese Frage hängt unter anderem von dem Menschenbild ab, das der einzelne sich geformt hat.

Was war unser Bild vom Menschen in den Jahren 1930 bis 1933? Beide 1915 zur Welt gekommen, wurden wir 1930 im April bereits fünfzehn Jahre alt. Friedel machte damals beim Konsumverein Produktion in Hamburg eine Verkäuferinnenlehre, was heute dem Ausbildungsgang einer Einzelhandelskauffrau entsprechen würde. Ihre Eltern waren aktive Mitglieder dieser Genossenschaft, denn Ihr Vater war Chemigraph in der Druckerei der GEG, der »Großeinkaufsgesellschaft deutscher Konsumvereine«. Ich hingegen war noch Schüler in einem Hamburger Gymnasium und lernte unter anderem im Lateinunterricht, daß es süß und ehrenvoll sei, für das Vaterland zu sterben. Von den Schrecken und Grausamkeiten eines Krieges wurde nicht gesprochen.

Unsere Freizeit verbrachten wir in Gruppen der Sozialistischen Arbeiterjugend (SAJ) in Hamburg-Eimsbüttel mit Vorträgen und Diskussionen, mit Leseabenden, an denen wir uns mit der Weltliteratur (oder dem, was wir dafür hielten) vertraut machten, mit Volkstanz, Wanderungen und Sport. Es war eine andere Welt, die uns am Abend erfaßte, anders als die Welt der geregelten Ausbildung eines Lehrlings oder eines Gymnasiasten, der in der Schule vorwiegend mit dem Altertum beschäftigt war.

Wir waren auf unterschiedlichen Wegen zur Mitgliedschaft in der SAJ gekommen. Friedeis Ausgangspunkt war eine »Kinderfreundesgruppe« in Hamburg-Eimsbüttel, in die sie mit zwölf Jahren zusammen mit einer Freundin eingetreten war. Mancher Leser mag sich fragen: Was und wer waren die »Kinderfreunde«? Großeltern oder ledige Tanten, die ihr Leben allein meistern mußten? Nein, keineswegs: Gewerkschaften, SPD, Arbeiterwohlfahrt und SAJ hatten vielmehr im späten Herbst 1921 die »Reichsarbeitsgemeinschaft der Kinderfreunde« gegründet. Zu den Initiatoren dieser Gründung hatte der 1885 in Bleckede nahe Hamburg geborene Kurt Löwenstein gehört, der ursprünglich Rabbiner werden wollte, auch ein Rabbinerseminar besucht und erfolgreich abgeschlossen hatte, bis ihn Zweifel an der Religion schlechthin – nicht allein an der jüdischen – von diesem Ziel wieder abgebracht hatten. Daraufhin hatte er seine Studien an der Universität Erlangen fortgesetzt und dort 1910 über »Die pädagogischen Anschauungen des französischen Philosophen J. M. Guyau« promoviert, einer denkerischen und didaktischen Haltung, deren Anliegen unter anderem darin bestand, daß der Mensch im Handeln, in seinem Tun die Voraussetzungen für das Erkennen findet. Alles, was dem natürlichen Leben diente, war für den Philosophen wahr und gut.

Der Erste Weltkrieg, in dem Löwenstein als Sanitäter diente, beschleunigte seinen Weg zur Sozialdemokratie; er wurde Mitglied des Soldatenrates, dann Parteigänger der Unabhängigen Sozialdemokratie und 1921 eines ihrer Reichstagsmitglieder. Als seine Partei ihn zum Oberstadtschulrat von Groß-Berlin machen wollte, kam es zu einer fürchterlichen Hetzkampagne von Seiten der Rechten, der Antisemiten und der konservativen Presse, woraufhin der Oberpräsident der Provinz Löwenstein seine Unterstützung verweigerte; der »rote Jude« mußte das Amt verlassen.

So wurde er drei Jahre später der Motor und geistige Anreger der Kinderfreundebewegung. Man wollte, daß Kinder, insbesondere die Kinder von Arbeitern, nicht nur im Elternhaus und in der Schule herangebildet würden, sondern daneben noch – durch praktische Erfahrung – einen lebendigen Umgang mit Gleichheit und Demokratie erlernen sollten. Im Tun, im Handeln also sollten sie das Wahre erkennen, wozu ihnen die Gruppen der Kinderfreundebewegung Gelegenheit gaben. Und da Gleichheit und Demokratie nach Selbstorganisation, Selbstverwaltung verlangen, sollten die Kinder soweit wie möglich von ihrer bisherigen Bevormundung befreit und, ihrer Altersstufe gemäß, als mündige Wesen im Prozeß der Erziehung ernst genommen werden. Mit anderen Worten: Die Erwachsenen sollten nicht oder nur wenig die »Bestimmenden«, im übrigen aber Helfer auf dem Weg zur Selbstfindung sein.

Die Kinderfreunde wuchsen rasch zu einer großen Organisation. Schon 1926 waren im ganzen Reich 130 000 Kinder mit 60 000 Eltern und 10 000 Helfern in Gruppen organisiert. Höhepunkte der pädagogischen Bemühungen waren die Kinderrepubliken, Zeltlager während der Sommerferien, in denen der Alltag weitgehend von den Kindern selbst bestimmt wurde. Wahlen von Vertretern schufen ein Lagerparlament, dessen Beschlüsse, von wenigen Ausnahmen abgesehen, volle Gültigkeit besaßen. Friedel, die einmal in Dänemark an einer solchen Kinderrepublik teilgenommen hat, hat noch heute – im 77. Lebensjahr – lebhafte und glückliche Erinnerungen an diese vier Wochen »Falkenrepublik«.

Aus der Kinderfreundegruppe kam sie mit anderen Mädchen und Jungen zur SAJ. Hier ging das jugendgemäße Leben weiter wie bisher, wenn auch die Freizeit gering war bei einer 48-Stunden-Woche: Die Konsumläden waren von 7.00 Uhr in der Frühe bis 19.00 Uhr am Abend geöffnet, dazwischen lagen drei bis vier Stunden Tischzeit, und zwar auch an den Sonnabenden. Nach Ladenschluß mußte aufgeräumt und abgerechnet werden, und so wurde es gewöhnlich 19.30 bis 19.45 Uhr, bis ein Lehrling das Geschäft verlassen konnte. Vierzehn Tage Jahresurlaub waren schon eine Errungenschaft langen gewerkschaftlichen Kampfes. Aber sowenig Freizeit es gab, hat Friedel in der SAJ doch Freundschaften geschlossen, die bis jetzt gehalten haben. Sie fand Anregung und Entspannung, ist gern in ihrer Gruppe gewesen und hat das eingebracht, was sie vermochte.

In meinem Fall war der Weg zur SAJ etwas anders. Meine beiden älteren Schwestern hatten sich einer Gruppe junger Angestellter angeschlossen, die mich an den Wochenenden mit auf ihre Wanderungen nahm. Meine Eltern haben das sicher gern gesehen, war ich doch so der Straße fern. Bei einer Wochenendfahrt trafen wir in einer Jugendherberge eine SAJ-Gruppe und haben den Abend bei Gesang und Gesprächen verbracht. Mir gefielen die Mädchen und Jungen dieser Gruppe, und so wurde ich dort Mitglied, zum Teil, weil mich das mehr reizte als die Gesellschaft der jungen Angestellten, die ja alle älter waren als ich, zum Teil auch, weil ich mich der Aufsicht der älteren Schwestern entziehen wollte. Meine Eltern hatten keine Einwände, was sicher auch daran lag, daß zwei Schwestern meiner Mutter sich damals aktiv in der Politik bewegten, beide in der SPD. Eine von ihnen war für Frauenfragen zuständig, das heißt, sie war Parteisekretärin; die andere war Beamtin beim Jugendamt und in Hamburg gewählte Bürgerschaftsabgeordnete.

Mir hat es in der SAJ recht gut gefallen. Ich war in meiner Gruppe der einzige Schüler, die anderen waren Lehrlinge, ungelernte Arbeiter, junge Gesellen oder Facharbeiter, was auch für die Mädchen galt; allerdings waren die meisten, die eine Lehre abgeschlossen hatten, arbeitslos. Zum erstenmal in meinem Leben bin ich auf diese Weise im Alter von vierzehn oder fünfzehn Jahren dem Übel »Arbeitslosigkeit« begegnet. In meinem Elternhaus hatten, von Mutter und mir abgesehen, mein Vater und meine Schwestern ein Einkommen, und im Vergleich mit vielen Millionen anderer Deutscher ging es uns recht gut. Wir waren zwar keineswegs reich, aber es war doch immer ein gutgedeckter Tisch vorhanden, und die ausreichend große Wohnung war im Winter warm. Die Begegnung mit Arbeitslosigkeit und Geldmangel, ja mit Hunger war für mich ein großer Schock; bald glaubte ich dann, daß nur die Abschaffung des Kapitalismus eine Änderung zum Guten bringen könnte. Aber was sollte werden? Ich habe damals viel gelesen, und obwohl ich sicher nicht alles verstanden und richtig eingeordnet habe, war »Sozialismus« für mich eine Theorie, die für die Ungerechtigkeiten dieser Welt – so schien es mir jedenfalls – Auswege aufzeigte. Aus diesem Grund wurde ich Sozialist und habe dabei sicher nicht genau gewußt, was das eigentlich bedeutet. Eine gerechtere, eine sozialere Welt mit Arbeit und Brot für jeden Menschen schwebte uns beiden und unseren Jugendfreunden in den SAJ-Gruppen vor; doch um dieses Ziel zu erreichen, mußte man im Parlament Mehrheiten gewinnen; das zwang zur Nähe zur Sozialdemokratischen Partei. Ohne Frage war die SPD uns nicht radikal genug, im Hamburger Senat neigte sie beispielsweise immer zu Koalitionen von Arbeitern und Bürgern. Aber sie war die einzige Partei, von der wir eine Besserung der schrecklichen Lebensumstände während der Weltwirtschaftskrise erwarteten.

So haben wir in der SAJ die SPD als Helfer in den Wahlkämpfen dieser Jahre unterstützt. Die Radikalen von links und rechts hatten den Kampf auf die Straße getragen, täglich gab es Zusammenstöße und Gewalt. Unser Gruppenleben blieb davon nicht unberührt, denn von 1931 bis 1933 waren wir mehr auf der Straße als im Jugendheim. Einmal standen wir abends vor einem Lokal, in dem die SPD in Hamburg-Eimsbüttel ein Agitationszentrum hatte; wir bereiteten eine Flugblattverbreitung vor. Da kamen Friedel und eine ihrer Freundinnen und erzählten aufgeregt, daß sie nicht ihren gewohnten Weg nach Hause antreten konnten, weil SA-Leute ihnen die Straße versperrten und sie belästigten. Ich hatte mich damals schon mit Friedel angefreundet und besaß daher doppelten Grund, mit den anderen Jünglingen und jungen Männern den beiden Mädchen unseren Schutz anzubieten: Erstens wollte ich meiner Freundin beistehen, und zweitens wollten wir nicht zulassen, daß SA unseren Jugendgenossinnen den Heimweg versperrte. Also zogen wir los. Kurz darauf wurden wir mit den SA-Leuten handgemein, nachdem diese auch uns die Straße versperrt hatten. Die Mädchen hatten während der Rangelei freie Straße, wir aber hätten, da wir in der Minderzahl waren, wohl Prügel bezogen, wenn nicht die Polizei dem Treiben ein Ende gemacht hätte. Doch war bezeichnend, wie parteiisch die Polizei 1932 bereits auftrat: Nur unser Häuflein wurde auf die Polizeiwache gebracht. Die SA-Leute behaupteten, wir hätten sie angefallen, und da die Prügelei vor einem ihrer Sturmlokale stattgefunden hatte, war für den Führer der Polizei klar, daß wir die bösen Buben waren. Auf der Wache wurden unsere Personalien festgestellt, und jeder einzelne von uns – wir waren wohl acht bis zehn Mann – wurde vernommen. Die Protokolle hatten wir durch Unterschrift zu bestätigen. Dann mußten wir warten, da der diensttuende Reviervorsteher Staatspolizei angefordert hatte, während unsere Mißfallensäußerungen mit der Drohung beantwortet wurden, daß im Keller eine ausreichende Zahl von Zellen bereitstehe. Endlich, gegen 3.00 Uhr früh, wurden wir, nachdem zwei Beamte der Stapo uns nach dem Lesen der Protokolle erneut vernommen hatten, entlassen. Damit war die Sache vorerst erledigt, sie sollte jedoch 1944 während meiner Soldatenzeit noch eine Rolle spielen.

1933 war es aus mit der Republik. In Hamburg erschien zwar auch noch nach dem 30. Januar das sozialdemokratische »Hamburger Echo«, während in Preußen alle linken Zeitungen bereits verboten waren; als aber nach dem Reichstagsbrand im »Echo« ein kritischer Artikel gedruckt wurde, erging eine Verordnung des Reichsinnenministers, das Blatt für zwei Wochen zu verbieten. Die sozialdemokratischen Senatoren, nicht bereit, dem zuzustimmen, traten geschlossen zurück. So kamen die Nazis auch in Hamburg in den Senat. Zwar waren sie bei der Bürgerschaftswahl im April 1932 mit 31,2 Prozent die stärkste Fraktion geworden, aber da die Deutschnationalen nur 4,3 Prozent erreicht hatten, hatten die vereinten Rechten keine parlamentarische Mehrheit. Andererseits jedoch hatten auch die Sozialdemokraten mit 30,2 Prozent und die Staatspartei mit 11,3 Prozent ihr Ziel – eine Mehrheit von über 80 Mandaten – verfehlt. Der Senat blieb bis zum Rücktritt der sozialdemokratischen Senatoren geschäftsführend im Amt. Nun war auch diese Bastion gefallen, ein angeblich parteiloser Hamburger Kaufmann, Vincent Krogmann, wurde Bürgermeister, die Deutsche Volkspartei stellte mit Dr. Burchard-Motz den Zweiten Bürgermeister, die Deutschnationalen bekamen zwei, die Staatspartei einen, der Stahlhelm zwei und die NSDAP fünf Senatoren. Aber Krogmann und seine Senatoren waren völlig abhängig von Kaufmann, dem Gauleiter der NSDAP.

Wir waren von dieser Entwicklung zwar nicht völlig überrascht, hatten aber noch immer gehofft, daß die braune Flut gestoppt werden würde. Daraus sprach unser jugendlicher Idealismus – wir waren siebzehn Jahre alt. Friedel hatte gerade ausgelernt, ich hatte 1931 nach der Untersekunda das Gymnasium verlassen und war Lehrling in einer kleinen Maschinenfabrik, die Aufzüge und Hebezeuge herstellte.

In den Betrieben wehte jetzt ein anderer Wind. Die Nazis übernahmen die ehemaligen Mitglieder der Freien Gewerkschaften in die obligatorische Deutsche Arbeitsfront – die DAF –, und man war vorsichtig genug, sich dem nicht zu widersetzen. Die ersten Verhaftungen wurden bekannt, was sinnigerweise »Schutzhaft« genannt wurde; es blieb jedoch unklar, wer vor wem geschützt werden sollte. Viel grausamer waren indessen die Willkürmaßnahmen der SA; man nahm politische Gegner fest, verschleppte sie in die Keller der Sturmlokale und behandelte sie dort auf grausame Art. Doch soll nicht verschwiegen werden, daß es nur eine Minderheit der SA und SS war, die sich bei derlei Dingen hervortat, die Mehrheit dieser Organisationen tat nichts, schwieg freilich auch dazu. Auch die Polizei unter Führung des NS-Senators Richter unternahm nichts.

Ich hatte Glück: Mir haben SA-Leute nur einmal aufgelauert. Wie ich später von einem SA-Mann, der an der Aktion teilgenommen hatte, erfahren habe, haben sie nur widerwillig einen Befehl ausgeführt. Es waren junge Männer, die der SA gerade beigetreten waren, sogenannte SA-Anwärter, und ich vermute, daß man ihre Befehlstreue prüfen wollte. Die Prügel haben mir zwar weh getan, hatten jedoch keine bleibenden Folgen, wenn ich davon absehe, daß ich damals tief in meinem Gemüt verletzt war, weil ich alles wehrlos über mich ergehen lassen mußte: Hätte ich mich gewehrt, wäre es nur schlimmer geworden.

Von dieser Stunde an wußte ich, daß es nun mit Recht und Gesetz vorbei ist. Die Illusion mancher Sozialdemokraten, daß es möglich gewesen wäre, auf irgendeine Weise legalen Widerstand zu leisten, war mir ausgeprügelt worden. Zwar hielten wir bis zum Ausbruch des Krieges noch Verbindung zu unseren politischen Freunden, trafen uns auch in kleinen Gruppen von vier oder sechs Personen und gingen zusammen auf Fahrt; Widerstand im eigentlichen Sinne haben wir jedoch nicht geleistet.

Statt dessen haben wir uns verstärkt unserer Aus- und Fortbildung im Beruf gewidmet. Bei Friedel führte das bald dazu, daß ihr die Leitung eines Lebensmittelladens des Konsums übertragen wurde, obgleich die von den Nazis übernommene Personalführung sicher wußte, wes Geistes Kind sie war. Ich dagegen habe meine Energie ganz auf den freiwilligen Abendunterricht meiner Gewerbeschule gerichtet und manches Fach, das ich im Gymnasium nur mäßig betrieben hatte, wurde nun ordentlich gelernt: besonders Mathematik, Physik, technisches Rechnen und technisches Zeichnen wurden über das übliche Maß hinaus angeboten. Jetzt begann ich früh um 7.00 Uhr in der Fabrik und arbeitete bis 15.30 Uhr, außerdem saß ich jede Woche fünfmal zwischen 18.00 Uhr und 21.00 Uhr in der Gewerbeschule. Dazu kamen die Hausaufgaben. Der Tag war mehr als gefüllt, nur die Wochenenden blieben noch. So tauchten wir im Alltag unter und hofften, daß die Zeit unserer Erniedrigung vorübergehen werde.

Am 1. Mai 1933 wollten die Nazis jedem zeigen, daß sie in die Betriebe eingedrungen waren, und machten aus dem roten Arbeiter-Maifeiertag den Tag der Nationalen Arbeit. In meiner Lehrfirma hatte die Nationalsozialistische Betriebsorganisation bereits einen Betriebsobmann eingesetzt. Am 30. April wurde ich zum Chef gerufen, der mir kurz und bündig mitteilte: »Du hängst morgen die schwarzweißrote Fahne raus! Da ärgere ich gleich zwei Leute: dich und den Betriebsobmann.« Erst war ich entsetzt, hatte doch mein Lehrherr nicht vergessen, daß ich bis zum Zusammenbruch der Republik an meinem Fahrrad einen schwarz-rot-goldenen Wimpel führte; aber nach und nach fiel mir auf, wieviel Vertrauen aus diesem Satz eines konservativen Fabrikbesitzers sprach. Mußte er nicht damit rechnen, daß ein eben achtzehnjähriger Jüngling gewisse Unausgewogenheiten noch nicht ganz überwunden hatte? Gemeinsam mit dem Betriebsobmann, einem harmlosen und eher unbedarften Arbeiter, hätte ich ihm ziemliche Ungelegenheiten bereiten können. Doch ich habe ganz brav die Fahne mit den Farben der Kaiserzeit herausgehängt. Danach bin ich widerwillig im Mai-Zug mitmarschiert: Unser Oberwerkmeister hatte genau kontrolliert, ob auch alle gekommen seien; es fehlte keiner. Während des Marsches zum Kundgebungsplatz haben sich die meisten Menschen aus unserem Block allerdings verkrümelt, auch ich, ein Verhalten, das ohne Folgen blieb.

Nach dem 1. Mai fing die Berieselung im Betrieb und in der Gewerbeschule erst richtig an. Es gab Betriebsversammlungen, in denen Vertreter der Arbeitsfront über die nationale Erhebung sprachen und die marxistisch-jüdische Republik verdammten, auch mußten wir Radioansprachen von Hitler und anderen NS-Größen lauschen. Es muß meinen Chef sehr gewurmt haben, daß er diesen Unsinn während der

Arbeitszeit auch noch zu bezahlen hatte. Seit meinem Mai-Erlebnis mit der schwarzweißroten Fahne war jedoch meine Meinung über Konservative von Respekt getragen; von da an teilte ich meine Mitmenschen nicht mehr in gute Sozialisten und böse Konservative ein. Außerdem beobachtete ich, daß mancher meiner Kollegen, der sich immer so gewerkschaftsfreundlich gezeigt hatte, relativ schnell den Pfad der Anpassung suchte. Auch in der Gewerbeschule machten sich die Nazis breit, und ich mußte mich wundern, wie viele Lehrer sich nicht nur anpaßten, sondern sich sogar zu Aktivisten der Partei entwickelten; dabei hatten sie doch als Beamte den Treueid auf die Verfassung der Stadtrepublik Hamburg geschworen. Aus meiner Schule ist meines Wissens kein Lehrer entlassen oder versetzt worden, aber einige haben in diesen Jahren ihren Schuldienst in der braunen Uniform der SA oder der Partei – es gab ja nur noch eine Partei – getan. Selbst den Schulkameraden, die sich als Angehörige der Hitler-Jugend entpuppten, mußte man mit Vorsicht begegnen. Sympathischer waren mir da schon diejenigen, die aus ihrer Zugehörigkeit zu einer NS-Organisation vor dem 30. Januar 1933 kein Hehl gemacht hatten.

Das Menschenbild, welches wir uns in unseren Jugendgruppen gemacht hatten und von dem wir annahmen, daß die Mehrheit der Menschheit ihm in etwa entsprach, stimmte – so zeigte sich immer deutlicher – keineswegs. Die Menschen erwiesen sich als weitaus opportunistischer, als wir angenommen hatten, und wenn Schillers Worte: »Der Mensch ist frei geschaffen, ist frei, und würd' er in Ketten geboren« auch sehr ansprechend klangen, so mußten wir doch feststellen, daß viele mit ihrer Freiheit nichts Rechtes anfangen konnten. Sie ordneten sich schnell ein in die neuen Gegebenheiten, wurden nicht Nazis im üblen Sinne, fügten sich aber ohne Widerspruch der neuen Obrigkeit.

Den Frühling und Sommer 1933 nutzen wir an den Wochenenden zu Fahrten und Wanderungen. Oft traf man dabei alte Freunde, ansonsten erkannte man andere gleichgesinnte Wanderer an ihrer Fahrtenkluft, dem blauen Hemd der verbotenen SAJ oder dem grünen Hemd des ebenfalls verbotenen Reichsbanners Schwarz-Rot-Gold, auch wenn es inzwischen nur noch einzelne waren, die diese Hemden trugen.

Im Sommer 1933, ich war eben von meiner Arbeit nach Hause gekommen, kam meine Mutter und sagte mir, daß eine ältere Dame mich sprechen wollte. Schnell machte ich mich fertig und ging in das Zimmer, in dem die Frau mit meiner Mutter saß. Sie stellte sich als die Mutter eines jungen Mannes vor, der mir, ein wenig älter als ich, aus der Grundschule und der weiteren Nachbarschaft bekannt war, und sagte mir, daß ihr Sohn – er trug den gleichen Vornamen wie ich – sie geschickt habe. Ich wußte, daß er lange in der HJ gewesen und jetzt sogar in der SS war; dennoch hatten wir uns immer gegrüßt, wenn wir uns zufällig auf der Straße begegneten. Und jetzt ließ mich jener Willi durch seine Mutter warnen, man würde uns am Abend mit einem »Rollkommando« in unserer Wohnung heimsuchen: ich sollte doch verschwinden.

Nachdem die Frau sich verabschiedet hatte, habe ich ein paar Sachen zusammengepackt und bin im Einvernehmen mit meiner Mutter mit dem Fahrrad zu meiner Tante gefahren. Sie war mittlerweile arbeitslos geworden, da ihre Tätigkeit mit der Auflösung der SPD beendet war, und teilte mit einer ihrer Schwestern eine Wohnung in einem entfernten Stadtteil. Hier war noch Ruhe, ich konnte unterschlüpfen, und als ich am nächsten Tag im Stadtpark meine Schwester traf, die ich telefonisch in ihrem Büro erreicht hatte, erfuhr ich von ihr, daß am Vorabend mit großem Getöse ein Trupp SA angerückt war, begleitet von ein paar Polizeibeamten in Uniform. Sie hatten, als sie mich nicht antrafen, die Wohnung durchwühlt und unsere Wanderausrüstungen, ein Zelt, ein Faltboot, auch stapelweise Bücher mitgenommen. Nach etwa zwei Stunden waren sie abgezogen mit meinem Vater, den sie auf der Revierwache ablieferten. Der Revierführer wartete, bis die Horde sich verzogen hatte; dann entließ er meinen Vater ohne eine weitere Vernehmung oder andere Formalitäten, so daß er zur freudigen Überraschung meiner Mutter und meiner beiden Schwestern noch in derselben Nacht wieder daheim war. Für mich hatte man die Aufforderung hinterlassen, ich sollte mich in einem Sturmlokal melden. Ich aber blieb, ohne diese Aufforderung weiter zu beachten, etwa zwei Monate bei meiner Tante.

Eines Tages, ich war allein in der Wohnung, läutete die Glocke. Als ich öffnete, stand mir ein Herr gegenüber, der mir zwar bekannt vorkam, den ich jedoch nicht recht einzuordnen wußte. Erst als er nach meiner Tante fragte und ich seine Stimme hörte, merkte ich, daß es sich um den langjährigen Vorsitzenden der Hamburger SPD handelte, J. M., den ich eigentlich in Haft vermutet hatte. Er hatte sein Äußeres durch einen Oberlippenbart verändert und trug nicht, wie ich ihn kannte, sportliche Kleidung, sondern war überaus korrekt und »bürgerlich« gekleidet. Ich bat ihn einzutreten, doch bevor er dies tat, versicherte er sich, daß ihm niemand gefolgt sei; er spähte das Treppenhaus ab und betrachtete, nachdem er in die Wohnung gekommen war, aufmerksam die Straße, ohne allerdings die Gardinen zu öffnen. Mein Erstaunen kann ihm nicht entgangen sein, denn er sagte mir, daß sie ihn zwar freigelassen hätten, daß ihm aber all das nicht geheuer sei; er fühle sich beobachtet. Mir schärfte er ein, außer meiner Tante keinem Menschen etwas von seinem Besuch zu berichten. Eine Telefonnummer, die meine Tante anrufen sollte, mußte ich auswendig lernen: Erst Jahre später habe ich erfahren, daß meine Tante einen Teil der SPD-Kasse in Verwahrung hatte und notfalls allein über dieses Geld und seine Verwendung entscheiden sollte. Auch sie ermahnte mich später, über den Besuch zu schweigen, ich sollte ihn am besten vergessen. Das habe ich getan; allerdings hat mich auch niemals jemand danach gefragt.

Von meiner Schwester erfuhr ich nach einer Weile, daß sich unser Wohnumfeld beruhigt habe; trotzdem hatte meine Tante Bedenken, mich nach Hause zu entlassen. Der ehemalige Präsident der Hamburger Bürgerschaft, Dr. R., ein Hamburger Anwalt, wurde zu Rate gezogen. Er empfahl, mit ihm in die Höhle des Löwen zu gehen, zur Gestapo ins Stadthaus, um dort festzustellen, ob etwas gegen mich vorliege. Als ich mir daraufhin in der Fabrik freinehmen mußte, hatte ich notgedrungen die Frage zu beantworten: Warum? Angenehm war das nicht, aber ich war erstaunt, wie entgegenkommend der Meister und der Chef waren. Unter vier Augen wurde mir angeraten, auf Fragen kurz, aber wahrheitsgemäß zu antworten und mich frei und offen zu geben. Diese Ratschläge haben mir Mut gemacht, und so bin ich am nächsten Tag mit Dr. R. im Hauptquartier der Gestapo erschienen, wo ich von ihm aufgefordert wurde, doch auf dem Flur zu warten. Er verschwand hinter einer Tür; mir war nicht sehr wohl zumute. Im

Flur war reger Personenverkehr, Polizeibeamte und SS-Männer, die den Flur überquerten, machten für mich den Aufenthalt zur Qual. Endlich, nach langer Wartezeit, kam Dr. R. zurück und erklärte mir, daß nichts gegen mich vorliege, ich könne also zu meiner Familie zurückkehren. Auf der Straße ermahnte er mich noch zur Vorsicht: jeder Leichtsinn könnte schlimme Folgen haben.

Zu Hause herrschte Freude über meine Heimkehr, und von nun an war wirklich Ruhe. Meinen SS-Beschützer habe ich einige Male unverhofft getroffen, und er hat meinen Gruß »Guten Tag« nie mit »Heil Hitler« beantwortet, doch gesprochen haben wir über den Vorfall nicht weiter. Nach dem Krieg bin ich ihm dann nie mehr begegnet; so konnte ich ihm nicht dafür danken, daß er mich vor dem Rollkommando, eventuell sogar vor dem SA-Keller bewahrt hatte.

Diese Erfahrung war für mich Grund genug, noch vorsichtiger zu sein als vorher. Friedel und ich sind in der Auswahl unserer Freunde noch behutsamer geworden, obwohl wir uns keineswegs in die Zweisamkeit zurückgezogen haben. Im Herbst und Winter 1933/34 entdeckten wir dann ein bürgerliches Lokal mit Tanzcafé, wo wir von da an sonnabends, zeitweise auch sonntags, unsere Freunde trafen, um miteinander zu reden und zu tanzen. Über Politik allerdings wurde nur auf dem Heimweg und immer nur unter vier Augen gesprochen.

Schon im März 1933 hatten die ersten Verfolgungen der Juden begonnen. SS- und SA-Leute blockierten in unserer Wohngegend die jüdischen Geschäfte, zumeist kleine Einzelhändler mit wenigen oder keinen Angestellten. Um gegen diese Maßnahmen zu protestieren, betraten wir sie dennoch, vorbei an den uniformierten Posten und ihren Plakaten »Kauft nicht bei Juden«, und mir sind die eingeschüchterten Gesichter der Inhaber und Angestellten noch gut in Erinnerung. Um allerdings überall in den blockierten Läden etwas kaufen zu können, reichte unser Taschengeld nicht; erwischten wir daher eine Tüte mit Firmenaufdruck, haben wir sie demonstrativ sichtbar getragen, auch wenn sie leer war. Wir standen nicht allein mit diesem Protest, aber die Masse der Bevölkerung betrachtete das Spektakel, ohne sich dagegen zu wenden.

Es tauchten jetzt auch Schilder an Kinos und Lokalen auf, die den Hinweis trugen: »Juden unerwünscht«. Einer unserer Freunde war, wie wir erst jetzt feststellten, jüdischer Herkunft. Die Jahre zuvor war das ohne Bedeutung gewesen, da die Sozialistische Arbeiterjugend kein Verhältnis zu den Kirchen besaß, ein Umstand, der in Hamburg nicht wundernahm, denn die evangelische Kirche in unserer Stadt war ziemlich konservativ, das Bündnis von Thron und Altar wirkte noch immer nach. Es gab zwar religiöse Sozialisten, doch war ihre Zahl im Verhältnis zur übrigen Mitgliederschaft gering. Und auch das Verhalten der Kirche im Frühjahr 1933, als in einigen Kirchen Massentrauungen von uniformierten SA-Leuten stattfanden, war nicht dazu angetan, die Entfremdung zwischen Kirche und linker Jugend zu überwinden. Dem abseits stehenden Betrachter mußte das wie ein Anerkennen der politischen Zustände erscheinen, einschließlich aller Übergriffe und Ungesetzlichkeiten – so haben wir es jedenfalls empfunden. Friedel ist trotzdem bis heute Mitglied der evangelischen Kirche geblieben, für mich dagegen war die kirchliche Politik im Jahre 1933 so unerträglich, daß ich mich von der Kirche gelöst habe.

In der Straße, in der ich wohnte, wohnten auch zwei ehemals aktive Mitglieder des Reichsbanners Schwarz-Rot-Gold. Sie waren nicht viel älter als ich, wir kannten uns gut. Am Ende des Frühjahrs 1934 zogen die zwei mich einmal in ein Gespräch, und ich merkte bald, daß sie meine Haltung und Meinung über die veränderte Lage prüfen wollten. Auf mein Drängen erklärten sie mir, daß sie durch Reichsbannerkameraden aufgefordert worden waren, sich bereit zu halten, Genaueres jedoch konnten oder wollten sie mir nicht sagen. Ich erklärte ihnen, daß ich nach wie vor mit den Nazis nichts im Sinne hätte, und wir trennten uns, aber einige Tage später forderte einer der beiden mich auf, abends um 23.00 Uhr bereit zu sein. Zu dritt gingen wir in einen nahen Park, nachdem meine Begleiter mir zuvor von einem Treffen erzählt und hinzugefügt hatten, daß ich mich über nichts wundern sollte. Im dunklen Park zwischen den Hecken eines Kleinkinderspielplatzes trafen wir einen Mann, der eine Marine-SA-Uniform trug. Ich ließ mir meine Verstörung nicht anmerken, war aber doch sehr verunsichert.

Was sollte dieses Treffen? Der SA-Mann war, wie ich dem Gespräch entnehmen konnte, ein früherer Angehöriger des Reichsbanners. Er gab uns eine Parole bekannt. Sollte uns dieses Kennwort erreichen, sagte er, so sollten wir einen bestimmten Sammelplatz aufsuchen. Danach ließ er uns auf eine Pistole schwören, daß wir zu niemandem über diese Zusammenkunft sprechen würden. Als wir auf dem Heimweg über das Geschehene sprachen, stimmten wir darin überein, daß die SA-Uniform lediglich Tarnung sei; in Wirklichkeit würden die ehemals tragenden Kräfte der Republik etwas planen. Was aber geplant sei, blieb für uns drei im dunkeln.

Wenige Tage später traten dann die Ereignisse ein, die als sogenannter »Röhm-Putsch« in die Geschichte eingegangen sind und die viele SA-Führer und andere unliebsame Personen, darunter General Schleicher und seine Ehefrau, das Leben gekostet haben – ein glatter Rechtsbruch, ohne daß die Justiz irgend etwas dagegen unternommen hätte. Ob nun unsere Indianerspielereien mit diesem Putsch zu tun hatten oder was sonst dahintersteckte, ist mir nicht bekannt geworden. Die Parole, die uns der SA-Mann mitgeteilt hatte, hat uns nie erreicht, und zu keiner Zeit haben wir noch etwas von der Sache vernommen, so daß ich bis heute nicht weiß, ob alles nur eine Einzelaktion war oder ob unsere Einschwörung in Zusammenhang mit den Ereignissen von 1934 stand. Doch meine Vorsicht war geschärft, und seit jener Zeit habe ich mich nur noch in Kreisen bewegt und geäußert, von denen ich annehmen konnte, daß sie keine getarnten Nazis oder gar Spitzel waren.

Der Übergang von der Lehre zur Höheren Technischen Staatslehranstalt machte mir keine Schwierigkeit. Wir waren noch ein Jahrgang, der der obligatorischen Deutschen Fachschulschaft zwar eingegliedert wurde, vom NSD.-Studentenbund aber verschont blieb; schon ein Jahr später wurden alle Studierenden zwangsweise Mitglieder des Nationalsozialistischen Studentenbundes.

Während des Studiums mußte ich dann für zwei Wochen an einem Wehrertüchtigungslager teilnehmen: Alle Teilnehmer waren Studenten; die Ausbilder kamen von der Polizei und zum Teil aus der SA. Die körperlichen Anstrengungen hielten sich in Grenzen, und die ideologische Schulung tropfte an uns ab. In unserem Jahrgang befand sich ein Student, dessen Vater Jude war – nach damaliger Terminologie also ein »Halbjude« – und der sich in vielen Fächern unbestritten als der Beste von uns erwies: Das jedoch durfte nicht sein, seine Noten wurden heruntergedrückt. Noch immer blieb er in der Spitzengruppe, aber Bester – das durfte nicht sein. Weiter ist mir vor allem in Erinnerung geblieben, daß bei der Abschlußprüfung in der Konstruktionslehre – es handelte sich um Maschinenbau, bei mir um eine Dampfturbine – handschriftlich über der Stückliste vermerkt und unterschrieben werden mußte: »Ich stehe rückhaltlos auf dem Boden des Nationalsozialismus«; andernfalls wurde die Arbeit nicht bewertet. Es ist mir nicht schwergefallen, diese Forderung zu erfüllen, obgleich Dampfturbinen und Nazi-Ideologie nichts verbindet.

Bevor ich zum Arbeitsdienst einberufen wurde, hatte ich bei meiner Lehrfirma fast ein Jahr im Konstruktionsbüro gearbeitet, inzwischen als Ingenieur. In diesem Büro gab es außer mir etwa zehn technische Angestellte, und wenn auch kein richtiger Nazi darunter war, so fanden politische Gespräche doch nicht statt: Die abklingende Weltwirtschaftskrise, ein allgemeiner Aufschwung, der noch durch Aufträge verstärkt wurde, die sich aus der Aufrüstung ergaben, trug erheblich zur Zufriedenheit bei. Ich habe in dieser Zeit gelernt, wie sehr die materiellen Zustände Einfluß auf die Einstellung der Menschen zu politischen Fragen und zur Freiheit haben. Freiheit ist eben kein materielles Gut; die monatliche Gehaltsabrechnung, der feste Arbeitsplatz waren vielen Menschen wichtiger als Freiheit und Demokratie. Kurt Tucholsky läßt in einer Glosse einen älteren, leicht betrunkenen Herrn nach dem Besuch einer Nazi-Wahlversammlung erzählen: »Sie versprachen Freiheit und Brot. Die Freiheit konnte man gleich mitnehmen, das Brot käme später.« Jetzt war die Zeit des Brotes bei uns.

Die Umstellung vom angestellten Ingenieur zum Befehlsempfänger im Reichsarbeitsdienst (RAD) und beim Militär machte mir wenig Schwierigkeiten; schwergefallen ist mir dagegen das Tragen der Ausgehuniform mit der Hakenkreuzarmbinde. In meiner Jugendgruppe und in der Fabrik hatten mich Arbeit und freiwilliges Handeln nie vor Probleme gestellt; im Arbeitsdienst hingegen war der Spaten »die Waffe des Arbeitsmannes«, wobei zum Arbeitsspaten noch der Exerzierspaten kam, mit dem marschiert und exerziert wurde. Man machte damit sogar den Präsentiergriff. Der Drill war ziemlich sinnlos und hatte zu der eigentlichen Arbeit kaum eine Beziehung.

Die Gruppen wurden im RAD wie beim Militär nach der Körpergröße eingeteilt, und es war reiner Zufall, ob die Arbeitsmänner beziehungsweise die Soldaten dieser kleinsten Einheit zusammenpaßten oder nicht. Zum Glück bin ich mit meinen Kameraden immer ganz gut ausgekommen. Wir haben im Moor Stubben gerodet, ein nasses und hartes Geschäft, gab es doch außer Spaten, Brechstangen und Hebebäumen keine Werkzeuge; aber da die meisten Führer an der Arbeit nicht interessiert und selten am eigentlichen Arbeitsplatz waren, so konnten wir unser Soll gut erfüllen. Wir zogen von dem Riesenhaufen Stubben immer wieder ein paar heraus und legten sie zu unserem Tagespensum, so daß einige Stubben mehr als einmal gezählt worden sind, ohne daß ein zuständiger Arbeitsführer etwas merkte. Wenn ich deshalb heute mitunter höre, wir brauchten für die Erziehung zu einer richtigen Arbeitshaltung, zur Arbeitsdisziplin wieder eine Pflicht, wie sie beispielsweise der Arbeitsdienst dargestellt habe, dann kann ich nur milde lächeln. Ich habe während meiner sechs Monate Dienstzeit lediglich gelernt, wie man Arbeit vortäuschen kann, ohne sich besonders anstrengen zu müssen.

Schwieriger war der Dienst für junge Männer, deren körperlicher und geistiger Zustand, bei der Musterung nur unzureichend festgestellt, fälschlicherweise mit dem Urteil »tauglich« belegt worden war. So hatten wir in unserer Arbeitsdienstabteilung einen Arbeitsmann, der Bettnässer war; das aber führte nicht etwa zu einer ärztlichen Untersuchung, sondern dazu, daß man ihn gesondert in einem Schuppen unterbrachte, wo er auf einer Schütte Stroh hausen mußte, nur mit einer Wolldecke versehen und ohne Laken. Er war, wie ich meine, weder körperlich noch geistig voll entwickelt, ein bedauernswerter Mann, der dem Gespött der Vorgesetzten und leider auch mancher sogenannter »Kameraden« wehrlos ausgeliefert war. Mich hat es nicht verwundert, daß der arme Kerl sich davonmachte. Doch das Netz der Häscher war dicht, er wurde gefaßt, und nach seiner polizeilichen Zuführung wurde das Leben im Arbeitsdienst für ihn noch unerträglicher.

Das war bei den Soldaten anders. Auch hier herrschte strammer Dienst, aber alles war geregelter. Übergriffe von Vorgesetzten gab es äußerst selten, die Dienstaufsicht der Offiziere und erfahrener Unteroffiziere (Oberfeldwebel) sorgte für Einhaltung der Regeln, und schon die ständige Anwesenheit älterer Soldaten als Vorgesetzter ließ das Gefühl eines völligen Ausgeliefertseins nicht aufkommen. Vor allem habe ich als Soldat nie so gehungert und so miserables Essen erhalten wie im Arbeitsdienst, es galt wirklich die alte Soldatenweisheit: Wie die Verpflegung, so die Bewegung. Das ist dann im Krieg zum Teil anders geworden.

Denn meine Wehrpflichtzeit bei den Soldaten ging nahtlos in den Krieg über. Nach einer kurzen Dienstzeit in einer Pioniereinheit wurde ich wegen meines Berufs zur Luftwaffe versetzt, ein Dienst, der insbesondere bei den technischen Einheiten zeitaufwendig war. Für sogenannte ideologische Aufrüstung blieb wenig Raum. Wurde wirklich einmal politische Belehrung auf den Plan gesetzt, so nahm weniger als die Hälfte der Soldaten der Einheit daran teil, denn die meisten waren für derlei Dinge nicht abkömmlich: Sie wurden dringend benötigt, um die Flugzeuge einsatzfähig zu halten. Die Offiziere des technischen Dienstes, zu denen ich bald aufgerückt war, waren in der Regel gut für ihre Aufgaben vorbereitet, und Kommiß in dem oft beklagten Sinn fand nur selten statt. Man war ja auf Fachleute angewiesen, was das sonst so strenge Über- und Unterordnungsverhältnis der Wehrmacht milderte. Technik läßt sich zwar in Grenzen planen, für Befehl und Gehorsam ist sie jedoch ungeeignet, und insbesondere die Suche nach Störungen in elektrischen und hydraulischen Systemen oder am Triebwerk erforderte den Kenner, wobei der Dienstgrad nur eine geringe Rolle spielte. Die älteren Unteroffiziere waren oft Meister in ihrem Fach; Fachautorität machte den Alltag leichter als Amtsautorität.

Zu betreuen hatten wir nach kurzer Einweisung das Flugzeugmuster Heinkel 177. Das war ein moderner Bomber, weitreichend, aber sehr störanfällig, weshalb es nicht selten zu Notlandungen kam. Die Bergung von Not- und Bruchlandungen und die Wiederaufrüstung des Flugzeuges war dabei nicht nur zeitaufwendig, sondern bei unserem Mangel an Ersatzteilen auch schwierig.

Im Osten wurden für allgemeine Arbeiten und Bauarbeiten auf unserem Einsatzfliegerhorst, weit östlich in der Ukraine, kriegsgefangene Sowjetsoldaten eingesetzt. Sie arbeiteten so nah bei uns, daß wir sie gut wahrnehmen konnten, obschon es streng verboten war, mit ihnen Kontakt aufzunehmen oder ihnen in irgendeiner Weise beizustehen: Es waren Elendsgestalten nach ihrem körperlichen Zustand und auch nach ihrer Bekleidung. Da sie unsere Stellungen ausbauten, hatten wir zeitweilig die Bewachung zu stellen, und unsere Küche hat diesen Gefangenen dann gegen alle Befehle mehr als die Reste unserer Verpflegung zukommen lassen. Bei der großen Zahl der Hungrigen war aber auch das nur ein Tropfen auf den heißen Stein, ebenso wie das Verbandsmaterial, das wir bei Bedarf herausgegeben haben.

Eines Tages, es ist etwa im Sommer 1942 gewesen, wurde das Arbeitskommando der Kriegsgefangenen durch zivile Gefangene verstärkt, und wir haben sehr bald gemerkt, daß es sich um Juden aus europäischen Ländern handelte, darunter auch deutsche Juden. Bewacht bei der Arbeit wurden sie von Sonderkommandos der SS oder der Organisation Todt (während unsere Wachen nur darauf achten sollten, daß die Juden in einem genau begrenzten Gebiet blieben). Doch wenn die Kriegsgefangenen schon elend und jammernswert dahergekommen waren, so fehlen mir die Worte, um zu beschreiben, wie diese Menschen aussahen. Da Frauen und Männer kaum Kleidung besaßen, bedeckten sie ihre Blöße mit alten, aus Papierfäden gewebten Strohsäcken, die wegen Ungezieferbefalls von den Soldaten ausgemustert worden waren. Es war ein herzzerreißendes Bild, diese Elendskolonne bei der Arbeit zu beobachten; sie mußten Schäden in den Rollbahnen ausbessern und andere schwere körperliche Arbeit leisten, wobei sie von Männern der Organisation Todt mit unmenschlichen Methoden angetrieben wurden; Stockschläge waren täglich zu beobachten. Diese Elenden versuchten nun, hier und da etwas zu finden, um ihren schrecklichen Hunger zu stillen, weshalb sie stets den Abfallhaufen unserer Feldküche durchsuchten. Die Küche lag aber außerhalb des Bereiches, in dem sie sich aufhalten durften, was der Grund dafür war, daß ein mir unterstellter Unteroffizier, der unsere Wache führte, dem Posten das Gewehr abnahm und auf eine Jüdin schoß, die sich Kartoffelschalen aus dem Dreck heraussuchte: Der Schuß verletzte die Frau zum Glück nur leicht, sie rannte zurück in den abgesteckten Arbeitsbereich. Noch heute sehe ich das entsetzte Gesicht unseres Oberwerkmeisters, eines Oberfeldwebels, der mir diesen Vorgang meldete. Auf meine Frage, was er unternommen habe, antwortete er, er habe dem Unteroffizier in hartem Ton das Schießen verboten; danach habe er die Wunde, einen Streifschuß, versorgt. Beim Verbinden habe die Frau ihm dann erzählt, daß sie eine deutsche Jüdin und von Beruf Ärztin sei. Wegen seines Tuns war der Oberfeldwebel mit einem SS-Mann in Streit geraten, der das Arbeitskommando führte, hatte jedoch, wie er berichtete, den Streit gut durchgestanden, da der SS-Mann nur den Rang eines Unteroffiziers bekleidete. So kam ihm die Hierarchie zur Hilfe. Ich habe beobachten können, daß er über Tage die Jüdin mit Sanitätsmaterial, auch mit Brot versorgte.

Zwei Tage später hatte sich der Vorfall zu unserem Kommandeur herumgesprochen. Der Unteroffizier, der Oberfeldwebel und ich mußten uns bei ihm melden, und jeder erhielt Gelegenheit, seine Sicht des Geschehens vorzutragen. Nachdem der Unteroffizier entlassen worden war, sollte der Oberfeldwebel sich äußern, warum er überhaupt eingegriffen habe; schließlich seien Posten und Wachhabender aus dem technischen Dienst herausgenommen und ihm für die Zeit der Wache gar nicht unterstellt. Ich war richtig stolz auf den Oberfeldwebel, denn er verteidigte sich wacker und erklärte dem Stabsoffizier, daß jedes Maß überschritten worden sei: Ein Zuruf hätte genügt, um auf das Fehlverhalten aufmerksam zu machen. Außerdem redete er sich damit heraus, daß die Arbeit der Kommandos für uns sehr wichtig sei; wir könnten das neben dem technischen Dienst nicht auch noch machen, und die Bauarbeiten würden nur fertig, wenn die Kommandos in Ruhe zu arbeiten vermöchten. Der Oberfeldwebel war schon vor 1933 in die Reichswehr eingetreten und hatte wegen seines Könnens und seiner beispielhaften Haltung großes Ansehen bei Mannschaften und Offizieren. Er wurde ermahnt, seine Kompetenzen nicht zu überschreiten, und damit vom Kommandeur entlassen.

Nun kam ich dran und wurde gefragt, wo ich denn gewesen sei und wie so etwas unter meiner Führung habe vorkommen können. Ob etwa der Oberfeldwebel die Einheit führte oder ich? Als ich antworten wollte, fuhr mein Kommandeur mich barsch an, er wolle jetzt nichts mehr hören; in Zukunft sollte ich Sorge tragen, daß so etwas nicht mehr passiere. Damit war ich entlassen.

Wieder an meinem Platz, fragte mich der Oberfeldwebel, was geschehen solle. Ich habe ihm geantwortet, er solle nur so weitermachen.

Während unseres Einsatzes in der Ukraine begann der Kampf um Stalingrad, und noch heute finde ich keine Erklärung dafür, daß wir im Hinterland so geringe Kenntnisse von diesem Geschehen hatten. Als Feldmarschall Paulus Ende Januar 1943 den Widerstand aufgab, trat bei vielen unserer Soldaten große Betroffenheit ein; erstmals spürten sie, daß es um unsere Lage nicht gut bestellt war. Bei Gesprächen unter vier Augen hörte ich die bange Frage: Können wir das noch ausgleichen? Jetzt verstanden wir besser, was der so schlecht vorbereitete Einsatz des Großflugzeugs He 177 bezweckte. Dabei war es damals noch gar nicht einsatzklar, besaß noch zu viele Mängel: Nur wenige Flugzeuge kamen bei uns oder auf den benachbarten Fliegerhorsten an; eine große Zahl dagegen mußte schon beim Überführungsflug von Deutschland in das Einsatzgebiet notlanden oder ging gar zu Bruch. So waren wir häufig mit Bergungsarbeiten beschäftigt.

Einmal besuchte uns Göring mit einem großen Troß und wollte sich über den Einsatz des Flugzeuges vor Ort informieren. Ich habe nur am Rande daran teilgehabt, aber mir ist gut in Erinnerung, wie Göring sich in einer Phantasieuniform mit roten Juchtenstiefeln auf dem Fliegerhorst Kalinowka in Position brachte. Inzwischen wußten wir endlich von den Transportfliegern, wie unzureichend die Versorgung der eingeschlossenen Truppen in Stalingrad war, während bei uns Göring in einer Aufmachung und mit einem Aufwand auftrat, der schon in Friedenszeiten weit übertrieben gewesen wäre. Von Verbundenheit mit der kämpfenden Truppe oder gar von »preußischer« Haltung war nichts zu merken. Höhere Vorgesetzte – so mein Kommandeur – berichteten, wie Göring mit theatralischem Gehabe gejammert hatte: »Wie soll ich das Desaster mit der He 177 dem Führer melden?«

Ich verstand nun auch besser, was bei einem Abendessen mit Parteifunktionären, den sogenannten Goldfasanen, gemeint gewesen war, als die Bemerkung fiel: »Hoffentlich halten die da vorne noch so lange durch, bis wir die Zuckerrübenkampagne beendet haben.« Die Vertreter der Partei waren bei uns nur zwischengelandet, sie müssen besser über unsere militärische Lage unterrichtet gewesen sein als wir.

Verstärkte Partisanentätigkeit hätte uns allerdings warnen müssen. Wir hingegen haben die Einsätze gegen die Partisanen immer nur als unliebsame Unterbrechung unseres technischen Auftrags empfunden. Die Brutalität, mit der die Einsatzleitung mit gefangenen Partisanen verfuhr, ist unbeschreiblich, und dennoch verstärkten die Partisanen ihre Angriffe ständig, wodurch bei uns Kräfte gebunden und der Nachschub gestört wurde. Auch die Partisanen zeigten keine Hemmungen: Auf beiden Seiten wurden keine Gefangenen gemacht, das Kriegsrecht wurde nicht beachtet.

Nachdem das Geschwader, das wir betreut hatten, anderweitig Verwendung gefunden hatte, wurde unser Verband zur Auffrischung und Umrüstung nach Ludwigslust in Mecklenburg verlegt. Das war im Mai 1943. Endlich bekam ich den so lange ersehnten Heimaturlaub. Aber die Freude über die freien vierzehn Tage währte nur kurz: Ich wurde krank und hatte hohes Fieber. Der behandelnde Militärarzt nahm zunächst Wolhynisches Fieber an, bis ein erfahrenerer Kollege von ihm eine Gehirnhautentzündung feststellte. Tagelang lag ich mit furchtbaren Schmerzen im Halbdunkel, und dennoch wurde ich nicht in ein Lazarett verlegt, sondern blieb im Haus bei Friedel, die inzwischen meine Frau geworden war: Während eines Kurzurlaubs hatten wir 1941 in Hamburg geheiratet. Die Hamburger Lazarette waren zu jener Zeit überfüllt, außerdem befürchtete der Arzt, ich könnte andere Soldaten anstecken. Gleichwohl ging es mir mit der Zeit etwas besser, und da meine Frau arbeiten mußte, wollte ich ihr das Leben nicht noch schwerer machen, als es damals ohnehin für sie war: Nachts gab es oft Fliegeralarm, sie saß stundenlang im Keller; tagsüber mußte sie zehn und mehr Stunden arbeiten und dazu noch einen Kranken versorgen; das war viel. So machte ich mich auf nach Ludwigslust in der Absicht, möglichst oft nach Hamburg zu fahren, sofern der Dienst es erlauben würde.

Bis zum Sommer 1943 waren mehr als hundert Luftangriffe auf Hamburg niedergegangen; doch das war nur ein Vorspiel zu dem, was nun kam. An einem Wochenende im Juli war ich zu meiner Frau nach Hamburg gefahren, wo wir mit meiner Schwester und meiner Schwägerin ein paar frohe Stunden genossen. Durch glückliche Umstände hatten wir eine kleine Zweizimmerwohnung bekommen und waren sehr stolz auf unser eigenes Heim. Aber in der folgenden Nacht brach ein Inferno los, das vom 25. Juli bis zum 3. August dauerte. Ich weiß nicht, wie viele Brand- und Sprengbomben von welchem Kaliber auf Hamburg niederfielen, doch es war ein Feuersturm, der den Asphalt unserer Straße entzündete. Unser Haus wurde getroffen und brannte in Minuten lichterloh. Gemeinsam mit den anderen Bewohnern hatten wir uns gerade in den primitiven Schutzraum im Keller geflüchtet, als eine Mutter mit ihren kleinen Kindern kam und schrie: »Mein Baby ist noch in der Wohnung!« Ein beherzter älterer Mann und ich liefen nach oben. Da das Dach abgedeckt war, war das Treppenhaus ein Kamin; Flammen schlugen vom brennenden Geländer in diesen Zug. An der Wand entlang schlichen wir bis in die dritte Etage. Das Kinderzimmer war verqualmt, brannte jedoch noch nicht, und so packten wir den Kinderwagen mit dem Baby darin und arbeiteten uns durch die Hitze nach unten.

Ich bin darauf noch einmal in unsere Wohnung im 1. Stock gegangen: Es war nichts mehr zu machen. In meiner Verzweiflung und Wut nahm ich die Löschsandtüten, die pflichtgemäß auf dem Flur standen, und warf sie in die Flammen; es hat zwar nichts genützt, aber meiner Gemütslage gutgetan. Durch die Flammen flohen wir, eingehüllt in nasse Decken, ein paar Straßen weiter zu einem Bunker, der uns einen besseren Schutz bot; auch brannte es in dieser Gegend nicht so stark. Als der Morgen kam, blieb es dämmerig, der Qualm hatte den Himmel verdeckt, und die Sonne kam nicht durch die Rauchwolken.

Meine Frau und ich machten uns auf, um nach ihrem Großvater, ihrer Mutter und Schwester zu sehen. Das Haus, in dem diese wohnten, brannte im Dachstuhl, kein Mensch war zu finden, die Türen standen offen; meine Frau konnte aber noch ein paar Kleidungsstücke aus der Wohnung bergen. Nirgendwo konnte gelöscht werden, da kein Wasser aus den Hydranten kam, und so entwickelte sich das Feuer immer gewaltiger und schneller, fraß sich mit dem Wind von Haus zu Haus und sprang von einem Straßenzug auf den benachbarten über. Jetzt brach es aus den Menschen heraus, man schimpfte auf Hitler und die Nazis, und schon war niemand mehr in brauner Uniform zu sehen, so daß man den Anschein gewinnen konnte, der ganze Stadtteil hätte unter seinen Anwohnern nie einen einzigen Nazi gehabt. Man hörte Schimpfkanonaden, die noch wenige Stunden zuvor wahrscheinlich zu einem Todesurteil wegen Defätismus geführt hätten.

Auch in Ludwigslust hatte man aus dem Radio von den Angriffen erfahren. Da die Entfernung nach Hamburg nur etwa 100 Kilometer beträgt, hatte man dort die gewaltige Qualmwolke über der Stadt erblickt, worauf meine Kameraden sich mit einem Auto aufgemacht hatten, um nach mir zu sehen, und tatsächlich haben sie mich in all dem Durcheinander – fast ein Wunder – ausgemacht. Zu unserem Glück handelte es sich um den ersten aus der fürchterlichen Reihe der großen Angriffe auf Hamburg. Weite Teile der Stadt waren daher noch völlig intakt, man konnte sie ungehindert durchfahren.

In der Zwischenzeit hatten wir unsere Angehörigen gefunden, und auch meine Eltern, die ebenfalls ihre Wohnung verloren hatten, wußten wir bei meiner Schwester geborgen. So wurde nun unser weniges Hab und Gut, soweit es gerettet worden war, in dem Auto verstaut. Platz fand sich auch für den achtzigjährigen Großvater, und so konnten wir zwei Hamburg erst einmal verlassen, während es meiner Frau gelang, von der Kreisleitung der NSDAP eine Genehmigung zum Verlassen der Stadt zu erhalten, denn ohne diese wurden die fliehenden Menschen am Stadtrand und auf den Bahnhöfen von der Polizei aufgehalten und zurückgeschickt oder an irgendeinen Fluchtort verwiesen. So machte sich nun auch meine Frau mit Mutter und Schwester auf den Weg, und tatsächlich haben sie einen Eisenbahnzug in Richtung Ludwigslust erwischt. Stunden nach mir trafen die drei Frauen dort ein.

Das Entgegenkommen der militärischen Verwaltung war wirklich lobenswert. Der Großvater und die drei Frauen wurden in recht guten Offiziersquartieren untergebracht und mit allen notwendigen Dingen des Alltags wie Bettwäsche, Handtüchern, Seife und so weiter versehen, vor allem aber wurden sie voll verpflegt und richtig umsorgt. Ich selber allerdings mußte schon bald mit einer Wagenkolonne von etwa fünfzehn Lkws samt Fahrern und Beifahrern Ludwigslust verlassen, um mich beim Luftgau-Kommando als Helfer zu melden.

Dieses lag in Hamburg-Blankenese, wo heute die Führungsakademie der Bundeswehr untergebracht ist. Mir war ein Meldekopf in meinem Einsatzbefehl vorgegeben; aber im Kommando fühlte sich niemand zuständig. Endlich raffte sich ein uniformierter Beamter im Range eines Hauptmanns auf und nahm meine Männer und mich in Verpflegung, wobei er mich noch ermahnte, in meinem Aufzug keinesfalls ins Kasino zu gehen. Erst jetzt merkte ich, daß nicht nur ich, sondern alle Soldaten des Kommandos völlig schwarz von Ruß und Dreck waren, denn über Hamburg waren in diesen Tagen weitere Angriffe niedergegangen, und die Stadt brannte schon wieder in vielen Teilen.

Eigenmächtig habe ich die Kolonne in drei Teile geteilt: Zwei Drittel der Fahrzeuge sollten jeweils achtzehn Stunden Hilfe leisten, so daß ein Drittel immer sechs Stunden Pause hatte; bei Luftangriffen sollte mit den Wagen und Männern sofort Deckung außerhalb der Stadt gesucht werden. Am Rande des Luftgau-Kommandos fanden wir Platz zwischen Werkstätten und Garagen. Für die Soldaten war alles problemlos, sie beriefen sich auf meine Befehle und bekamen auf diese Weise, was sie brauchten. Bald hatten sie ein Schild mit der Aufschrift »Meldekopf« aufgestellt, das den Hinweis enthielt, daß unser Kommando als Helfer tätig sei. Niemand hat uns vertrieben. In den ersten zwei Tagen haben wir einem Krankenhaus bei der Evakuierung von Kranken in Ausweichquartiere geholfen, Familien mit ihrem Hab und Gut zu Verwandten außerhalb Hamburgs gebracht und ähnliche Hilfe geleistet. Alle Aufgaben habe ich selber gesucht, da sich noch immer niemand für uns verantwortlich fühlte.

Langsam aber kam auch die Bürokratie des Luftgau-Kommandos auf Touren und trat mit Bitten an mich heran: Es ging um Verpflegungsnachschub; da bot sich Gelegenheit, zu einem vernünftigen Abkommen mit unserem Versorgungstruppenteil zu kommen. Endlich konnten wir zu jeder Tages- und Nachtzeit Verpflegung in der Küche fassen, wobei damals in den ersten zwei Tagen noch alles – wie im Frieden – auf die Minute genau nach Dienstplan ablief, und wer zu spät kam, stand vor verschlossener Tür.

Noch immer konnte ich allein bestimmen, welchen Auftrag wir annahmen. Von der den Deutschen nachgesagten Fähigkeit zur Organisation war nichts zu merken, und mit der Zeit wurde unser Kraftstoff knapp. Deshalb ging ich zu dem Beamten, der mir anfangs schon einmal geholfen hatte. An seiner Bürotür las ich: Oberamtmann, das mußte helfen, zumal ich wußte, daß bei den Offizieren Beamte an sich nicht sonderlich angesehen waren. Nachdem ich angeklopft und die Aufforderung erhalten hatte, einzutreten, nahm ich Haltung an, grüßte militärisch und redete den Herrn förmlich mit »Herr Oberamtmann« an. Ich muß einer der wenigen Offiziere gewesen sein, der ihm so gegenübertrat. Er wurde ganz leutselig, bot mir einen Platz an und fragte, was mich zu ihm führte. Meine Bitte um Kraftstoff hörte er geduldig an und erkundigte sich, was wir denn eigentlich täten. Ich gab artig Antwort. Jetzt hatte ich gewonnen, zumal er auch noch ein privates Anliegen hatte, denn er wollte seine Frau und Kinder auf ein Dorf zu Verwandten in Schleswig-Holstein gebracht wissen. Das sagte ich sofort zu. Mit der Bitte, ich möge warten, verließ er das Büro, um nach etwa fünfzehn Minuten mit einen Befehl in der Hand zurückzukommen, der vom Kommandanten Stabsquartier unterschrieben und für mich bestimmt war; danach sollte mir jede gewünschte Hilfe gewährt werden. Dann schenkte er mir noch ein Glas Cognac ein und forderte mich auf, die sanitären Einrichtungen in seinem Quartier zu benutzen. Als ich Stunden später von dem Angebot Gebrauch machte, hielt er saubere Wäsche und ein Uniformhemd für mich bereit. Er nannte mich jetzt freundschaftlich seinen »Räuberhauptmann«.

Von nun an gab es keine Schwierigkeiten mehr. Nach Tagen, es war sicher mehr als eine Woche, konnte ich endlich mit meinem Kommandeur in Ludwigslust telefonieren und ihm melden, was wir trieben. Er befahl, daß ich noch etwa sieben Tage bleiben solle, dann würden wir wieder in Ludwigslust benötigt. In dieser Zeit habe ich auch meine Eltern, meine Schwester, meine Tante und mehrere Cousinen nach Ludwigslust bringen lassen und sie dort untergebracht. Endlich konnte ich mich bei meiner Tante für ihre Hilfe im Jahre 1933 erkenntlich zeigen. Sonst haben wir geholfen, wo es uns nötig erschien.

Nach meiner Rückkehr zur Einheit etwa Mitte August 1943 kehrten die jüngeren Familienmitglieder, darunter auch meine Frau, nach Hamburg zurück; sie mußten wieder an ihrem Arbeitsplatz erscheinen. Wären meine Frau und die anderen Frauen nicht zurückgegangen, wären sie von Ludwigslust aus irgendwohin als Rüstungsarbeiterinnen vermittelt worden; die Ausgabe von Lebensmittelkarten machte eine strenge Kontrolle möglich. Meine Cousine, die gerade einen Sohn geboren hatte, blieb noch ein paar Wochen, und Großvater und Schwiegermutter haben sogar bis 1946 in Ludwigslust gelebt.

Der Einsatz im Heimatkriegsgebiet ging im September 1943 leider zu Ende. Wieder voll aufgefüllt und ausgerüstet, kamen wir erneut in den Westen, wo Bordeaux unser neuer Standort wurde. Für mich waren es allerdings nur wenige Wochen, weil eine weitere Einheit unserer Art in Eschwege aufgestellt wurde, für die ich als Staffelführer vorgesehen war. Nach vier Wochen waren wir mit der Aufstellung fertig, und wieder ging es nach Frankreich, diesmal nach Châteaudun, wo wir an die sechs Monate blieben. Wir hatten die unterschiedlichsten Flugzeuge zu betreuen; im übrigen nützten wir die kurze Freizeit und sahen uns in der schönen Gegend um.

Doch wir hatten ein wirklich bemerkenswertes Schicksal. Im Osten sollte die He 177 eingesetzt werden, wozu Techniker notwendig waren, und so wurden wir Anfang Juni 1944 wieder in den Osten verlegt. Der Befehl erreichte uns am 6. Juni 1944, genau am Tage der Invasion. Die Vorbereitungen dauerten etwa zwei Tage, dann begann die Jagd nach Transportraum. Ich vermag das Durcheinander, mit dem wir zu kämpfen hatten, nicht zu schildern: Entweder waren keine Eisenbahnwaggons oder keine Lokomotiven zu haben, denn die französischen Eisenbahner waren treue Verbündete der angreifenden Alliierten, und indem sie bewußt Chaos anrichteten, haben sie die Deutschen in der Gegend um Châteaudun, soweit ich beobachten konnte, mehr behindert als der Maquis. Wieder und wieder wurde der Verladebahnhof von Tieffliegern angegriffen. Bomben fielen auf den Fliegerhorst, und als die letzten unserer Soldaten gerade die alte französische Kaserne in der Stadt verlassen hatten, wurde diese durch Fliegerbomben in Schutt und Asche gelegt. Wir wurden viele Stunden hin und her geleitet und mehrere Male von Tieffliegern angegriffen, hatten aber während der ganzen Zeit keine Verluste. Endlich waren wir aus dem Bereich der Angriffe heraus und rollten nun bei herrlichem Sommerwetter durch Deutschland Richtung Osten. Doch über Königsberg kamen wir nicht hinaus.

Hier erlebten wir den Tag von Stauffenbergs Attentat. In den ersten, noch unsicheren Stunden wurde darüber nicht geredet, keiner wollte zu erkennen geben, wie er zu dem Anschlag stand. Erst als klar war, daß der Versuch, den Tyrannen zu beseitigen und dem sinnlosen Tun Einhalt zu gebieten, gescheitert war, wurden wir durch unseren Kommandeur zusammengerufen. Er hielt eine Brandrede: Die Verräter wurden verdammt und dem Allmächtigen gedankt, daß er den Führer bewahrt hatte.

Im Sommer 1944 flogen die Alliierten Angriffe auf die bisher völlig verschont gebliebene Stadt Königsberg. Wir wurden zu Lösch- und Aufräumarbeiten eingesetzt. Nicht nur die Innenstadt war schwer getroffen, auch in den Außenbezirken um Königsberg herum gab es Schäden; unter anderem wurde ein Gut, welches vom Gauleiter der NSDAP, Erich Koch, bewohnt wurde, von Brandbomben getroffen, und ein Zug mir unterstellter Soldaten wurde zum Löschen und Helfen beordert. Als ich die Soldaten bei ihrem Einsatz aufsuchte und nach dem Rechten sah, brachte mich der Zugführer, ein Feldwebel, in den halbausgebrannten Schweinestall, wo eine Sau mit ihren Ferkeln lag. Verschmitzt sah er mich an, zeigte auf die Ferkel und sagte dabei zu mir: »Sehen Sie, Herr Oberleutnant, lauter kleine Gauleiter.« Ich habe zwar mit ihm gelacht, aber ihn auch ermahnt, vorsichtig mit seinen Äußerungen zu sein. Mir wurde sofort klar, wieviel Vertrauen der Mann in mich setzte, und ich konnte ahnen, was er über die Nazis dachte. Der Vergleich des Gauleiters Koch mit den Ferkeln hätte für ihn schwere Folgen haben können.

Die Flugzeuge, die wir technisch versorgten, wurden wegen Treibstoff- und Ersatzteilmangel nur selten eingesetzt. So haben wir technische Dienste geleistet für jeden, der ihrer bedurfte, welches Flugzeugmuster auch immer anfiel. Die Front rückte näher. Der Flugplatz bei Königsberg wurde in Verteidigungsbereitschaft gesetzt, Erdbunker wurden gebaut, Laufgräben ausgehoben, und die Soldaten wurden für den Kampfauftrag ausgebildet.

Auf einem Truppenübungsplatz lernten wir den Umgang mit der Panzerfaust, wobei ich für die Soldaten der Luftwaffe der verantwortliche Führer war. Die Ausbilder waren kampferprobte Heeressoldaten, alle wegen Verwundungen nicht mehr frontverwendungsfähig. Ein einbeiniger Leutnant machte mir klar, daß wir von der Luftwaffe mit unserer Ausbildung und Erfahrung aus dem Partisanenkampf gegen die näher kommenden Kampftruppen der Russen keine Chance hätten, und als wir uns einmal unter vier Augen sprachen, fragte ich ihn ganz offen, was er mir rate. Seine Antwort war: »Wenn du überleben willst, dann achte auf den Kampfkommandanten. Wenn du Glück hast, setzt er sich rechtzeitig ab, und dann ist es auch für dich Zeit zurückzugehen. Paß auf, daß deine Soldaten sich nicht festbeißen, sich nicht umgehen lassen, dann seid ihr verloren. Du mußt auch ununterbrochen Munition anfordern, sonst habt ihr am Ende zwar noch Waffen, aber keine Munition mehr.« Doch zu dieser Zeit war alles bereits äußerst knapp, und schon während der Ausbildung auf dem Übungsplatz war der Kampf mit dem munitionssparenden Verfahren geübt worden.

Nach etwa zwei Wochen wurde eine große Übung angesetzt. Wir wurden in die Heereseinheiten eingestreut, doch hatte ich den einbeinigen Leutnant zur Seite, durch dessen Rat wir nicht mit Minderleistungen auffielen. Panzer allerdings waren bei uns kaum noch vorgesehen, woraus ich schloß, daß sie in ausreichender Zahl nicht mehr vorhanden waren.

Kaum hatte ich mich, zurück auf dem Fliegerhorst, bei meinem Kommandeur gemeldet, da wurde ich zu unserem Regimentskommandeur befohlen. Er fragte nach dem Übungsplatzaufenthalt und auch, was ich täte und wie viele Soldaten in der Staffel dienten. Während ich meine Antworten gab, sah ich, daß er in einer Akte blätterte, und als er sie einmal anhob, erkannte ich meine Personalhandakte. Er war sehr aufgeschlossen und kameradschaftlich zu mir, obgleich ich ihn zuvor nur wenige Male gesehen hatte – fast so, als wären wir alte Bekannte. So schien es kein Gespräch zwischen einem Oberst und einem Oberleutnant zu sein, sondern wirkte auf mich, als würde ein älterer Onkel mit seinem Neffen reden. Immer wieder sah er in meine Akte, dann fragte er, für mich ganz unerwartet: »Was war da eigentlich 1932 in Hamburg mit der SA und der Staatspolizei?« Ich war völlig überrumpelt. Der Vorfall lag zwölf Jahre zurück; ich hielt ihn für vergessen. Dann entschloß ich mich, alles so zu erzählen, wie ich es in Erinnerung hatte; ich wußte ja nicht, wie genau der Vermerk in der

Akte war. Nun rechnete ich mit einer sofortigen Kommandierung an die Front; mir war alles andere als wohl. Nach längerem Schweigen sagte der Oberst jedoch: »Nicht mehr kämpfen, der Krieg ist verloren. Ihre Männer werden im Frieden noch gebraucht.« Wie sollte ich mich verhalten? Nur um etwas zu sagen, wiederholte ich den Befehl: »Nicht mehr kämpfen.« Er lachte mich an, nahm aus einem Schrank eine Flasche Cognac, woraus wir dann gemeinsam ein Glas getrunken haben.

Allerdings hatte der Oberst ein privates Anliegen; er teilte mir mit, daß wir nach Brandenburg-Briest verlegt würden, und dorthin sollten wir seine Frau und seine Kinder mit unserem Truppentransport mitnehmen, weil Zivilpersonen damals Ostpreußen nur in besonderen Fällen verlassen durften; Ostpreußen sollte gehalten werden. Obgleich nicht ich, sondern mein Kommandeur für den Transport zuständig war, sagte ich zu. Dennoch konnte ich mit dem Gespräch nicht ins reine kommen: Ein Oberst, der als Offizier der Reichswehr in der Sowjetunion um 1927 seine fliegerische Ausbildung vervollkommnet hatte – er hatte dort einen Unfall gehabt und war jetzt nur noch begrenzt einsatzfähig –, hatte soviel Vertrauen zu mir, einem ihm unbekannten Oberleutnant? Ob er durch seinen Wunsch, Frau und Kinder aus Ostpreußen herauszubringen, jede Vorsicht außer acht gelassen hatte? Ob er denn gar nicht bedachte, daß er sich in meine Hand begeben hatte? Ich war völlig durcheinander. Dann fiel mir ein, daß auch ich ihm ausgeliefert war, denn es war streng verboten, ohne Befehl in Wehrmachtstransporten Zivilisten aufzunehmen. Ich zögerte, die Rückfahrt anzutreten, ließ meinen Fahrer gegen meine Gewohnheit warten und ging grübelnd auf und ab. »Nicht mehr kämpfen. Der Krieg ist verloren.« – Zwei Tage später wurden wir verlegt. Ich habe Wort gehalten und die Ehefrau des Obersten mit den Kindern sicher nach Brandenburg gebracht.

In wenigen Tagen mußten wir uns die allernotwendigsten Kenntnisse aneignen, um eines der modernsten deutschen Jagdflugzeuge, die Arado 234, betreuen zu können: das erste Flugzeug mit Strahltriebwerk, das ich zu Gesicht bekam. Doch es war das gleiche Lied wie bei dem Fernbomber He 177: Die Maschine war nicht ausreichend erprobt und hatte noch zahlreiche Mängel; insbesondere die elektrische Anlage machte uns dauernd zu schaffen. Außerdem waren wir zu dieser Zeit – zwischen Ende 1944 und Anfang 1945 – schon so unterlegen, daß die wenigen Flugzeuge zwar noch eingesetzt wurden, aber große Verluste erlitten. Die Ardennen-Offensive, die am 16. Dezember 1944 begonnen hatte, war nach wenigen Tagen zusammengebrochen; wir hatten uns zuvor eine Atempause verschafft, dafür aber wurden die Luftangriffe der Alliierten immer heftiger.

Inzwischen waren wir wieder in den Westen versetzt worden. Man merkte den Soldaten an, daß sie den Krieg verloren gaben, aber offen wurde darüber nicht geredet. Wenn allerdings die Verbände der Alliierten über uns in großer Zahl hinwegflogen, um ihre Zielgebiete zu erreichen, fiel die eine oder andere Bemerkung über unsere Unterlegenheit.

Bei mir stellte sich damals eine schwere Gallenblasenentzündung ein, und ich kam von Westerkappeln nach Ibbenbüren in ein Lazarett, das vormals ein katholisches Krankenhaus gewesen war – zu meinem Glück. Nonnen pflegten uns, und es waren noch gute Ärzte dort, zwar in Uniform, aber in ärztlicher Kunst erfahren, Könner in Diagnostik und Therapie. Ein älterer Arzt, im Dienstgrad allerdings nur Stabsarzt, nahm sich meiner an. Er riet von einer Operation ab, da die Alliierten bereits den Rhein überschritten hatten: Sie rückten weiter und weiter vor, so daß mein Truppenteil wieder Richtung Norden verlegt wurde. In der Nacht kamen die Kameraden und holten mich mit einem Gelände-Volkswagen ab. Es ging nach Münster. Dort konnte ich beim Verladen beobachten, wie für mich auf einem Lkw ein Feldbett montiert wurde; so kam ich zwischen Werkzeugkisten und Soldaten wunderbarerweise fast bis nach Hamburg. Unser neuer Standort war Kaltenkirchen, keine 50 Kilometer von meiner Heimatstadt entfernt. Hier lagen etwa 20 bis 25 deutsche Düsenjäger Me 262, die die Katastrophe noch einmal aufhalten sollten, auch wenige Arado 234. Ich bemühte mich, meinen Dienst wieder aufzunehmen, und tatsächlich ließen mich die Wartung und Instandsetzung dieser Flugzeuge und das Studium der hierfür notwendigen Vorschriften die Schmerzen etwas vergessen. Es ging aber nur ein paar Tage gut. Der Truppenarzt, der sich nicht mit mir belasten wollte, schickte mich nach Hamburg ins Lazarett, und zwar in das renommierte ehemalige Rote-Kreuz-Krankenhaus. Aber auch hier wollten die Ärzte nicht operieren, gab es doch – insbesondere nachts – häufige Fliegerangriffe. Deshalb riet mir der Chefarzt von jeder Operation »in diesen Zeiten« ab. Von ihm erfuhr ich auch, daß Hamburg zur Festung erklärt war: Alle Lazarette wurden durchgekämmt, selbst Amputierte wurden »verwendungsfähig« geschrieben. »Wenn die Galle als Geschwulst nicht mehr bemerkbar ist und die Fäden nach der Operation gezogen sind, dann schreiben die« – wer das war, blieb dunkel – »auch Sie verwendungsfähig. Wir lassen das so.« Das etwa waren seine Worte. Weiterhin nur warme, feuchte Umschläge und schmerzstillende Mittel, so lautete die Verordnung.

Am 19. April abends kam meine Frau. Es war ihr dreißigster Geburtstag. Mit Sorgen im Herzen versuchte ich, ihr Mut zu machen, dabei stand meine Krankheit auf Messers Schneide; wenn die Galle geplatzt wäre, hätte es aussein können. Der Hauptmann im Nebenbett wurde mit einem steifen Bein entlassen. Meinen Fragen wich er aus. Sein Befehl lautete, an der Front vor Harburg eine Kompanie zu übernehmen. Er gab mir die Hand, wünschte viel Glück und riet mir, dem Chefarzt zu vertrauen: »Der ist in Ordnung, der ist Reservist.« Dann lachte er: »Die sind verrückt, mich sehen die nicht vor Harburg.« Später erfuhr ich, daß der Chefarzt ihn einfach in ein anderes Bett im Keller verlegt hatte.

Nun war ich allein in meinem Zimmer, das bereits keine Fensterscheiben mehr hatte, da sie bei einem Luftangriff zerborsten waren. Bei Alarm durfte ich nicht in den Keller; ich mußte immer liegen, sollte mich nicht bewegen. Es war unheimlich, wenn in der Gegend Bomben fielen, das Gebäude wackelte und die Türen, sofern noch im Rahmen, schepperten. Aber ich tröstete mich damit, daß ich in Hamburg war, in meiner Heimatstadt.

Der Ring um die Stadt wurde enger. Von den Schwestern hörte ich, daß Hamburg fast eingekesselt sei, und eine von ihnen brachte mir einen Befehl vom 17. April, in dem es hieß, daß jeder, der, ohne schwer verwundet zu sein, seine Waffe verlieren oder sich ihrer entledigen würde, als Fahnenflüchtiger behandelt werde, ebenso jeder, der, ohne verwundet zu sein oder ohne einen schriftlichen Befehl zu haben, seiner Einheit abhanden käme. Eine Entschuldigung, daß man ›versprengt‹ sei, gebe es nicht mehr ... Unterzeichnet war der Text von Generalfeldmarschall Busch.

Der April neigte sich dem Ende zu. Der Chefarzt blieb bei der Visite allein zurück. »Nun müssen Sie sich entscheiden. Bleiben Sie hier, so kommen Sie mit den anderen und mir in Gefangenschaft. Bei einer Sammelstelle können Sie sich einen Einsatzbefehl für die Front holen. Oder wollen Sie zu Ihrer Truppe nach Kaltenkirchen?«

Ich entschied mich für Kaltenkirchen. Mit einem Wagen erreichte ich die Unterkunft meiner Einheit und traf auf den Stabsarzt, der sofort zu schimpfen anfing: Er hatte genug Kranke und wollte mich loswerden. So stellte mein Kommandeur mir einen Urlaubsschein aus, aufgrund dessen ich wieder nach Hamburg transportiert wurde. Urlaub am Ende des Krieges – das gab es wirklich.

Nach unserer Ausbombung 1943 hatte meine Frau in Eppendorf 1944 eine kleine Einzimmerwohnung zugeteilt bekommen; hier lag ich nun im Bett. Mir fiel der Befehl von Generalfeldmarschall Busch ein, und ich machte mir so meine Gedanken. Aber meine resolute Frau ergriff die Initiative und brachte mich zu einer befreundeten Kollegin, die zwei Straßen weiter wohnte; hier erschien es ihr sicherer für mich, denn unsere Nachbarn in dem neuen Haus waren uns noch nicht ausreichend bekannt.

Ein paar Tage später erfuhr ich, daß die Festung Hamburg verteidigt werden sollte; Panzersperren wurden gebaut, Gräben ausgehoben. Die Freundin meiner Frau und andere Hausbewohner machten sich Sorgen, was werden sollte, bis am 30. April im Radio verkündet wurde, »... daß unser Führer Adolf Hitler heute nachmittag in seinem Befehlsstand in der Reichskanzlei, bis zum letzten Atemzug gegen den Bolschewismus kämpfend, für Deutschland gefallen ist.« Alle atmeten auf. Nun war wieder Hoffnung für Hamburg. Und am 2. Mai gab auch der Gauleiter Kaufmann auf, indem er Hamburg zur offenen Stadt erklärte. Hamburg wurde kampflos übergeben.

Viele Stunden haben wir auf die alliierten Truppen gewartet. Die Menschen in der Stadt waren vollkommen still und apathisch, während im Radio ein Aufruf verlesen wurde, der uns unsere Lage erklärte. Es hieß darin aber auch, daß derjenige, dem die soldatische Ehre zu kämpfen gebiete, außerhalb der Stadt dazu die Gelegenheit habe. Für mich war das nicht faßbar. Nur Schluß mit diesem sinnlosen Kampf, dachte ich. Ich dachte an meinen Oberst, der mir vor wenigen

Monaten gesagt hatte: »Nicht mehr kämpfen. Der Krieg ist verloren.« Die politische und die militärische Führung, kamen sie wirklich erst jetzt zu dieser Einsicht? Was haben die sich während der letzten Wochen nur gedacht?

So erwartete ich liegend, mit warmen Umschlägen versehen, die Sieger. Es dauerte ein paar Tage, bis britische Kampftruppen die Häuser in Hamburg-Eppendorf nach dem »Werwolf« durchkämmten. Als sie uns fanden, betrachteten sie meine Papiere, sahen auch Uniform und Koppel mit Pistolentasche. Ob wohl einer deutsch würde lesen können? Mein Schulenglisch reichte nicht weit; aber die Soldaten lachten mich lediglich an, grüßten die Frauen und verschwanden. Das Tausendjährige Reich war für uns vorbei. Von den Nazis war nichts mehr zu sehen, aber was stand uns noch bevor? Vorerst herrschte Freude, daß die Fliegerangriffe zu Ende waren und Hamburg frei war.

Am 4. Mai unterzeichnete in der Nähe von Lüneburg Admiral von Friedeburg die Kapitulation der deutschen Streitkräfte in Dänemark, Norwegen, Holland und Nordwestdeutschland. Aber General Eisenhower wollte in zwei Tagen die Gesamtkapitulation aller deutschen Streitkräfte, die am 7. Mai in Reims vollzogen wurde. Der Krieg war endgültig aus.

Friedel und ich hatten überlebt, ebenso meine Schwiegermutter, der Großvater und Friedels Schwester, auch meine Eltern und eine Schwester, während meine zweite Schwester 1940 an einer Krankheit gestorben war. Wir waren glücklich. Viele Millionen waren umgekommen, viele Menschen hatten Angehörige verloren und wußten oft nicht einmal, ob ihre Lieben noch lebten oder nicht. Millionen waren von den Nazis ermordet worden, Juden vor allem und Abertausende im Osten, aber auch politisch unliebsame Deutsche. Wir dagegen lebten und wollten endlich unsere Ehe beginnen, zumal die Nazis uns vom achtzehnten Lebensjahr bis zu unserer Hochzeit 1941 um unsere Jugend gebracht hatten. Was allerdings würden die Sieger mit uns vorhaben? Auf diese bange Frage gab es im Mai 1945 keine Antwort, weder für uns noch für alle anderen Deutschen.

Gedanken im Jahre 1992

Im Abstand von 47 Jahren sieht die Welt anders aus. Die Schreckensvisionen vom Mai 1945 – Deutschland Für den Rest unseres Lebens eine Wüste, ein Kartoffelacker – haben sich nicht erfüllt, dennoch haben weder die »re-education« noch die »Entnazifizierung«, noch die oft beschworene »Bewältigung der Vergangenheit« die Ziele erreicht, die sie sich gesteckt hatten. Mit immensem Fleiß haben die Deutschen erst in den drei Besatzungszonen, ab 1949 in der Bundesrepublik die Trümmer beseitigt und ein in wirtschaftlicher Hinsicht beachtliches Gemeinwesen aufgebaut.

Die Trümmer im geistigen und seelischen Bereich sind jedoch im Laufe der Jahre nur verräumt, nicht beseitigt worden, und erst nachgewachsene Generationen haben ein anderes Verhältnis zu unserer Geschichte gefunden, auch wenn es beileibe kein einheitliches Bild des Dritten Reiches gibt, weder bei den Wissenschaftlern noch beim einfachen Volk. Schon schreien militante Minderheiten wieder »Sieg Heil« und »Ausländer raus«. Geschichte ist wohl nicht zu bewältigen, und es wäre schon viel, wenn wir lernen würden, mit unserer Geschichte so zu leben, daß andere Völker unseren ernsthaften Bemühungen, friedlich zu sein, Glauben schenken können. Dazu muß man unsere Geschichte kennen, selbstverständlich in ihrer guten, insbesondere jedoch in ihrer schlimmen Ausprägung.

Zu viele unserer Mitbürger sind Nazis gewesen, keine bösartigen zwar, aber sie haben sich im Dritten Reich nicht nur angepaßt, sondern sich ganz wohl gefühlt, zufrieden, daß sie arische Großeltern nachweisen konnten. Heute und in den Jahren nach 1945 haben Friedel und ich oft von Deutschen gehört: »Von der Verfolgung politischer Gegner, von dem Schicksal unserer Landsleute, die Juden waren, haben wir nichts gewußt.« Für uns ist das nur schwer zu glauben. Bereits im Frühjahr 1933 begann ja die Verfolgung der Juden, 1938 brannten ihre Gotteshäuser, ab September 1941 mußten sie sichtbar auf der linken Brustseite den gelben Judenstern tragen. Haben die Menschen, die behaupten, davon nichts gewußt zu haben, nicht in Hitlers »Mein Kampf« gelesen, daß in der Erziehung im völkischen Staat die Rassenfrage besondere Bedeutung erhalten würde? Die Mehrheit der Deutschen wollte einfach nichts wissen; sie hatte sich den Zuständen angepaßt.

Jahre nach dem Krieg – es muß 1975 gewesen sein, ich war Wehrbeauftragter des Deutschen Bundestages – rief mich jener ehemalige Unteroffizier an, der als unausgereifter, junger Soldat in der Ukraine den Schuß auf die unglückliche Jüdin abgefeuert hatte. Nach einer freundlichen Begrüßung fragte er mich: »Man liest und hört soviel über angebliche Judenverfolgung und über den Holocaust. Haben Sie von diesem grauenhaften Geschehen etwas gewußt?« Da er wegen seines kaufmännischen Berufs häufig auf Reisen war, bat ich ihn, mich in Bonn zu besuchen. Nach Wochen stand er vor mir, ein Mann, wie es in unserem Volk viele gibt. Es wurde ein langes, schwieriges Gespräch. Er hatte das Geschehen aus dem Jahre 1942 verdrängt, er wollte oder konnte sich nicht mehr daran erinnern. Es war nicht einfach, ihm das Zugeständnis abzuringen, daß damals etwas geschehen war, aber für ihn war es ein Vorfall, wie er eben im Krieg vorkommt.

Auch heute sollte man die Erwartungen, die man an den Menschen stellt, nicht zu hoch ansetzen. Die Deutschen würden sich wohl wieder anpassen, wenn es ihnen opportun erschiene. Können wir das verhindern? Vielleicht, wenn es uns gelingt, schon in der Schule mit der Einübung der Demokratie zu beginnen und wenn die Erzieher – Eltern und Lehrer – demokratische Tugenden wie zum Beispiel Toleranz, gezügelte Diskussion, die Kunst des Kompromisses und ähnliches beispielhaft vorleben würden. Wir in der alten Bundesrepublik haben ein Stück Weges auf diesem Feld zurückgelegt. Sind wir indessen schon weit genug vorangekommen?

Auch sollten wir behutsamer mit den »Schwestern und Brüdern« in den fünf neuen Ländern umgehen. Sie haben zwölf plus fünfundvierzig Jahre Gewalt und Unterdrückung hinter sich, und jeder, der über sie urteilen will, sollte sich die Frage vorlegen, wie er selber sich dort verhalten hätte. Wir haben uns die Demokratie doch nicht erkämpft, sondern uns an sie angepaßt, weil die Sieger es wollten. Wir waren auf der besseren Seite, und das war unser Glück, keineswegs jedoch unser Verdienst.

Es fällt schwer zu glauben, daß dieses Mal bei der Eingliederung der ehemaligen DDR die Geschichte wirklich verarbeitet werden wird.

Justiz und Verwaltung sind an den Rechtsstaat gebunden, mit dessen Methoden es jedoch kaum gelingen kann, die Hinterlassenschaft der DDR, auch ihre moralischen Verbiegungen, zu einem gerechten Ende zu bringen. Vermutlich wird die Entwicklung ähnlich verlaufen wie in der Nachkriegszeit, als hier im Westen das Dritte Reich »bewältigt« wurde. In fünfzig Jahren wird die Mehrheit der jetzt streitenden Menschen gestorben sein, und mancher junge Mensch wird dann fragen: SA, SS, Stasi – was war das eigentlich? Sorgen wir deshalb dafür, daß über diesen heute sicher notwendigen, unvermeidlichen Streit der Blick nach vorn nicht verlorengeht. Die Zukunft zu gestalten ist wichtiger, als sich in der Vergangenheit zu verlieren, zumal es nach aller Erfahrung ja doch zumeist die kleinen Übeltäter trifft; die großen bleiben ungeschoren. Mauerschützen erhalten ihr Urteil, während andere, die im realen Sozialismus der DDR die Köpfe des Staates waren, sich heute in den Medien für harte Währung vermarkten.

Sorgen wir dafür, daß viele junge Deutsche unsere Geschichte kennen. Geschichtskenntnis nützt mehr als die ganze Stasi-Debatte, von der man den Eindruck gewinnen kann, daß raffinierte Stasi-Offiziere das Spiel für sich entscheiden und kleine Menschen gebrochen werden. Den Blick nach vorn gerichtet und von dem Willen beseelt, es dieses Mal besser zu machen, als wir es nach dem Kriege gemacht haben, dazu müssen wir bereit sein. Eine freie, eine demokratische, eine soziale Gesellschaft bedarf zwar des Marktes, aber dieser regelt nicht alles; es kommt auf uns, auf die Menschen, auf jeden einzelnen an. Demokratie will auch gewollt sein, sie wächst nicht von allein.

Denke ich darüber nach, wie ich mich im »Tausendjährigen Reich«, besonders im sogenannten »Ehrendienst« von RAD und Wehrmacht befunden habe, so empfinde ich noch heute die Situation des Ausgeliefertseins, des Mitschwimmens im Strom des Geschehens: Er hat mich mitgerissen, ich fühlte mich hilf- und wehrlos. Zwar wußte ich, daß einige Freunde aus der SAJ im Gefängnis oder gar im Konzentrationslager saßen, andere in »Bewährungseinheiten« dienten (in der Regel Todeskommandos), aber was sollten ich und meine Frau dagegen tun?

Hatte sich doch die Republik von Weimar im Juli 1932 selbst verloren gegeben. Die Amtsenthebung der Regierung Braun im mächtigen Preußen durch Reichskanzler von Papen war von den Gerichten, vor allem jedoch vom Reichspräsidenten Hindenburg gebilligt und kampflos durch die Republikaner hingenommen worden. Damit begann das Verhängnis, nachher schien Widerstand sinnlos.

Sicher war es ehrenhaft und mutig, gegen die Nazis zu wirken, hatte dieser Widerstand indessen Aussicht auf Erfolg? Ich war zwar gegen die NSDAP, aber ich wollte nicht unter das Fallbeil, ich wollte überleben, um ein freies Leben mit meiner Frau führen zu können. So wurde ich einer jener Deutschen, die sich durch die Zeit zu mogeln suchten, was allerdings nicht ohne Zugeständnisse möglich war: Ich wurde ein Rädchen im Getriebe von Hitlers Wehrmacht. Von 1943 an hoffte ich, daß aus der Führung der Wehrmacht Widerstand erwachsen werde, der jedoch ohne starke, gut bewaffnete und militärisch geführte Kräfte ein aussichtsloses Unterfangen bleibt, und militärische Führer, die aktiv etwas gegen Hitler unternehmen wollten, habe ich nicht kennengelernt; meine Vorgesetzten waren befehlstreu im Gehorsam erzogen. So habe ich überlebt und kann heute berichten, kann mahnen und warnen – ob jedoch mit Erfolg, zeigt erst die Geschichte.

Zur Kritik wurden wir nicht erzogen

URSULA PHILIPP

Auf den folgenden Seiten habe ich versucht, mich ganz und gar in meine Kindheit und Jugend zurückzuversetzen und meine Erlebnisse so zu erzählen, wie ich sie seinerzeit empfunden habe. Damals war ich unwissend, und an manchen Ereignissen und Tatsachen dieser Jahre habe ich vorbeigelebt, sie sind nicht in mich eingedrungen. Heute weiß ich, was außerhalb meines eigenen Erlebnisbereiches an Schrecklichem geschehen ist.

Im Zeitalter der Medien, der unbeschränkten Pressefreiheit, der Möglichkeit, unzählige in- und ausländische Zeitungen zu lesen, täglich Nachrichten aus aller Welt zu empfangen und Kommentare dazu zu hören, kann man sich ein Leben mit nur wenigen zensierten und gelenkten Zeitungen, Rundfunknachrichten und Wochenschauen kaum noch vorstellen. Gerade deshalb aber habe ich mich bemüht, ganz aufrichtig zu sein und meine Geschichte nicht vom Ende her zu erzählen, vom Standpunkt eines später gewonnenen Wissens aus, sondern ausschließlich im Sinne des eingeschränkten Gesichtskreises, in welchem wir damals die Ereignisse um uns wahrnahmen. Es war sehr bitter, nach dem Zusammenbruch einsehen zu müssen, daß unser Idealismus irregeleitet worden war.

Die Wohnung, in der ich aufgewachsen bin, lag an einer kleinen Straße am Eilbeker Kanal. 1910, als meine Eltern dort einzogen, war es eine Neubauwohnung mit viereinhalb Zimmern und Zentralheizung, und noch zu meiner Kinderzeit – zwanzig Jahre später – zählte sie zu den schönsten Wohnungen der Straße.

Mein Vater war Künstler: Er war Graphiker, Holzschneider und Maler und lehrte an der Landeskunstschule am Lerchenfeld, der heutigen Hochschule für Bildende Künste, die er zeitweilig auch leitete. Meine Mutter übte keinen Beruf aus; sie nahm meinem Vater alle alltäglichen Verpflichtungen ab und ermöglichte ihm ein ungestörtes

Arbeiten. Für sein künstlerisches Wirken hatte sie sehr viel Verständnis. Beide liebten sie die Musik und hörten gerne Konzerte und Opern. So waren ihre Interessen allem Musischen zugewandt, und wenn ich mich frage, ob bei uns zu Hause jemals über Politik gesprochen worden ist, läßt meine Erinnerung mich im Stich. Entweder geschah es nie, oder es hat mich so wenig interessiert, daß ich es nicht wirklich zur Kenntnis genommen habe. Was wußte ich als Kind?

Seit dem Oktober-Aufstand von 1923 wußte ich, daß es Kommunisten gab. Ich hatte sie mit Gewehren marschieren sehen, hatte von den Straßenkämpfen mit der Polizei gehört, bei denen in der Lortzingstraße der Schneider in seiner Werkstatt im Parterre erschossen worden war. Seitdem hatte ich Angst vor ihnen.

Etwa ab 1930 – ich war zehn Jahre alt – sprachen wir Kinder, die wir zusammen in der Lortzingstraße spielten, über die Wahlplakate, die an der Ecke Friedrichsberger Straße an den Lindenbäumen befestigt waren. Sie trugen Aufschriften wie: »Wählt Liste 1«; darunter drei Pfeile, also waren es »Sozis«. Verglichen mit heutigen Plakaten, waren sie sehr einfach, und natürlich nur schwarzweiß. Auf anderen war ein langer Wahlzettel mit vielen aufgelisteten Parteien zu sehen, wobei ein dickes Kreuz hinter derjenigen stand, die für sich warb. Wir unterhielten uns auch darüber, was unsere Eltern wohl ankreuzen würden. Ich meinte, mein Vater würde die »Staatspartei«, das heißt die Demokraten wählen.

An einem kleinen Kanal gelegen, war unsere Straße ruhig und vom Verkehr verschont. Doch schon in der Parallelstraße begann Barmbek, wo man vor den Wahlen zahllose Fahnen aus den Fenstern und von den Balkons hängen sah, etliche darunter rot, mit Hammer und Sichel oder mit drei Pfeilen versehen, einige auch in Schwarz-Rot-Gold. Auf der anderen Kanalseite, in Eilbek, konnte man mehr schwarz-weiß-rote Fahnen bemerken, auch Hakenkreuzfahnen. Daß es zu Straßenkämpfen kam, zwischen Sozis, Nazis und Kommunisten, habe ich damals nicht bemerkt, wir wohnten zu abgelegen.

Eine berüchtigte Straße in unserer Umgebung war der Heinskamp. Wir Kinder tuschelten: » ... ganz gefährlich, nur Kommunisten!« Als ich eines Nachmittags, vom Holsteinischen Kamp kommend, aus Neugier ganz allein dort hindurchging, sah ich über mir in der verhältnismäßig engen Straße nur unzählige Fahnen mit Hammer und Sichel. Ich ging mit Herzklopfen. Doch nichts geschah.

Von der Weltwirtschaftskrise, die ein Jahr zuvor ausgebrochen war, habe ich nur deshalb etwas bemerkt, weil meine Mutter mich auf ihren Einkaufswegen mit zur Sparkasse nahm, um von Vaters Gehaltskonto ihr Wirtschaftsgeld abzuholen. Eines Tages standen lange Menschenschlangen vor den Kassen bis auf die Straße hinaus. Es herrschte große Aufregung, weil jeder befürchtete, kein Geld mehr zu bekommen. Ich weiß nicht mehr, ob meine Mutter mir die Zusammenhänge zu erklären versucht hat.

In unserer näheren Bekanntschaft gab es keine Arbeitslosen; aber oft klingelten Bettler an unserer Wohnungstür, die auf ihre Bitte einen Teller Suppe oder Brot bekamen. Und zwei Häuser weiter in der Lortzingstraße wohnte in einer Hinterwohnung meine Spiel- und Klassenkameradin Elsi B. mit ihren Eltern und kleineren Geschwistern; ich glaube, daß die acht Personen der Familie sich zusammen nicht mehr als zweieinhalb Zimmer teilen mußten. Elsi schlief mit einer Schwester in einem Bett. Die Mutter war dauernd mit der Wäsche beschäftigt, und als der Vater arbeitslos wurde, kümmerte er sich um die Kleinen. All das hat mich sehr bedrückt; aber dann bekam die Familie in den neuerbauten Häusern in der Gustav-Falke-Straße eine größere, schöne Wohnung, und auch der Vater fand wieder Arbeit. Und wenn auch unserer Freundschaft wegen der Entfernung, die nun zwischen unseren Elternhäusern bestand, ein Ende gesetzt war, so war doch das Problem der armen Leute von da an wieder aus meinem Gesichtskreis verschwunden.

Was wußte ich von Juden? Zunächst, daß es keine Christen waren und daß sie, wie uns im Religionsunterricht gesagt worden war, Jesus ans Kreuz geschlagen hatten. Das war eine Sache, die mir nicht gleichgültig war. So erinnere ich mich an einen Karfreitag irgendwann in den zwanziger Jahren, als ich draußen spielte und hörte, wie unsere Kirchturmuhr »drei« schlug. »Jetzt schlagen sie ihn ans Kreuz!«, durchfuhr es mich. Tränen liefen mir übers Gesicht, mein Herz klopfte. Aber waren wir denn Christen? Meine Eltern gingen nicht zur Kirche, ich war nicht einmal getauft worden. Und dann gab es da auch noch die Katholiken. Und Protestanten, Katholiken und

Juden, das waren, so schien es mir, Angehörige ganz verschiedener Religionen, von den Heiden ganz zu schweigen, zu denen ich keinesfalls gehören wollte. Deshalb legte ich großen Wert darauf, daß ich konfirmiert wurde. Meine Eltern hatten nichts dagegen, und so meldete ich mich mit meinen Klassenkameradinnen 1934 zum Konfirmandenunterricht an.

Persönlich kannte ich nur drei Menschen, die jüdischer Herkunft waren, und auch diese nur entfernt; deswegen habe ich auch später nichts vom Schicksal der Juden in Deutschland erfahren. Ich erinnere mich, daß wir in der Grundschule eine Lehrerin hatten, Fräulein Benthin, die uns in Vertretungsstunden Geschichten vorlas; besonderen Eindruck machte mir vor allem die Erzählung vom »Kleinen Häwelmann« von Storm. Als ich meiner Mutter davon berichtete, meinte sie nur: »Benthin? Jüdin!«, und zog etwas die Nase kraus. Wieso eigentlich? Die war doch so nett!

Als meine Großeltern Helms am 26. Januar 1933 ihre goldene Hochzeit feierten, wurde dort auch eine junge, gutaussehende und, wie mir schien, elegante Dame freudig begrüßt. Es war die Enkelin von Großmutters ältestem Bruder, Grete M. Sie war aus Königsberg gekommen, wo sie mit ihrem Mann lebte, einem Kaufmann. Als das Fest längst vorbei und sie wieder abgereist war, wurde noch immer viel über sie gesprochen. Das Ende aller Gespräche war dabei stets: »Schade, daß sie diesen Juden geheiratet hat.« Und Mutti zog die Nase kraus. Doch auch die ganze Familie in Mecklenburg war gegen die Heirat gewesen: das große, schöne Mädchen und dieser »unansehnliche« – oder sagten sie »mickrige«? – Mensch!

Und dann gab es noch eine dritte Berührung mit einem Menschenjüdischer Herkunft, die mir im Gedächtnis geblieben ist: In unserer Schule, die sich »Deutsche Oberschule auf dem Lübeckertorfeld« nannte, unterrichtete in unserer Parallelklasse eine junge, hübsche Lehrerin. Wir beneideten unsere Mitschüler um Fräulein Dessau, alle schwärmten für sie. So gab es am Ende des Schuljahres, Ostern 1933, viele verweinte Gesichter, als »Dess« die Schule verließ, sie wollte heiraten und mit ihrem Mann nach Palästina auswandern. Einerseits fand ich es ganz selbstverständlich, daß eine Frau ihrem Mann folgt, andererseits jedoch wurde getuschelt, sie müßten oder wollten weg, weil sie Juden seien. Ich glaube, ich habe daraufhin gemeint, daß Palästina dann ja das richtige Land für sie sei. Das war kein Mangel an Anteilnahme; mir wurde nicht deutlich, daß ihr Weggehen vermutlich eine Flucht gewesen ist.

Was wußte ich als Zehn- bis Dreizehnjährige von der Regierung? Ich wußte, daß Hindenburg Reichspräsident war, ein ehrwürdiger alter Herr, der im Weltkrieg Generalfeldmarschall gewesen war. Sein Bild sah man überall, weshalb er mir wie eine ständige Einrichtung erschien. Von den verschiedenen Reichskanzlern hatte ich gehört, von Papen, Schleicher; besonders von den Brüningschen Notverordnungen wurde viel gesprochen. Sprachen meine Eltern darüber? Ihre Freunde? Oder »die Erwachsenen« ganz allgemein? Oder hatte ich davon in der »Berliner Illustrirten« gelesen, einer Wochenzeitung, die meine Eltern hielten? Ich habe diese Zeitung verschlungen, nicht gerade zur Freude meiner Mutter, denn die Fortsetzungsromane und das, was dort von Filmschauspielern stand, interessierte mich entschieden mehr als Politik, und da wir keinen Rundfunkempfänger hatten, werde ich wohl auch das meiste über den 30. Januar 1933, über die »Machtergreifung«, aus dieser Illustrierten erfahren haben. Die Bilder von dem Fackelzug in Berlin und – später – von dem alten Hindenburg, vor dem Hitler den Kopf neigte, haben mich beeindruckt, daran kann ich mich gut erinnern.

Wie haben meine Eltern diesen »Regierungswechsel« aufgenommen? Ich glaube, sehr zuruckhaltend. Als Hele und ich uns kleine Abzeichen kaufen wollten, Hakenkreuze oder schwarz-weiß-rote Fähnchen auf Blech, schimpfte unsere Mutter. Wir fanden sie rückständig, ohne Ahnung vom »Aufbruch in die neue Zeit«, obschon ich damals, dreizehn Jahre alt, kaum hätte sagen können, was ich darunter verstand.

Etwa seit Ostern 1933 hatte man in der Schule an jedem Montagmorgen vor Unterrichtsbeginn eine Morgenfeier eingerichtet, von denen mir eine besonders im Gedächtnis geblieben ist. Alle Klassen waren oben auf dem Flachdach unseres Schulgebäudes zur Flaggenhissung »angetreten«; dazu hielt der Erdkundelehrer eine Rede, in der er uns von seinen Auslandsreisen erzählte. Besonders in Skandinavien, so führte er aus, sei ihm aufgefallen, daß zu allen feierlichen Anlässen die jeweilige Landesfahne gehißt werde und welche Verbundenheit mit ihrem Land die Bevölkerung dabei empfinde und ausdrücke. Fast sei er neidisch geworden, auch traurig bei dem Gedanken an die Zerrissenheit, die in Deutschland herrsche, und umso glücklicher empfinde er nun, daß endlich auch wir als einiges Volk unsere Fahne hißten und uns in Geschlossenheit um sie versammelten. Dann wurde die Fahne hochgezogen, und alle sangen das Deutschlandlied. Dieses Sinnbild der Gemeinschaft: ein Kreis von Kindern, in der Mitte eine Fahne, und das in jeder Schule, im ganzen Land – das hat mich begeistert. Die Fahne, die Gemeinschaft, das hat mein Gefühl angerührt, fast ohne verstandesmäßige Überlegung, ebenso wie der Gedanke, einen Führer zu haben, dem alle folgen. Als ich mich später einmal mit früheren Mitschülerinnen über diese Morgenfeier unterhielt und auch an unseren Erdkundelehrer erinnerte, sagte mir eine von ihnen sofort: »Das war typisch für ihn, der war schon immer deutschnational.« Ich stellte fest, daß die anderen über politische Zugehörigkeiten und Zusammenhänge viel mehr gewußt haben als ich.

Eines mochte ich gar nicht an der »neuen Zeit«: Bei jeder Gelegenheit wurden Reden gehalten. Auf Familienfeiern habe ich immer gefürchtet, bei einer Ansprache meines Vaters, Großvaters oder Onkels vor Rührung weinen zu müssen; bei öffentlichen Reden dagegen hatte ich einfach keine Lust, so lange zuzuhören, stillzusitzen oder gar zu stehen. Im Sommer 1933, ich spielte gerade draußen, kam mein Vater unverhofft früh nach Hause. Ich lief ihm verwundert entgegen, und er fragte mich, ob ich mit ihm, Mutti und Hele zur Sonnenwendfeier gehen wolle. »Nee, da reden sie ja!«, war meine Antwort. Mein Vater dagegen interessierte sich Für alles, was mit Brauchtum zusammenhing, und daß die »neuen Machthaber« die Pflege desselben propagierten und in den Vordergrund stellten, wird es ihm möglich gemacht haben, auch sonst Positives von ihnen zu erwarten.

Im Schulleben veränderte sich jetzt manches. Unsere Schule hatte bisher eine Direktorin gehabt: Fräulein Pollitz, die 1933 als Lehrkraft an eine andere Schule versetzt wurde, während wir Herrn Professor Kleeberg als neuen Leiter bekamen. Bald begannen wir, für ihn zu schwärmen: Er war zwar nur mittelgroß und ein wenig untersetzt, doch hatte er hellblaue Augen und machte, wie wir im Jahr darauf erfahren sollten, einen ausgesprochen lebendigen, interessanten Unterricht in Deutsch und Geschichte. Im Ersten Weltkrieg war er Offizier gewesen, und einmal hatte er eine Geschichtsstunde lang mit uns auf dem Feld vor der Schule exerziert. Wir fanden, daß es ein großartiges Gefühl gemeinschaftlicher Leistung sei, so haarscharf ausgerichtet in Sechserreihen nebeneinander zu marschieren oder, alle in einem Glied, eine Achsendrehung auszuführen.

Nicht anders empfanden wir, als unsere Klasse 1936 geschlossen an einem mehrtägigen Luftschutzkursus teilnahm. Erstens waren wir für diese Tage vom Unterricht befreit, womit auch die Hausaufgaben entfielen; zweitens war der Schulungsleiter des Luftschutzbundes ein flotter junger Mann in Uniform. Drittens war der Schulungsstoff interessant: Wir lernten alles, was zur Ersten Hilfe bei einem Notfall gehört, lernten, mit Feuerpatsche und Sand kleine Feuer und Schwelbrände zu löschen, erfuhren einiges über Giftgase, über Blaukreuz, Grünkreuz und das gefährlichste von allen, das Gelbkreuz, und lernten überdies mit Gasmasken umzugehen, wobei wir einmal zum Training mit umgebundenen Masken den Heidenkampsweg zum Luftschutz-Schulungshaus marschieren mußten. Bei alledem dachten wir niemals an den Ernstfall, an den Krieg. Eher beherrschte uns ein Gefühl, wie man es beim Spielen hat: »Wahnsinnig aufregend!«

Bei einer der erwähnten Montagmorgen-Feiern stand im April 1934 ein neuer Lehrer am Rednerpult, gekleidet in eine braune SA-Uniform. Nach meiner Erinnerung war er der einzige Lehrer, den ich je in einer Parteiuniform in der Schule gesehen habe. Er machte großen Eindruck auf uns, und wir freuten uns, daß er uns im Französischen unterrichten sollte; als er dann allerdings in Zivilkleidung in unsere Klasse kam, erschien er uns wesentlich kleiner als an jenem ersten Morgen, geradezu etwas »mickrig«. Aber er hatte ein forsches Auftreten, und sein Unterricht gefiel uns. Vor einer Wahl – es könnte die Volksabstimmung im August 1934 gewesen sein, als nach Hindenburgs Tod auch das Amt des Reichspräsidenten auf den »Führer« und Reichskanzler überging – überzeugte er uns, daß auch wir uns für den Führer einsetzen müßten, und übte mit uns nachmittags Sprechchöre ein, die wir, auf einen Lastwagen verfrachtet, in den Straßen und Hinterhöfen von Rothenburgsort, einem ehemals »roten« Stadtteil, skandieren mußten. Mir war nicht ganz wohl bei der Sache, auch hatte ich Angst, denn die Leute sahen uns nicht gerade freundlich an.

Etwas anderes als das Schulleben waren die Jugendbünde, zu denen auch einige meiner Klassenkameradinnen gehörten. Sie erzählten von gemeinsamen Fahrten, Nachtwanderungen, Lagerfeuern; was bis dahin nur für Jungs gegolten hatte, war nun auch für Mädchen möglich. Einige von ihnen gehörten zu den Pfadfindern, andere zu den Geusen oder auch schon zu den Jungmädeln der Hitlerjugend, in die 1933/34 schließlich alle Jugendbünde des Landes eingegliedert wurden. Ich fand die Berichte meiner Mitschülerinnen zwar aufregend, auch abenteuerlich, empfand jedoch keine Neigung, einer Jugendgruppe oder – ab 1933 – der H J anzugehören, zumal ich meine eigenen Fahrten unternahm.

1935 hatte ich zum Geburtstag ein Fahrrad geschenkt bekommen, und zusammen mit meinen Freundinnen Fide und Hilde P., die beide schon vor mir eines besaßen, traf ich mich nun zum gemeinsamen Schulweg und zu Ausflügen. In den Osterferien radelten wir mit Hildes älterem Bruder nach Ohlendorf in der Heide, wo wir in einer Jugendherberge übernachteten. Nachmittags begegneten uns Geländewagen der Wehrmacht, und einige Soldaten verabredeten sich mit uns für den Abend nach Dienstschluß, wobei wir uns geschmeichelt fühlten, daß sie uns mit unseren fünfzehn Jahren für voll nahmen. Um so enttäuschter waren wir, als sie nicht am Treffpunkt erschienen.

Für die Sommerferien planten wir eine große Fahrt an den Rhein. Wir hatten die Fahrtroute genau ausgearbeitet, und unsere Väter hatten uns auf alle Sehenswürdigkeiten und landschaftlichen Schönheiten aufmerksam gemacht. Mein Vater hatte uns überdies bei einigen befreundeten Familien angemeldet, bei denen wir dann auch herzlich aufgenommen wurden, und so waren wir ganze vier Wochen unterwegs, von Hamburg über Köln nach Heidelberg und Sinsheim und wieder zurück, auf anderen Wegen. Jeden Tag waren wir in einem anderen Ort, in einer anderen Jugendherberge, wo wir niemals Gruppen der HJ oder des BDM begegneten, wir trafen nur Einzelwanderer und kleine zivile Gruppen; übrigens erinnere ich mich nicht, Wehrmachtsangehörige gesehen zu haben.

Das Erlebnis dieser Rheinfahrt hat sich uns tief eingeprägt, und ich bin unseren Eltern noch heute dankbar dafür, daß sie uns ihr Einverständnis gegeben haben. Angesichts solcher eigenen Unternehmungen dachten wir vorläufig natürlich nicht daran, unsere Freiheit aufzugeben und uns in eine Jugendgruppe einzufügen.

In unserem Nebenhaus in der Lortzingstraße wohnte Gisela S., mit der ich früher viel gespielt hatte, bis unsere Wege sich getrennt hatten, weil sie aufs Lyzeum am Lerchenfeld und ich auf die »Deutsche Oberschule auf dem Lübeckertorfeld« gekommen war, die 1935 mit der Klosterschule zusammengelegt worden war und deren Namen angenommen hatte. Gisela war schon längere Zeit im »Bund Deutscher Mädel«, dem BDM, ich hatte sie oft in ihrer »Kluft« gesehen. Bald war sie Führerin geworden, was man an der rotweißen oder grünen Kordel, »Affenschaukel« genannt, erkennen konnte. Es war im Herbst 1935, daß sie mich eines Tages ansprach und mir ins Gewissen redete: Wie lange ich noch abseits stehen wolle? Jeder werde doch gebraucht für den Aufbau des neuen Reiches; als Oberschülerin hätte ich eine besondere Verpflichtung und müßte meine Fähigkeiten in den Dienst der Allgemeinheit stellen. Außerdem habe sie in ihrer Gruppe nur wenige Führerinnen, ich wäre bestimmt geeignet, eine »Schaft« zu übernehmen und die Heimabende zu gestalten. Wer hört dergleichen nicht gern? Außerdem dachte ich, daß sie ja recht hatte: Wenn jeder nur sein eigenes Süppchen kochte, konnte es mit der vielbeschworenen Volksgemeinschaft nichts werden. Von jetzt an sprach sie mir bei jeder Begegnung von diesen Dingen und wußte mich von der Wichtigkeit der Aufgabe, die vor mir stand, zu überzeugen.

Auch meine Freundinnen waren angesprochen worden; sie waren von ihrer »Führerin« begeistert. So kam es, daß wir uns kurz darauf gemeinsam zum Eintritt in die Hitlerjugend entschlossen, wenn wir auch zu unserem Bedauern verschiedenen Untergauen angehören mußten, weil unsere Elternhäuser so weit voneinander entfernt waren.

Zu Hause habe ich meinem Vater lediglich gesagt, daß ich mich anmelden wollte. Er hat nur genickt. Bei meiner Mutter dagegen fürchtete ich Einwände; ob auf Grund politischer Abneigung, weiß ich nicht mehr: Jedenfalls sollte ich mir meine Zeit einteilen und mich auf die Schule und aufs Klavierspielen konzentrieren; vielleicht spielten auch die Kosten für die Anschaffung der Dienstkleidung eine Rolle, die sie als unnötig ansehen würde. So versuchte ich, diesen Bedenken entgegenzuwirken, und nähte mir den Rock selbst, strickte auch die Wolljacke, um ein »Berchtesgadener Jäckchen« zu sparen, welches nahezu obligatorisch wurde, weil der »Führer« diese Tracht angeblich so sehr liebte. In meiner Gruppe wurde ich bald für meine Mahnung bekannt: »Bitte keine schlechten Schulzeugnisse! Wer Hilfe braucht, melde sich zur gemeinsamen Nachhilfe. Nehmt euren Eltern den Wind aus den Segeln!«

Aber erst einmal stellte ich meinen Aufnahmeantrag und wurde der Gruppe von Gisela zugeteilt, die im HJ-Heim Friedrichsberger Straße nahe unserer Wohnung untergebracht war. Mein erster Dienst fiel auf einen Gruppenabend: Eine Gruppe besaß drei »Scharen«, diese wiederum drei »Schäften« von etwa fünfzehn Mädchen. Es war Anfang Dezember 1935, ein vorweihnachtlicher Abend, und die »Untergaumusikreferentin« sang mit uns neue Weihnachtslieder. Es wurden Geschichten erzählt und Gedichte vorgelesen; mir gefiel das alles sehr gut. Zufällig traf ich dabei auch eine frühere Spielfreundin wieder, die vor einigen Jahren aus unserer Gegend weggezogen war und nun in eine Mittelschule ging. Als sie mich sah, fragte sie ganz erstaunt: »Was machst denn du hier?«, und meine Antwort war: »Ich will hier Führerin werden.« Das betrachtete ich einfach als Notwendigkeit; jegliches Karrieredenken war mir und uns allen fremd. Sogar der Ausdruck war nicht üblich, unser »Einsatz« wurde gefordert.

Kurz nach Weihnachten überließ Gisela mir ihre Schaft, da sie als Gruppenführerin für andere, führerinnenlose Schäften sorgen mußte. Ich kam mir enorm wichtig vor, wenn ich Listen führen, Beiträge einsammeln und »Verwaltungsarbeit« leisten mußte, merkte jedoch rechtzeitig genug, daß das für alle anderen langweilig war. Ein Zufall brachte mich dann auf den richtigen Weg, wie sich unsere Abende gestalten ließen: Ein Mädchen erzählte, ihre Familie erwarte Besuch aus Südafrika, und fragte, ob sie ihre Cousinen zu einem Heimabend mitbringen dürfe. Daraufhin die allgemeine Frage, wo Afrika denn liege, und die für mich unverständliche Antwort: »links des Rheins«. Wie sich herausstellte, rührte die Vorstellung daher, daß im Ersten Weltkrieg Deutsche gegen Schwarze gekämpft hatten, die auf der anderen Rheinseite stationiert worden waren: Marokkaner in der französischen Armee. Das veranlaßte mich, mich genau und ausführlich auf die nächsten Heimabende vorzubereiten, um meinen Mädeln ein richtiges geographisches und politisches Wissen zu vermitteln. Da ich in der Schule schon seit längerer Zeit Mitglied des VDA war, des »Vereins für das Deutschtum im Ausland«, hatte ich über die ehemaligen deutschen Kolonien in Afrika Schulungsmaterial und auch Bilder zur Hand. Ich glaube, daß diese Abende für uns alle nicht ganz uninteressant waren, besonders als wir dann unsere beiden Besucher empfingen und ihre Erzählungen hören konnten. Ich erinnere mich noch, daß sie sich nicht genug über den Schnee in Deutschland wundern konnten.

Kurz darauf wurde unter allen Gruppen des Untergaus ein Wettbewerb veranstaltet: Jede Gruppe sollte eine Hamburg-Mappe zusammenstellen. Da war ich sofort »in meinem Fett« und habe alle mit meiner Aktivität angesteckt. Hamburgs Geschichte, der Aufbau der Stadt, der Hafen, die Alster – das war schon damals mein Thema. Wir haben Zeitungsausschnitte, Bilder, Texte und Lieder gesammelt, haben Pläne und Zeichnungen gemacht und alles in eine große, rote Mappe eingeordnet, schön beschriftet und mit dem Hamburger Wappen versehen. Gisela war begeistert, und ich fühlte mich unentbehrlich. Ob wir einen Preis bekommen haben, ist mir entfallen; aber vielleicht war das nach der Freude der Zusammenarbeit auch gar nicht mehr wichtig.

Jedenfalls war der Hamburg-Wettbewerb einer der Gründe dafür, daß ich mich im BDM wohl fühlte, ebenso wie ein Singwettstreit, den wir im Mai 1936 veranstalteten, als ich schon eine Schar führte. Es war das erste Mal, daß ich mit fünfzig Mädeln ein Lied eingeübt habe: »Grüß Gott, du schöner Maien«, zweistimmig und im Kanon gesungen, also wurden es vier Stimmen. Ich mußte meine Scheu überwinden und dirigieren wie unsere Musiklehrerin, die uns den Dreier- und Viererschlag gezeigt hatte. Auch hier erinnere ich mich mehr an die Proben als an das erste »Auftreten« mit meinem Chor.

Bald darauf habe ich auch an den Führerinnen-Schulungsabenden im Untergau teilgenommen, die Grete P., unsere Untergau-Führerin, leitete. Es gab ergänzende Schulungshefte, die monatlich vom Obergau herausgegeben wurden und Themen für die Heimabende behandelten, zum Beispiel vorbildliche geschichtliche Persönlichkeiten wie Königin Luise oder Gegenstände von geschichtlichem Interesse wie den Deutschen Orden, die Ostsiedlung oder auch die Parteigeschichte und ganz allgemein: »Weltanschauung«. Manche meiner Freundinnen wissen noch heute gewisse Texte, Sprüche und Parolen auswendig. In meinem Gedächtnis ist anderes haftengeblieben, obwohl ich die Themen auf meinen Heimabenden gewissenhaft behandelt habe.

Für alle BDM-Mädel gab es zweimal in der Woche Dienst: den Heimabend und den Gruppensport. Die Mädchen waren zwischen vierzehn und achtzehn Jahren alt, und natürlich gab es jährlich Ab- und Zugänge. Als unsere Sportwartin ausschied, mußte ich den Sport übernehmen; also radelte ich zu einem der Sportplätze am Stadtpark beim Jahnring, wo wir einige Disziplinen der Leichtathletik für das Jugendsportabzeichen übten oder Völkerball spielten.

Auch der Volkstanz wurde im BDM gepflegt: Wir trugen weiße Volkstanzkleider mit schwingenden Röcken und verschiedenen bunten Westen, tanzten »Sünnros« (»Sünn« ist plattdeutsch und heißt »Sonne«), die »Sonderburger Doppelquadrille« und viele andere Tänze. Das geschah stets auf dem Sportplatz hinter der Kunsthochschule am Lerchenfeld, wobei ich Mühe hatte, mit meiner Stimme durchzudringen, um die Schrittfolgen anzusagen und einzustudieren und noch dazu Akkordeon zu spielen. Aber das Gefühl der Unentbehrlichkeit, auch der »Gefolgschaft« der Mädel begleitete mich immer und machte mich froh; man empfand sich als eingebettet in eine größere Gemeinschaft, und auch deshalb wurde man – trotz allem – davor bewahrt, eingebildet zu werden.

Diese größere Gemeinschaft erlebte ich 1936 in einem Sommerlager in Waldenau bei Pinneberg. In einer Parkanlage stand ein großes Haus, vermutlich ein ehemaliges Gutshaus, in dem nun etwa 60 Hamburger Mädchen untergebracht waren. Unter ihnen war auch Lore P., mit der ich mich dort angefreundet habe. Ansonsten sind mir vor allem drei Begebenheiten deutlich in Erinnerung geblieben: Zum einen, daß die Lagerleiterin Emmi H. mit einer kleinen Gruppe jeweils »Schulungen« machte, bei denen wir in einem geschützten Winkel des Parks saßen und andächtig zuhörten, wie sie uns von Saat, Befruchtung und Reife, von Zeugung und Geburt erzählte – immer etwas verschwommen, sehr ehrfürchtig und uns tief beeindruckend. Zum zweiten, daß wir uns die Rundfunkübertragung der Olympiade in Berlin anhörten, bei der der japanische Stabhochspringer bis in die Nacht hinein seine Leistung immer wieder verbesserte, was wir mit Spannung und Jubel verfolgten. Und dann, als dritte Begebenheit, das Strohflechten, bei dem wir, gemeinsam im Freien sitzend, aus Unmengen von Strohhalmen endlos lange Zöpfe flochten, die dann zu kleinen oder großen Matten aufgerollt und zusammengenäht wurden. Welchem Zweck sie dienen sollten – daran kann ich mich nicht entsinnen.

Als 1937 nach dem Erlaß des Staatsjugendgesetzes immer mehr Mädchen zu uns kamen, nahm unsere Gruppe bald einen Umfang an, der ihre Teilung verlangte. Die Untergauführerin beauftragte mich, die neue Gruppe zu übernehmen. Die Reaktionen zu Hause waren gespalten; da die neue Aufgabe noch mehr Dienst bedeuten würde, sah meine Mutter sie nicht unbedingt gern, und nur mit guten Schulzeugnissen, eifrigem Klavierüben und Teilnahme an den Familiensonntagen in meinem Elternhaus vermochte ich sie zu beschwichtigen. Mein Vater dagegen meinte: »Laß sie man!« und war immer interessiert zu hören, was wir so machten. Für mich war das wohl ein unmerklicher Ansporn, die Heimabende gut vorzubereiten oder Fahrten mit den Mädeln auszuarbeiten und sich dabei etwas »Sinnvolles« zum Ziel zu setzen.

Auch die Gruppenteilung fand auf dem Sportplatz hinter der Kunstschule statt. Geschlossen waren wir vom Heim aus dorthin marschiert, die Untergauführerin und ihr »Stab« erwarteten uns bereits. Dann Aufmarsch, Meldung, Fahne, Lied und Spruch, Rede der Untergauführerin, Rede von Gisela, Übergabe mit Handschlag. Danach war die Reihe an mir. Ich hatte mir auf dem langen Schulweg ein paar Worte für meine Ansprache zurechtgelegt und sie auswendig gelernt: nicht zu lang, knapp, verständlich und freudig. Als ich sie nun vortrug, bemächtigte sich meiner ein sonderbares Gefühl, ich spürte mein Herz klopfen: hundertfünfzig Mädel – meine Mädel – unter meiner Verantwortung. Dann folgte, zum Abschluß, das HJ-Lied: »Vorwärts, vorwärts ...« Schließlich marschierten die beiden Gruppen getrennt zum Heim zurück, wobei ich meine Gruppe die Uferstraße entlangführte, natürlich singend. Um so peinlicher war es mir, als ich kurz darauf doch tatsächlich meine Familie am Straßenrand erblickte; ich wagte kaum hinzusehen, guckte stur geradeaus. Aber im Grunde meines Herzens war ich doch stolz darauf, daß meine Eltern mich in meiner neuen Würde gesehen hatten.

Noch im selben Jahr, im September, nahm ich an der Fahrt zum Reichsparteitag in Nürnberg teil. Wer die hundert bis hundertfünfzig Mädchen, die als Abordnung den Obergau Hamburg repräsentieren sollten, ausgewählt hatte und warum, oder ob ich mich darum habe bewerben können, weiß ich nicht mehr; jedenfalls sah man es als eine ungewöhnliche Auszeichnung an, mit dabeisein zu dürfen. Mit einem Sonderzug fuhren wir nach Bamberg, wo wir in Privatquartieren untergebracht wurden, und ich erinnere mich, daß meine Wirtsleute mich nahezu wie einen Ehrengast behandelten: vielleicht, weil wir als Mitglieder des BDM gekommen waren, vielleicht auch, weil Hamburg einen sehr guten Klang bei ihnen hatte, denn sie hörten seit vielen Jahren jeden Sonntagmorgen im Radio das Hafenkonzert.

Es war ein großartiges Gefühl für uns, wenn wir am Main entlangmarschierten und unser neues Hamburg-Lied sangen, das Hans Baumann eigens »für uns« verfaßt hatte und dessen Refrain lautete: »Hamburg, du gute Stadt, vor Deutschlands Tor in den Masten wir sind, heran, wer das Herz nur hat«. Dann trafen wir auf die anderen Kolonnen der verschiedenen Gaue, jede mit ihrem eigenen Lied.

Es kam der Abend auf dem Domplatz, der uns besonders beeindruckte. Alle Einheiten aus ganz Deutschland waren in Marschsäulen angetreten; es dunkelte, der Platz war mit Fackeln erleuchtet. Die Reichsmädelführerin begrüßte uns zu der Feierstunde, deren Abschluß unser gewaltiger Chor bildete:

Nichts kann uns rauben
Liebe und Glauben
zu unserem Land.
Es zu erhalten
und zu gestalten
sind wir gesandt.
Mögen wir sterben,

unseren Erben
gilt dann die Pflicht,
es zu erhalten
und zu gestalten:
Deutschland stirbt nicht!

Ich glaube, es war damals kein Mädchen dabei, das diesen Text nicht voller Überzeugung mitgesungen hat.

Um zu der Jugendkundgebung zu gelangen, wurden wir, erneut in Sonderzügen, die kurze Strecke nach Nürnberg gefahren. Es wurde ein Tag des Stehens und Wartens, warm und schwül. Um leichte Schwindelgefühle zu überwinden, lutschten wir Zitronen. Es dauerte Stunden, bis wir in das riesige, ovale »Rund« des Parteitagsgeländes einmarschieren konnten, um unsere Stehplätze in den Rängen einzunehmen. Stimmengewoge, unterbrochen von Musik und Liedern, Kommandos, immer neue einmarschierende Gruppen, HJ in braunen Hemden, BDM in weißen Blusen … Solche Massen hatte ich noch nie gesehen. Endlich Fanfaren, Kommandos von der Führertribüne, die weit weg erschien, und dann der Führer selber, der in seinem Wagen stehend in der Arena herumfuhr und zu all den unzähligen Mädchen und Jungen heraufgrüßte, die sich ohne Ausnahme ganz persönlich von ihm angesehen fühlten.

Die Einzelheiten der Kundgebung haben sich mir verwischt, doch erinnere ich mich an die immer wiederkehrende Versicherung des »Führers«: »Wir brauchen die Jugend! Jeder einzelne ist aufgerufen.« Diese Worte haben wahrscheinlich jeden von uns zutiefst beeindruckt, haben uns Selbstbewußtsein und Stolz gegeben.

Das zeigte sich auch am Morgen, als ich nach unserer nächtlichen Rückfahrt gleich in die Schule ging. Es war ein Montag, und als beim Appell in der Aula unsere Schulleiterin, von der es hieß, sie sei eine Hundertfünfzigprozentige, mich erblickte, bat sie mich sofort, allen von Nürnberg zu erzählen. Ich war noch so erfüllt von den Erlebnissen, daß die Worte förmlich aus mir heraussprudelten.

Nach dem Abschluß der zehnten Klasse, die damals noch Untersekunda hieß, kam ich auf den neueingerichteten Zug der Oberschule Für Mädchen: »Hauswirtschaftliche Form«. Es war das, was man damals etwas geringschätzig ein »Puddingabitur« nannte, heute würde man eher von Wirtschaftsabitur sprechen. Die Ausbildung entsprach meinen Fähigkeiten und Interessen, die immer vorwiegend auf musischem und praktischem Gebiet gelegen hatten, und so war es mir nicht unlieb, daß ich Französisch aufgeben konnte und nur noch eine einzige Fremdsprache lernen mußte, Englisch. Außerdem wurden mit einigem Nachdruck Deutsch, Geschichte und Sozialkunde gelehrt, während die Naturwissenschaften mit einem gewissen Praxisbezug betrieben, die praktischen Fächer dagegen stets theoretisch »untermauert« wurden, zum Beispiel durch Kenntnisse in der Ernährungswissenschaft oder durch Material- und Textilkunde.

1937 kam dann ein Erlaß des Erziehungsministers Rust heraus, der besagte, daß alle Abiturabschlußprüfungen ein Jahr vorzuziehen seien. Der Lehrplan mußte also gerafft werden, und da zur Ausbildung auch Praktika gehörten, absolvierte ich die meinen nun binnen einer verhältnismäßig kurzen Frist. Vom 27. Februar bis zum 20. März war ich im Säuglingsheim Tornquiststraße und vom 11. Juli bis zum 7. August mit der ganzen Klasse im Kreis Schlochau im Grenzgebiet Westpreußens zum Einsatz in Erntekindergärten.

Vorausgehen sollte dem eine Fahrt mit dem Dampfer nach Zoppot bei Danzig, damals Freistaat. Schon der Beginn der Reise war für mich etwas Besonderes: Die Eltern einer Klassenkameradin nahmen mich im Auto – zu dieser Zeit noch etwas ganz Ungewöhnliches und Aufregendes – nach Lübeck/Travemünde mit, und zwar auf der neueröffneten Reichsautobahn 1. Wir hatten unsere Fahrräder mit auf den Dampfer genommen, besichtigten die alte Hansestadt, die gewaltige Marienburg an der Nogat, standen am Dreiländereck Polen – Danzig – Deutschland beim Zusammenfluß von Nogat und Weichsel und radelten zum monumentalen Tannenberg-Denkmal, das an den Sieg Hindenburgs und Ludendorffs von 1914 erinnern sollte. Das also war die westmasurische Landschaft, und am gleichen Ort waren etwa fünfhundert Jahre zuvor die Deutschordensritter von Litauern und Polen besiegt worden. Über die deutsche Besiedlung und Kultur waren wir gut unterrichtet. Wie verzerrt und einseitig allerdings unser Wissen war und welchen ideologischen Zwecken es diente, davon wußten wir nichts; wir sangen: »In den Ostwind hebt die Fahnen«, und: »Nach

Ostland wollen wir reiten«. Noch 1943, als Hamburg durch den Bombenhagel weitgehend zerstört war und wir meinten, nie wieder hier wohnen und leben zu können, sah ich für meine Zukunft nur eine einzige Möglichkeit: irgendwo in jenen Östlichen Landschaften, die ich zum Teil gesehen und von denen ich so viel gehört hatte, zu leben und zu arbeiten.

Danach machten wir eine Schiffsreise nach Elbing auf dem Oberlandkanal, dessen Höhenunterschiede das Schiff nicht durch Schleusen passierte, sondern indem es »trocken« auf Rollen zu einem tieferen Abschnitt geleitet wurde. Von Elbing aus ging die Reise weiter mit der Bahn durch den »polnischen Korridor«. Während der Fahrt wurden die Zugtüren plombiert, keiner durfte auf polnischem Gebiet aussteigen, und so sahen wir neugierig aus den geschlossenen Fenstern auf ein Land, das wir als öde und schlecht bestellt empfanden mit schmutzigen, ungepflegt wirkenden kleinen Orten.

Als wir in Prechlau, Kreis Schlochau, angekommen waren, begann der Dienst. Das Heim, in dem wir wohnten, lag an einem See in Schönwalde, fast idyllisch, wenn auch ganz einfach: Wir mußten uns selbst beköstigen, wofür uns ein alter Feuerherd im Nebenhaus zur Verfügung stand. Unsere Aufgabe bestand darin, in den umliegenden Gutshöfen Kindergärten einzurichten, um die Landarbeiterfrauen während der Erntezeit zu entlasten. Zwar gab es dort einen katholischen Kindergarten, doch der war stark »polnisch beeinflußt«, und wir sollten ja das »deutsche Brauchtum« pflegen, was auch bei Dorffesten zum Ausdruck kommen sollte.

Mit einer Mitschülerin kam ich auf ein Gut, wo uns ein ehemaliger Hühnerstall zugewiesen wurde. Der erste Tag verging mit einer wahren Schrubb-Orgie. Es stank infam. Wir mußten uns Reinigungsgeräte und Mittel besorgen und haben wirklich im Schweiß unseres Angesichts geschuftet; aber damit haben wir uns auch die Achtung und das Zutrauen der Leute erworben, die uns später behilflich waren, aus Latten niedrige Tische und Bänke zu nageln. Und dann brachten sie uns ihre Kinder, anfangs wenige, dann immer mehr, und nach Ferienbeginn auch die Schulkinder. Die hatten es wohl noch nie erlebt, daß jemand sich so intensiv mit ihnen beschäftigte. Mittags wurden sie zum Essen abgeholt, während wir eingeladen waren, unsere Mahlzeiten mit der Gutsherrschaft zu nehmen. Dabei ging es vornehm, aber freundlich zu. Man hörte ja gern etwas aus der »Weltstadt Hamburg«; allerdings hatten wir Mühe, uns nach dem Hof- und Hühnerstalldreck des Damasttischzeugs als würdig zu erweisen. Dann, nach einer Ruhepause, kamen wieder die Kinder bis abends. Es waren anstrengende und lange Tage, aber auch hier konnten wir das Gefühl haben, daß unser Einsatz von großem Nutzen war. Übrigens ist unsere Arbeit damals keineswegs bezahlt worden, im Gegenteil, unsere Eltern mußten für den Aufenthalt zahlen. Es war, ganz ideell, ein »Dienst für die Volksgemeinschaft«.

Als ich 1938 das Abitur hinter mich gebracht hatte, stand mir sogleich das praktische Jahr bevor. Wir hatten dabei die Wahl, konnten in den Haushalt einer kinderreichen Familie, in ein Kinderheim, in einen Landhaushalt oder in den Reichsarbeitsdienst gehen, und ich wählte das letzte, einerseits aus freiem Antrieb, andererseits aber auch, weil es gern gesehen wurde, wenn man den Arbeitsdienst schon vor dem Studium abgeleistet hatte.

Mein Einberufungsschreiben lautete auf den 1. April 1938, wo ich mich in Schreckendorf im Glatzer Bergland in Schlesien einfinden mußte. Ich fuhr nachts mit dem letzten Bummelzug nach Berlin, von dort mit einem D-Zug nach Breslau, weiter nach Glatz und wieder, nach nochmaligem Umsteigen, zur Endstation in Seitenberg. Dann folgte ein Fußmarsch, den ich nicht mehr allein unternehmen mußte, da etliche »Neue« angekommen und von einer »Kameradschaftsältesten« abgeholt worden waren. So erreichten wir am Abend endlich unser Lager in Schreckendorf.

Die männlichen Mitglieder des RAD waren in der Regel in Barakkenlagern untergebracht, während für den weiblichen Arbeitsdienst meistens feste Häuser als Unterkunft vorgesehen waren. Die »Maiden« dieses Lagers bewohnten ein Herrenhaus in einem schönen, gepflegten und großen Park, der uns vom Dorf trennte. Im ersten Stock befanden sich mehrere Schlafräume mit Doppelbetten, für jede von uns ein schmaler Spind auf dem Flur und ein Waschraum mit Duschen. Darunter lagen Eßräume, großzügig eingerichtet mit langen Tischen, und ein etwas gemütlicherer Tagesraum; direkt am Eingang befand sich das Büro der Lagerleitung und ein zweites für die Verwaltung und die Wirtschafterin. Auch eine kleine Bibliothek war da, in der man sich Bücher ausleihen konnte. Und nach hinten hinaus lagen zwei geräumige Kammern, die als Werkräume eingerichtet waren, mit Nähmaschine, Webstuhl, Material- und Werkzeugschrank und einem großen Tisch. Ich war erstaunt – das hatte ich nicht erwartet. Die Lagerführerin bemerkte gleich mein Interesse. »Können Sie nähen?« – »Ja.« – »Können Sie schneidern?« – »Ja.« – »Nach dem Essen ist Kleiderausgabe. Sie ändern alle Kostüme auf guten Sitz und richtige Länge, zuerst die Rocke, dann die Jacken, später die Arbeitskleidung.« So waren von Anfang an die Kammern meine Arbeitsräume, und in ihnen habe ich die meiste Zeit meines Aufenthalts verbracht, wenn wir nicht bei schönem Wetter im Garten arbeiteten. Nachdem die Schneiderei beendet war, sägten und bastelten wir Lampen für die Führerinnenzimmer. Waltraud aus Berlin, meine einzige Gefährtin bei dieser Aufgabe, bemalte die langweiligen Spinde mit bäuerlichen Blumenmustern auf blauem oder grünem Grund, ich webte aus zu Streifen geschnittenen Strümpfen, Unterkleidern oder Lumpen Läufer für die Aufenthaltsräume, die diese farbiger und gemütlicher machen sollten. Zum Außendienst wurden wir nur eingesetzt, wenn jemand krank geworden war, und dann natürlich, später, in der Erntezeit.

Wie sah unser Tagesablauf aus? Um fünf Uhr wurde man geweckt, dann Morgenlauf durch den Park, waschen, anziehen und Betten bauen. Das war eine Wissenschaft für sich: Man mußte den Strohsack aufschütteln, die Laken spannen, auf eine Kante formen, das Nachtzeug zusammengelegt unters kleine Kopfkissen stecken, die Decke im blaukarierten Bettzeug breit auslegen, eine zweite unbezogene mit Streifen nach oben und Faltenbruch nach außen auf das Fußende legen. War die Sache nicht akkurat, wurde alles wieder eingerissen. Wenn ich mich richtig erinnere, war die sogenannte Kameradschaftsälteste für diese Dinge verantwortlich, das heißt eine »Maid«, die nach der allgemeinen Dienstzeit beim RAD geblieben war, um hauptberuflich Arbeitsdienstführerin zu werden. Um sechs Uhr folgte dann das Fahnenhissen, darauf das Frühstück und um viertel vor sieben der Abmarsch zu den verschiedenen Bauernstellen. Um vierzehn Uhr mußten alle wieder im Lager sein zum gemeinsamen Essen, zur Erntezeit allerdings erst um achtzehn Uhr. Nach dem Abendessen hatten wir meistens Freizeit, wenn auch nur innerhalb des Lagers.

Erst nach sechs Wochen, als man annahm, daß wir uns gut benehmen konnten in gutsitzender Dienstkleidung, bekamen wir Wochenendurlaub, der den meisten allerdings nicht wirklich nützte. Die Entfernungen waren entschieden zu groß, um nach Hause zu fahren, und Autos oder gar Flugzeuge kamen damals für einen Normalbürger ohnehin nicht in Betracht. Immerhin hatte ich zweimal Gelegenheit, nach Breslau zu guten Bekannten zu fahren, die mir die Stadt zeigten und mir die Empfindung vermittelten, daß ich mich zu Hause fühlen konnte.

Wohin man auch wollte, in Glatz mußte man umsteigen und auf den Anschlußzug warten. Dort gab es ein kleines Café, in dem man auch Schlagsahne bekommen konnte, zeitweilig sogar Erdbeertorte. Da zog man sich manchmal schon ziviles Zeug an, um der permanenten Grußpflicht zu entgehen.

Dann kam Pfingsten, wofür uns eine Woche Heimaturlaub versprochen worden war. Aber zwei von uns bekamen Scharlach und wurden ins Krankenhaus gefahren, und aus Gründen der Ansteckung durften wir Schreckendorf nicht verlassen. Es war das erste Mal, daß ich Heimweh verspürte.

Als der Sommer da war, mußte auch ich zur Arbeit zu den Bauern. Überall machte ich die gleiche Erfahrung: Man bestaunte mich und lachte wegen meiner Größe von 1,80 m. Die Schlesier sind im allgemeinen kleiner als die Norddeutschen, weshalb ich sehr auffiel und keiner mir so recht etwas zutraute. Ich glaubte beweisen zu müssen, daß auch ein so langer Stadtmensch arbeiten könne. Es waren alles kleine Bauernhöfe in bergigem Land: steiniger Boden und Äcker an Abhängen. Das Steineklauben erschien mir als die mühsamste Arbeit, zumal man die schweren Körbe an den Ackerrand schleppen mußte. Dann lieber Rüben verziehen! Maschinen ließen sich schwer gebrauchen, sie wären wohl auch zu teuer gewesen, und so wurde der Roggen mit der Sense gemäht, wobei der Binder direkt hinter dem Mäher herging. Mein Bauer war schon in höheren Jahren und mähte bedächtig – zu meinem Glück, denn auf diese Weise hatte ich meine Garbe stets fertig gebunden, ehe der nächste Mäher schräg hinter mir kam. Dieser zweite Mäher war nur in der Hoch-Zeit da; sonst standen wir Stunde um Stunde zu zweit am Berg, der Rücken schmerzte, die Arme wurden zerstochen. Aber die Bäuerin war dankbar für ihre Entlastung und ließ es mich merken.

Das Mittagessen war teilweise sehr einfach. Pellkartoffeln wurden mitten auf den Tisch geschüttet, eine Quarkschüssel oder ein Brett mit Speck stand da, das war alles. Oder es gab eine undefinierbare Brühe mit etwas Fleisch, Suppenkraut und gerösteten Brotwürfeln. Das beste waren Käseklatschen, kleine Quarkpfannkuchen mit Sirup.

Die kleinste Bauernstelle bewirtschaftete die »Mutter Jüstl« mit ihrem ältlichen Sohn. Dort wurde noch im Faß gebuttert, ich mußte den Schwengel drehen und drehen und zu ihrer Freude ein Lied nach dem anderen dazu singen. Es war die Zeit, in der sich die Sudetenkrise zuspitzte, ich sah, wie sie mühsam die Zeitungsmeldungen entzifferte, bedenklich mit dem Kopf wackelte und immer wieder meinte: »Wenn das der Führer wüßte!« Mit dieser Ansicht stand sie nicht allein. Man hörte den Ausspruch immer wieder, wenn etwas nicht ganz in Ordnung schien, und keineswegs nur in Schlesien.

Auf dem Kamm des Glatzer Berglandes verlief die Grenze zur Tschechoslowakei. Einmal, es war ein Sonntag in diesem Sommer, machten wir eine Fahrt und Wanderung auf den höchsten Berg der Gegend, den Glatzer Schneeberg, 1450 Meter hoch. Oben lag wirklich Schnee, und es war ausgesprochen kalt, während es im Tal schon grünte und blühte. Ich erinnere mich noch an den Anblick der Grenze: scharf überwacht auf beiden Seiten.

Im Lager mußte jeden Abend nach dem Essen eine von uns den Zeitungsbericht vortragen, eine Zusammenfassung der wichtigsten Tagesmeldungen. Ich habe mich oft dafür gemeldet in der vollen Überzeugung, dann ausgezeichnet informiert zu sein, und bin nie auf den Gedanken gekommen, daß diese Informationen einseitig oder sogar propagandistisch gefärbt sein könnten. Zur Kritik wurden wir nicht erzogen. Und so waren wir auch der Überzeugung, daß die Sudetendeutschen von der Prager Regierung schlecht behandelt worden seien, daß sie in ihrem Deutschtum beeinträchtigt und unterdrückt würden. Man las von Übergriffen und Gefangennahmen, bis eines Tages im Spätsommer die ersten Flüchtlinge kamen, Familien mit Sack und

Pack, übernächtigt und voller Angst, denn sie waren auf Schleichwegen über die durchgehend bewachte Grenze gekommen. Wir halfen ihnen, ihr Gepäck zu tragen, führten sie zur Verpflegungsstelle und zu den Notlagern in der Schule und am nächsten Tag zur Bahn zum Weitertransport.

Erstmals hing die Frage in der Luft: Würde es Krieg geben? Das war ein vorher nie gedachter Gedanke. Dann jedoch kam das Münchener Abkommen, der »Führer« brachte alles in Ordnung, und wenig später marschierten deutsche Soldaten in Böhmen ein und wurden von den Sudetendeutschen jubelnd begrüßt. Als kurz darauf auch noch das Protektorat Böhmen/Mähren geschaffen wurde, hatten wir nicht den geringsten Zweifel, daß auch dies eine große Tat des Führers sei.

Ende Juli 1938 fand in Breslau das große Turn- und Sportfest statt. Aus ganz Deutschland und von allen nur denkbaren Organisationen kamen die Teilnehmer. Weil ich eigentlich für den Reichsparteitag vorgeschlagen, von der Bezirksführerin dann aber abgelehnt worden war, weil ich kurze Haare hatte und der Reichsarbeitsdienstführer »Maiden mit fraulichem Haarknoten« sehen wollte, durfte ich nun zum Ausgleich mit nach Breslau. Der mit Haarklammern gefestigte Sitz meiner »Frisur« wurde allerdings vorher geprüft – das fanden wir nun doch etwas übertrieben.

An unsere Proben und an die Aufführung im großen Stadion kann ich mich gut erinnern. Mit etlichen hundert Maiden machten wir Keulenschwingen; wie ein winziger Punkt stand man irgendwo in der Menge, wußte jedoch genau, daß jede falsche Bewegung auffallen würde. Die beschwingten, der Musik folgenden Bewegungen brachten uns in Hochstimmung, und der Beifall aus dem riesigen Rund war überwältigend.

Im September mußten wir schließlich noch einen Kursus für Erste Hilfe ableisten, der vom Roten Kreuz durchgeführt wurde und sehr viel umfangreicher war, als es der in der Schule beim Luftschutzkursus gewesen war. Zur Prüfung kam sogar ein Medizinalrat aus Breslau, denn man rechnete damals wohl schon mit dem bevorstehenden Ausbruch des Krieges.

Kurz vor meiner Entlassung aus dem RAD wurde ich dann zu einer persönlichen Besprechung zu unserer Lagerführerin gebeten, die jung, sehr energisch, musikalisch und sportlich war. Wir mochten sie gern, hatten aber großen Respekt vor ihr. Sie fragte mich, ob ich Arbeitsdienstführerin werden wolle und schilderte mir den Ausbildungsgang und seine Möglichkeiten; sie fügte hinzu, daß sie sich für mich einsetzen würde. Aber ich wollte zurück nach Hamburg, wo ich auch bereits in unserem BDM-Untergau erwartet wurde, um als Beauftragte für das BDM-Werk »Glaube und Schönheit« zu arbeiten, eine Tätigkeit, die mir für das praktische Jahr zum Abitur angerechnet werden sollte. Darum lehnte ich ihren Vorschlag ab.

Beim Schreiben dieses Berichtes habe ich mich immer wieder gefragt, ob ich mich damals tatsächlich so wohl gefühlt habe, ob ich unangenehme Erlebnisse nicht vielleicht nur verdrängt oder vergessen habe? Andere haben die Kasernierung und den allgemeinen Zwang doch als absolut negativ empfunden. Doch mir fällt nur ein einziges Ereignis ein, das uns alle in Aufregung und sogar Wut versetzt hat: die Durchsuchung unserer Spinde, die eines Tages in unserer Abwesenheit durchgeführt wurde, weil irgendetwas »verschwunden« war. Das fanden wir beleidigend und entwürdigend. Insgesamt aber hatte ich mit dem Lager und seiner Führung sehr viel Glück.

Bevor ich im Oktober 1938 meine Arbeit im Untergau in Hamburg richtig beginnen konnte, habe ich noch an einem Lehrgang für Kulturstellenleiterinnen teilgenommen, der in der Reichsführerinnenschule des BDM in Boyden, Ostpreußen, stattfand. Zu unserem Schulungsprogramm gehörten Vorträge über deutsche Außenpolitik und Wirtschaft im Osten, die Besichtigung des Kriegsschauplatzes bei Tannenberg und auch der Ordensburg Marienwerder, wo eine Reichsführerschule untergebracht war und wir im Remter ein kleines Fest feierten. Daneben standen praktische Unterweisungen in Bastei- und Werkarbeiten, Weben und ähnlichem. Außerdem gab es Vorträge, von denen einer auf meinem weiteren Lebensweg nicht ohne Einfluß blieb: Ilse Lang, die Reichsmusikreferentin, sprach über die Ausbildung und die weiteren Aussichten der Studierenden für die Musikarbeit im BDM. Bis zu diesem Zeitpunkt war ich unentschlossen gewesen, auf welchem musischem Gebiet ich ein Studium beginnen sollte. Als ich nun erfuhr, daß es auch innerhalb des BDM die Möglichkeit gebe, musikerzieherisch zu arbeiten, erschien mir diese Lösung fast ideal. Schulmusik fand ich unerfreulicher, weil dort alle Schüler – ob interessiert oder uninteressiert – nach einem vorgeschriebenen Lehrplan unterrichtet werden mußten. Im BDM dagegen fanden sich in den Chören, in den Musikgruppen und Spielscharen Freiwillige zusammen, die – so meinte ich jedenfalls – Begeisterung und Begabung mitbrachten. Und überhaupt stand die Schule damals im Ansehen nicht hoch im Kurs. »Jugend muß von Jugend geführt werden!«, dafür wollte auch ich mich einsetzen.

Doch bevor ich zur Ausführung solcher Pläne kam, mußte ich meinen praktischen Dienst für das Abiturzeugnis leisten. Damals, im Januar 1938, war das BDM-Werk »Glaube und Schönheit« proklamiert worden, das die Lücke zwischen dem achtzehnten Lebensjahr dem Ende des Staatsjugenddienstes – und dem einundzwanzigsten dem Beginn der NS-Frauenschaft – schließen sollte. Diese drei Jahre, in denen die männliche Jugend zum RAD und zum Wehrdienst eingezogen wurde, sollte für die Mädchen erfüllt werden mit der freiwilligen Teilnahme an sportlichen, musischen und hauswirtschaftlichen Arbeitsgemeinschaften, ein Gedanke, für den erst einmal geworben werden mußte. Fähige Leiter und Leiterinnen auf den verschiedensten Gebieten waren zu gewinnen, außerdem mußte das Interesse der älteren Mädel überhaupt erst geweckt werden, und so waren die Verhältnisse, auf die ich im November beim Beginn meiner Arbeit im Untergau stieß, noch verhältnismäßig schlicht und provisorisch: Es existierten nur wenige Sport- und Gymnastikkurse, die vom Obergau organisiert worden waren. Deshalb versuchte ich in der Folgezeit mit Junglehrern, Wirtschaftsleiterinnen, Kunsthandwerkern, Schneiderinnen und Puppenkünstlern ins Gespräch zu kommen, um sie als Leiter zu gewinnen. Die Bezahlung war gering, Idealismus war gefragt. Auf Heimabenden der älteren BDM-Mädel und auf Wochenendschulungen der Führerinnen hielt ich »Aufklärungsvorträge«. Ich weiß nicht mehr genau, wie viele Arbeitsgemeinschaften ins Leben gerufen worden waren, als ich meine Tätigkeit Ende März niederlegen mußte; ich erinnere mich lediglich noch, daß ich im ganzen Untergaugebiet sehr viel mit dem Rad unterwegs war und auch selber eine kleine Gruppe für Schattenspiele und eine Singgruppe geleitet habe.

Anfang November 1938 kam ich von der Reichsführerinnenschule zurück. Mein erster Abenddienst war eine Feierstunde zum

Gedenken des Marsches auf die Münchener Feldherrnhalle am 9. November 1923, ein Tag, an dem alljährlich Feiern veranstaltet wurden. Ich meine mich zu entsinnen, daß wir uns in diesem Jahr in einem HJ-Heim am Schleiden-Platz versammelten und im Rahmen der Veranstaltung eine Rede des Führers hörten, doch kann ich mich nicht erinnern, ob darin auch von dem Mord an dem deutschen Gesandtschaftsrat in Paris, von Rath, durch den jungen Juden Herschel Grynszpan die Rede war, welcher der Anlaß zu den Ausschreitungen in der Nacht des 9. Novembers wurde. Durch wen hörte ich zuerst davon? Ich weiß noch, wie ich am nächsten Morgen am Schreibtisch unserer Untergauführerin Lore P. stand und wir darüber sprachen, daß in der Nacht Fensterscheiben von jüdischen Geschäften eingeschlagen worden waren. Daß häufig noch viel mehr geschehen war – Plünderungen, Verunglimpfungen und Ähnliches –, davon ahnte ich nichts. Ich erinnere mich auch noch genau der Worte, die meine Mutter zu mir sagte, als ich nach Hause kam: »… und Robinson ist auch kaputt!« Vielleicht ist mir ihr Ausspruch deshalb im Gedächtnis haftengeblieben, weil meine Mutter mir noch ein Jahr zuvor in dem Damenbekleidungsgeschäft Robinson, Ecke Neuer Wall und Schleusenbrücke, einen Wintermantel und andere Kleider gekauft hatte. Und von dem Kaufhaus Amles in der Wandsbeker Chaussee hieß es, daß Polizisten davorstünden, um Diebstähle und Plünderungen zu verhindern. In der Innenstadt waren viele Geschäfte demoliert worden, nicht nur Robinson; ich habe aber nichts davon gesehen.

Wieweit wir damals über die Ausschreitungen im ganzen Reich unterrichtet wurden, ist mir entfallen. Die Berichte in den Zeitungen waren natürlich einseitig, und wir glaubten alles, was dort zu lesen war. Rückblickend denke ich, daß die Propaganda gegen das Judentum sich damals schon schleichend in unserem Bewußtsein eingenistet hatte.

Ich erinnere mich an einen Tag, an dem meine Eltern und ich uns in einer Kaffeestube an den Landungsbrücken, die meine Schwester mit einer Freundin betrieb, zu einer gemeinsamen Kaffeestunde trafen. Mein Vater hatte eine Illustrierte mitgebracht, in der berichtet wurde, daß im Deutschland der Weimarer Republik alle wichtigen Stellen in Politik, Wirtschaft und Kultur von Juden besetzt gewesen seien und in welch hohem Grade das deutsche Volk dem jüdischen und also »artfremden« Einfluß ausgesetzt gewesen sei. Meine Eltern schüttelten fassungslos den Kopf, mein Vater sagte immer wieder: »Wie ist das nur möglich, das hat man ja alles nicht gewußt.« Auch sie begannen also, an den verderblichen Einfluß der Juden zu glauben. Wer keine persönlichen Beziehungen zu jüdisehen Familien hatte, sprach meistens nur von »den Juden«, nicht bedenkend, daß sich hinter dieser Verallgemeinerung viele schwere Einzelschicksale verbargen. Insgesamt muß ich feststellen, daß der 9. November 1938 keinen nachhaltigen Eindruck bei mir hinterlassen hat. Das mag heute verharmlosend und unglaublich klingen, aber es war so.

Für das Sommersemester 1939 hatte ich mich zur Aufnahme an der Hochschule für Musikerziehung in Berlin-Charlottenburg beworben, um den staatlichen Lehrgang für Volks- und Jugendmusikleiter zu absolvieren. Diese Ausbildung hatte Fritz Jode in den zwanziger Jahren angeregt und eingeführt, danach war sie durch den Musikreferenten der Reichsjugendführung, Wolfgang Stumme, einem Schüler Jodes, in Zusammenarbeit mit der Hochschule weitergeführt worden. Nachdem sie ursprünglich nur zwei Semester umfaßt hatte, war sie inzwischen auf vier Semester verlängert worden und wurde durch unser Betreiben noch einmal auf sechs Semester erweitert, wodurch auch ein Privatmusiklehrerexamen mit eingeschlossen werden konnte. Am 1. April 1939 wurden wir Erstsemester mittags am Tor des Charlottenburger Schloßparks von den älteren Semestern empfangen und in kleinen Gruppen mit unseren Unterrichtsräumen, die in einem der Schloßflügel lagen, bekannt gemacht. Dabei lernte ich am gleichen Tag meine späteren Freunde kennen: Ursel W., Sita R. und Heinz S., die mit mir und zwei anderen auch auf Zimmersuche gingen. Ich fand am Charlottenburger Ufer ein kleines Zimmer, von dessen Balkon im dritten Stock aus ich auf die Spree und den Schloßpark sehen konnte. Auch das trug dazu bei, daß mein erster Eindruck von Berlin denkbar angenehm war.

Bereits in der ersten Woche fuhren wir über die Ostertage nach Lagow am See in der Neumark. Unvergeßliche Erlebnisse: gemeinsames Singen, Instrumentalspiel, Stegreifspiel, Scharaden, außerdem ein großes Osterfeuer und ein Osterspaziergang um den See in aller Morgenfrühe. Wir hatten viel und ernsthaft zu tun, was uns jedoch nicht hinderte, dieses Sommersemester überschwenglich zu genießen. Unser Wahlspruch war: »Was haben wir für eine sonnige Jugend«.

Am 20. April wurde Hitlers 50. Geburtstag mit einer großen Parade in Berlin gefeiert; vor der Führertribüne, nach meiner Erinnerung vor der Technischen Hochschule an der Ost-West-Achse gelegen, war ein dichtes Menschengedränge. Ein junger Mann hatte sich eine Leiter mitgebracht, von der aus er alles bestens übersehen konnte, und da er auch mir erlaubte, ein paar Stufen mit hinaufzusteigen, habe ich von dort aus stundenlang mit steifen Beinen den nicht enden wollenden Vorbeimarsch angesehen. Vor der Tribüne wurde Paradeschritt angenommen, Kommandos flogen, während Hitler mit erhobenem Arm unbewegt dastand und die verschiedenen Heereseinheiten grüßte. Über uns brummten Fluggeschwader in imponierenden Formationen. Wir sahen darin nichts als eine Darstellung unserer wiedererlangten Macht nach der Überwindung des »Versailler Schandvertrages«, wodurch wir nun eine Wehrmacht hatten wie die anderen Staaten auch; an Krieg dagegen hat keiner von uns gedacht. Außerdem versicherte der Führer in jeder seiner Reden die friedlichen Absichten Deutschlands, und seit dem Münchner Abkommen im Herbst 1938 fühlten wir uns darin bestätigt.

Als im Juni der Prinzregent Paul von Jugoslawien zum Staatsbesuch nach Berlin kam, mußte die Hochschule für eine Woche das Schloß räumen, weil es für große Empfänge gebraucht wurde. Sofort wurde für unseren Lehrgang ein Aufenthalt in Storkow nahe Königswusterhausen organisiert, wo eine Jugendherberge mit alten Burggemäuern ganz romantisch an einem See lag. Dort wurden wir Neuen mit ersten Aufgaben der Chorleitung betraut. »Nun fanget an, ein gut's Liedlein zu singen ...« – das war mein Chor, der von Heinrich Spitta, unserem Lehrer für Chorleitung und Harmonielehre, mit den ersten Kirschen des Jahres belohnt wurde. Spitta lernten wir schnell als unsere »Lehrgangsmutter« lieben. Er kümmerte sich um jeden einzelnen, kannte Wohnungssorgen, finanzielle Engpässe und Studienschwierigkeiten und wußte auf stille, fast unmerkliche Art zu helfen. Er beobachtete uns wohlwollend, die unvermeidliche Zigarre im Mund, und hatte viel Humor. Seine Art erinnerte mich an meinen Vater und dessen Umgang mit seinen Schülern.

Durch Wolfgang Stumme, der sich innerhalb des Lehrgangs eher die allgemeine Musikerziehung zur Aufgabe gemacht hatte, haben wir zum ersten Mal Bekanntschaft mit dem Funk gemacht. »Im Maien, im Maien« hieß unsere erste Sendung, nach einem Liedanfang. Das Funkhaus, der Senderaum, »Achtung Aufnahme!«, rotes Licht – alles war neu! Bei angespannter, äußerster Konzentration sollten wir ganz locker und fröhlich musizieren. Wehe, es kam ein verpatzter Einsatz! Die Proben- und Sendezeit war knapp bemessen. Später haben wir dann auch in Wunschkonzerten mitgemacht, großen Veranstaltungen mit viel Publikum, die im Kriege immer größere Bedeutung gewannen, weil von der Heimat zur Front und umgekehrt musikalische Grüße ausgetauscht werden konnten. Stummes Anliegen war es, im Gegensatz zu leichter Unterhaltungsmusik und zu Schlagern, vor allem aber zu den oft gegrölten, sogenannten HJ-Liedern gute Volksmusik und »kultivierte Jugendmusik« ins Sendeprogramm zu bringen.

Nach dem Abschluß dieses ganz unbeschwerten ersten Semesters mit dem Sommerfest der Hochschule, das im Eosander-Saal des Charlottenburger Schlosses gefeiert worden war, wurde unsere Klasse ein paar Tage darauf auch noch von Karl Cerff, ehemals Chef des Kulturamtes in der Reichsjugendführung und nun in der Reichsführung-SS Kulturamtsleiter, zu einer weiteren Festlichkeit in diesen Räumen eingeladen – nicht nur um zur Unterhaltung beizutragen, sondern auch um seinen Männern ein paar Tanzpartnerinnen zu verschaffen. Damals war die SS für uns eine Eliteeinheit, der anzugehören eine Ehre war. Unsere Männer erschienen in ihrer besten HJ-Uniform, wir Mädchen in langen, sommerlichen Abendkleidern. Nach einem kalten Essen an einer langen, im Freien gedeckten Tafel – es war ein warmer, schöner Sommerabend – spielte ein Kammerorchester auf einer Insel im Schloßparksee. Diese festliche Sommernacht Ende Juni 1939 sollte uns allen als Inbegriff des Friedens in Erinnerung bleiben.

Nun begannen die Semesterferien, drei Monate lang. Acht Wochen davon sollten dem »Dienst für die Gemeinschaft« gehören, vier Wochen hatte jeder Studierende zur Erholung oder zum Üben für sein musikalisches Hauptfach. Mein Hamburger Untergau hatte zwei vierzehntägige Sommerlager in Kellenhusen an der Ostsee geplant, an denen ich als verantwortliche Führerin teilnehmen sollte; über die Organisationsabteilung des Obergaus war alles bereits in die Wege geleitet worden. Die etwa dreißig Mädel, vierzehn bis achtzehn Jahre alt, die kurz darauf die Reise antraten, sollten sozusagen einen »Aktivurlaub« machen; Schwimmen, Singen, Zeichnen und Basteln standen auf der Tagesordnung, und die Stadtmädchen, die teilweise noch keine Ferien in der Natur gemacht hatten, lernten Pflanzen, Vögel und andere Tiere kennen, wenn wir auf unseren »Entdeckungsgängen« über das Land zogen.

Außerdem trainierten wir für ein Sportabzeichen, für welches man neben leichtathletischen Leistungen auch einen Marsch von fünfundzwanzig Kilometern nachweisen mußte. Um die Sache etwas reizvoller zu machen, war mit dem Führer des Marine-HJ-Lagers in Neustadt vereinbart worden, daß wir uns sein Lager zum Ziel nehmen sollten, von wo aus wir dann, nach einer Besichtigung des Ortes, mit zwei Pinassen über die Ostsee zurückgefahren werden würden. Ich erinnere mich, wie wir wegen der sommerlichen Hitze schon in aller Frühe losmarschierten und den Weg unter unaufhörlichem Singen zurücklegten. Man stelle sich vor: Fünfundzwanzig Kilometer, ein Weg von ganzen vier Stunden, auf dem ununterbrochen gesungen wird. Rast zu machen war nicht erlaubt; es gab einen Schluck aus der Flasche oder einen Apfel, und dann wieder »... ein Lied!«. Bis wir in Neustadt waren.

Am Lagertor wurden wir von dem stellvertretenden Lagerführer empfangen, der uns nach einer Ruhepause durch das Gelände führte, uns die großen Zelte zeigte, von innen wie von außen, alles in peinlichster Ordnung, außerdem den Anlegeplatz für die Segelboote, Kutter und Pinassen. Es gefiel uns sehr, was er uns da zeigte, und er gefiel mir auch sehr. Es war Kurt Philipp. Er gefällt mir noch immer sehr.

Nach vier Wochen Erntedienst in Massin im Kreis Landsberg an der Warthe verbrachte ich noch ein paar Tage auf dem Hof von Verwandten in Mecklenburg. Bei meiner Ankunft hatte große Aufregung und Unruhe geherrscht wegen plötzlicher Kriegsgefahr, und für den ersten September war die Ausgabe von Lebensmittelkarten verordnet worden. Ich glaube, daß erst mein Großvater mir davon berichtet hat, als er mich in Ludwigslust abholte; das muß um den 29. August gewesen sein. In einem Brief, den ich am 23. August aus Massin an meine

Eltern geschrieben habe und der sich noch heute in meinem Besitz befindet, erzähle ich noch ganz fröhlich und sorglos von meinem Aufenthalt, kein Wort über bevorstehende politische Entscheidungen. Der Sommer war so friedlich gewesen, nichts deutete auf Krieg: Und als er für uns so überraschend, so plötzlich ausbrach, empfanden wir ganz so, wie die öffentlichen Nachrichten es meldeten, und fühlten uns angegriffen.

Am 1. September mußte ich wieder in Hamburg sein, wo ich mir, wie alle anderen auch, Bezugsscheine für Lebensmittel holte, ohne die man von nun an keine Hauptnahrungsmittel mehr bekommen konnte. Als zwei Tage darauf Frankreich und England Deutschland den Krieg erklärten, herrschte in meiner Familie große Unruhe. Gemeinsam mit ihren Freunden erörterten meine Eltern die Lage. Nur ich, zu unerfahren, konnte ihre Sorge nicht verstehen und dachte in jugendlicher Unbekümmertheit, daß wir es dem »Tommy« schon zeigen würden. So schleppte ich, damit wir »gerüstet« seien, in Eimern aus dem nahen Park Sand heran, füllte damit eine Holzkiste vor unserer Wohnungstür, stellte eine Schaufel und eine Feuerpatsche (das heißt einen Schrubber, den ich mit einem Scheuerlappen umwickelt hatte) und einen Eimer mit Wasser daneben, alles ganz so, wie ich es im Luftschutzkursus gelernt hatte. Im übrigen war unser ziviles Leben so gut wie nicht beeinträchtigt. Der Krieg war »weit weg in Polen«, und die Wehrmachtsberichte meldeten täglich Siege der deutschen Truppen.

Es war um dieselbe Zeit, daß meine Mutter mir eines Morgens am Frühstückstisch mit einem vielsagendem Blick einen Brief überreichte – der Absender zeigte den Namen Kurt Philipp. Ich erklärte, es handele sich um eine rein dienstliche Bekanntschaft aus Kellenhusen. Als wir uns kurz darauf zum ersten Mal in ziviler Kleidung trafen, spazierten wir am Kanal und an der Alster entlang zum Uhlenhorster Fährhaus und hatten uns gerade bei herrlichem Wetter im Kaffeegarten am Wasser niedergelassen, als uns der erste Fliegeralarm überraschte. Wir wurden aufgefordert, den Keller des Hauses aufzusuchen, wobei unsere größte Sorge der Frage galt, ob auch nach der Entwarnung unsere Kirschtorte mit Sahne – markenfrei! – noch an ihrem Platz sein werde. Sie war es; alles war unverändert, von feindlichen Fliegern wurde nichts bemerkt. Wir schlenderten zurück.

Da erschreckte ein zweiter Alarm uns in der Uferstraße, wo wir im Keller der Oberrealschule unterschlüpften, während uns aus irgendeinem Lautsprecher entgegentönte: »Das kann doch einen Seemann nicht erschüttern!«, gesungen von Heinz Rühmanns trockener Stimme. Abends hörte man dann in den Nachrichten, daß die englischen Flugzeuge bereits bei Cuxhaven wieder abgedreht seien.

So war der Kriegsbeginn für mich überlagert von einer noch unbestimmten Erwartung, einer noch nicht völlig bewußten Neigung zu Kurt, die die folgenden Wochen und Monate durchzog. Wir trafen uns noch ein paarmal, bis Kurt, der erst im März 1939 aus dem allgemeinen Wehrdienst entlassen worden war und im Sommersemester ein Studium der Medizin in Hamburg aufgenommen hatte, wieder eingezogen wurde und – als Sanitätsgefreiter einer Schülerkompanie der Luftwaffe zum weiteren Medizinstudium zugeteilt – nach Leipzig fahren mußte. Zur gleichen Zeit kehrte ich zurück nach Berlin.

Dort fand ich eine veränderte Situation vor. Viele unserer Jungs waren eingezogen worden, desgleichen einige Lehrer. An den Wochenenden kam ab und zu Kurt aus Leipzig herüber; zusammen gingen wir ins Theater oder in Konzerte. Weihnachten sind wir dann zusammen nach Hamburg gefahren, wo wir von meiner Familie nicht ohne Neugier empfangen wurden. Kurt blieb bei seinen Eltern, bis er kurz nach dem Fest von Leipzig nach Greifswald versetzt wurde und abreisen mußte.

Doch auch in Hamburg hatte sich einiges geändert. Meine Mutter, die sich in den vorhergehenden Jahren trotz wiederholter Aufforderungen jeglicher Mitarbeit in einer NS-Organisation entzogen hatte, stets ihre labile Gesundheit als Ablehnungsgrund anführend, hatte nun doch zugestimmt, im Bezugsscheinamt zu arbeiten. Die allgemeine Meinung ging dahin, daß im Krieg jeder gebraucht werde und alle helfen müßten. Sie hat aber nicht lange durchgehalten.

Doch war das nicht die einzige Änderung. Trotz aller »großartigen Siege« wurde das Leben in wachsendem Maße beschwerlicher. Der Winter war sehr kalt; die Zentralheizung der elterlichen Wohnung wurde eingestellt. Meine Eltern saßen bei minus zehn bis fünfzehn Grad Außentemperatur, in dicke Mäntel und Wolldecken gepackt, in ihrer Küche, wo wenigstens etwas Herdwärme war. In Berlin – inzwischen wohnte ich bei einer Studienfreundin – standen die Dinge noch etwas besser. In unserer Wohnung gab es eine Ofenheizung, für die wir Briketts und Kohlen gegen Bezugscheine herbeischleppten, und auch in der Hochschule waren die meisten Räume noch beheizt. Das Problem der Lebensmittelmarken und Bezugsscheine nahm einen immer größeren Raum im Denken aller ein, und ein Drittel der Briefe, die damals hin und her gingen, handelten von den Ausrufungen bestimmter Waren, ihrer Beschaffung und Einteilung.

Dennoch waren wir nicht mutlos. Zwar hatten wir geglaubt, daß der Krieg schnell beendet werden könne, aber da wir von allen Seiten angegriffen wurden, müßten wir uns verteidigen – so meinten wir. Immer wieder wurden Siege unserer Wehrmacht verbreitet, wenn mit der gewaltigen Fanfare aus Liszts »Les Preludes« die Sondermeldungen im Radio ertönten. Als ich nach dem Krieg in einem Konzert in der Hamburger Musikhalle dieses Orchesterwerk erneut hörte, bin ich hemmungslos weinend rausgelaufen. Nach dem Zusammenbruch, nach der allgemeinen Zerstörung, die unser Land, unsere Städte, aber auch unser Inneres so sehr in Mitleidenschaft gezogen hatte, war diese »Siegesfanfare« für mich einfach nicht zu ertragen.

Für das Sommersemester 1940 mußte ich mir eine neue Bleibe suchen und übernahm das kleine Zimmer eines zur Wehrmacht eingerufenen Studenten, das in der Knobelsdorffstraße lag, ganz in der Nähe der Hochschule. Es war zwar nur ein schlauchartiges Hinterzimmer, aber es stand ein Klavier darin. Darunter lag ein kaum benutzter Raum, der zu einem Schlachterladen gehörte, so daß sich beim Üben keiner gestört fühlte. Meine Wirtin, die sich ihre Räume mit ihrer erwachsenen Tochter teilte, war eine echte Berlinerin. Wenn die beiden sich lautstark über den Flur hinweg unterhielten, meinte ich anfänglich, sie lägen sich in den Haaren; aber es war nur ein temperamentvolles Gespräch. Sie meinte es gut mit mir, versorgte meinen Kachelofen so rationell wie möglich und hatte nichts gegen eine zurückhaltende Küchenbenutzung einzuwenden. Ich zahlte fünfunddreißig Reichsmark Miete, in den Semesterferien nur zwanzig Reichsmark, was heute etwa das Neunfache bedeuten würde. In diesem alten Etagenhaus – das Klo befand sich für mehrere Wohnungen auf halber Treppe – habe ich es bis zum Ende des Studiums ausgehalten.

In der Hochschule waren wir jetzt nur noch Mädchen. Ich wurde für alle die »Führerin vom Dienst«. Ob ich dazu einfach bestimmt worden war oder gewählt wurde oder ob es vorher eine gemeinsame Besprechung gegeben hatte, weiß ich nicht mehr. Wir waren uns innerhalb des Lehrgangs nicht immer einig; manche hätten sich weniger Gemeinschaftszwang gewünscht, vermißten persönliche Freiheiten; andere empfanden gerade unsere gemeinsamen Unternehmungen als angenehm, etwa die Funksendungen oder die gemeinsamen Veranstaltungen mit anderen Organisationen und in den Lazaretten. Ich vertrat dabei den Standpunkt, daß wir von der Reichsjugendführung Geförderten und Begünstigten – unsere Hochschulgebühren waren wesentlich niedriger als die der Schuloder Kirchenmusikstudenten – uns mit dem Lehrplan einverstanden zeigen müßten und besonders im Krieg nicht private Freiheiten verlangen dürften.

Den Frankreich-Feldzug verfolgten wir mit Spannung. Der Jubel war groß, als Paris eingenommen wurde. In unserem Leben hatte sich nicht viel verändert: Wir unternahmen Fahrten nach Mecklenburg und Brandenburg, und ich setzte mein Studium unter verhältnismäßig normalen Umständen fort; nach meinem Ernteeinsatz in den Semesterferien konnte ich sogar Kurt in Greifswald besuchen. Ab dem 1. September 1940 mußten wir dann in Berlin Fabrikdienst leisten, und zwar in dem großen Rüstungswerk »Alkett« in Reinickendorf. Für jede von uns bekam eine kriegsdienstverpflichtete Arbeiterin, die Familienmutter war, drei Wochen bezahlten Urlaub, und so ließen wir uns auf die verschiedenen Abteilungen in ihren riesengroßen Sälen verteilen und an eine der zahllosen, laut dröhnenden Maschinen stellen, in die man Metallteile einlegen und nach dem Stanzen, Schleifen oder Feilen wieder ablegen mußte. Wozu das alles diente, erfuhren wir erst am letzten Tag bei einer Führung durch das Werk; das Produkt, an dem wir mitgearbeitet hatten, war ein Maschinengewehr. Damals habe ich mir nicht klargemacht, daß damit auf Menschen geschossen werden würde.

Die Arbeit war sehr eintönig: Man hätte drei Maschinen füttern können statt einer. Was uns als etwas Neues beeindruckte, waren die Gespräche der Arbeiter und Arbeiterinnen, die natürlich nicht gerade geistigen Interessen galten; es ging ums Kino, um den Freund oder die Freundin, um »Schwof«, wie man in Berlin sagte, und natürlich ums

Essen, aber das immerhin war ein Thema, das uns alle interessierte. Wir waren für sie wie Menschen von einem anderen Stern und etwas merkwürdig, vielleicht auch »doof« mit unserem Idealismus. Aber sie waren gutmütig, rauchten dankbar ihre Zigarette auf der Toilette, während wir ihre Maschinen mitbedienten, und sammelten sogar für jeden von uns für ein Abschiedsgeschenk. Am Ende übergab uns die Firma zusätzlich eine Lohntüte von dreißig Reichsmark, die erste und einzige, die ich je bekommen habe. Dafür kaufte ich Kurt silberne Manschettenknöpfe mit Bernstein, die er heute noch besitzt.

Im Wintersemester mußte tüchtig gearbeitet werden, denn es sollte mit unserem Examen abschließen. Dennoch haben wir mehrmals wöchentlich Konzerte besucht, Symphoniekonzerte ebenso wie Kammermusik, Solokonzerte oder Liederabende. Auf die hintersten, billigen Plätze gedrückt, saßen wir da mit unseren Partituren und hörten zu. In der Oper hatten wir manchmal mehr Glück: Wir warteten geduldig bis fünf Minuten vor dem Beginn der Vorstellung und bekamen dann die nicht verkauften, meist ausgezeichneten Plätze auf unseren Studentenausweis für 1,10 Reichsmark, wofür wir uns dann allerdings auch parkettmäßig kleiden mußten. Als ich einmal in einem langen Taftkleid durch die Straßen rauschte, rief mir ein Junge auf gut Berlinerisch zu: »Det Frollein braucht aber zwee Kleiderkarten!« Man sieht: Man dachte bei der Kleidung wie bei der Ernährung nur noch an die Kontingentierung.

Ein Vierteljahr vor unserem Examen bekamen einige Soldaten Urlaub von der Wehrmacht, um ihre Ausbildung abschließen zu können, darunter auch Jochen W., mit dem ich oft zusammengearbeitet hatte. Er mußte in gedrängter Form viel nachholen, wobei ihm aber alle behilflich waren, auch die Lehrer. Einen anderen Jochen – Jochen H. –, der eigentlich zum vorigen Lehrgang gehörte, aber erst jetzt Examensurlaub bekommen hatte, habe ich bei seiner Violinsonate c-Moll von Beethoven begleitet. Er war ein sehr guter Geiger; Prof. Walter Rein, unser Lehrgangsleiter, lobte ihn: Das sei echtes Musizieren gewesen. Wenige Monate später ist Jochen gefallen. Das hat mich sehr erschüttert. Er war der erste Gefallene aus meinem Freundeskreis.

Inzwischen gab es auch in Berlin Fliegeralarme. Mancher Notensatz, den ich damals schrieb, ist im Luftschutzkeller entstanden. Meistens habe ich mir für diese Stunden jedoch Näh- und Stopfarbeiten aufbewahrt, oder ich habe Briefe geschrieben. Wenn ich nachts die Schloßstraße entlangging, war es oft stockdunkel: Ich sah nach oben, wo sich die Baumreihe schwach gegen den Himmel abzeichnete und mir die Richtung angab. Am Mantel trug man Leuchtplaketten, die mit einer Phosphorschicht bekleidet waren, von welcher im Dunkel ein matter Schimmer ausging; wer etwas zu Rauchen hatte, sog kräftig an seinem »Glimmstengel«, damit er von Entgegenkommenden nicht angerempelt würde. Wenn wir in aller Morgenfrühe zur »Gehörbildung« in die Hochschule kamen, stand unser Professor mit einer kleinen Laterne am Eingang, damit wir auch den Weg zu ihm fänden.

Ende Februar 1941 hatten wir alle die Prüfung bestanden und machten als letzten Gemeinschaftseinsatz eine Fahrt ins Egerland, nach Böhmen, das jetzt zum deutschen »Protektorat« geworden war. Deutsche Familien aus Bessarabien sollten ins Reichsgebiet »rückgesiedelt« werden und warteten nun in Umsiedlungslagern auf ihre jeweilige Landzuteilung. Sie sprachen oft nur gebrochen deutsch, waren auch mit den deutschen Sitten und Bräuchen nur zum Teil vertraut, weshalb wir ihnen Lieder, Tänze und Musik, Geschichten und Spiele nahebringen sollten. Die Alten wie die Jungen sogen alles Dargebotene förmlich in sich auf. Nie haben wir dankbarere Zuhörer erlebt. Daneben besuchten wir Aussig und Eger und die früheren Kurbäder Karlsbad, Marienbad und Teplitz, deren große Kurhäuser und Hotels im Krieg geschlossen oder als Lazarette eingerichtet worden waren. Nur noch mit sehr viel Phantasie konnte man sich das elegante Treiben vorstellen, das zur Kaiserzeit hier geherrscht hatte.

Anschließend fuhr ich nach Preßburg, um dort die Auslandsgruppe des BDM in Musikfragen zu beraten und Schulungen durchzuführen. Dort war ich an den Abenden überwältigt von der Helligkeit in den Straßen. Da wir in Deutschland seit zwei Jahren nur noch verdunkelte Städte gesehen hatten, kamen mir jetzt die Preßburger Plätze und Gebäude bühnenhaft beleuchtet vor, und als ich das unbeschwerte Leben und Treiben in den Straßen sah, begriff ich, wie sehr ich mich bereits an den unnatürlichen Kriegszustand gewöhnt hatte.

Vom Verlauf der Schulungstage in Litzmannstadt/Lodz im Juni 1942, kurz vor meinem zweiten Examen, weiß ich nichts mehr. Wichtig wurde für uns: Es gab ein Getto in Lodz! Der Kreisleiter oder ein anderer höherer Parteiführer hielt uns einen Vortrag über die Entstehung und Geschichte dieses Gettos, der, wenn ich mich recht erinnere, ungefähr besagte, daß die Juden in den östlichen Ländern sich von Anfang an in bestimmten Teilen eines Ortes oder einer Stadt angesiedelt und sich streng von der übrigen Bevölkerung getrennt gehalten hätten; als Händler seien sie über Land gezogen oder hätten Geldverleihgeschäfte betrieben; manche Bauern seien dabei durch Wucherzinsen um Haus und Hof gebracht, kleine Handwerksbetriebe in den Konkurs geführt worden. Jetzt habe man alle Juden des Landes in dem sich sowieso immerzu erweiternden Getto von Lodz untergebracht, wo sie wie in einer Kleinstadt leben, sich selbst verwalten und – da man ihnen Arbeitsmöglichkeiten gegeben habe – sich auch ihren Lebensunterhalt verdienen könnten.

Das abgesperrte Gebiet, in dem das Getto lag und aus dem keiner herauskonnte und in das niemand hineindurfte, war von einer Hochstraße durchzogen, über die eine Straßenbahn fuhr. Als wir in ihr den Stadtteil durchquerten, bot sich uns ein trostloser, grauer Anblick; die Häuser und Straßen wirkten schmutzig und unaufgeräumt, die Menschen träge, schlecht gekleidet. Ich dachte in aller Naivität: Wie anders würde es hier aussehen, wenn Deutsche in diesen Straßen wohnen würden, es würde Ordnung herrschen, die Menschen würden freudig ihrer Arbeit nachgehen. Der Gedanke, daß ein unfreies Leben nur Hoffnungslosigkeit und Gleichgültigkeit erzeugen kann, kam mir nicht in den Sinn; ebensowenig habe ich daran gedacht, daß viele dieser Familien ihre Heimat hatten aufgeben müssen. In Hamburg hatte ich nie gesehen, daß Juden abtransportiert worden waren. So saß ich mit einem unbehaglichen Gefühl in der Straßenbahn. Ich konnte das Getto nie mehr vergessen.

Im Sommersemester 1941 begann ich mein Studium auf dem Seminar für Privatmusiklehrer an der Hochschule für Musik in der Fasanenstraße. Das Seminar selber war in einem Gebäude am sogenannten »Knie«, dem heutigen Ernst-Reuter-Platz, untergebracht und wurde von Professor Landgrebe geleitet. Da erneut einige unserer Professoren eingezogen worden waren, mußte ich mich auch zu Beginn dieses Semesters auf meine neuen Lehrer einstellen, was mir nicht immer leichtfiel. Ich mußte härter arbeiten als zuvor, und um nebenher noch Unterrichtserfahrung zu sammeln, hatte ich zwei Blockflöten- und zwei Klavierschüler; außerdem leitete ich eine kleine Nachwuchsgruppe der Berliner Rundfunkspielschar. Ich war also ziemlich ausgelastet. Dann kam der 22. Juni. Es muß ein Sonnabend oder Sonntag gewesen sein, denn ich war mit einer Freundin an einen der Seen in Berlins schöner Umgebung gefahren. Bei warmem Sommerwetter lagerten wir uns am Ufer und schwammen dann auf den See hinaus, wo wir plötzlich hörten, wie eine

Stimme über die Oberfläche des Wassers getragen wurde. Aufmerksam geworden, schwammen wir näher heran und begriffen: Es handelte sich um die Nachricht von der Kriegserklärung an Rußland. Ich weiß nicht mehr, wie wir nach Hause gekommen sind und wie dieser Tag zu Ende ging; doch ich fühle noch heute die große Unruhe und den Schrecken, der uns in diesem Augenblick befiel. Wir ahnten, daß der Krieg jetzt in eine neue Phase eingetreten sei. Nachdem ich in den Semesterferien wieder im Erntedienst und für kurze Zeit in einem Sommerlager in Schlesien gewesen war, fuhr ich nach Hamburg, wo meine Eltern mich mit der förmlichen Erlaubnis überraschten, daß »ihre Tochter ihren Verlobten, den Sanitätsfeldwebel Kurt Philipp, auf Sylt besuchen dürfe«. Es durften nur Angehörige der Inselbevölkerung und der Soldaten auf die Insel, und da Kurt seit einiger Zeit im Luftwaffenlazarett Westerland tätig war, hatte er meine Eltern um meinen Besuch gebeten. So setzte ich meine Reise fort, um nach ein paar Tagen auf Sylt einzutreffen. Es gab zahlreiche Fliegeralarme, und immer hörte man den unvorstellbaren Krach der Flugabwehkanonen, die in Betonbunkern zwischen den Dünen stationiert waren und durch ihren Rückstoß alle Fensterscheiben zum Erzittern brachten. Trotzdem haben wir eine schöne Zeit erlebt. Wir beschlossen nun, uns wirklich zu verloben, und Weihnachten 1941 haben wir dann bei meinen Eltern in der Lortzingstraße unser Verlobungsfest gefeiert.

Ein halbes Jahr später, im Juli 1942, ging ich ins Examen. Wir waren zehn Prüflinge, alle erheblich aufgeregt. Der Prüfungsausschuß bestand aus lauter namhaften älteren Professoren, die bereits pensioniert gewesen waren, nun jedoch reaktiviert worden waren, um die Stellen derjenigen Professoren zu besetzen, die sich an der Front befanden. Zunächst verlief alles gut und zu meiner vollen Zufriedenheit, aber am sechsten Tag, nach dem Abschluß der Klavierprüfung, wurde ich vom Direktor aufgefordert, das Deutschlandlied und das Horst-Wessel-Lied zu spielen. Keiner von uns war je auf den Gedanken gekommen, diese Lieder auf dem Klavier zu spielen; man sang sie als Nationalhymnen stehend mit erhobenem Arm. Ich war völlig verwirrt, zumal freie Liedbegleitung ein Unterrichtsfach gewesen war, das mir Schwierigkeiten gemacht hatte. Hilflos saß ich vor dem Flügel, und alles Einflüstern und Vorsagen meiner mir zugetanen Lehrer half nichts. Der Direktor erregte sich fürchterlich: Ein Absolvent des staatlichen Lehrgangs der Reichsjugendführung könne nicht einmal die Nationalhymne spielen? Das sei unmöglich, so könne er die Prüfung nicht als bestanden gelten lassen! Beschämt und weinend saß ich da. Zwischen den Professoren soll danach manches Telefongespräch hin und her gegangen sein. Ich muß viele Befürworter gehabt haben, denn als ich schließlich doch mein Zeugnis bekam, stand darin: mit »gut« bestanden.

Es folgten zwei Ferienwochen in Redewisch bei Boltenhagen an der Ostsee, die ich gemeinsam mit Kurt verbrachte, dann kam mein erster Einsatz als hauptamtliche Musikreferentin des Obergaus Hamburg in einem großen Sommerlager auf der Halbinsel Heia in der Danziger Bucht, anschließend ein von mir geleitetes Musikschulungslager in Plön. Die Mädel waren aufgeschlossen, interessiert und lernbegierig, so daß mir die Arbeit großen Spaß machte. Das »Gebiet« – dies war der neue Name für den »Obergau« – ließ mir vielseitige Betätigungsmöglichkeiten. Ich leitete den Gebietschor, der ausschließlich aus Mädchen bestand, und das Gebietsorchester, das auch einige Jungen besaß, machte auf Wochenendschulungen Führerinnen- und Singleiterkurse, besuchte die Singscharen und veranstaltete Musikabende. Außerdem war ich für die musikalische Umrahmung aller Feiern zuständig, und ich erinnere mich sogar an eine Trauerfeier, als einmal ein HJ-Führer gestorben war. Das einzige, was mir an meiner Arbeit weniger gefiel, war der Umstand, daß ich tagsüber meine Dienstzeit in der Gebietsdienststelle am Nagelsweg absitzen mußte. Zwar hatte ich monatlich meinen Beitrag für die Führerinnen-Dienste für Musikarbeit in den Einheiten zu schreiben, auch Liedbeispiele und

Chorsätze, und mußte außerdem Notenmaterial für die verschiedenen Schulungen oder für »meine Leute« beschaffen, auch dies und das abschreiben, denn Photokopierer gab es ja damals noch nicht. All diese Tätigkeiten waren aber keineswegs tagesfüllend, und ich hätte die Zeit weitaus nutzbringender übend zu Hause verbringen können. Überdies störte mich, daß ich meine Arbeit nicht mit Kurts spärlicher Freizeit in Einklang bringen konnte; doch darüber konnten wir uns im Ernst nicht beklagen, denn die meisten seiner Jahrgangsfreunde gehörten zur kämpfenden Truppe und waren an der Front, während er das Privileg genoß, noch immer studieren zu können.

Der zweite Rußland-Winter brachte erhebliche Verluste. Im Juni war Kurts Bruder an der Wolchow-Front gefallen, im Januar 1943 mein Schwager – ebenfalls in Rußland. Das bedrückte uns sehr. Dann kam die Einkesselung bei Stalingrad und die Kapitulation der deutschen Armee im Februar 1943, die jedem Einsichtigen die Aussichtslosigkeit des Krieges hätte beweisen müssen. Dennoch gaben wir die »Hoffnung« nicht auf, in dem Glauben befangen, daß die Opfer einfach einen Sinn haben müßten. Jede Äußerung von Zweifeln am Endsieg erschien uns fast wie ein Vergehen, und die überall verbreiteten Durchhalteparolen und das In-Aussicht-Stellen neuer »Wunderwaffen« verfehlten ihre Wirkung auf uns nicht.

Mittlerweile kam es immer häufiger zu Fliegeralarmen. Es muß um Ostern 1942 gewesen sein, als uns die Vernichtung eines großen Teiles der Lübecker Altstadt entsetzte. Ich meine mich zu erinnern, daß ich ungefähr um dieselbe Zeit nach einem Angriff von unserem Balkon in der Lortzingstraße aus erstmals ein brennendes Haus gesehen habe: uns gegenüber, an der Ecke Kantstraße/Eilbektal. Noch nie hatte ich die Gefahr, in der wir uns befanden, so deutlich vor Augen gehabt. So begann die Zeit, in der in allen öffentlichen Gebäuden das Personal zu nächtlichen Luftschutzwachen eingeteilt wurde. Auch wir »im Gebiet« am Nagelsweg hatten Nachtdienst, um nach den Angriffen notfalls kleinere Brände zu löschen oder, wenn möglich, Hilfe herbeizuholen. Jedes Wohnhaus hatte jetzt seinen Luftschutzwart, der dafür zu sorgen hatte, daß alle Hausbewohner sich im Keller einfanden und alles Gerät, das vonnöten war, bereitgestellt wurde. Trotz alledem ging das tägliche Leben auf normale Weise weiter, soweit man bei den Lebensmitteleinschränkungen und der Knappheit von Heizmaterial und Bekleidung von »normal« sprechen kann. Nach und nach war uns die Dürftigkeit unserer Lebensumstände und die ständige Gefahr zur Gewohnheit geworden.

Als Anfang des Jahres 1943 in unserem Bekanntenkreis eine Wohnung vorübergehend frei wurde, beschlossen Kurt und ich, diese einmalige Gelegenheit wahrzunehmen und zu heiraten. Unsere Eltern hatten Bedenken; Kurt solle erst sein Staatsexamen ablegen, vor allem sollten wir das Ende des Krieges abwarten. Aber gerade wegen der unsicheren Zeiten suchten wir die feste Bindung, zumal wir finanziell unabhängig waren: Kurt bekam als Sanitätsfeldwebel Wehrsold und Wohnungsgeld, ich erhielt mein Gehalt. So erlangten wir schließlich das Einverständnis unserer Eltern und planten die Hochzeit für den 19. Juni 1943.

Wir wollten das Fest in der Führerinnenschule in Eddelsen feiern, ehemals das Haus des Malers von Kalckreuth, das in einem parkartigen Garten gelegen war und sich, da es über einen Eßsaal und einen großen Raum mit Flügel verfügte, für unsere Feier gut eignete. Sie wurde ein geglücktes Zusammenwirken unserer Familie mit meinen BDM-Freundinnen. Aus dem Gebietsorchester spielten zwei Geigen, meine Freundin saß am Klavier, es wurde gesungen und rezitiert, und mein Vater hielt die Traurede. Zum Abschluß überbrachte die Gebietsmädelführerin Lore P. mir Glückwünsche und verlas ein »Führerwort«, das nach unserer damaligen Überzeugung zu einem solchen Fest gehörte und das ich, weil es für die Zeit so bezeichnend ist, hier anführen will: »Es gibt keinen Kampf für den Mann, der nicht zugleich ein Kampf für die Frau ist. Wir kennen beide nur ein Recht, das zugleich eine Pflicht ist: Für die Nation gemeinsam zu leben, zu arbeiten und zu kämpfen!«

Nachmittags fanden sich auf der Terrasse unsere Freunde zusammen. Es entwickelte sich eine heftige Diskussion, wobei vor allem Karl Heinz L. und Helmut Schmidt, beide damals auf Fronturlaub, sich freimütig über die schwindenden »Siegesaussichten« und über die Fehleinschätzung der militärischen Lage durch Hitler äußerten. Mit solchen Bemerkungen, erst recht in einem größeren Kreis, war Lebensgefahr verbunden; auf »Wehrkraftzersetzung« standen hohe

Strafen. Übrigens hatte Kurt um ungefähr dieselbe Zeit noch andere Nachrichten erhalten, die ihn bestürzten: Freunde, die auf Fronturlaub aus Rußland nach Hause gekommen waren, hatten ihm im Vertrauen erzählt, daß sie Güterwagen mit toten KZ-Insassen gesehen hätten, sogar aufgehängte Juden. Aber das habe ich erst später erfahren; selbst mir gegenüber hat Kurt damals nur von »schlimmen Dingen« gesprochen, die diese Freunde erlebt hätten. Man riskierte Freiheit und Leben, wenn man dergleichen verbreitete.

Was hätte ich gedacht, wenn ich es erfahren hätte? Wahrscheinlich: Das kann nicht angehen, die müssen sich geirrt haben! Es paßte so ganz und gar nicht in das Bild, das wir uns von Hitler und unserer Führung gemacht hatten. Es durfte einfach nicht wahr sein! Außerdem hieß es immer wieder: »Hört nicht auf Gerüchte, verschließt euch allen Einflüsterungen! Das sind Mittel der Feinde, um uns zu verderben.«

Fünf Wochen später setzten die Großangriffe auf Hamburg ein. In der ersten Nacht waren bei uns am Hofweg durch den Luftdruck detonierender Sprengbomben Fensterscheiben kaputtgegangen; Staub und Berge von Scherben waren in die Räume geschleudert worden. Ich hatte zum Sonntag gerade einen Vanillepudding gekocht und zum Abkühlen auf die Küchenfensterbank gestellt, wo ich ihn nun wiederfand, mit einer dicken Schmutz- und Glassplitterschicht bedeckt. Selbstverständlich haben wir ihn dann noch gegessen, nachdem ich diese Schicht mit der dicken Puddinghaut abgezogen hatte. Anschließend machten wir uns sofort unverzagt daran, die Fenster zu vernageln, alles zu säubern, als wenn das der letzte aller Angriffe gewesen wäre. Wir wurden schnell eines besseren belehrt. Nach zwei weiteren Bombennächten konnte man die Taktik der Einsätze übersehen: Systematisch wurden ganze Stadtteile vernichtet, Block für Block. In der dritten Nacht waren es Hamm, Eilbek und Teile von Wandsbek. Kurt fuhr am Morgen mit dem Rad los, um nach seinen Eltern in der Caspar-Voght-Straße zu sehen, die er schließlich nach großen Umwegen und grauenhaften Bildern des Todes und der Zerstörung im Hammerpark auf einer Wiese am Wasser fand. Es war die einzige Fläche, wo noch genügend Sauerstoff zum Atmen gewesen war; in den Straßen dagegen waren die Menschen erstickt. Die Überlebenden aus dem Park wurden daraufhin mit Lastwagen über Hörn weiter nach Mecklenburg gefahren, wo auch Kurts Eltern in Zarrentin eine vorläufige Bleibe erhielten.

Ich war am Mittag über Trümmerschutt an die Alster gegangen. Man konnte kaum etwas sehen: Über der ganzen Stadt lag eine dichte Dunst- und Rauchschicht, von der Sonne waren nur schwache Umrisse zu erkennen, eine gespenstische Beleuchtung, in deren matter Helligkeit nicht einmal genau zu erkennen war, ob Hamburgs Türme noch standen. Unruhig erwartete ich Kurt, der am Spätnachmittag endlich zurückkam. So hohläugig und blaß hatte ich ihn noch nie gesehen, das Grauen stand ihm ins Gesicht geschrieben.

Am nächsten Tag, nach einer unheimlich ruhigen Nacht, konnten wir uns ausrechnen, daß nun Uhlenhorst und Barmbek an der Reihe sein würden, und so radelten wir – nachdem wir noch einmal meine Eltern besucht hatten, zum letzten Mal in der Lortzingstraße – nach Volksdorf, wo wir bei Freunden unterkamen. Dort blieben wir einige Wochen, bis das Haus am Hofweg wieder bezogen werden konnte, nach ersten, notdürftigen Reparaturen.

Als ich mich nach etwa sechs Wochen wieder bei meiner Kulturamtsleiterin am Gebiet meldete, bekam ich einen heftigen Verweis. Ich hätte mich sofort nach den Angriffen zum Einsatz für die Betreuungshilfe und die Aufräumungsarbeiten melden müssen. Ich hatte jedoch in der Stadt keine Schlafmöglichkeit gehabt, überdies gab es keine Bahnverbindung, erst nach einiger Zeit konnte man wieder bis Barmbek fahren, und auch das nur in großen Abständen. Als ich ihr diese Argumente vorbrachte, ließ sie nichts davon gelten. »Bekommst du wenigstens ein Kind?!« Das wäre für sie der einzige Grund gewesen, der mein Verhalten entschuldigt hätte; doch wußte zu diesem Zeitpunkt noch nicht einmal ich selber, daß es tatsächlich so war.

Wir versuchten nun alle, uns in dem zerstörten Hamburg wieder einzurichten. Wir schimpften auf den »Tommy«, der der Verursacher unserer Lage war, hofften auf unsere Vergeltungswaffen und endlich doch noch auf den Sieg. Die Männer allerdings sahen die Lage wohl realistischer als wir »gläubigen« Mädel.

Bis zum Januar 1944 arbeitete ich weiter als Gebietsmusikreferentin, dann wurde ich als werdende Mutter aus dem Dienst entlassen. Trotz allem waren wir in diesem ersten Jahr unserer Ehe sehr glücklich, und als sich das Jahr zu Ende neigte, wollten wir unseren Eltern und Verwandten, die inzwischen fast alle behelfsmäßig wieder auf engstem Raum in Hamburg untergebracht waren, ein schönes Weihnachtsfest bereiten. Unentwegt bastelte ich Tannenbaumschmuck aus Buntpapier, das ich nach langem Umherlaufen aufgetrieben hatte. Bei jedem Alarm schleppte ich meinen Pappkarton und unseren Koffer mit Briefen und Photoalben in den Keller, woraufhin man im Hause etwas verständnislos bemerkte: »Die junge Frau Philipp rettet nur ihr Papier!« Kurz darauf feierten wir das Fest, dankbar, daß wir lebten und zusammensein konnten, und in der Hoffnung auf unser erstes Kind.

Während Kurt fleißig für sein Examen lernte, verbrachte ich die letzten Monate der Schwangerschaft. Als im Mai unsere Tochter Anke geboren wurde, hatte er sein Examen bestanden. Kurz darauf wurde er zu einem Offizierslehrgang nach Zagroby bei Warschau einberufen; danach kam er als Assistenzarzt ins Luftwaffenlazarett Wismar.

Und noch immer glaubten wir, anders als die meisten Männer, treu an den Sieg. Ich erinnere mich, wie am 6. Juni 1944 meine Freundin und Gebietsmädelführerin Lore P. im Rathaus von Bürgermeister Krogmann getraut wurde. Kurz zuvor hatte uns die Nachricht von der Invasion der Engländer und Amerikaner in Frankreich erreicht, weshalb der Gauleiter und sein Gefolge mit einiger Verspätung eintrafen. Meine Eltern waren außerordentlich beunruhigt, wir aber wollten nicht wahrhaben, daß es von jetzt an nur noch Rückzug gab. Ich höre noch, wie wir an jenem Abend sogar noch witzelten und meinten, daß man es dem »Tommy« endlich einmal zeigen müßte, eine Bemerkung, die sich vor allem auf die V2 bezog, von der so viel geredet wurde. Statt dessen ging die Zerstörung Hamburgs weiter, es gab zahllose Alarme. Jedesmal habe ich unser Kind und Sack und Pack in den Keller schleppen müssen – mittlerweile nicht mehr im Hofweg, sondern in der Isestraße am Klosterstern, wo wir in die Wohnung von Kurts Schwester gezogen waren.

Es war Ende Oktober, als ich mit der kleinen Anke in einem Kinderwagen, den ich gegen mein Fahrrad eingetauscht hatte, für zwei Wochen nach Wismar zu Kurt fuhr. Das Reisen in vollen Bummelzügen in der alten »Holzklasse« war beschwerlich, doch gab es in diesen Zügen immerhin ein Abteil für Mutter und Kind, und die Hilfsbereitschaft der Mitreisenden war groß. Für einige Monate hatten wir Ruhe, dann begannen unstete Wochen. Im Januar 1945 fuhr ich mit Anke nach Wesermünde, weil Kurt dorthin in ein Marinelazarett versetzt worden war. Drei Tage nach unserer Ankunft kam ein neuer Versetzungsbefehl zur Sanitätsstaffel im Fliegerhorst Stade, wo Kurt sich zur Betreuung der Kranken und Verwundeten eines Nachtjagdgeschwaders einfinden sollte. In einer alten großen Villa, in der der Führungsstab untergebracht war, konnten wir zu dritt auf einem Zimmer wohnen, während die Kriegslage immer bedrohlicher wurde, die Front immer unaufhaltsamer auf deutsches Gebiet vorrückte. Doch bereits am 10. Februar wurde Kurt erneut versetzt, diesmal zum Fliegerhorst Rothenburg, eine Reise, die wir nicht mehr gemeinsam machten: Wir trennten uns schweren Herzens, und ich fuhr mit Anke nach Hamburg zurück.

Einen Monat später stand Loki Schmidt vor unserer Tür. Sie war aus der Nähe von Berlin geflohen, zusammen mit dem Flüchtlingsstrom, der von Osten nach Mecklenburg und Schleswig-Holstein flutete. Ihr kleiner Sohn war im Dezember gestorben, Helmut war wieder an der Front; so besaß sie nur das, was sie tragen konnte, denn niemand hatte ihr bei der Flucht helfen können. Sie wollte zu ihren Eltern nach Neugraben, und die Reise gelang, obwohl es zu dieser Zeit schon schwierig war, über die Elb-Brücken zu kommen.

Im April 1945 brachte uns ein Stabsarzt aus Rothenburg, der einen Verwundetentransport nach Hamburg geleitet hatte, Nachricht von Kurt, worüber wir ganz beglückt waren. Er gab uns auch Würste und zwei Brote, die Kurt für Blutspenden bekommen hatte; »für die kleine Unke«, sagte er dabei lachend.

Immer häufiger gab es jetzt Alarme. Als ich eines Nachts nach der Entwarnung wieder in meinem Bett lag, hörte ich Flugzeuggebrumm immer stärker werden. Meine Freundin Fide, die manchmal bei uns schlief, um abends nicht unterwegs sein zu müssen, sagte: »Wie gut, daß man weiß, es sind nun deutsche Flieger.« Da knallte es plötzlich, alles wackelte, wir schreckten hoch, ich riß Anke aus ihrer Wiege. So stürzten wir in den Keller. Wir waren noch im Treppenhaus, als wir wieder Detonationen hörten. Es war das einzige Mal, daß die Alarmanlagen nicht funktioniert haben.

Etwa Mitte April 1945, als die englischen Truppen schon sehr nah an Hamburg herangekommen waren, wurden die Männer zum Volkssturm aufgerufen und die Verteidigung der Stadt mit allen Mitteln befohlen. Man verteilte Panzerfäuste und Handgranaten, in den Straßen wurden Panzersperren errichtet. Karl Martens, ein Freund meines Vaters, der mit seiner Frau in einer Schule am Harvestehuder Weg untergekommen war, wo wir unsere Lebensmittelkarten und Bezugsscheine abholen mußten, kam aufgeregt in die Isestraße. Es sei doch heller Wahnsinn, Widerstand leisten zu wollen! Die Stadt sei schon genug zerstört, schon zu viele Menschen seien ums Leben gekommen; Hamburg müsse jetzt zur offenen Stadt erklärt werden! Tatsächlich habe ich ihm daraufhin erklärt, man könne den Hafen und unsere Stadt dem Feind doch nicht kampflos überlassen. Als er mich daraufhin fragte, was ich denn machen wolle, bei anhaltendem Bombardement und massivem Panzereinsatz, antwortete ich ihm, ich wolle mit Kind, Rucksack und Taschen nach Norden wandern und versuchen, bei meiner Schwägerin Mieke in die Gegend von Flensburg zu gelangen. Über so viel Naivität, Uneinsichtigkeit und Verbohrtheit ist Vater Martens fast verzweifelt. Wenige Tage später holte eine Nachbarin einige Hausbewohner, die kein Radio hatten, in ihre Wohnung; es sollte eine sehr wichtige Mitteilung gemacht werden. Nach langem Warten kam die Meldung, daß der Führer im Kampf um Berlin gefallen sei. Ich war zutiefst bestürzt und betrachtete diesen Vorfall als ein großes Unglück. Nun schien auch mir alles verloren.

In den Nächten, die diesem Tag folgten, gab es zu unserem Erstaunen keine Alarme. Wir wußten nicht, daß bereits Kapitulationsverhandlungen stattfanden. Und dann kam der 3. Mai: Über Drahtfunk wurden vom Staatssekretär Ahrens die letzten Nachrichten durchgegeben. Ich preßte meine Ohren an die Wand, um die aus der Nachbarwohnung kommenden Sätze mithören zu können: Hamburg sei zur offenen Stadt erklärt worden, Einmarsch der englischen Truppen, Kapitulation. Es wurde ein Ausgehverbot angeordnet und die Bevölkerung zur Disziplin ermahnt. Dann erklang noch einmal die Nationalhymne. Danach Funkstille.

Unsere Gefühle schwankten zwischen Angst, Unsicherheit und Erleichterung, daß es jetzt keine Angriffe mehr geben werde und daß wir Hamburg nicht verlassen müßten. Ich war froh, nicht allein zu sein – Kurts älteste Schwester mit ihrer Tochter wohnte inzwischen bei uns –, und die kleine Anke lenkte mich ab, beschäftigte mich. Am nächsten Tag hörten wir ununterbrochen die Panzer rollen. Ein großer Teil nahm Aufstellung auf dem Sportplatz der Oberrealschule Hegestraße, auf der anderen Seite des Kanals, direkt gegenüber unserer Wohnung. Die Rohre waren sämtlich auf unsere Häuser gerichtet, es sah furchterregend aus. Über uns brummten Flugzeuge in immer neuen Staffeln.

Ich fühlte keine Befreiung. Ich empfand die Vorgänge als Besetzung, schmachvoll für Hamburg, für Deutschland, für uns alle.

In all den Jahren von 1933 bis 1945 habe ich immer zu den Bevorzugten gehört und mich nur auf der Sonnenseite befunden. Von Anfang an hatte ich das Glück, meinen Interessen und Fähigkeiten entsprechend gefördert und eingesetzt zu werden, und konnte fast immer das tun, was mir Freude machte. Meine Tatkraft, meine Begeisterung und mein Idealismus wurden geweckt. Mein Mann war nicht an der Front, er konnte studieren und wurde in Fliegerhorsten und Luftwaffenlazaretten in Norddeutschland eingesetzt, wo ich ihn allein oder mit unserem Kind besuchen konnte. Wir sind gesund und am Leben geblieben, und selbst in den schweren Kriegsjahren hatten wir immer eine Wohnung in unserer Heimatstadt Hamburg.

Ich bin nie in eine Lage gekommen, in der ich gegen mein Gewissen hätte handeln müssen. Den Krieg habe ich als Katastrophe empfunden, die über uns hereingebrochen ist. Die Erkenntnis, wie es dazu hatte kommen können, entstand erst später; die Nürnberger Prozesse haben dabei eine wesentliche Rolle gespielt. Durch sie und durch andere, immer neue Berichte über Vorgänge, die wir nie für möglich gehalten hätten und über die wir mit unseren Freunden heftig und entsetzt diskutierten, erfuhren wir nach und nach, was jetzt allgemeines Wissen ist. Die Bewältigung der Erkenntnis von der Gleichzeitigkeit entsetzlicher Greueltaten und idealistischjugendlichem Einsatz hat mich bis heute beschäftigt und wird mich nie loslassen.

Es lag mir fern, mit diesen Aufzeichnungen die Zeit im »Dritten Reich« in irgendeinem Sinne zu verherrlichen. Ich habe mich bemüht, mich daran zu erinnern, wie ich es damals erlebt und empfunden habe. Nichts weiter. Daß das Gedächtnis oft recht unzuverlässig ist, daß manches verblaßt ist, sich vielleicht auch verschoben hat, muß ich hinnehmen.

Alltägliche Jugend

DIETRICH STROTHMANN

Einen Toten habe ich nie gesehen, nicht als Hitlerjunge, beim Luftschutz, als Flakhelfer, beim Arbeitsdienst, als Soldat. Tote sind mir erspart geblieben in jener Zeit, da es so viele Tote gab. Wie kam das?

Erst viel später, lange nach dem Krieg, schon als Student, sah ich den ersten Toten meines Lebens: Er hing auf dem Dachboden des Nachbarhauses an einem Strick, ein alter Mann, das Gesicht blau angelaufen, mit heraushängender Zunge. Ich war gerade an dem Haus vorbeigegangen, als mich das Hausmädchen hereinrief, ich sollte ihr helfen, den schweren Körper abzuschneiden. Der Tag war heiß, unter dem Dach staute sich die Hitze, es roch schon nach Verwesung.

Von den Toten des Dritten Reiches dagegen habe ich auch später nur gehört oder sie auf Photos gesehen: tote Juden, tote Deutsche. Ich habe mir immer nur vorstellen können, wie sie gestorben sind. Augenzeuge bin ich nie gewesen.

Warum fange ich meine Geschichte so an: mit der Frage nach den Toten? Weil sie zu der Zeit dazugehören, über die ich berichten soll? Und weil es vielleicht typisch ist für ein Leben in jenen Jahren, daß sie fehlten in diesem Leben?

War es nur Zufall oder Glück, daß dieses Leben so beschützt und behütet war, wie es war? Millionen starben, ermordet, erschossen, erstickt, in Gaskammern, auf Schlachtfeldern, in Bombennächten; aber ich habe sie nicht gesehen. War es nichts als eine Frage des Jahrgangs, der »Gnade später Geburt«? Andere, ebenso jung, haben es gesehen, waren dabei. Wie kommt es, daß ich davon verschont blieb?

Nachher habe ich viel davon gehört und gelesen. Ich war in den Gerichtssälen, wo gegen die Mörder verhandelt wurde, las die Dokumente über die Schrecken der Bomben, sah die Filme über die Flucht und machte mir so ein Bild über den Tod, über den massenhaften, anonymen Tod und über den Tod dieses einen Kindes, dieser einen Mutter, dieses einen Großvaters.

Einmal, in einer Badeanstalt bei Tiberias am See Genezareth, viele Jahre später, wurde mir das plötzlich klar. Wir Journalisten warteten auf Willy Brandt; er war der erste Bundeskanzler, der Israel besuchte, und an jenem Tag traf er sich mit dem damaligen Außenminister Jigal Alton in dessen Kibbuz Ginossar. Ich sah die Kinder am Ufer des Sees, auf der Wiese, sie spielten, planschten, schwammen. Eigentlich, fiel es mir da blitzartig ein, eigentlich dürften sie gar nicht leben, diese jüdischen Kinder. Wäre es nach Hitler gegangen, nach seinem Willen, der mir beigebracht worden war ... Oft schon war ich in Israel gewesen, wie selbstverständlich, hatte als Journalist über die Politik des Landes berichtet, mit seinen Menschen gesprochen und Freundschaften geschlossen, ohne mich zu fragen: Hättest du damals auch diese Juden umbringen können? Wärest du fanatisch genug gewesen, das zu tun? Aus Büchern, auch durch die Beobachtung der KZ-Prozesse wußte ich Bescheid. Ich hatte die Berge von Frauenhaar gesehen, die man in Auschwitz angehäuft hatte, die Stapel von Koffern, die Haufen von Kinderschuhen und Brillen. Ich hatte die Hände Bogers gesehen, der während des Frankfurter Auschwitzprozesses vor mir in der Anklagebank saß und der einer der brutalen Mörder gewesen war. Mit diesen Händen, so die Zeugen, hatte er Männer totgeschlagen, Babys an die Steinwand geworfen und ins Feuer. Ich wußte also, was damals geschehen war, ich trug es mit mir herum. Aber die spielenden Kinder am See Genezareth, während einer Pause beim Brandt-Besuch, erinnerten mich erst daran, was es bedeutet hätte, hätte Hitler gesiegt und wäre ich dabei gewesen.

Denn ich, geboren 1927, war nie ein Held, weder als Anhänger noch als Gegner des Regimes. Ich war ein Dutzendjunge, gehorsam, gefügig, gefolgsam, einer, der nie über die Stränge schlug, weder Karriere machte noch rebellierte, nur ein winzig kleiner Tupfer in der braunen Masse, jederzeit einsatzfähig, verfügbar, zuletzt auch todeswillig. Mehr nicht, weniger auch nicht – also das damals Übliche.

Ich wuchs in Berlin auf, im Norden der Stadt, am Gesundbrunnen, an der »Plumpe«, nahe am Wedding, dem Arbeiterviertel, wo vor 1933 die »Roten« in der Übermacht waren. In der »Lichtburg«, dem

Filmpalast an der Heidebrinker Straße, wo meine Eltern eine Wohnung gefunden hatten, hielt Goebbels seine »Kampfzeit«-Wahlversammlungen ab, mit denen er Berlin »eroberte«.

Meine kleine Welt war jene schmale, leicht abfallende, ein wenig geschwungene Straße, auf der wir mit unseren Rollern um die Wette fuhren, auf deren Bürgersteig wir mit abgenutzten Tennisbällen »Koppen« spielten, wo wir uns vertrugen und prügelten, gegen andere Straßen in »Schlachten« zogen, andere blutig schlugen und selber blutig geschlagen wurden. Wo jeden Tag der »Bolle«-Wagen hielt, der süßfett nach Milch und Eiern roch; wo Hansis Vater eine Schneiderei eingerichtet hatte, die ganz andere Düfte hervorbrachte: solche von gebügelten Stoffen; wo im Erdgeschoß unseres grauen Mietshauses ein »Trumpf«-Händler seine Schokoladenware aufbewahrte, mit wieder anderen Gerüchen; und im Parterre eines Nachbarhauses ein Zeitungsverteiler jeden Morgen seine druckfrischen »BZ«- und »Morgenpost«-Exemplare stapelte, die noch einmal einen ganz anderen Duft verbreiteten. In jedem neuen Buch, das ich geschenkt bekam, schnupperte ich, ehe ich zu lesen begann, zwischen den Seiten die Mischung von Papier und Binderleim.

An diese verschiedenen Duftwelten erinnere ich mich noch, als wäre es gestern. Und auch an diese Nebensächlichkeiten: Daß »Itzig«, wie wir ihn wohl eher spaßig als abschätzig nannten, eines Tages nicht mehr da war, der kleingewachsene, schwarzlockige, schüchterne Junge, mit dem niemand spielte und der auf dem Weg zur Volksschule stets in gebührendem Abstand hinter uns herging. Dies war über Jahre fast ein tägliches Ritual, bis »Itzig« eines Tages fehlte. Wir wußten nicht, warum, und fragten auch nicht. Er war weg, und es kümmerte uns nicht. Ohnehin war er keiner von uns, von Hansi, dem Schneidersohn, Wolfgang, dem Ältesten eines höheren Bankangestellten, und mir, dessen Vater Gewerbelehrer an einer Schule in der Parallelstraße war.

Wir drei von der »Heidebrinker« waren eine verschworene Gemeinschaft. Wir gingen zur Volksschule, wo uns der Lehrer Fähnrich regelmäßig Filme vorführte, auch lustige aus amerikanischer Produktion. Oder wir spielten auf der nahe gelegenen Kokswiese, einem freien, mit Kohleschlacke aufgefülltem Areal, am Rand des Fußballplatzes von Hertha BSC unsere Idole nach: Hanne Sobeck, Fritz

Szepan oder Hans Kuzorra; verdroschen und versöhnten uns. Mädchen interessierten uns nicht oder doch fast nicht. Nur in eines, eine besondere Schönheit, die auf dem Weg zur Schule wohnte, hatten sich gleich Dutzende von uns verknallt, und nachmittags standen wir im Haufen auf der Straße, mit extra kurzen Hosen und zusammengerollten Söckchen über den Kniestrümpfen – was als besonders chic galt –, während sie auf dem Balkon die Huldigungen, Pfiffe und Rufe, entgegennahm, wohl auch mal einen beschriebenen Zettel herunterwarf. Aber auch das war nach kurzer Zeit schon wieder vorbei.

Wie überhaupt vieles damals schnell vorüberging: daß ich die Frau, die über uns im vierten Stock wohnte, regelmäßig den Mülleimer hinuntertrug, für ein Stück Torte oder einen Groschen; daß ich abends an der Kinokasse der »Lichtburg« für Erwachsene in der Schlange für Eintrittskarten anstand, auch für einen Groschen Stehgebühr; daß wir uns jeden Sonntagmittag nach dem Essen zu Jugendvorstellung für 25 Pfennige vor der »Flohkiste« trafen, einen Kleinkino um die Ecke, das noch viele Jahre lang amerikanische Filme vom Schlage »Dick und Doof« spielte; daß wir uns jeden Tag auf dem Heimweg von der Schule für fünf Pfennig eine Eistüte kauften, wozu ich mir das Geld jedes Mal mit einem Stück Draht aus der Sparbüchse geangelt hatte. Wie schnell sich das alles in der Erinnerung abspult – wie in einem mit Höchstgeschwindigkeit ablaufenden Kinostück.

Überhaupt das Kino – das war damals meine große Welt. Um die Heidebrinker Straße herum, meinen Kosmos, gab es sieben Lichtspielhäuser. Wir sagten damals, daß wir uns im Lauf einer Woche jeden Tag einen anderen Film ansehen könnten. Und tatsächlich lud ich 1941, ein paar Tage vor unserem Umzug nach Breslau, Hansi, meinen besten Freund, zum Abschied in zwei Kinos nacheinander ein, als besonderes, außergewöhnliches Geschenk.

Als wäre es erst gestern gewesen, ist mir noch der Film »Der alte und der junge König« gegenwärtig, den ich mit der Ama, meiner Großmutter, im Ufa-Palast am Kudamm sah, jene Szene vor allem, wo Katte vor den Augen des Kronprinzen enthauptet wurde. Noch in vielen Nächten sah ich dieses Bild vor mir, das mir Angst gemacht hatte. Mit dem Kino bin ich sozusagen groß geworden.

Und mit Musik. Das war Sache meiner Mutter: Ich war ein Einzelkind, blond, blauäugig und natürlich verzogen von ihr und meiner Oma, die in der Borsigstraße am Stettiner Bahnhof das Evangelische Studentenheim leitete. Dort war mein Vater während seines Studiums untergekommen und hatte meine Mutter kennengelernt. Nach meiner Geburt war sie schwer erkrankt, durfte keine Kinder mehr bekommen. So blieb ich allein, verhätschelt von der Ama, einer Pastorenwitwe, und meiner Mutter.

Jeden zweiten Sonntag verbrachten wir bei der Ama: Es gab Gulasch mit Makkaroni, mein Leibgericht, dazu die neueste Ausgabe des Adlers, der Luftwaffenzeitschrift, und zwei Groschen dazu für die Sparbüchse. Die Ama (schwarzes Haar, schwarze Augen, schwarzes Kleid mit schwarzer Brosche) war das eine Zentrum meiner Jugend, das andere war natürlich meine Mutter. Sie war eine schöne Frau und spielte jeden Nachmittag auf einem schwarzglänzenden Bechstein-Klavier immer denselben Robert Schumann, während ich neben ihr auf der Bank saß und auf ihr Nicken hin die Notenblätter umwendete.

Unvergessen auch, als wären es höchstens ein paar Jahre her, die langen Abende in den Konzerten mit Elly Ney, Wilhelm Kempff, Backhaus und Hölscher, wo ich regelmäßig nach der Pause auf den Saalstühlen einschlief. Zehn, elf, höchstens zwölf Jahre war ich alt. Unvergessen vor allem – jeden Dezember während der letzten Berliner Jahre – in der Singakademie Bachs Weihnachtsoratorium, manchmal nur auf einem Stehplatz.

Und nachträglich überrascht es mich noch immer, daß der sonst eher unzugängliche, gestrenge Vater, der mich während der gemeinsamen Ferien in Ruhpolding oder am Tegernsee zwang, jeden Vormittag Rechnen zu üben, mich manchmal mit ins Variete nahm, in den »Wintergarten« oder in die »Scala«, wo mich außer den vielen nackten Beinen der Tanzgirls Claire Waldoff beeindruckte und Charlie Rivel mit seinem berühmten Gag, wo er scheinbar eine U-Bahntreppe hinunterging und hinter einer Brüstung von Stufe zu Stufe kleiner wurde.

In der Schule, nun bereits in der Gontard-Oberschule an der Badstraße, zwischen zwei Kinos auf einem Hinterhof gelegen, hatte ich von allen Kindern die höchste Stimme. Wurde »Schlafe, mein Prinzchen, schlaf ein« gesungen, mußte ich, hinter der Tür des Musikraums stehend, das Echo anstimmen. Deshalb bekam ich auch in den Zeugnissen stets die Note Eins; sie fiel freilich dann, auf dem Maria-Magdalenen-Gymnasium in Breslau, gleich stracks auf die Wertung Sechs. Ich hatte nicht gelernt, Noten zu lesen.

Zur Musik kamen, gleichrangig, die Bücher. Ich erinnere mich an Alfred Rethels Zeichnungen zur Bibel, die im elterlichen Bücherschrank standen. Sie waren, wie Comics, spannend und aufregend. Verschlissene Torring-Hefte, die verboten waren, verschlang ich ebenso wie natürlich Karl May, in dessen Old Surehand ich mich hineinversetzte, wenn ich seine Rolle bei unseren Indianer- und Trapperspielen im Hof der Heidebrinker Straße Nr. 11 übernahm. Zu Weihnachten lagen die neuesten Ausgaben des »Guten Kameraden« und des »Neuen Universums« auf dem Gabentisch. Und dann machte ich mich auch über nationalsozialistische Literatur her: Jugendbücher über Hitler und die ersten Jahre seiner Partei, später dann sogar Alfred Rosenbergs »Mythus«. Auch er stand im Bücherschrank der Eltern, und ich erinnere mich sogar noch an das Papier, es war dünn, und an die Drucktypen, sie waren dick und tiefschwarz. Ich schmökerte auch bereits in der Goebbels-Erfolgsstory »Vom Kaiserhof zur Reichskanzlei« und versenkte mich mit hochrotem Kopf in die Schilderungen über die Geschlagenen und Getöteten vom »Marsch auf die Feldherrnhalle« oder auf den Straßen des »roten Wedding« genauso wie in die Abenteuergeschichten eines Winnetou oder Robinson Crusoe – es war dieselbe Spannung, hier wie dort.

Zu den Lieblingsbüchern meiner Mutter gehörten dagegen: Ina Seidels »Wunschkind«, Jochen Kleppers »Der Vater«, Ernst Wiecherts »Einfaches Leben«, die Romane Kurt Kluges und »Die Heiden von Kummerow« von Ehm Welk. Sie war eine unpolitische Person.

Nachträglich betrachtet, bin ich überhaupt unpolitisch aufgewachsen. Zu Hause an der Wand im Eßzimmer hing eine Kohlezeichnung von Hitlers Kopf, im Bücherschrank stand »Mein Kampf«, für die Festtage kam die rote Fahne mit dem Hakenkreuz im weißen Rund aus dem Fenster – soll das tatsächlich alles gewesen sein? Sonst nur Robert Schumann und Johann Sebastian Bach, Ilse Werner auf der Leinwand und Jochen Klepper als Bettlektüre, der sich seiner jüdischen Frau wegen das Leben genommen hat, was ich erst später erfahren sollte? Eine Jugend also ohne Nazismus? War so ein Leben damals überhaupt möglich?

Der Vater war früh Nationalsozialist geworden, sah wie verkleidet aus in der braunen Uniform mit den hohen Schaftstiefeln, in denen er abends zu seinen Kameradschaftsabenden stolzierte oder auch – ein einziges Mal – die Fahne seiner Ortsgruppe in Nürnberg auf einem der »Reichsparteitage« trug. Er, ein Lehrer, war oft sehr streng zu seinem Sohn, zu einem Nazi indessen hat er ihn nicht erzogen. Als er nach einigen Jahren Direktor einer Gewerbeschule in der Berliner Lindenstraße wurde und schließlich Regierungs- und Oberschulrat in Breslau, mag er diesen Aufstieg vielleicht auch seinem Beitritt zu Hitlers Organisation schon um 1933 verdankt haben; dennoch war er nie ein rechter Nazi, wie er im Buch steht.

Er stammte aus dem Westfälischen, hatte nach dem frühen Tod seiner Mutter eine schwere Jugendzeit gehabt und sich danach als Student in Berlin durchschlagen müssen, bis ihn die Ama unter ihre mütterlichen Fittiche nahm. Seine Frau, eine Pastorentochter, lernte er bei Ausflügen der Christlichen Studentenschaft kennen; sie war kein Mitglied irgendeiner NS-Organisation. Und doch: Sie jubelten Hitler zu und weinten am Radio mit den weinenden Frauen aus dem Sudetenland bei dem Breslauer Sängerfest 1938. Sie verloren kein Wort über die »Reichspogromnacht«, sprachen nicht über Juden, die plötzlich abgeholt wurden. Sie waren wie Hunderttausende neben ihnen, die auch nicht zuhören, nicht zusehen, nicht darüber reden wollten. Manchmal bei Tisch sprachen sie in meiner Gegenwart plötzlich französisch. Ob sie sich dann etwa über das Unheil verständigten, das rundum geschah?

Jahre später, so erinnere ich mich, erwähnte meine Mutter einmal, wie sie auf der Flucht von Breslau nach Jüterbog bei Berlin einen Güterzug voller Juden gesehen hatte und tief erschrocken gewesen sei. Soll das alles gewesen sein? Ich habe sie nie gefragt – aus Scheu, aus Angst vielleicht? Mein Vater erzählte, daß er zu seiner Entnazifizierung eidesstattliche Versicherungen von ehemaligen Kollegen vorweisen konnte, wonach er sich damals kritisch zu den Deutschen Christen und den Synagogenschändungen geäußert hatte. Mehr nicht? Der

Sohn hat nie mehr von ihm wissen wollen – aus Sorge vielleicht oder aus Feigheit?

Erika Mann hat bereits 1938 in ihrer Untersuchung über die »Erziehung der Jugend im Dritten Reich« behauptet, diese Jugend sei mit dem Hitler-Gruß aufgestanden und mit ihm schlafengegangen, das ganze Leben sei für sie eine einzige Indoktrination gewesen. Ich habe meine Jugend anders erlebt. Sie war, weil beinahe unpolitisch, freilich in einem anderen Sinn gerade deswegen höchst politisch: von der Wirklichkeit abgeschirmt, dem gewöhnlichen Grauen entzogen, vom alltäglichen Schrecken ferngehalten. Es war ein beschütztes und darum auch betrogenes Leben. Doch wer wirft den ersten Stein? Wer zeigt mit dem Finger auf solche Eltern?

Ich war mit Leib und Seele ein Jungnazi, wenngleich nicht sonderlich erfolgreich. Über den Hordenführer beim Jungvolk und kurzfristig den Kameradschaftsführer in der Hitler-Jugend habe ich es nicht gebracht. Aber ich bewarb mich um die Mitgliedschaft, noch ehe ich zehn Jahre alt war, so versessen war ich darauf, endlich diese Uniform – braunes Hemd, schwarze Hose, Schulterriemen, Koppel, schwarzes Tuch mit Lederknoten, später noch das Fahrtenmesser mit der Rune – tragen zu können. Ich sehe mich noch, wie ich mit meinem Freund Hansi zu der Jungvolk-Anmeldestelle marschiere und, mit Sondererlaubnis der Eltern, vorzeitig um Aufnahme in Hitlers Jugendorganisation bitte.

Was folgte, war ständiger Ärger mit der schwarzen Scriptoltusche, mit der wir in Frakturschrift lauter Parolen, Anweisungen und Verse in ein persönliches Heimabend-Tagebuch eintragen mußten. Bei mir kleckste die Tusche ständig und beschmierte die blütenweißen Seiten. Geländespiele waren an der Tagesordnung, Wochenendfahrten, aber Erinnerungen daran habe ich nicht. Nur an eine Szene: Ich mußte bei säumigen Kameraden meiner »Horde« die fälligen Monatsbeiträge von den Eltern eintreiben, oft Familien in den Arbeiterwohnungen unseres Viertels am Gesundbrunnen. Einmal wurde eine Tür brüsk vor mir zugeschlagen. Mehr Protest habe ich damals nicht erlebt, von Widerstand, Gegnerschaft ganz zu schweigen.

Dennoch war meine Welt, mein Alltag anders, als es zur selben Zeit Erika Mann in der Emigration über Hitlers Jugend dokumentierte: Da war nichts von »Nazi-Straße, durch die das Kind als Nazi-Kind geht«, keine »Zersetzung der Familie« durch das Gift der neuen Machthaber, kein »deutsches Kind, das besinnungslos das Nazileben akzeptiert«, auch nicht »diese Leere, Härte, Eintönigkeit – die: Uniformierte, Kommandierte, Persönlichkeitsmordende« – jedenfalls nicht nur, nicht hauptsächlich, jedenfalls nicht in meinem Fall. Dazu fällt mir nichts ein.

Aber wie nur kommt es, daß mir fast immer wieder vorwiegend Dinge vom Rand meines damaligen Lebens in Erinnerung geraten? Die Sache mit dem Fremden etwa: Ein paar Ausländer lernte ich als Junge kennen, wie die hübsche, kleine Amerikanerin aus Berlin auf einem Bauernhof bei Rottach-Egern, in die ich verknallt war, oder Frau Jagemann von gegenüber in der Heidebrinker Straße, eine Norwegerin, verheiratet mit einem Barpianisten, der für mich immer wieder die Donkey-Serenade spielen mußte. Oder am Nachbartisch nach einer Wanderung vom österreichischen Mayrhofen aus in einer Berghütte den bärtigen Mann, der sich auf Englisch unterhielt. Das war, ich weiß es noch, als wäre es kürzlich geschehen, geheimnisvoll, spannend, gefährlich fast. Es war im Sommer 1939, kurz vor Kriegsausbruch.

Fremd war für mich vor allem Jesse Owens, der Star der Berliner Olympischen Spiele. Noch heute verwundert es mich, daß mir wie vielen anderen meines Alters dieser Schwarze mehr imponierte als die deutschen Goldmedaillengewinner, mehr sogar als Rennfahrer-Idole wie Bernd Rosemeyer. Owens war, wie auch Joe Louis, der schwarze Box-Bomber, ein Superstar – und das trotz der offiziellen, latenten Rassenpropaganda der Nazis, von der mir vor allem die pornographischen Schwarzweißzeichnungen in den Schaukästen des »Stürmers« noch gut im Gedächtnis sind. Owens Stern überstrahlte jeden anderen. Fremd, wenngleich in anderem Sinne, waren mir ebenso die italienischen Genossen – der Duce, dessen Gebrüll ich bei einem abendlichen Aufmarsch auf dem Maifeld des Olympiageländes inmitten Zehntausender von Hitlerjungen im Scheinwerferlicht erlebte, oder dessen Außenminister Graf Ciano, dem ich, ein Pünktchen in derselben Masse, vor der Reichskanzlei in der Wilhelmstraße zujubelte. Und manchmal nach solcher Gelegenheit mag mir geträumt haben, vielleicht auch einmal vom »Führer« die Backe getätschelt zu bekommen wie jener auserwählte Junge auf dem Photo in dem Hitler-Bildband, den ich häufig betrachtete. Nur das waren damals meine Fremden, meine Anderen. Wer sonst fremd und anders war, wurde mir in den Schulungsabenden des Jungvolkes beigebracht; was, wie und mit welchem Erfolg indes, habe ich längst vergessen oder nie richtig begriffen, vielleicht nicht einmal gemerkt. So scheint es mir jedenfalls heute, mehr als fünfzig Jahre danach. Oder spielt mir etwa meine Phantasie, vielleicht auch mein Gedächtnis nur einen bösen Streich? Habe ich all diese täglichen Erfahrungen, Eindrücke, Erlebnisse etwa nur verdrängt? Dabei wäre ich, das weiß ich genau, ein hundertprozentiger Nazi geworden, befehlsgehorsam, treu, voller Pflichtgefühl bis zum Äußersten. Ich hätte auch getötet, wäre es dazu gekommen, ehrlos die Wehrlosen, wie so viele – trotz meiner Ama und meiner Mutter, trotz der Musik, der Bücher und all der schönen Dinge, die mich umgaben.

Auf der Gontardschule brachten uns die Pauker nicht viel bei. Unser Deutschlehrer, ein dicklicher, gutmütiger Mann mit Brille, der einem nie in die Augen sehen konnte und bei seinen Vorträgen vor der Klasse ständig mit schiefgelegtem Kopf verlegen in die obere Ecke des Unterrichtszimmers blickte, ließ nichts über Karl May kommen, seinen erklärten »Dichterfürsten«; der Geschichtslehrer fragte uns nichts als eingepaukte Jahreszahlen ab. Sonst sammelten wir Altmaterial.

Denn es war bereits Krieg, und die Leitung der Schule hatte es sich zum Ziel gesetzt, die Sammelrekorde aller großdeutschen Erziehungsanstalten zu brechen. So fuhren wir jeden Morgen während des Unterrichts auf Anweisung unserer Lehrer durch die Straßen rund um den Gesundbrunnen, klopften an jeder Tür und sammelten Papier, benutzte Zahnpastatuben, Silberpapier aus leeren Zigarettenschachteln, Gummireste, Textilabfälle. Mit dem Ergebnis, daß unsere Gontardpenne von Hermann Göring, dem Beauftragten für diese Aktion, als beste Schule im »Reich« ausgezeichnet wurde. Während einer Feier in der Aula wurde dem Direktor von einem Göring-Vertreter ein gerahmter Ölschinken überreicht. Wie stolz wir waren!

Und wie vor den Kopf gestoßen war ich, als ich ein halbes Jahr später nach unserem Umzug nach Breslau mein erstes Zeugnis der

Maria-Magdalenen-Oberschule in Händen hielt: fünf Fünfen und eine Sechs, das Resultat des Sammelehrgeizes der Berliner Schule.

In Breslau, ab Herbst 1941, fing ein anderes Leben für mich an. Ich war vierzehn, kam automatisch in die Hitler-Jugend, wurde nacheinander ins Wehrertüchtigungslager, zum Luftschutz, zu den Flakhelfern, schließlich zum Arbeitsdienst und, am Heiligen Abend 1944, zur Wehrmacht abkommandiert. Ich selber konnte nicht mehr viel für mein Leben tun, ich »wurde gelebt« – nach Plan und Vorschrift, wie es »der Führer befahl«, und ich folgte ihm. »Denn die Fahne ist mehr als der Tod«, so hatten wir bereits als Vierzehnjährige in kopfloser Begeisterung gesungen.

Aber erst einmal mußte ich büffeln, lateinische und englische Vokabeln, mit Nachhilfelehrern, meist Schülern der obersten Klasse. Viel freie Zeit blieb da nicht. Nur zwei Details – außer den regelmäßigen Besuchen der jährlichen Orgelwochen in der Elisabethkirche am Rathausmarkt, dem Stöbern in Antiquariaten nach Reclamheften unbekannter Autoren und der ersten Begegnung mit der Oper, dem »Freischütz« in diesem Fall – sind mir noch gegenwärtig: Wie ich mit einem Klassenkameraden in dem Wohnzimmer der Gärtnerei seines Vaters am Stadtrand im Rundfunk klammheimlich BBC hörte, Jazzmusik, und wie wir mit selber gekauften Schlagzeugbesen den Rhythmus auf der Tischplatte schlugen; nachher gab es von der Mutter des Freundes jedesmal herrliche, fettglänzende Bratkartoffeln. Und wie ich, weil ich Dramaturg werden wollte, abends ohne Erlaubnis als Statist beim Städtischen Schauspielhaus auf der Bühne stand, erst als römischer Legionär in einer »Medea«-Inszenierung, dann bei Proben zu einem Rehberg-Stück über den Großen Friedrich (»Stumm wie die Fische, aber machtvoll zu gebrauchen«, hieß es an einer Stelle des Stücks aus der Feder dieses führenden NS-Dramatikers über die langen Kerls). Eines Abends holte mich meine Mutter erbost aus dem Umkleideraum des Theaters heraus und verbot mir energisch jeden weiteren Auftritt.

Das Theater, diese Welt in einer anderen Welt, hatte es mir angetan, ich weiß nicht mehr, ob aus Begeisterung, Neugier oder Fluchtwunsch. Jedenfalls hatte ich aus Berlin, wo ich an der Hand der Mutter zu Humperdincks »Hänsel und Gretel«, zum »Zauberladen«-Ballett und »Peterchens Mondfahrt« geführt worden war, die Erinnerung an eine Aufführung mitgebracht: den »Prinzen von Homburg« des Schiller-Theaters mit Horst Caspar und Heinrich George. Dort war auch der Schauspieler Claus Clausen aufgetreten, der zum Breslauer Ensemble gehörte und den ich nun dort wiedertraf. Doch es wurde nur eine kurze Affaire daraus: Meine besorgte Mutter fürchtete, die Leistungen in der anspruchsvollen Schule könnten erneut absinken, nachdem sie allmählich einen durchschnittlichen Standard erreicht hatten.

Von den Lehrern ist mir lediglich einer, wenn auch nur schemenhaft, im Gedächtnis geblieben. Er trug Knickerbocker, war im Ersten Weltkrieg dekoriert worden und unterrichtete Latein. Ein Hundertprozentiger, so kam es uns vor, der regelmäßig zum »Führer-Geburtstag« auf dem Hof vor den vielen hundert Schülern den Flaggenappell kommandierte und die angeordnete Jubelansprache hielt. Dieser Lehrer aber hatte einen Lieblingsschüler in unserer Klasse, der eines Tages nicht mehr erschien: Er war »Vierteljude« und von der Schule ausgeschlossen worden. Was mag in dem Lehrer vorgegangen sein, habe ich mich später manchmal gefragt: Kamen ihm Zweifel an seiner »Weltanschauung«, kam vielleicht sogar Zorn auf über die Bestrafung seines Favoriten?

Noch immer spielten Mädchen für uns keine Rolle. Unsere Helden waren U-Boot-Kommandanten wie Prien, Jagdflieger vom Schlage Mölders' und Gallands; Erotisches geschah, wenn überhaupt, zufällig und heimlich. So entdeckte ich eines Tages in einem Band über »feindliche Propaganda« aus der Leihbücherei das ganzseitige Photo eines halbnackten britischen Pin-Up-Girls, mit Stahlhelm und Gasmaske ausgerüstet, ein angeblich abschreckendes Exemplar feindlicher Kriegswerbung. Ich lieh mir dieses Buch immer wieder aus, nur dieses einen Bildes wegen. So etwas hatte ich vorher noch nie gesehen. Das letzte Mal riß ich die Seite heraus, versteckte sie und hatte eine Zeitlang eine Höllenangst, ob ich von der Leihbücherei dieses Frevels wegen angezeigt werden würde.

Dabei waren wir längst mitten im Krieg. In der Klasse hatten wir vor Unterrichtsbeginn abwechselnd die neuesten Wehrmachtsberichte zu rekapitulieren, auf einer Landkarte mit bunten Stecknadeln die aktuellen Vormarsch-Eroberungen zu markieren. Zu Hause gab es immer häufiger Leinöl mit Pellkartoffeln.

Und wieder merkwürdig, daß sich über die Schrecken des Krieges, die zu dieser Zeit sichtbar wurden, auch nicht eine Spur in meiner Erinnerung bewahrt hat. Die Kolonnen der Todesanzeigen in der Tageszeitung berührten mich nicht, über das Schicksal der sowjetischen Gefangenen, die ich in endlosen Reihen in der »Kriegswochenschau« sah, machte ich mir keine Gedanken, die Not der Überlebenden in den zerstörten, niedergewalzten Dörfern, von denen ich die PK-Photos in der Berliner Illustrirten oder im Reich sah und ausschnitt wie Erfolgstrophäen, bekümmerten mich nicht. Krieg war nur Sieg, Angriff nur Abenteuer, Tod nichts als stolzes Opfer. Ich war immerhin fünfzehn Jahre alt, doch völlig ahnungslos und blind, und Trauer, Schmerz oder Entsetzen kamen in meinem Vokabular nicht vor; solche Worte existierten überhaupt nicht. Ich begeisterte mich an den fanfarenbegleiteten »Sondermeldungen« wie an den Happy-Ends von Ufa-Kitschfilmen mit Rühmann oder Heesters, schmetterte »Bomben auf Engelland« mit derselben Hingabe, wie ich »Für eine Nacht voller Seligkeit« oder »Am Abend auf der Heide« pfiff. Ich wollte ein bißchen stolzer Held und ein bißchen eitler Stenz sein, und Krieg war für mich wie Karl May.

Es war noch in Berlin gewesen: Dort, auf dem Hof in der Heidebrinker Straße, wo wir früher Indianer gespielt hatten, sammelten wir später Granatsplitter von Flugabwehrgranaten. Wir tauschten sie untereinander, zwei kleine gegen einen großen. Auf dem Dach der »Lichtburg« war eine Vierlings-Flak stationiert. Bei den Soldaten bekamen wir für eine Blumenvase ein halbes Kommisbrot, das wir wie einen Schatz hüteten. Der Krieg behielt für uns die Züge eines Kinderspiels.

Aufregend war es, nachts bei Fliegeralarm aus dem Schlaf gerissen zu werden und mit seinen Siebensachen in den Keller gehen zu müssen, abenteuerlich, auf dem Rittergut in Hohensalza bei Posen, im Zuge der Kinderlandverschickung, ohne die Eltern mit der hübschen Sportlehrerin zaghaft flirten zu können. Daß uns Bomben treffen könnten, daß Polen uns gewaltsam Platz machen mußten, ahnten wir nicht. Nur daß es nicht mehr alles zu kaufen, zu essen gab, bekümmerte uns. Ich sehe mich noch, wie ich in unserer Breslauer Wohnung an einem Nachmittag aus der Küche komme und auf meinem ausgestreckten Arm vier, fünf mit Margarine und Kunstmarmelade bestrichene Brote balancierte. Kurz vor der Tür zu meinem Zimmer entdeckt mich die Ama, und natürlich gab es Ärger wegen des »Diebstahls«. Ich erinnere mich noch genau, was passierte, als meine Mutter merkte, daß ich im Lauf von Wochen vor Weihnachten die Hälfte der sorgsam gesammelten süßen Mandeln für mein morgendliches Müsli gestohlen hatte. Die ganze Festzeit hindurch bekam ich zur Strafe keine Plätzchen.

So beschäftigte mich in erster Linie der leere Magen, nicht das große Sterben. Der Besuch des schmissigen Musikfilms »Wir machen Musik«, offiziell unter Achtzehn verboten, an der Hand einer schicken jungen Mitbewohnerin aus unserem Hause dennoch durchgesetzt, verschaffte mir mehr Erregung als jede noch so grandiose Siegesmeldung von der Front, und für den Bericht vom Vormarsch einer italienischen Radfahr-Kompanie gegen die gelandeten Amerikaner hatten wir beim täglichen Militärrapport vor der Klasse nur spöttisches Gelächter übrig: Na ja, diese Makkaroni. Wenn wir erst mal kommen … Krieg als Gaudi.

Gezüchtet zum Vernichten und Zerstören, auch zum Sterben waren wir sicher nicht. Wir waren aufs Schießen getrimmt worden, sogar mit dem MG 42 bereits im HJ-Wehrertüchtigungslager. Versuchsweise war uns eingebleut worden, unsere Feigheit zu überwinden, wie bei einem völlig sinnlosen einwöchigen Skikurs im Waldenburger Bergland unter Anleitung eines verwundeten Offiziers der Waffen-SS, wo wir zum ersten Mal auf den Brettern standen und sofort als Mutprobe eine steile Abfahrt durch einen Wald hinunterrasen sollten.

Daß Juden einfach totgetreten werden sollten – das wurde uns nicht wortwörtlich eingebleut. Aber wir mußten uns in geschlossener Formation den Film »Jud Süß« ansehen und wußten sofort, wie wir die liebliche, blonde Kristina Söderbaum aus den Armen des schwarzlockigen, wulstlippigen, krummnasigen Widerlings zu befreien hatten. Daß Russen Untermenschen waren, sahen wir überdeutlich bei den Großaufnahmen ihrer geschundenen, verängstigten Gesichter in jeder Wochenschau vor dem anschließenden Heldenepos, ob über den Großen Fritz oder über »unsere« glorreichen Stuka-Piloten. Das war Lehrstunde und Anschauungsunterricht genug für junge Köpfe und junge Herzen.

Die Welt meiner Eltern: Für meinen Vater war es die Aufsicht über die Gewerbeschulen im Regierungsbezirk Schlesien; er war der Chef. Für meine Mutter waren es neben Küche und Kind die Musik, die Bücher, das Kino des Emil Jannings und Ewald Baiser, das wöchentliche »Wunschkonzert« des Heinz Goedeke, das »Schatzkästlein« am Sonntagmorgen mit deutscher Lyrik, vorgetragen von der sanft-pathetischen Stimme Matthias Wiemanns, der »da« sagte, wenn »der« im Text stand. Ich könnte wetten, die Eltern ahnten nicht einmal etwas von dem Entsetzlichen, das Deutsche in jenen Jahren anrichteten, und sie hätten es wohl auch nicht für möglich gehalten, hätten sie davon erfahren; auch sie waren in ihren gutbürgerlichen Nischen vor der brutalen Realität draußen behütet. Diese saubere Innerlichkeit des »einfachen Lebens« nach Ernst Wiechert.

Behütet aber war allemal der Knabe, abgeschottet sogar von den nichtsahnenden Eltern, die am Mittagstisch französisch miteinander sprachen, wenn er es nicht verstehen sollte – was wohl? Und die Lehrer förderten noch dieses Nichtnachdenken, Nicht-wissen-Wollen, Nicht-zweifeln-Mögen. »Führer befiehl, wir folgen«, und sei es ins Verderben oder ins Verbrechen. Wir sogen es auf, es wurde uns nicht einmal eingetrichtert von all den Fähnleinführern, Paukern oder Schulungsleitern. »Du bist nichts, dein Volk ist alles.« Denken wurde nicht verlangt, und keiner von uns fragte, wie viele Opfer der Ansturm im Osten kostete; keiner wollte wissen, wohin das alles führen sollte, zu welchen Kosten, auf wessen Kosten.

Dabei war es, um das Jahr 1942, die Zeit der Wannsee-Konferenz, die Jahre von Auschwitz, Maidanek, Sobibor und Treblinka, der Eichmann und Barbie, der Millionen ermordeter Juden, der Hunderttausende gefallener Deutscher, Polen, Franzosen, Russen, der unzähligen verhungerten Kriegsgefangenen, gequälten Zwangsarbeiter, während ein Sechzehnjähriger in der Breslauer Jahrhunderthalle seinem »Führer« ewige Treue gelobte. Soweit meine Phantasie dem Entsetzlichen galt, reichte sie nicht weiter als bis zu dem einen Bibelbild Alfred Rethels, wo Abraham das Messer zückt, um seinen Sohn Isaak zu opfern; Schlimmeres konnte ich mir damals nicht ausmalen. Daß das Feuer der Fackeln der schier endlosen SA-Kolonnen am Abend des 30. Januar 1933, die auf der Bad-Brücke am Berliner Gesundbrunnen an dem Fünfjährigen vorübergezogen waren, einmal weit mehr verbrennen könnte als Häuser, Synagogen und Höfe, hätte ich mir niemals vorstellen können.

Bei Max Frisch las ich letztes Jahr, anläßlich seines Todes, noch einmal in »Mein Name sei Gantenbein« den Satz: »Geständnisse sind maskenhafter als Schweigen, man kann alles sagen, und das Geheimnis schlüpft doch nur hinter unsere Worte zurück.« Ob ich vielleicht deshalb mit meiner Mutter, solange sie lebte, oder mit meinem Vater bis heute nie darüber gesprochen habe, was sie verschwiegen, verdrängt, verwunden haben von dem, was sie vielleicht wissen konnten, tatsächlich ahnen mußten?

Mit sechzehn wurde ich, zusammen mit den Gleichaltrigen meiner Klasse, Flakhelfer, ausgebildet in einer Kaserne der Stadt Brandenburg, eingesetzt in Wildschütz, am Stadtrand Breslaus. Vormittags Schule in einer Baracke der Flakstellung, nachmittags Training an der 8,8-Kanone und Putzen der Granaten. Einen Einsatz gab es nie, bis ich zum Arbeitsdienst eingezogen wurde, nur ein paar Fehlalarme. Dann hockten wir, zusammen mit den russischen »Hilfswilligen«, den Hiwis, in dem Bunker unter den Erdwällen, die rund um jedes Geschütz aufgeworfen waren. Sie rochen streng, waren unrasiert, rauchten stinkenden Machorka, in Zeitungspapier eingedreht. Reden konnten wir nicht mit ihnen, gesehen haben wir sie tagsüber sonst auch nie. So also sahen unsere Feinde aus, die uns an die Gurgel wollten, dachten wir bei uns.

Ein paar andere Erinnerungsfetzen aus jenen friedlich-kriegerischen Jahren: Wie der Direktor der Schule, den wir vorher nur in gebotener Distanz wahrgenommen hatten, ein schwergewichtiger Hüne, schwitzend auf dem Fahrrad in Sandalen zur Lateinstunde in die Flakstellung radelte. Wie der rotgesichtige Unteroffizier, ein Schleifer vom Dienst, aus meinem Spind Zigaretten »konfiszierte«, die mir mein Onkel aus Jugoslawien geschickt hatte; wie er mich anschrie, als ich ihn deshalb zur Rede stellte. Wie wir uns, bei einer Vorstellung des »Fronttheaters«, vor Begeisterung auf die Schenkel schlugen, als drei leichtbekleidete Tänzerinnen auf der provisorischen Bühne herumhopsten. Wie wir unsere Übersetzungsklatschen bei der Lateinarbeit stiekum aus der Gasmaskendose zogen und daraus abschrieben. Wie wir vor dem Stadtbummel von unserer graublauen Uniform die Hakenkreuzbinden abzogen, um vor den Mädels auf der Flaniermeile nicht als »kleine HJs« erkannt zu werden; wir wollten richtige Soldaten sein, grüßten deshalb auch stramm jeden Offizier, der uns entgegenkam. Es war, obgleich uns der Krieg nun näher rückte, doch noch alles in allem eine spielerisch-unbeschwerte Zeit. Lustig war dieses Soldatenleben.

Im Winter 1944 dann, als ich zur Wehrmacht einberufen wurde, mußten die jüngeren Klassenkameraden die Schutzwälle ostwärts abtragen: Die Flaks wurden für den Erdkampf gegen anrollende T 34 präpariert. Später hörte ich dann, daß alle von den Tanks überrollt worden sind.

Nachher habe ich mich oft gefragt: Warum sind wir drei am Leben geblieben, gerade diese kleine Familie? Warum blieben wir verschont, außer den üblichen Verlusten an Wohnung, Einrichtung, Hausrat? Mein Vater, der 1943 eingezogen worden war, der Oberschulrat als »Schütze Arsch«, geriet in Kriegsgefangenschaft wie ich selber; meine Mutter kam mit der Ama Februar 1945 in einem der letzten Züge aus der »Festung Breslau« heraus. Wäre ich nur ein paar Monate jünger gewesen, wäre ich in der Flakstellung geblieben und von den sowjetischen Panzern zerdrückt worden. So jedoch trafen wir uns im Lauf des ersten Friedensjahres in einem abgelegenen Dorf im Unterfränkischen bei Schweinfurt wieder, krank und abgemagert, aber wir lebten. Millionen waren umgebracht worden oder umgekommen in Granat- und Bombenhageln; wir aber waren davongekommen.

Der gerade Achtzehnjährige stieg zunächst, bereits im Winter 1945, sozusagen in den Journalismus ein, organisierte die Verteilung der von den Amerikanern in München herausgegebenen Neuen Zeitung im Raum Schweinfurt, ehe er sein Abitur nachholte. Die Mutter wusch erst Wäsche für die amerikanischen GIs im Dorf (für ein Stück US-Seife), strickte dann für die Bauern Pullover aus Fallschirmseidengarn (für ein Pfund Mehl). Der Vater, aus dem berüchtigten »Ratslager« bei Kornwestheim entlassen, klopfte erst Steine in den Trümmern der Schweinfurter Straßen, bis er in seiner Heimatstadt Minden, bei der Entnazifizierung als Mitläufer eingestuft, wieder als Lehrer an einer Bauschule anfangen konnte.

Wir alle haben Hitler überlebt. Wie aber – in Scham oder mit Erschrecken? Ich selber habe erst beim Frankfurter Auschwitz-Prozeß begriffen, wie groß das Ausmaß des Unheils war, in dem ich mit dringesteckt hatte, das ein Teil auch meines Lebens war, ein Stück meiner Welt. Zufällig stieß ich kürzlich in Theodor Fontanes »Vor dem Sturm« auf einen Ausspruch des Berndt von Vitzewitz: »Der große Schuldige reißt viele Unschuldige mit in sein Verhängnis, wir können nicht sichten und sondern. Das Netz ist ausgespannt, und je mehr sich darin verfangen, desto besser.« Es war die Zeit vor den Befreiungskriegen nach Napoleons Niederlage vor Moskau.

Mein Vater muß geahnt haben, was mir – groß, blond, blauäugig – zustoßen konnte. Auf sein Drängen hin mußte ich mich als Reserveoffiziersbewerber bei der Luftwaffen-Kommandantur in Breslau anmelden und erhielt nach eintägiger Prüfung (mit einer Boxrunde, schriftlicher und mündlicher Prüfung vor lauter hohen Militärs) den Schein, der mich dann rettete. Denn eines Tages – es war bereits im Arbeitsdienstlager – erschien eine Abordnung der Waffen-SS, baute im Barackenhof einen Tisch auf und ließ uns alle der Reihe nach vorbeidefilieren. Ich hatte meinen Schein, konnte also ungeschoren passieren. Viele andere dagegen blieben, ohne Chance, sicher auch ohne zu ahnen, was es für sie bedeutete, in dem Netz dieser Fänger zu hängen.

Die Monate in Görlitz, im RAD-Lager: Ein braunstichiges Photo aus jener Zeit, das auf Umwegen später in meine Hände gelangte, zeigt unsere Gruppe mit den beiden Unterführern in der ersten Reihe. Ich hinten, geradezu schnippisch lächelnd, die Dienstmütze schief-keck auf dem Blondschopf. Keines der anderen Gesichter kommt mir heute noch bekannt vor, es sind längst lauter Fremde geworden, mit denen ich damals Schießen probte, Gewaltmärsche absolvierte, bis die Füße in steinharten Knobelbechern blutig-wund gelaufen waren, mit denen ich vor allem Kohldampf schob. Hunger nämlich war von da an die Pein, die sich am tiefsten in mein Gedächtnis eingegraben hat. Um uns herum war alles öde: der

Dienst, die Schikanen, die erste längere Trennung von meiner Mutter. Schmerzhaft aber vor allem war, daß wir nie genug zu essen hatten, daß wir nie satt wurden, und der knurrende Magen war wie eine Blessur, schwerer zu ertragen selbst als die ständigen Demütigungen der Ausbilder.

Drei Monate dauerte die stumpfsinnige Arbeitsdienstzeit, eine weitere Vorbereitung nur im Wehrertüchtigungsprogramm für den Kriegseinsatz. Gerade siebzehn Jahre waren wir damals alt, Grünschnäbel, einige mit Goethe und Eichendorff im Kopf.

Das galt auch für mich, denn ich wurde damals von meinen Klassenkameraden »Fäustchen« genannt, weil ich für mich selber aus dem Goetheschen Drama ein paar Verse auswendig gelernt hatte, aus dem »Prolog«, dem ersten Monolog und dem »Osterspaziergang«. Überhaupt versuchte ich, durch eigenwillige Lektüre gerade weniger bekannter Dichter wie Novalis oder Ewald von Kleist in den Deutschstunden zu glänzen. Die Lehrer lobten meine Belesenheit, ich bekam stets gute Noten.

Es war die Zeit, als ich all die Beumelburgs und Dwingers, selbst den Schenzinger längst hinter mir hatte. Kein »Sperrfeuer um Deutschland«, keine »Armee hinter Stacheldraht« interessierte mich noch. Ich verschlang Dichtung und Poesie, schwelgte in hohen Liedern und Gedanken. Politik, Hitler, Krieg, »Soldatenehre« waren wie weggeblasen; die schöne Welt des Scheins hatte mich gefangen. Ich sang laut das Nazi-Weihnachtslied »Hohe Nacht der klaren Sterne« auf der Straße vor mich hin wie einen Popsong. Nur der Hunger riß mich dann und wann aus diesen Träumen.

Merkwürdig: Es gibt kein Photo von mir in Uniform, ausgenommen eine Aufnahme in der braunen Kluft des »Arbeitsmanns«, keines aus der Jungvolk-Zeit, keines als Hitlerjunge, als Flakhelfer, als Soldat, was nicht etwa daran liegt, daß diese Dokumente auf der Flucht verlorengegangen sind, liegengelassen wurden oder verbrannt sind. Es gab sie nicht. Meine Eltern wollten davon keine Photos haben.

Statt dessen private Ablichtungen die Fülle: der Fünfjährige mit seinem Roller auf dem Hof des Berliner Studentenheims, der Zehnjährige an der Schulter seiner Mutter, der Sechzehnjährige in Positur im Photoatelier, vom Scheinwerfer vorteilhaft ausgeleuchtet, das letzte

Bild auf dem Balkon am Breslauer Friesenplatz mit dem Vater, beide gerade zufällig gemeinsam auf Urlaub. Vor ihrem Tod hat meine Mutter die alten Zeugnisse in einem Album zur Erinnerung gesammelt, aus den Beständen von Verwandten und Freunden erbeten. Eine gutbürgerliche Welt ist da dokumentiert, keine Angst, keine Not, auch keine Trauer, so, als lebten wir alle damals in einem Wolkenkuckucksheim, als gehörte der Krieg nicht in unser Leben hinein. Es war also auch eine verlogene Welt. Wir alle haben uns die ganzen zwölf Jahre viel vorgemacht, das Album der übriggebliebenen Familienphotos belegt es.

Gerade noch kam ich am Krieg vorbei; er streifte mich nur. Jahrelang hatten wir im Gleichschritt nachgesungen: »Denn mögen wir auch fallen, wie ein Dom steht unser Staat«. Nachgeplärrt hatten wir, ein Lied, links, zwei, drei, vier: »Deutschland, du mußt leuchtend stehn, müssen wir auch untergehn«. Als es dann soweit war, bekümmerte mich nichts mehr als die Trennung von der Mutter und der Ama. Der Tod existierte nicht, auch die Angst nicht. Als Siebzehnjähriger Soldat zu werden, kurz vor Heiligabend 1944, war wie zur Schule gehen, ins HJ-Lager, zum Arbeitsdienst, es war nicht die Vorstellung von einem endgültigen Schlußstrich oder unwiederholbaren Abschied. Es schien mir nichts als ein anderes Blatt in einem Abenteuerbuch.

Die Mutter hatte am Abend vor der nächtlichen Abfahrt vom Breslauer Bahnhof Richtung Weimar noch die letzten Weihnachtsgeschenke zur vorgezogenen Bescherung auf dem Tisch arrangiert: einen Wintermantel, Shakespeares »Gesammelte Werke«. Wie sie noch im letzten Kriegswinter an die seltenen Sachen gekommen ist, weiß ich nicht. Ich erinnere mich nur, daß es mir leid tat, von den schönen Sachen nichts mehr zu haben, verwarf auch sofort den Gedanken, wenigstens einen Band des englischen Dramatikers ins Gepäck zu nehmen, zur Erinnerung sozusagen. Eine halbe Mettwurst, ein Kommißbrot, ein Stück Margarine pro Mann, dann ab in den Güterwagen – »Jugend kennt keine Gefahren.«

Es folgte ein erster soldatischer Schliff in einer Flakkaserne in Weimar. Strafexerzieren, Hammelbeine langziehen, im Laufschritt marsch, marsch, hinlegen, aufstehen, hinlegen, Nachtappelle, Staubkontrollen im Spind, Brüllen, Schreien, jawoll, Herr Unteroffizier, Strammstehen, Sie Schlappschwanz, Entengehen, Kniebeugen, Hände an die Hosennaht, Sie Schrumpfgermane, Fliegeralarm, im Gleichschritt marsch, Achtung! – Und Hunger, den vor allem und immer wieder.

Eines Tages besuchte mich mein Vater in Weimar, inzwischen Unteroffizier. Er wurde am Kasernentor von Wachsoldaten vorschriftsmäßig gegrüßt. Ich bekam Stadtausgang. Auf dem Rückweg hatte ich Magenkrämpfe, ging alle paar Meter vor Schmerzen in die Knie.

Später, noch zu DDR-Zeiten, war ich in Buchenwald. Oben, auf dem Berg im Wald, hinter dichten Baumreihen versteckt, war in Umrissen das Lager zu erkennen, Erinnerung an tausendfachen Tod: ein riesiges, stummes Areal des Schreckens. Mir fiel ein: Damals, unten im Tal, bist du Soldat geworden, zur selben Zeit, als hier oben Menschen, auch in deinem Alter, geschunden wurden. Ich dachte zurück: Einen Hitler-Gegner hatte ich nie zu Gesicht bekommen, nicht einmal einen »Edelweißpiraten«, als ich in der Breslauer Streifen-HJ abends BdM-Mädchen beschützen sollte, die von ihrem Heimabend nach Hause wollten. Einen Juden habe ich nur kurz gesehen, damals in Berlin, auf dem Weg zur ersten Vorschulklasse, den kleinen »Itzig«. Hier oben aber, im Wald, waren sie zu Tausenden zusammengepfercht worden. Keine Spur von ihnen war geblieben, nur ihr Gedächtnis. Wieder blieb die Frage: Was hat dich bloß bewahrt vor alledem?

Eines Tages, im Februar 1945, ging die Fahrt für den siebzehnjährigen Soldaten weiter, Richtung Norden, nach Mecklenburg. An einem kalten Morgen hielt der Zug auf einem Bahnhof. Als wir ausstiegen, mit Gewehr und Tornister, hungrig und übermüdet, und uns gerade in Reih und Glied zum Abmarsch aufzustellen hatten, ertönte über den Lautsprecher eine Stimme: »Im heldenhaften Kampf ist die Festung Breslau gefallen!« War meine Mutter mit der Ama noch rechtzeitig geflohen? Hatten sie noch einen Zug aus der Stadt erreicht? Für einen kurzen Augenblick bange Fragen, aber wieder keine Angst, keine Verzweiflung, schon gar keine Tränen, nur eine gewisse Ergebenheit, Sich-Fügen in das Unabänderliche – und Hunger.

Als wir zu später Stunde in der Kaserne eine warme Milchsuppe bekamen, die in der Kantine eigens für uns gekocht worden war, schien alles wie weggewischt: die Kälte während der langen Eisenbahnfahrt, der knurrende Magen, die beklemmende Lautsprecher-Durchsage. Hauptsache, es gab etwas zu essen. Ich lachte wieder und stellte mir vor, wie gut mir in spätestens einem Jahr der graublaue Leutnantsmantel der Luftwaffe mit dem Pelzkragen stehen würde. Nur Görings Männer hatten an der Uniform diesen Pelzbesatz.

Dann weiß ich nur noch, daß alles sehr schnell ging. Sämtliche Offiziersbewerber der Luftwaffe wurden mit einem Federstrich zur »gemeinen« Infanterie versetzt: Hitlers letztes Aufgebot. Erneut brachte uns ein Güterzug nach Heide in Holstein, wo wir in ein paar Wochen, es war inzwischen März geworden, zu Schießprügeln ausgebildet werden sollten. Zum Trost bekamen wir zwei Silberbänder – der Status von Offiziersanwärtern – an die Schulterstücke unserer grauen Uniform, alles gebrauchte, nicht passende Kleidungsstücke, wer weiß woher und von wem getragen – von Verwundeten, Toten etwa?

Wir froren erbärmlich, zum Härtetraining in Erdbunkern untergebracht, wo das tropfende Harz aus den Baumstämmen, die als Dekkenstützen dienten, das Bettzeug verklebte. Wir hatten Hunger, stürzten uns mit Heißhunger auf die täglichen Rationen an Brot, Wurst und Margarine, die im Nu hinuntergeschlungen waren, obwohl sie für den ganzen Tag reichen sollten. Wir wurden gedrillt, schikaniert, präpariert zu töten und zu sterben. Zu anderem waren wir nicht mehr zu gebrauchen, lauter Halbwüchsige, noch beinahe Kinder.

Drei Dinge aus jenen Tagen sind mir im Gedächtnis, als sei es gestern gewesen: Daß ich – weil mir, da ich ja nun von meinen Eltern verlassen war, doch alles egal geworden war – zur Anmeldestelle der Marine ging, um mich vergeblich für die Einmanntorpedos zu bewerben, ein garantiertes Todeskommando. Daß wir jeden Morgen am hohen blauen Himmel Holsteins die blitzenden Todesschwärme der alliierten Bomberstaffeln beobachteten, wie sie ungehindert in nicht enden wollenden Pulks nach Berlin zogen. Daß eines Tages vor versammelter Mannschaft bekanntgegeben wurde, jemand habe an der Wand des Aborts geschrieben: »Hitler, das Schwein«. Wir registrierten das eher mit Unverständnis als mit Abscheu.

Dann, es war im April, kamen wir in die Kaserne in der Stadt zurück. Einmal noch, zum 20. April, paradierte das Ausbildungsbataillon vor dem hoch zu Roß sitzenden Kommandeur über den Marktplatz von Heide. Zehn Tage danach hatte Hitler seinem Leben endlich ein Ende gemacht.

Auch daran erinnere ich mich noch: Auf meinen Bittbrief hin hat mir meine Mutter, die auf ihrer Flucht in Jüterbog bei Berlin Station gemacht hatte, ein paar Brotmarken geschickt. Ich rannte zum Bäcker, kaufte noch warme Roggenbrötchen. Dann kam ich an einem Schlachter vorbei, der – welch' ein Wunder – markenfreie Wurst verkaufte, und ich stopfte beides in mich hinein, bis ich entdeckte, daß es Pferdewurst war. Mir wurde schlecht, ich mußte mich sofort übergeben.

Gegen Ende des Monats erhielten wir Munition und den Befehl, uns jederzeit abmarschbereit zu halten. Es hieß, wir sollten Hamburg befreien. Unten im Kasernenhof standen Tag und Nacht zwei vollgepackte Proviantwagen, die von uns reihum bewacht werden mußten. Wer auch immer Dienst hatte, klaute aus der Marschverpflegung, was er konnte, begehrt waren vor allem Dosen mit Schweinefleisch. Wie andere hatte ich mir in meinem Spind, versteckt unter schmutziggrauen Unterhosen und Fußlappen, einen kleinen Vorrat angelegt, aber irgendwann war der regelmäßige Diebstahl aufgefallen, und sämtliche Spinde wurden von Unteroffizieren gefilzt. Uns drohte schlimme Bestrafung. Doch dann war der Krieg auch schon vorbei. Plötzlich, ohne Knall, ohne Jubel, war er einfach nicht mehr da.

Wir sahen noch unseren Bataillonskommandeur kopflos in Unterwäsche auf den Kasernenhof stürzen – mein letztes Erinnerungsbild an eine angeblich unbesiegbare, unbezwingbare Armee, die ein Tausendjähriges Reich aus erobertem, unterjochtem Boden stampfen sollte. Dann nur noch Stille, fast Frieden, als hielten alle für Sekunden den Atem an. War das alles gewesen?

Damals stellte ich mir solche Fragen nicht. Erst jetzt fallen sie mir ein: Wie seltsam, daß an jenem Maitag, als der Krieg wie auf einen Schlag zu Ende war, sozusagen von einer Stunde zur anderen, sich nichts Lautes, Lärmendes zutrug. Kein Jubel, kein Poltern weggeworfener Waffen, kein Hohnlachen über die nun arbeitslosen Schleifer vom Dienst, kein Gespött gegenüber Offizieren. Als ahnten wir nicht, was geschehen war, was noch geschehen sollte, als wüßten wir, die gerade Siebzehnjährigen, nicht, daß wir noch einmal mit dem Schrecken davongekommen waren.

Wer noch in jenen letzten Tagen dieses großen Krieges von meinem Jahrgang sein Leben verlor, erfuhr ich erst viel später, in Gerichtssälen, aus Dokumentationen und Büchern. Damals war mir nichts von alldem bewußt: nicht die Rettung, auch nicht der Tod, der die anderen traf. Wieder ließ ich alles gedankenlos geschehen.

Ich sehe mich noch genau: Mit einem gleichaltrigen Kameraden, den ich dann bald wieder aus den Augen verlor, besorge ich mir ein Privatquartier. Wir tragen noch unsere abgenutzten Uniformen. Von einer Amtsstelle der Stadtverwaltung haben wir als Entlassene der Wehrmacht Lebensmittelkarten bekommen, das öffnet uns die Türen. Aber schon nach einer Woche, in der wir mit unseren »Gasteltern« in Saus und Braus lebten, sind die Marken restlos verbraucht, und wir stehen wieder auf der Straße.

Ich erinnere mich noch genau: An einem Tag dieser paradiesischen Woche – Schlaraffenland in Heide – gehen wir beide die Hauptstraße entlang, während uns auf der anderen Seite zwei britische Offiziere entgegenkommen. Zum Jux recken wir die rechten Arme bis zur Stirn hoch: Heil Hitler. Die Briten beachten uns nicht. Die Provokation aus jugendlichem Übermut hätte uns teuer zu stehen kommen können.

Dann werden die vergangenen Bilder blasser. Der Hunger ergreift alles. Ich bin einer von vielen Hunderten. In langen, grauen Reihen ziehen wir unter lockerer Bewachung aus der Stadt, an Dörfern vorbei, aufs flache Land. Wir werden, jeweils zu fünfzig, auf einsam liegende Bauernhöfe verteilt, suchen uns in den Scheunen unsere Schlafplätze. Die Organisation dieser Kriegsgefangenenlager haben von den Briten deutsche Offiziere übernommen, sie befehlen noch immer.

Wie wir lebten, alte und junge Soldaten, Infantristen, Luftwaffenangehörige, Marineleute, alle möglichen Chargen durcheinander, ist im Gedächtnis verwaschen. Nur das sehe ich noch vor mir: Wie wir regelmäßig am Tag »Läuse knackten«; wie einige Mitgefangene mit Fachwissen versuchten, eine Art »Volkshochschule« zu organisieren.

Unaufhörlich wurde über Essen geredet, Essenserfahrungen, Essenserlebnisse ausgetauscht, riesige Braten, gewaltige Torten vor leeren Mägen aufgetürmt wie Traumbilder. Eines Tages, es war ein herrlicher, sonnendurchglühter Frühsommer, machte folgende Geschichte die Runde. Die Briten sind SS-Männern auf der Spur, alle müssen vor ihnen den linken Arm hochheben, wo die Blutgruppen eintätowiert worden waren. Und wer dort verletzt ist, gilt als verdächtig. Viele, so hieß es, hatten sich die gefährliche Erkennungsmarkierung vor der Gefangennahme herausgeschnitten. Auch an eine andere Geschichte, die durch die Scheunen ging, erinnere ich mich noch: Manche hatten versucht, Rhabarberblätter als Tabakersatz zu rauchen; sie sind jämmerlich gestorben.

Im Laufe der hungrigen Wochen verschwand der eine und andere aus der Scheune. Sie waren getürmt. Dann hieß es bald, am Nord-Ostsee-Kanal seien sie von britischen Streifen aufgespürt worden.

Ich hatte mich einem großen, älteren, blonden Ex-Offizier angeschlossen, der auch Vorträge in unserer »Lager-Uni« hielt. Eines Tages bat er mich um meine Uhr. Er war aus Hoya an der Weser, hatte also keinen allzu weiten Weg nach Hause. Mit der Uhr wollte er sich auf seiner Flucht orientieren. Später, so versprach er mir, bekäme ich die Uhr wieder zurück, und tatsächlich erhielt ich mehr als ein Jahr danach ein paar Schnürstiefel von ihm für die Uhr; er brachte sie mir persönlich in mein unterfränkisches Dorf.

Dann ging alles in Windeseile: Weil ich noch jung war, saß ich eines Tages in einem Güterzug, der Richtung Süden rollte. Es war im Juli 1945, ich war gerade achtzehn Jahre alt geworden. Von meinem Vater hatte ich, noch ehe er selber in Gefangenschaft geraten war, über das Rote Kreuz die neue Anschrift meiner Mutter erhalten: das Dorf Löffelsterz bei Schweinfurt am Main, in das ich nun in Freiheit entlassen wurde.

An einem Morgen kam ich, verlaust und verdreckt, ausgemergelt und ausgehungert, in Schweinfurt an. Zu Fuß ging ich die Chaussee zwischen Weinbergen und dem Fluß in Richtung Schonau, von wo der Weg kilometerweit zu dem abgelegenen Dorf in die Berge führte. Das letzte Stück nahm mich – ich sehe es noch vor mir, als wäre es gestern gewesen – ein Gemüsehändler in seinem Fuhrwerk mit. Vor dem Dorf hielt er, ich ging zu Fuß weiter, fragte mich von Hof zu Hof durch. Da, plötzlich, steht eine Frau vor der Tür. Sie läßt den Eimer, den sie in der Hand hält, fallen, schreit auf: »Mein Junge« und weint. So war ich Hitler doch noch entkommen und dem großen Sterben.

Der Rest ist schnell erzählt: Wieder Hunger, auch mitten im Dorf. Umgenähte Uniformteile und Decken als Kleidung. Die Mutter schwer krank, die Ama so leicht und abgehärmt wie ein schwarzer Schmetterling, der Vater im Lager. Der Heimkehrer, trotz allem beinahe noch ein Kind, ohne jede Lebensplanung hörte eines Tages vor einem Radioapparat die stereotypen Worte: »Death by hanging«. Es waren die Urteilssprüche aus Nürnberg gegen »Göring und andere«, die ich bei einem Freund im Nachbardorf verfolgte. Der steckte mir ab und zu eine »Lucky strike« zu, bei ihm hörte ich später vom Sender der US-Armee zum ersten Mal Glenn Miller, die Andrew Sisters, »South of the border«. Allmählich fing ich an, so etwas wie erwachsen zu werden, ein freier Mensch im Frieden, befreit von Hitler, von den Nazis, von der Jugend.

Doch erst viel später, als Journalist, begann ich auch zu begreifen: im Gerichtssaal von Frankfurt, wo Auschwitz verhandelt wurde. Da wurde ich sozusagen zum zweiten Mal erwachsen: Das also ist geschehen, als du noch in den Tag hineingelebt hast. Das also ist durch Deutsche geschehen, durch Menschen wie dich. Und dieser Schock ging tiefer in mein Gedächtnis als alle Angst und Not, die ich erlebt hatte. Er wirkt bis heute.

Kinderszenen im Kriege

RUTH LOAH

Für meinen Sohn Wolf

Während ich versuche, mein lieber Wolf, Dir meine Kindheit zu schildern, fällt mir ein, daß ich, als ich so alt war wie Du heute, monatlich 200 Mark brutto verdiente. Ich wohnte damals in Bonn zur Untermiete und zahlte für meine kleine, circa acht Quadratmeter große Mansarde mit Bett, Kleiderschrank, Tisch, Stuhl, Waschbecken und einem elektrischen Heizofen monatlich vierzig Mark Miete plus Stromkosten. Das WC befand sich eine halbe Treppe tiefer und wurde von weiteren acht Untermietern mitbenutzt. Und um meinen Verdienst zu sparen und mir auch einmal etwas leisten zu können, bin ich jeden Morgen und Abend eine dreiviertel Stunde zu Fuß ins Büro und zurück gegangen.

Ein paar Jahre später – inzwischen verdiente ich doppelt soviel – konnte ich meine erste eigene Wohnung mieten, ein wunderschönes Einzimmerappartement mit Parkettfußboden, Kochnische und Duschbad. Ich konnte es mir aber nur deshalb leisten, weil mir ein Freund zweitausend Mark für Mietvorauszahlung und Möbelkauf geliehen hatte, die ich mit hundert Mark monatlich an ihn zurückzahlte. Ich war überglücklich: das erste Mal in meinem Leben eine eigene Wohnung, eine Haustürklingel, die meinen Namen trug, einen eigenen Briefkasten, ein eigenes Badezimmer und ein eigenes Telefon – unglaublich! Ich war stolz, daß ich es soweit gebracht hatte; denn ich war bisher stets davon überzeugt gewesen, daß es mir wohl kaum jemals gelingen würde, ohne ausreichende Schul- und Berufsausbildung aus den doch sehr ärmlichen Verhältnissen meiner Familie herauszukommen.

Mein Vater wurde 1901 in Hannover als ältester Sohn einer kinderreichen Arbeiterfamilie geboren, die der Sozialdemokratie anhing. Sein Vater war Werkmeister bei der großen Maschinenfabrik Hanomag in Hannover, von der er als Jubiläumsgeschenk eine goldene Taschenuhr bekam, die mein Vater dann bis zu seinem Tod getragen hat und die jetzt meinem ältesten Bruder Ferdinand gehört.

Auch mein Vater hat etwa fünfzig Jahre lang als Facharbeiter bei der Hanomag gearbeitet. Mit fünfzehn fing er als Dreherlehrling an und blieb dort bis zu seiner vorzeitigen Pensionierung im Jahre 1965; 1968 ist er dann gestorben. Er war ein kleiner, drahtiger Mann von ungefähr einssechzig, Brillenträger, hatte extrem ausgebildete »Geheimratsecken«, wirkte immer sehr ruhig und ausgeglichen, trug braun und beige karierte Knickerbocker, war Pfeifenraucher und handwerklich außerordentlich geschickt.

Meine Mutter wurde 1900 in Obernkirchen im Weserbergland geboren und stammte ebenfalls aus einer kinderreichen Familie; sie war die Jüngste. Vor ihrer Heirat hatte sie als »Stütze« in verschiedenen Haushalten gearbeitet. Sie war ein mütterlicher Typ, aber sehr nervös und temperamentvoll. Drei Monate nach dem Tod meines Vaters ist auch sie gestorben.

1929 oder 1930 haben meine Eltern geheiratet. Im Abstand von jeweils eineinhalb Jahren bekamen sie acht Kinder – drei Mädchen und fünf Jungen; zwischendurch hatte meine Mutter noch mehrere Fehlgeburten. Ich wurde 1933 als Drittälteste geboren. Unser Pastor in Hannover-Limmer wollte mich 1934 zunächst nicht auf den Namen Ruth taufen, da das ein jüdischer Name sei – aber meine Mutter hat sich durchgesetzt.

Bis 1941 lebten wir im Hochparterre eines vierstöckigen Neubaus in einer Dreizimmerwohnung mit Badezimmer in Hannover-Limmer, Kesselstraße 19. Das eine der drei Zimmer, das sogenannte Gästezimmer, wurde eigentlich nie benutzt und durfte von uns Kindern nicht betreten werden – es sei denn, eine Tante oder ein Onkel waren von auswärts zu Besuch und übernachteten bei uns. Ich erinnere mich, daß die Weihnachtsgeschenke immer hinter dieser Tür aufbewahrt wurden; ständig versuchten wir, durchs Schlüsselloch zu gukken, um herauszufinden, was sich wohl hinter der Tür verbergen mochte. Nur bei einer Gelegenheit war es uns erlaubt, uns in diesem geheimnisvollen Zimmer aufzuhalten: jedesmal dann nämlich, wenn auf dem Sofa in der Wohnküche ein Kind geboren wurde.

In der relativ großen Wohnküche mit Fenster zum Hof spielte sich der überwiegende Teil des ganzen Familienlebens ab. Außer Kohleherd, Tisch, Chaiselongue, Stühlen, Küchenschrank und Ausguß stand in einer Ecke stets ein Babybett (als Laufstallersatz), in dem das Letztgeborene lag, zeitweise auch noch ein oder zwei kleinere Geschwister, die noch nicht so gut laufen und auf dem Hof spielen konnten. In dieser Küche wurde gekocht, gegessen, gewaschen, Weihnachten gefeiert, wurden Babys geboren – die Hebamme kam ins Haus – und gewickelt, wurden Besucher empfangen und Schularbeiten gemacht.

Das Schlafzimmer war mit einem großen Mahagoni-Ehebett, einem dreitürigen Kleiderschrank mit Spiegel und einem sogenannten Waschtisch ausgestattet. Über dem Bett an der Wand hing – wie damals üblich – ein großes ovales Bild mit reichverziertem, goldfarbenem Rahmen, von dessen oberer Hälfte zwei Putten lieblich lächelnd auf eine Mutter und ihr Baby herabsahen, das nackt auf ein weißes Fell gebettet war. In dem großen Bett schliefen meine Eltern und meine drei Geschwister an Kopf- und Fußende, während für die Jüngsten zwei Kinderbetten hintereinander an der Wand standen.

Den Sommer verbrachten wir überwiegend in unserem in der Nähe befindlichen Kleingarten, wo es Obstbäume, Gemüse und Blumen, eine Wasserpumpe, ein Plumpsklo und einen Kaninchenstall gab. Der Garten lag am Mittellandkanal, an dessen gegenüberliegendem Ufer sich die Conti-Gummifabrik befand; infolgedessen stank es stets mehr oder weniger nach Gummi. Trotzdem sind wir jeden Morgen mit meiner Mutter – Kind und Kegel – zum Garten gegangen und abends spät – die Kleinen waren längst im Kinderwagen oder in der Karre eingeschlafen – nach Hause zurückgekehrt.

Mein Vater war handwerklich sehr geschickt. Er nähte sämtliche Kleidungsstücke für uns auf der Nähmaschine, besohlte unsere Schuhe, verarztete Wunden und tröstete uns, konnte ausgesprochen gut malen und sticken. Zu Weihnachten hat er für uns Holzspielzeug angefertigt. Ich erinnere mich an ein großes Puppenhaus mit vollständig eingerichteten Zimmern und Beleuchtung – vor den winzigen Fenstern hingen sogar Gardinen-, auch an einen Kaufmannsladen mit vielen kleinen Schubladen für Zucker, Salz, Mehl und so weiter.

Eines der schönsten Geschenke von ihm war ein übergroßer, schwerer Schlitten von circa 1,50 Meter Länge, auf dem wir bequem zu viert oder fünft Platz hatten. Als ich einmal verbotenerweise mit meinem jüngeren Bruder Gustav auf diesem Monstrum unseren kleinen Schlittenberg hinuntergesaust bin, landeten wir in einem kaputten Drahtzaun, weil wir das riesige Gefährt gar nicht unter Kontrolle halten konnten. Wir waren sehr klein, gingen noch nicht zur Schule. Gustav hatte ein kleines Loch in der Stirn, das stark blutete, und ich mußte mich sehr anstrengen, den Schlitten mit dem schreienden Gustav nach Hause zu ziehen. Zur Strafe mußte ich mal wieder den Rest des Tages im dunklen Keller verbringen.

Eines Abends kam meine Mutter aufgeregt ins Schlafzimmer gelaufen und rief: »Wir haben Krieg!« Ich wußte zwar nicht, was das bedeutete, aber ich hatte Angst. In den folgenden Tagen und Wochen bekamen alle Fenster dunkle Rollos, die jeden Abend heruntergezogen sein mußten, bevor das Licht angeknipst wurde, und ein Luftschutzwart hatte darauf zu achten, daß kein Lichtschimmer von außen sichtbar war. Bald darauf gab es den ersten Fliegeralarm. Wir liefen alle in den Keller, wo sich – für den Fall einer Verschüttung – ein Luftschutzraum mit einem Durchbruch in den Keller des Nebenhauses befand. Wir hörten das laute Dröhnen der nahen Flakgeschütze, die auf dem Dach der Conti-Fabrik standen, und hatten furchtbare Angst. Alles hörte sich unheimlich an, drohend.

Erst viele Jahre nach dem Krieg hat mein Vater mir erzählt, daß er in den dreißiger Jahren zusammen mit August Holweg in einer Widerstandsgruppe tätig war. Holweg und mein Vater kannten sich aus der Hanomag, wo Holweg als Dreher und sozialdemokratischer Vertrauensmann tätig war. Außerdem war er vor 1933 Vorsitzender der Sozialdemokratischen Arbeiterjugend in Hannover gewesen; 1945 wurde er dann – als Nachfolger Kurt Schumachers – Vorsitzender des SPD-Ortsvereins und 1956 sogar Oberbürgermeister von Hannover.

Mein Vater hat mir auch geschildert, wie Anfang der dreißiger Jahre sozialdemokratische Wahlveranstaltungen von Männern der nationalsozialistischen Sturmabteilung SA überfallen wurden; Willi Großkopf, ein enger Freund der Familie, verlor bei solcher Gelegenheit sein Leben. Viele andere Sozialdemokraten wurden verletzt; unter ihnen auch der damalige Reichstagspräsident Richard Partzsch, Vater des späteren niedersächsischen Sozialministers.

Weiter hörte ich von meinem Vater, daß er eines Nachts – wahrscheinlich 1937 oder 1938 – mit einem Freund an einen hohen Bretterzaun der Kesselfabrik gegenüber unserer Wohnung mit weißer Ölfarbe und dickem Pinsel in großen Druckbuchstaben geschrieben hat: »Lieber tot als Sklave!« Ich selbst erinnere mich deutlich, daß meine Mutter am Morgen, als sie den Spruch am Zaun entdeckte, immer wieder aufgeregt rief: »Was soll nur aus uns werden? Sie werden uns alle einsperren! Das überleben wir nicht!« Gott sei Dank wußte Mutter damals nicht, daß mein Vater der Urheber der Sache war; allein die Tatsache, daß der Spruch unserer Wohnung genau gegenüber prangte, brachte sie aus der Fassung: die Nazis könnten ja denken, daß wir dafür verantwortlich seien oder zumindest beobachtet hätten, wer es getan hatte.

Meine Eltern haben sich gewundert, daß befreundete jüdische Familien plötzlich spurlos verschwanden. Sie wußten allerdings nur, daß einige davon Deutschland verlassen wollten, und kauften ihnen etwas von dem Silbergeschirr ab, das sie zum Kauf anboten, weil sie Geld für die Reise brauchten. Einmal haben sie durch unseren Türspion auch beobachtet, wie ein Nachbar und seine Familie im Morgengrauen von zwei in Ledermäntel gekleideten Männern – es war die Gestapo – abgeholt wurden; man hat nie wieder etwas von ihnen gehört oder gesehen. Allgemein war lediglich bekannt, daß diese Menschen in ein Arbeitslager gebracht wurden; im Laufe der Kriegsjahre sickerte jedoch durch, daß die sogenannten Arbeitslager in Wahrheit Konzentrationslager waren und daß die dort Internierten umgebracht wurden; auch ich habe – etwa als Zehnjährige – davon erfahren. Die Leute wußten, daß es ein KZ in der Lüneburger Heide gab (wahrscheinlich meinten sie Bergen-Belsen); außerdem ging in unserem Viertel das Gerücht, daß Seife, die wir damals bekamen – sie stank bestialisch und schäumte überhaupt nicht –, aus verbrannten Menschenknochen hergestellt worden sein soll.

Einmal in der Vorweihnachtszeit wurden Eltern mit vielen Kindern von Hermann Göring zu einer Weihnachtsfeier in eine Villa in Hannover eingeladen, darunter auch mein Vater und meine Mutter. Bepackt mit großartigen Geschenken für jeden von uns kamen sie zurück, und meine Mutter war ganz begeistert von Hermann Göring, weil er doch so ein charmanter und stattlicher Mann sei.

Ostern 1940 kam ich in Hannover-Limmer in die Schule. In diesem Jahr gab es häufig Fliegeralarm und Bombenangriffe, so daß wir drei »Großen« für Wochen und Monate entweder zu Verwandten aufs Land oder in die Kinderlandverschickung gegeben wurden. Allgemein kamen schulpflichtige Kinder bis zum zehnten Lebensjahr zu fremden Leuten, in Privathaushalte aufs Land; die älteren wurden zum Teil in beschlagnahmten Hotels untergebracht. Wir sollten dort im Sinne Hitlers erzogen werden, dennoch waren die Eltern zunächst froh über die Kinderlandverschickung, weil sie ihre Kinder aus den gefährdeten Großstädten herausbrachte.

Ich war sechs Jahre alt, als ich im Herbst 1940 in einen mit Kindern überfüllten Zug verfrachtet wurde. Wir alle hatten ein Schild mit Namen und Adresse um den Hals. Gesessen und geschlafen habe ich während der nicht enden wollenden Fahrt auf einem großen braunen Pappkoffer, den ich allein nicht hätte tragen können. Ich wußte nicht, wohin die Reise ging; nur, daß ich für einige Zeit bei fremden Leuten leben und zur Schule gehen sollte – ohne Alarm und ohne Bombenangriffe. Als wir endlich müde und hungrig am Ziel waren und frierend auf einem Bahnsteig standen, kamen Leute, die sich unsere Namensschilder ansahen, und schließlich wurde auch ich von einem Ehepaar mitgenommen, bei dem ich ein dreiviertel Jahr leben sollte. Ich befand mich in Tulln in Österreich. Die Leute wohnten ausgesprochen beengt mit Tochter, Schwiegersohn und Enkelin in einer kleinen Vierzimmerwohnung ohne Bad; so schlief ich in der Küche auf dem Sofa. Der Schwiegersohn war Abgeordneter und nur an den Wochenenden zu Hause – er muß wohl ein Nazi gewesen sein.

Eines Sonntags, wir saßen alle in der Wohnküche beim Essen, unterhielten sich die Erwachsenen über den Krieg. Ich sagte ganz spontan: »Wir werden den Krieg ja doch verlieren.« Die Erwachsenen waren empört, entsetzt und aufgebracht über meine Äußerung. Sie schärften mir ein, daß ich so etwas nie wieder sagen dürfte, und was mir wohl einfiele, nicht an den Sieg zu glauben! Aber wie sollte ich ihnen erklären, daß ich mit meiner Äußerung genau das Gegenteil herbeiwünschte? Denn ich habe als Kind fest daran geglaubt, daß ein Wunsch in Erfüllung geht, wenn man genau das Gegenteil sagt.

Manchmal haben mich meine Gastgeber auch mit ins Kino genommen. Während die Wochenschau lief, sollte ich mir immer wieder die Augen zuhalten. Ich tat wie befohlen, habe aber doch ab und zu zwischen den Fingern durchgeblinzelt und auf der Leinwand lange Reihen dicht an dicht auf der Erde liegender, bis aufs Skelett abgemagerter Leichen gesehen. Ich konnte nicht verstehen, warum ich mir das nicht angucken sollte.

Als ich im Spätsommer 1941 von Österreich nach Hannover zurückverfrachtet wurde, waren meine Eltern umgezogen, und zwar nach Hannover-Linden, Fannystraße 1. Als ältester Sohn hatte mein Vater von seinem inzwischen verstorbenen Vater das alte Haus geerbt, in dem er selbst seine Kindheit verbracht hatte. Ich kam in die Fröbel-Schule, eine Volksschule, aber der Unterricht war sehr unregelmäßig und wurde bei Alarm zum Teil im Keller des Gebäudes notdürftig abgehalten.

Bis 1923 war Linden eine eigenständige Industrie- und Arbeiterstadt gewesen. Die Fannystraße war in ganz Hannover bekannt und berüchtigt. Früher hatte es dort oft erbitterte Kämpfe mit benachbarten Straßen gegeben; dann durfte niemand wagen, durch das Viertel zu gehen, der nicht dort wohnte. Am Ende der Straße befand sich ein Verschiebebahnhof, auf dem die Güter vom Lindener Hafen, ein Stichkanal des Mittellandkanals, in Waggons geladen und zu Güterzügen zusammengestellt wurden.

Das Haus, in dem wir nun lebten, mußte wohl in der Mitte des vorigen Jahrhunderts gebaut worden sein; es war – wie alle Nachbarhäuser auf unserer Straßenseite auch – ursprünglich für die Vorarbeiter und Werkmeister der nahegelegenen Spinnerei bestimmt gewesen. Mein Großvater, der nicht in der Spinnerei gearbeitet hat, muß es 1900 gekauft haben; es war ein Doppelhaus mit einem gemeinsamen Eingang in der Mitte, die Räume waren winzig. Die andere Hälfte hatte meinem Großonkel Wilhelm gehört, der sie jedoch kurz nach Kriegsausbruch heimlich an einen Zigeuner verkauft hatte; er selbst war zu seiner Tochter gezogen.

Die Häuser auf unserer Straßenseite sahen ganz hübsch aus: aus roten Klinkern gebaut und alle von einem winzigen Vorgarten mit Holzzaun umgeben. Auf der anderen Straßenseite befanden sich triste, graue Spinnerei-Wohnblocks ohne jeglichen Komfort. Je vier Familien hatten dort zusammen einen einzigen Wasserhahn im Flur und im Hof ein gemeinsames Plumpsklo. In diesen Slums wohnten fast nur kinderreiche Familien, in deren Augen wir die sogenannten »besseren Leute« waren, weil wir der anderen Straßenseite angehörten.

Wir lebten jetzt – 1942 – zu zehnt in sieben winzigen Räumen auf insgesamt etwa vierzig Quadratmetern Wohnfläche. Das Familienleben fand in der höchstens neun Quadratmeter großen Wohnküche statt, die anderen Räume waren vollgestopft mit Betten und Schränken.

Nach dem großen Luftangriff auf Hannover im Oktober 1943 haben meine Eltern dann außerdem noch Tante Emmi aufgenommen, die älteste Schwester meiner Mutter, die in der Hannoveraner Altstadt ausgebombt worden war und meinem Vater ein paar Jahre zuvor, als er das Haus erbte, Geld geliehen hatte, damit er seine Geschwister auszahlen konnte. Tante Emmi bekam zwei kleine Zimmer im ersten Stock ohne Wasseranschluß, danach lebte die Familie in den restlichen fünf Zimmern von insgesamt etwa dreißig Quadratmetern. Das WC, das die meiste Zeit verstopft war, befand sich in einer Holzbaracke auf dem Hof; statt Klopapier hingen Zeitungen an der Wand. Und wie in der Kesselstraße, so auch in der Fannystraße: In unserer Wohnküche wurde gekocht, gegessen, Wäsche auf einem Waschbrett in einer Zinkwanne gewaschen und über dem Kohleherd getrocknet, gebügelt, Schularbeiten gemacht, Babys gewickelt; hier wurde auch Radio gehört, hier wurden Besucher empfangen. Morgens wuschen wir uns in einer Waschschüssel, alle im selben Wasser; Zahnbürsten gab es nicht. Einmal in der Woche – meistens am Sonntagmorgen – wurden wir Kinder der Reihe nach in der Zinkwanne gebadet, wiederum alle im selben Wasser. Mein Vater hat uns abgetrocknet, die Finger- und Fußnägel geschnitten und – wenn es nötig war – die Haare gestutzt. Meine Brüder bekamen einen besonderen Haarschnitt, den wir »Glatze mit Vorgarten« nannten, denn der Kopf wurde kahl rasiert, und nur über der Stirn blieb ein kleiner Haarschopf hängen, der als Pony die Stirn bedeckte.

Als die Luftangriffe immer häufiger wurden, haben wir uns abends vollständig bekleidet auf die Betten gelegt, damit wir uns bei Voralarm möglichst schnell auf den Weg zum Bunker machen konnten, um dort vielleicht noch einen Sitzplatz zu bekommen. Meine Mutter schob dann den Kinderwagen, in dem zwei Babys lagen; über dem Fußende des Wagens hatte mein Vater ein schmales Brett montiert, auf dem ein Kleinkind saß, das noch nicht richtig laufen konnte, und rechts und links mußten sich zwei andere kleine Geschwister festhalten und nebenher laufen. Nachts blieben mein Vater und mein geistig und körperlich behinderter Bruder Klaus zu Hause; Klaus war 1939 geboren und im Säuglingsalter durch eine Hirnhautentzündung geschädigt worden, daß er bis zu seinem Tod mit zwanzig Jahren nicht gehen, stehen oder sitzen und auch nicht sprechen konnte. Oft war es so, daß in dem Moment, wenn wir beim Bunker ankamen, bereits Entwarnung gegeben wurde; wir konnten wieder nach Hause gehen. Dort angekommen, gab es dann plötzlich ohne Vorwarnung wiederum Vollalarm, gleichzeitig fielen auch schon die ersten Bomben. Dann stauten sich oft viele Menschen vor dem engen Eingang zum Bunker, und es ist vorgekommen, daß dabei jemand totgetrampelt worden ist. Aber jedesmal war es ein wunderbares und zugleich schauriges Schauspiel: der dunkle Nachthimmel plötzlich hell von zahlreichen Suchscheinwerfern und unzähligen, von feindlichen Flugzeugen gesetzten, grün leuchtenden Magnesiumfackeln (sogenannten »Christbäumen«) und großen roten Leuchtkugeln. Die Nacht war zum Tag geworden, die Bomberverbände konnten ihre Geschosse gezielt abwerfen.

Viele Familien sind – unabhängig davon, ob Alarm gegeben worden war oder nicht – jeden Abend in den Bunker gegangen und haben die Nacht auf Bänken und Pritschen verbracht. So lebten dort im Laufe der Kriegsjahre immer mehr Menschen, die ihre Wohnungen durch Bomben verloren hatten, unter entsetzlichen Bedingungen, und da meine Eltern es auf die Dauer unmöglich fanden, mit ihren kleinen Kindern viele Stunden in einem von Menschenmassen überfüllten Bunker zu verbringen, sind wir schließlich in unseren eigenen Kohlenkeller gegangen. Er war so klein, daß er mit der Kartoffel- und der

Kohlenkiste fast ausgefüllt war. Die Kleinen und der Kranke wurden auf die Kisten gebettet, während wir anderen dicht gedrängt auf Hokkern und Stühlen saßen. Meine Mutter stülpte sich jedesmal, wenn man die Bomben durch die Luft sausen hörte, eine Kaffeemütze über Kopf und Ohren, damit sie die Einschläge nicht hören mußte; gleichzeitig schrie sie uns zu: »Ihr müßt den Mund aufreißen, damit euch das Trommelfell nicht platzt!« So saßen wir dann alle da mit aufgerissenen Mäulern und ängstlichen Augen, meine Mutter mit der Kaffeemütze auf dem Kopf. Mein Vater blieb der ruhende Pol, der unsere Ängste dämpfte. Während der nächtlichen Angriffe ging er immer wieder nach oben und kontrollierte das Haus. Bei solcher Gelegenheit stellt er einmal fest, daß eine Brandbombe auf dem Dachboden lag, zwei weitere, die im Vorgarten niedergegangen waren, hatten unseren Holzzaun in Brand gesetzt. Mit Hilfe meiner beiden älteren Geschwister konnte er das Feuer jedoch schnell löschen.

Wenn das Bombardement vorüber war, sind die größeren Jungen in unserer Straße – auch mein ältester Bruder Ferdinand – jedesmal losgelaufen, um Granatsplitter zu suchen, die untereinander getauscht wurden. Sie sahen wunderschön bizarr aus und schillerten in allen Regenbogenfarben.

Nach einem Bombenangriff, der nicht nachts, sondern tagsüber erfolgt war, hörten wir, daß auch die Hanomag etwas abbekommen hatte, und wir Älteren rannten los, um herauszufinden, was mit unserem Vater sei. Viele Leute standen vor dem Eingangstor der Fabrik und warteten auf ihre Angehörigen, während ringsherum die vierstökkigen Häuser brannten oder eingestützt waren. Spät abends kam unser Vater dann nach Hause und konnte uns alles ganz genau erzählen. Es hatte viele Tote und Schwerverletzte unter seinen Kollegen gegeben, und als Sanitäter hatte er geholfen, die Verletzten notdürftig zu verarzten.

Im Spätsommer 1942 haben mich meine Eltern zum Bruder meiner Mutter in ein Dorf zwischen Obernkirchen und Stadthagen gegeben, wo alle Geschwister meiner Mutter mit ihren Familien lebten. Ich kam nun in eine einklassige Dorfschule; wir waren etwa fünfundzwanzig Kinder von sechs bis vierzehn Jahren und wurden alle in einem Raum unterrichtet. In dieser Schule mußte ich mich auch auf die lateinische Schreibweise umstellen; in Hannover hatten wir die Sütterlin geschrieben. Der Lehrer hielt uns außerdem dazu an, alle Leute, denen wir im Dorf begegneten, mit »Heil Hitler« zu grüßen. Das fanden wir albern, haben es aber doch getan und jedesmal dabei gekichert, denn wir fanden es zu komisch, die Bauern und Bäuerinnen, wenn sie gerade von der Feldarbeit kamen, mit »Heil Hitler« zu grüßen. Sonst aber habe ich aus dem Dorf keine nationalsozialistischen Einflüsse in Erinnerung.

Mein Onkel und meine Tante waren als Erzieher ebenso fürsorglich wie streng. Die Strafe meiner Tante – wenn ich zum Beispiel ein Loch im Strumpf oder die Absätze meiner Schuhe schiefgelaufen hatte – bestand immer darin, daß ich seitenweise aus der Bibel vorlesen mußte, eine Strafe, die ich als besonders schlimm empfand, weil ich große Schwierigkeiten beim Lesen und Schreiben hatte.

Und wenn ich ein Diktat mit vierzig Fehlern nach Hause brachte oder eine meiner kleinen Pflichten im Haushalt vergessen hatte, gab es Schläge mit dem Rohrstock, entweder von meinem Onkel oder von meinem Cousin, der damals neunzehn Jahre alt war.

In der Erntezeit mußte ich bei einem Großbauern auf dem Feld helfen. Sonntags vormittags nahm mich meine Tante, die eine strenggläubige Christin ist, in die Dorfkirche zum Gottesdienst mit, und am Nachmittag ging ich, diesmal allein, auch noch zum Kindergottesdienst. Meine Tante hat auch sehr darauf geachtet, daß ich vor dem Einschlafen laut ein Gebet aufsagte; geschlafen habe ich dann zwischen Tante und Onkel im Ehebett. In dieser Zeit hat sich mir ein anderer Onkel, der in der Nähe wohnte, mehrmals in furchterregender Weise und unter Drohungen sexuell genähert. Ich hatte schreckliche Angst vor ihm. Deshalb bin ich im Sommer 1943 – damals war ich neun Jahre alt – einfach weggelaufen; ich wollte wieder nach Hause. Diese Flucht hatte ich lange vorher geplant.

Jeden Mittag mußte ich mit einer Milchkanne ins Dorf gehen, um bei einem Bauern frische Milch zu holen, und ich wußte, daß um 14 Uhr der »Bummelzug« – eine Kleinbahnverbindung zwischen Rinteln und Stadthagen – in unserem Dorf hielt. Am Tage der Flucht ging ich nun mit der Milchkanne in der Hand ins Dorf und stellte sie beim Bauern in die Scheune. Meine Spardose hatte ich bei mir. Am

Bahnhof habe ich darauf eine Fahrkarte nach Stadthagen gelöst – nicht nach Hannover, denn ich dachte: falls meine Verwandten nachfragen, können sie nur in Erfahrung bringen, daß ich nach Stadthagen gefahren bin. Von dort aber hatte ich schnell Anschluß nach Hannover. Als ich dort jedoch eintraf, war gerade Fliegeralarm, so daß ich erst einmal in den Bahnhofsbunker gehen mußte, der mit ausgebombten Familien, die dort unter entsetzlichen Bedingungen lebten, überfüllt war. Es stank und war schmutzig, die Luft war stickig. Ich hatte Angst.

Als nach scheinbar endloser Zeit Entwarnung gegeben wurde, ging ich zu Fuß nach Linden in die Fannystraße. Meine Mutter freute sich, als ich plötzlich in der Tür stand und sagte: »Gott sei Dank, daß du da bist.« Sie hatte bei einem Besuch wohl gemerkt, daß ich Angst hatte, hatte damals aber nicht gewagt, nach der Ursache zu fragen.

Meine Verwandten hatten natürlich große Sorgen, als ich verschwunden war. Ein oder zwei Tage später, ich lag schon im Bett und schlief, wurde ich von einer lauten Auseinandersetzung geweckt und erkannte die Stimme meines Onkels. Meine Mutter kam ins Schlafzimmer und wollte mich in die Wohnküche holen; doch ich weigerte mich, mitzugehen.

Ein paar Wochen später, im Herbst 1943, als ich zehn Jahre alt geworden war, kam ich abermals in die Kinderlandverschickung, diesmal in ein Lager in Bad Lauterberg im Harz. Ich hatte von meiner älteren Schwester Lotti gehört – sie war damals schon in verschiedenen KLV-Lagern gewesen –, daß es ihr dort gut gefiel; sie fühlte sich wohl. So freute ich mich, endlich auch in solch ein richtiges Lager kommen zu können. Der Staat hatte alle größeren Hotels im Harz für die Kinder beschlagnahmt, die nun aus den norddeutschen Großstädten hierherkamen. Es gab Schulunterricht von ausgebildeten Lehrkräften, die uns vormittags jahrgangsweise unterrichteten; nachmittags konnten wir gemeinsam in einem Aufenthaltsraum unsere Schularbeiten machen. Ich bekam sofort eine BDM-Uniform: schwarzer Rock, weiße Bluse, schwarzes Dreiecktuch mit geflochtenem Lederknoten. Nun gehörte ich endlich auch zu den »großen« Mädchen, die eine Uniform tragen durften. Ich war sehr stolz.

Als meine Schwester Lotti hörte, daß ich in Lauterberg war, ließ sie sich von ihrem KLV-Lager in Bad Harzburg in mein Lager versetzen, und schließlich haben wir es sogar geschafft, mit vier anderen Mädchen im selben Zimmer untergebracht zu werden. Ende 1944 wurde das Lager in Bad Lauterberg dann allerdings aufgelöst, denn die feindlichen Truppen standen inzwischen schon in der Normandie. Wir kamen jetzt alle nach Altenau, tiefer in den Harz hinein; Lotti aber mußte zurück nach Hannover, weil mein Vater zum Volkssturm eingezogen worden war und meine Mutter zu Hause Hilfe brauchte. In Altenau bekamen wir wieder andere Lehrer, auch die Lagerleitung war jetzt eine andere. Der Unterricht dagegen war ähnlich organisiert wie zuvor, und es gab dort ebenso BDM-Führerinnen wie in Bad Lauterberg.

Abends wurde manchmal gesungen und Theater gespielt. Ein Chor wurde gegründet, der von einer BDM-Führerin geleitet wurde; sie muß Anfang zwanzig gewesen sein, nannte sich Hauptlager-Mädelringführerin und soll eine Musikstudentin gewesen sein. Unsere Zimmer wurden jeden Morgen von der Lagerleitung kontrolliert. Es gab eine Stubenälteste, die mit »Heil Hitler« grüßen und Meldung machen mußte, während wir anderen ebenfalls mit erhobenem Arm neben unseren Betten standen. Nach der Meldung wurde das ganze Zimmer inspiziert: Betten, Spinde, Zahnbürsten und so weiter, und war irgend etwas nicht ordentlich an seinem Platz, wurde alles aus den Spinden und den Betten herausgerissen und auf den Boden geworfen. Anschließend mußten wir alles wieder einordnen und die Betten neu »bauen«.

In jedem Zimmer lag ein kleines Heft auf dem Tisch, in das die Lagerleitung jeden Tag Punkte eintrug, je nach Zustand des Zimmers waren es bis zu sechs. Dasjenige Zimmer, das am Wochenende die meisten Punkte gesammelt hatte, erhielt einen Preis; wir durften dann nachmittags mit Kuchen und Brause feiern. Als unser Zimmer einmal das beste war, bekamen wir ein Adolf-Hitler-Bild, um es an unsere Wand zu hängen, die Mädchen des zweitbesten Zimmers dagegen wurden mit einem fabelhaften Spiel belohnt – ich weiß nicht mehr, worum es sich genau handelte. Ich weiß nur, daß wir die anderen sehr beneidet haben, und wir nahmen uns vor, nie wieder »bestes Zimmer« zu werden, denn das Hitler-Bild empfanden wir fast als Strafe, wir konnten nichts damit anfangen.

Insgesamt kann ich sagen, daß ich mich in beiden KLV-Lagern wohl gefühlt habe. Das Gemeinschaftsleben gefiel mir sehr gut. Wir lernten Disziplin, Ordnung, Sauberkeit, Zuverlässigkeit, Pünktlichkeit und Gehorsam. In Altenau zum Beispiel mußten wir vor dem Frühstück auf dem Flur zum Appell antreten; es wurde kontrolliert, ob die Hände und Fingernägel sauber, die Strümpfe heil, Ohren und Hals gewaschen waren und ob wir saubere Unterwäsche anhatten. Das war zwar alles sehr lästig, gehörte jedoch im Laufe der Zeit einfach zum täglichen Leben. Und morgens mußten ein paar von uns abwechselnd in »Kluft« vor dem Haus zum Fahnenappell antreten.

Ich glaube nicht, daß in dieser Zeit typisch nationalsozialistische Erziehungseinflüsse auf mich eingewirkt haben. Disziplin, Ordnung, Sauberkeit, Pflichtbewußtsein und Zuverlässigkeit waren für mein weiteres Leben nur von Vorteil. Und absoluten Gehorsam hatten auch meine christlichen Verwandten von mir verlangt, es gab keinen Widerspruch, so war das eben früher. Absolute Gehorsamkeit aber empfinde ich noch heute als eine sehr negative Prägung; sie ist so tief verwurzelt, daß man auch Jahre später noch große Schwierigkeiten hat, seine eigene Meinung zu äußern und zu widersprechen.

Kurz vor Kriegsende wurde dann auch das Lager in Altenau aufgelöst: Innerhalb einer Stunde mußten wir unsere Sachen packen und mit dem letzten Zug aus dem Harz in Richtung Heimat fahren. Wir haben zusammengerafft, was möglich war, und es in zerschlissene Pappkartons oder alte Säcke gestopft, wobei wir vieles auch zurücklassen mußten, da es nicht genug Verpackungsmöglichkeiten gab. In Göttingen oder in Goslar – ich weiß es nicht mehr so genau – mußten wir umsteigen und versuchen, einen Anschlußzug zu bekommen. Hier trennten wir Mädchen uns, weil jede in eine andere Richtung fuhr.

Die Situation war das reinste Chaos. Aber irgendwie bin ich schließlich doch in Hannover angekommen, ich glaube, ich war einen ganzen Tag unterwegs. Zuerst ging ich in den Bahnhofsbunker, weil gerade Fliegeralarm gegeben wurde. Als ich mich schließlich über Trümmerberge auf den Weg zur Fannystraße machen konnte, wurde ich unterwegs immer wieder von Frauen angesprochen und gefragt, woher ich käme und ob ich vielleicht ihre Tochter kennte und ob die wohl auch unterwegs sei. Als ich einmal erzählte, daß ich nach Linden zur Fannystraße wollte, sagte mir jemand: »Da brauchst du gar nicht erst hinzugehen, da ist alles dem Erdboden gleich, Linden existiert überhaupt nicht mehr.« Ich bin trotzdem weitergegangen und war erleichtert, als ich unser Haus noch stehen und den größeren Teil der Fannystraße nicht in Trümmern liegen sah.

Außer meinem Vater waren wir inzwischen alle wieder zu Hause. Eines Tages kamen meine beiden Brüder Gustav und Ferdinand mit Bergen von Lebensmitteln in die Wohnung, und natürlich war die Freude im ersten Moment sehr groß. Als die beiden aber erzählten, daß sie Lebensmittelkarten gefunden und darauf eingekauft hätten, bekam meine Mutter einen hysterischen Anfall. Sie wußte – und wir anderen wußten es auch –, daß diese Lebensmittelkarten gefälscht und von alliierten Flugzeugen über Hannover abgeworfen worden waren, um die strenge Rationalisierung zu unterwandern. Obwohl wir alle Hunger hatten, hat meine Mutter darauf bestanden, daß die Lebensmittel sofort aus dem Haus kamen; meine Brüder sollten sie vernichten. Tatsächlich jedoch haben sie sich draußen in einer Kellerruine verkrochen und alles aufgegessen.

Kurz vor Kriegsende stand eines Tages unser Vater völlig heruntergekommen vor der Tür. Er war mit zwei anderen Kameraden desertiert, einer von ihnen ein Offizier. Seine Uniform haben wir auf unserem Hof im Gully versteckt. Da er sich nicht ordnungsgemäß anmelden konnte, bekam er auch keine Lebensmittelkarte; ein Bekannter erzählte ihm jedoch, daß an bestimmten Tagen ein bestimmter Mann – möglicherweise ein alter Sozialdemokrat – in der Ausgabestelle für Lebensmittelkarten sitze, wenn mein Vater zu ihm gehe, könne er sich anmelden und bekomme überdies auch seine Karte. So ist es dann auch geschehen.

In den letzten Märztagen hörten wir in der Ferne dumpfen Kanonendonner, der von Tag zu Tag näher rückte. Wir wußten, demnächst würden die Engländer oder Amerikaner in Hannover einmarschieren, und wir hofften, Hannover würde kampflos übergeben werden. Als sich herumgesprochen hatte, daß die Amerikaner unmittelbar vor der Stadt ständen, sind wir alle in den Keller gegangen und haben ängstlich abgewartet, was auf uns zukommen würde, gefaßt darauf, ganze

Tage dort unten verbringen zu müssen; deshalb hatte mein Vater auch unseren kleinen Kanonenofen mitgenommen. Nachts hörten und sahen wir deutsche Soldaten auf dem Rückzug. Es war der 8. oder 9. April 1945.

Die Leute auf der gegenüberliegenden Straßenseite, die vor 1933 fast alle Kommunisten gewesen waren, hatten rote Stoffteile als Fahnen aus ihren Fenstern gehängt, einzelne sogar richtige Fahnen mit Hammer und Sichel. Zu uns haben sie immer wieder gesagt: »Wartet ihr man ab, bis die Russen kommen, dann könnt ihr was erleben. Wir sind ja Kommunisten, uns tun sie nichts.« Auf unserer Straßenseite hingen überwiegend weiße »Fahnen«.

Am nächsten Morgen kam jemand zu uns in den Keller gelaufen und rief: »Ihr könnt raufkommen, die Amerikaner sind da, sie tun uns nichts.« Als wir uns endlich nach draußen wagten, sahen wir, wie ein endloser Konvoi von Panzern, Jeeps und Lkws aus westlicher Richtung die Limmerstraße entlang in Richtung Innenstadt fuhr. Auf den Bürgersteigen rechts und links standen dicht gedrängt die Menschen und jubelten den Soldaten zu; diese winkten zurück und warfen Schokolade und Kaugummi zu uns herunter. Plötzlich hörten wir einen Schuß. Manche Soldaten verschwanden sofort in ihren Panzern, die anderen hielten ihre MPs schußbereit. Alle Fahrzeuge, einschließlich Panzer, verschwanden in wenigen Minuten in den engen Nebenstraßen, und die Menschen, die eben noch gejubelt hatten, liefen panikartig in ihre Häuser und sahen ängstlich hinter ihren Gardinen hervor. Gott sei Dank passierte weiter nichts. Alles blieb ruhig.

Die kommenden Wochen und Monate waren schlimm: Bis zum Sommer gab es kein Trinkwasser und nur einige Stunden am Tag Gas und Strom. Hannover war von weit über achtzig Bombenangriffen über die Hälfte zerstört. Der Schwarzmarkt blühte. In unserer Umgebung kam es zu Raubüberfällen, Totschlag, Alkoholismus und Prostitution.

In ganz Hannover waren nur vier Schulen von den Bomben verschont geblieben; dazu gehörte auch unsere Fröbel-Schule. Weil es aber keine Lehrkräfte gab und in den Schulen obdachlose Familien lebten, war an einen Unterricht vorerst nicht zu denken; erst im Sommer 1946 etwa konnte wieder ein geregelter Schulunterricht stattfinden. Aber die Schule war jetzt von Flöhen, Wanzen und Läusen verseucht.

Wir kamen probeweise in die Klassen, die unserem jeweiligen Alter entsprachen, und wer es dort nicht schaffte, wurde ein oder zwei Klassen zurückgestuft. In diese Schule ging ich bis Ostern 1948, da war ich vierzehn Jahre alt. Aber auch in den knapp zwei Jahren, die ich dort Schülerin war, gingen mir noch einmal ein paar Monate Unterricht durch einen Unfall verloren; ich brach mir den Oberschenkelhals. Insgesamt bin ich daher nur etwa sechs Jahre zur Schule gegangen.

Mein Vater wurde gleich nach dem Krieg wieder als Kassierer ehrenamtlich für die SPD tätig; einmal im Monat ging er abends oder am Wochenende von Haus zu Haus und kassierte Mitgliederbeiträge.

1946 besuchte ihn ein sozialdemokratischer Freund und schlug ihm vor, daß meine älteste Schwester Lotti, damals sechzehn Jahre alt, doch beim Parteivorstand der SPD in der Odeonstraße als Laufmädchen arbeiten könnte, wo sie dann jeden Mittag neben vielen anderen Dingen Milch und einen kleinen Imbiß für Kurt Schumacher besorgte. 1946/47 wurde sie Mitglied der sozialdemokratischen Jugendgruppe »Die Falken«, in die später auch ich eingetreten bin. An den Wochenenden machten wir lange Fahrradtouren, und im Sommer verbrachten wir die Ferien in großen Zeltlagern im Harz oder in der Lüneburger Heide.

Ab 1946 bekamen wir regelmäßig Care-Pakete mit Lebensmitteln und Kleidung aus den USA. Später haben wir erfahren, daß entfernte Verwandte meines Vaters, die lange vor dem Krieg nach Amerika ausgewandert waren, das veranlaßt hatten. In diesen Paketen befanden sich Lebensmittel, die wir noch nie vorher gegessen hatten; die Zigaretten und den Bohnenkaffee haben wir auf dem schwarzen Markt gegen Lebensmittel eingetauscht, denn bei uns zu Hause wurde nur Muckefuck getrunken.

1947 wurde ich in der Bethlehem-Kirche in Hannover-Linden konfirmiert. Ein Jahr lang mußten wir einmal die Woche zum Konfirmandenunterricht bei Pastor Brüdern, der bei den Familien seiner Schüler auch regelmäßig Hausbesuche machte. Bei solcher Gelegenheit erzählte ihm meine Mutter einmal – ich stand hinter der

Tür und horchte –, daß wir eine Bibel besäßen und sie in Ehren hielten. Ich sollte sie holen und dem Pastor zeigen. Ich ging zwar los, wußte aber, daß nur noch einzelne Blätter davon existierten, denn wir Geschwister hatten uns abends, wenn wir im Bett lagen, gegenseitig daraus vorgelesen, da es sonst bei uns keine Bücher gab und die Geschichten der Bibel ungemein spannend waren. So kehrte ich in die Wohnküche mit einer einzelnen Seite in der Hand zurück und sagte: »Ich kann nur noch ein Blatt finden.« Meiner Mutter war das außerordentlich peinlich.

Dieses Ereignis erinnert mich an ein anderes Erlebnis, das unsere Mutter als peinlich empfand. Ende der dreißiger Jahre sollte sie das »Mutterkreuz« bekommen. Sie wurde in irgendeine Dienststelle zitiert und erfuhr, daß sie sehr stolz darauf sein könne, dieses Kreuz zu tragen, zum Dank dafür, daß sie dem Deutschen Reich so viele Kinder geboren habe. Meine Mutter war empört und erwiderte, daß sie die Kinder nicht für Hitler geboren hätte, sondern weil sie selbst sie gewollt habe. Und daß sie das »Mutterkreuz« niemals tragen würde. Man hat sie einen ganzen Tag lang festgehalten und verhört.

Als meine Schulzeit Ostern 1948 beendet war, kam ein anderer Freund aus der SPD zu meinem Vater und riet ihm, mich doch als Laufmädchen zum Hauptausschuß der Arbeiterwohlfahrt (AWO) zu geben. Dort habe ich dann im Laufe von gut drei Jahren alles gelernt, was zu einer Büroausbildung gehört, während ich außerdem noch Abendkurse für Stenographie und Schreibmaschine bei der Volkshochschule belegte. Zur Zeit der Währungsreform, einige Wochen später, meinte ein Buchhalter bei der AWO: »Dein Vater hat doch bestimmt nicht genug Reichsmark, um für euch alle D-Mark einzutauschen.« Er gab mir das nötige Geld, und so bekam jeder in der großen Wilhelm-Familie pro Kopf vierzig Mark.

1953, als ich von einem zweijährigen Au-pair-Aufenthalt in England nach Deutschland zurückkehrte, waren inzwischen sowohl der Parteivorstand als auch die AWO nach Bonn umgezogen. Ich konnte dort als Telefonistin anfangen; später arbeitete ich als Stenotypistin im Vorzimmer der Geschäftsführerin. In jenem Jahr bin ich auch Mitglied der SPD geworden.

Abschließend muß ich sagen, daß wir älteren Geschwister eine überaus mangelhafte Schulausbildung bekommen haben; alles, was wir heute können und wissen, haben wir uns nach dem Ende des Krieges im Zuge des Erwachsenwerdens auf verschiedenste Weise selber aneignen müssen, und die Prägung durch die soziale Umwelt der Arbeitervorstadt Hannover-Linden hatte dabei einen wesentlich größeren Einfluß auf uns als unsere Schulen. Der BDM-Dienst in den KLV-Lagern blieb für mich ohne ideologischen, nationalsozialistischen Einfluß. Auch meine Eltern sind keinerlei Nazi-Einflüssen erlegen. Für meinen Vater, der in sozialdemokratischem Milieu aufgewachsen war, hat seine innere Zugehörigkeit zur Sozialdemokratie nie in Frage gestanden, weshalb für mich wie für Lotti und meine übrigen Geschwister die Verbindung zur SPD nach dem Krieg etwas Selbstverständliches war. Während der Nazizeit waren wir wohl noch zu jung, um in die Gefahr zu geraten, kleine Nazis zu werden; vor allem aber haben uns der Einfluß meines Vaters und die Atmosphäre im Elternhaus davor bewahrt. Meine wichtigste politische Erinnerung an die Nazizeit bleiben die Schrecken der Bombenangriffe auf unsere Stadt und unsere Straße. Aber wir wußten schon damals, daß die Nazis an diesem Kriege schuld waren.

Politischer Rückblick auf eine unpolitische Jugend

HELMUT SCHMIDT

Als Hitlers Herrschaft im Januar 1933 begann, war ich soeben vierzehn Jahre alt geworden. Die Pubertät, auch die ersten kleinen Ansätze zu selbständigem Denken hatten soeben begonnen. Aus der Rückschau betrachtet, hätte ich damals durchaus dem Zeitgeist erliegen und – wenigstens anfänglich – ein kleiner Nazi werden können, wenn nicht mein jüdischer Großvater gewesen wäre. Doch obwohl diese Möglichkeit nicht Gestalt angenommen hat, obwohl ich kein Nazi geworden bin, hat die Informations- und Erziehungsdiktatur der zwölf Hitlerjahre meine Jugend beeinflußt. 1937, als ich achtzehn wurde, wußte ich immerhin deutlich, daß ich »dagegen« war; aber selbst am Ende des Zweiten Weltkriegs wußte ich noch nicht, wofür ich hätte sein sollen.

Es mag manchen meiner Altersgenossen ähnlich gegangen sein. Viele andere sind dem Zeitgeist erlegen, sie sind erst später aufgewacht, manche erst sehr spät. Einige wurden zu Psychopathen, einige zu Verbrechern. Viele wurden zu Opfern. Aber wir alle waren verstrickt in den Weg ins Verhängnis, und nur die wenigsten haben das Verhängnis durchschaut, ehe es zu spät war.

Ein Vierteljahrhundert später war es für mich immer wieder aufschlußreich, manchmal allerdings auch befremdlich, wenn jüngere, in Westdeutschland aufgewachsene Menschen, die nie unter einer totalen Diktatur gelebt haben, an Menschen meines Jahrgangs vorwurfsvolle Fragen stellten – zum Beispiel: Wieso habt ihr nichts gewußt von Auschwitz und von der Judenvernichtung? Wieso wart ihr so feige, keinen Widerstand zu leisten? Wobei diese Leute bisweilen ihre eigenen Demonstrationen in Wackersdorf oder Brokdorf in den siebziger Jahren mit lebensgefährlichem Widerstand verwechselten, sich selbst beinahe für Helden hielten und – überzeugt von ihrer eigenen moralischen Überlegenheit – meiner Generation vorwarfen, keine Helden gewesen zu sein. Oder die andere Frage, die meist von deutschen Emigranten oder von Ausländern kommt: Ob denn wir Deutschen unsere Geschichte eigentlich wirklich »aufgearbeitet« hätten? Ich habe nie ganz verstanden, was die oft benutzten Worte »Aufarbeitung« und »Bewältigung« der Vergangenheit eigentlich sagen wollen. Ich denke, für die meisten Deutschen, die – als Soldaten draußen, in den Kellern der brennenden Städte oder auf der Flucht aus ihrer Heimat – den Krieg miterlebt haben, war danach nicht mehr viel zu bewältigen; denn die Erkenntnis von Unrecht und Schande und von der Sinnlosigkeit der Millionen Menschenopfer ist ihnen bald nach Kriegsende unabweisbar geworden. Selbst jene, die noch in den allerletzten Kriegsjahren an die Nazi-Ideologie geglaubt hatten, wurden damals weitgehend davon geheilt, als alle grauenhaften Tatsachen bekannt geworden waren. Diejenigen aber, die auch Jahre nach Kriegsende immer noch an Hitlers Wahnideen festhielten, blieben eine kleine Minderheit, zu töricht, um umerzogen zu werden – vielmehr mußte man sie kaltstellen und auslaufen lassen.

Die geschichtliche Vergangenheit der Deutschen während der Nazi-Zeit kann nicht »bewältigt« werden. Vielmehr muß sie hinsichtlich ihrer Ursachen verstanden, muß politisch und moralisch bewertet werden, damit wir aus ihrer Bewertung Maßstäbe und Maximen für unser heutiges Tun und Lassen gewinnen. Und wenn das Wort »aufarbeiten« mehr Sinn macht als das Wort »bewältigen«, dann kann es nur bedeuten, daß man Fragen stellt und sich in ihrer Beantwortung versucht – Tatsachenfragen und Moralfragen.

Bei Kriegsende fehlte fast allen, die vor 1933 noch Kinder gewesen waren, jegliche Erziehung zur Demokratie. Wer während der Nazi-Zeit keine stetige Auslandsberührung hatte, konnte als Deutscher kaum die wesentlichen Tatsachen kennen; Überblick gar vermochte nur jemand zu gewinnen, der in einer Spitzenstellung des Deutschen Reiches tätig war oder persönlich-vertrauliche Berührung mit Personen solchen Überblicks hatte. Was aber haben wir übrigen Deutschen gewußt? Wie kam es eigentlich, daß wir, die wir schon längst keine Nazi-Anhänger mehr waren oder nie Nazis gewesen waren, gleichwohl bis zum Ende – als Soldaten, als Beamte, als Lehrer oder als

Arbeiter – die Pflichten erfüllt haben, welche der NS-Staat uns auferlegte? Haben wir dafür eine sittliche Rechtfertigung? Dies sind Fragen, die mich noch immer beschäftigen.

Dabei erlebe ich heute bei manch einem, der jahrzehntelang die Pflichten erfüllt hat, welche die DDR ihm auferlegte, eine ähnliche Selbstprüfung. In Erziehung und Lebensumständen waren die Menschen dort einem ähnlich totalitären System ausgeliefert wie die allermeisten Deutschen vor 1945. Wenn auch die Herrschaft von SED und Stasi durchaus weniger blutig gewesen ist als diejenige der NSDAP, der SS und Gestapo, so war sie doch gegenüber dem einzelnen Menschen viel intensiver und in ihren Kontrollmechanismen nahezu absolut. Wer das Phänomen des Gehorsams der großen Mehrheit der Deutschen gegenüber den beiden totalitären Herrschaftssystemen verstehen, beurteilen oder auch verurteilen will, der muß sich konkret in die damalige Erlebniswelt – des einzelnen und der Masse! – zurückversetzen.

Denn natürlich waren die Soldaten der Wehrmacht im psychologischen, im Le Bonschen Sinne des Wortes Masse, ebenso die Belegschaften der großen industriellen Werke oder – später – die Millionenströme von Ausgebombten oder Flüchtlingen. Gleichwohl waren wir aber einzelne: sehr verschiedenen Einflüssen, sehr verschiedener personaler, familiärer, schulischer, beruflicher und gesellschaftlicher Umwelt ausgesetzt.

Mit Recht hat Theodor Heuss nach dem Kriege von der gemeinsamen Scham gesprochen, die unserem Volke anstehe, jedoch eine gemeinsame, »kollektive« Schuld der Deutschen verneint. Es gibt für viele Deutsche persönliche Schuld, und es gibt in noch größerem Maße je persönliche Gründe, sich zu schämen für bestimmte Gedanken, für Handeln oder Nichthandeln.

Ähnliches läßt sich vom Verhalten der Deutschen unter der sowjetischen Besatzungsmacht und, später, unter der Herrschaft der deutschen Kommunisten sagen: Zwar waren Gewaltverbrechen und tödliche Justiz unter der SED-Diktatur wesentlich seltener als unter der Nazi-Diktatur; dafür war aber das Bespitzelungssystem ungleich stärker ausgebildet als vorher durch die Gestapo, und die Überwachung des einzelnen Menschen durch die Stasi war fast total, fast lückenlos. Im Dritten Reich waren persönliches Vertrauen und Offenheit des Gespräches gegenüber einem einzelnen Mitmenschen weitaus weniger riskant als in der DDR, während – umgekehrt – die Flucht aus dem SED-Staat auch noch nach dem Berliner Mauerbau des Jahres 1961 relativ leichter glückte als etwa die Emigration aus dem Reich Adolf Hitlers nach Beginn des Krieges; denn während der Zeit Ulbrichts und Honeckers gab es durchgehend eine große Aufnahmebereitschaft von Seiten der Bürger und staatlichen Behörden des anderen deutschen Staates, während es zur Zeit Hitlers keinen anderen deutschen Staat gegeben hat, auf den hin man sich hätte orientieren können. Vergleicht man die beiden Diktaturen, so waren die persönlichen Risiken eines staatsbürgerlichen Ungehorsams keineswegs dekkungsgleich; aber in beiden Fällen waren die Risiken aktiven Widerstandes groß und abschreckend.

Nachdem im Zuge von Gorbatschows Glasnost die Verbrechen und terroristischen Herrschaftsmethoden des Stalinismus und des Nach-Stalinismus in der Sowjetunion und in den Staaten des früheren sowjetischen Machtbereichs weitaus durchsichtiger geworden sind, als sie vordem – etwa dank Arthur Koestler oder Alexander Solschenizyn – für uns gewesen sind, so können heute auch Fragen nach einer sowjetischen »Kollektivschuld« gestellt werden, Fragen nach der Kenntnis der Sowjetbürger von der Lubjanka und dem Archipel Gulag, nach dem Grund für die Pflichterfüllung von Millionen gegenüber Stalin, Chruschtschow und Breschnew, nach den Umständen, unter denen die überwältigende Mehrheit überhaupt nicht auf den Gedanken der Verweigerung oder gar des Widerstandes kommen konnte, ja überhaupt nach den Gründen für die Abwesenheit von Widerstand. So kommt die »Aufarbeitung« der sowjetischen Geschichte heute in den unterworfenen Staaten und nichtrussischen Teilgebieten der Sowjetunion sowie in Rußland selbst in Gang, wo sie vielleicht besondere Breite entfalten wird. Und auch in Japan beginnt heute endlich eine Diskussion über japanische Kriegsschuld und japanische Verbrechen gegenüber den Nachbarvölkern; auch in dieser diszipliniertesten Nation der Welt stellt sich endlich die Frage nach Sinn und Rechtfertigung einer exzessiven Disziplin. Daher wird sich die Welt insgesamt, werden sich die Wissenschaften der Geschichtsschreibung und Politologie, der Soziologie, Psychologie, Jurisprudenz und Philosophie ebenso wie Literatur und Kunst der Phänomene von totalitärer Herrschaft und massenhaftem Unrechts-Gehorsam zukünftig wahrscheinlich in einer weniger national-akzentuierten Weise annehmen als bisher; denn die Auseinandersetzung mit diesen Fragen hatte ja nach 1945 zunächst fast allein Nazi-Deutschland gegolten.

Aber das entbindet uns Deutsche nicht davon, unsere eigene spezifische Geschichte zu erkennen und aus ihr zu lernen, um für die Zukunft ähnlichen Versuchungen zu widerstehen. Dieser Aufsatz kann dazu nur einen winzigen Beitrag leisten. Er wird zunächst über meine Kindheit und Jugend berichten; über die bedeutenden Einflüsse der Lichtwarkschule in Hamburg; über Eindrücke in Hitler-Jugend und Reichsarbeitsdienst; über Erlebnisse und Prägung während der insgesamt acht Jahre meiner Wehrpflicht und über die Erwartung eines grauenhaften Endes. Für alle diese Zeiträume kann sich freilich meine Erinnerung vermischt haben mit vielem, das ich erst nach dem Ende der Nazi-Zeit gelesen und erfahren habe. Eine Reflexion aus der Retrospektive eines inzwischen alt gewordenen Mannes wird den Bericht abschließen.

Vorweg noch eine Randbemerkung zum Gebrauch der Wörter »Nazi-Zeit« und »Nazi-Ideologie«: Den offiziellen Namen Nationalsozialismus haben wir seinerzeit eigentlich nur in der Hitler-Jugend benutzt, ansonsten verwandten wir zumeist die Abkürzung NS oder sprachen vom »Dritten Reich«. Von der Familie meiner Frau habe ich im Krieg – wenn wir unter uns waren – die Gewohnheit angenommen, statt vom »Führer« von Adolf Nazi zu sprechen; bei meinen Eltern wurde schlicht von Hitler geredet. Ich bin im späteren Leben fast immer bei den Wörtern Nazis und Nazi-Ideologie geblieben. Zwar habe ich nachempfinden können, daß Sozialisten das Wort Nationalsozialismus nicht benutzen mochten; aber statt dessen einfach von Faschismus zu reden, wie es die Sowjets und die Kommunisten taten, die den Begriff Sozialismus für sich selbst usurpieren und reservieren wollten, ist mir immer als unredlich vorgekommen: Die Unmenschlichkeit Hitlers und Himmlers in einen Topf mit den Taten Mussolinis oder Francos zu werfen, empfand ich als eine moralisch unzulässige Verharmlosung – bei allen schweren Vorwürfen, die gegen den südeuropäischen Faschismus zu erheben sind.

Kleinbürgerliche Kindheit

Aufgewachsen bin ich in Barmbek, damals ein Arbeiterstadtteil Hamburgs, wo wir in der Richardstraße wohnten, einer der sogenannten besseren Straßen, in einem Haus der Gründerzeit, das man heute als Scheibenhaus oder Stadthaus bezeichnen würde; wir bewohnten die obere Etage, das Schlafzimmer meiner Eltern lag darüber in einem ausgebauten Teil des Dachbodens.

Mein Vater war 1888 geboren und als Sohn eines ungelernten Hafenarbeiters aufgezogen worden. Während meiner Kindheit wohnten seine Eltern in der Hufnerstraße an der Barmbeker Heiligengeist-Kirche in einer sehr kleinen alten Kate; vier Familien – wenn ich mich richtig erinnere – hatten dort gemeinsam eine Pumpe und auch einen Abort, beides außerhalb der Kate, und statt eines Kellers gab es in der Küche eine Klappe im Fußboden, unter der im Sommer die Margarine aufbewahrt wurde. Mein Großvater, den wir Opa Schmidt nannten, konnte nur mit Mühe die Zeitung lesen. Er hatte weder richtig schreiben noch lesen gelernt.

Meine Großeltern mütterlicherseits bildeten zu dieser Welt einen krassen Gegensatz. Opa Koch, der Vater meiner Mutter, gehörte zur Arbeiter-Aristokratie: Er war gelernter Setzer und Drucker; wer diese beiden Berufe erlernt hatte, wurde damals »Schweizerdegen« genannt. In Rhein-Hessen geboren und auf Wanderschaft nach Hamburg gekommen, war er als Setzer bei der Zeitung »Hamburgischer Correspondent« beschäftigt und wohnte am Mundsburger Damm im »Souterrain«, wo die Kochs ein kleines Wäsche- und Kurzwarengeschäft hatten, das von meiner Oma, von ihrer unverheirateten Tochter – Tante Lott – und einem Sohn – Onkel Heinz – betrieben wurde; Oma Koch saß hinter der Ladenkasse.

Die Großfamilie dieser mütterlichen Großeltern war musikbegabt und sangesfreudig. Fast alle Verwandten hatten auf verschiedene Weise Beziehung zur Musik, und Onkel Ottomar, Schwestersohn von Oma Koch und im Hauptberuf Lehrer an einer Volksschule, leitete einen innerfamiliären Singkreis, zu dem auch einige Freunde gehörten. Man traf sich regelmäßig in der Wohnung meiner Eltern, Ottomar am Klavier.

Auch mein gut zwei Jahre jüngerer Bruder Wolfgang und ich mußten Klavier lernen. Ich liebte das nicht; denn ich hatte keine Lust zum Üben, und außerdem mußte man jede Woche einmal den weiten Weg zur Klavierstunde zurücklegen: zu Fuß von der Schellingstraße in Eilbek, wohin wir Anfang der dreißiger Jahre umgezogen waren, zum Winterhuder Weg auf der Uhlenhorst und zurück. An diesen Tagen bin ich 1930 und 1931 einschließlich der beiden Schulwege jeweils etwa dreieinhalb Stunden zu Fuß gegangen, bis ich mit dreizehn Jahren ein Fahrrad bekam. Daß meine langjährige Klavierlehrerin Lilly Sington-Rosdal Jüdin war, habe ich erst Jahrzehnte nach der Nazi-Zeit zufällig erfahren. Mein Bruder meint heute, dieses Nichtwissen zeige auf typische Weise, daß es in unserem Umfeld bis in die Nazi-Zeit hinein ganz ohne Bedeutung blieb, ob jemand Jude war, und daß darüber zu Hause nicht gesprochen wurde. Später, als ich schon eingezogen worden war, hat Fräulein Sington ihren Beruf offiziell vermutlich nicht mehr ausüben können, trotzdem hat sie meinen Bruder noch einige Zeit unterrichtet, nunmehr jedoch in unserer elterlichen Wohnung.

Für meine Kindheitsentwicklung ist wahrscheinlich eine Vorschrift meines Vaters von besonderer Bedeutung gewesen: »Kinder lesen keine Zeitung!« Bei politischen Unterhaltungen, die sowieso nur ganz selten vorkamen, höchstens dann nämlich, wenn Besuch da war, wurden wir Kinder aus dem Zimmer geschickt. Ich denke, daß die ganze Sippe unpolitisch war. Mit Ausnahme von Opa Koch, der ein politischer Mensch gewesen ist, interessierte man sich in unserem kleinbürgerlichen Milieu nicht für politische Ereignisse, Entwicklungen oder Personen. Opa Koch jedoch kannte Friedrich Naumann und war stolz darauf, daß der ihn zweimal am Mundsburger Damm besucht hatte. Aber Opa Koch mit seinem weißen Vollbart war eine unnahbare Figur, gelegentlich aufbrausend, so daß ich von mir aus nie wagte, ihn anzureden. Er starb 1932; 1933 – so erinnere ich mich deutlich – hat meine Oma bei Hitlers Ermächtigungsgesetz gesagt: »Welch Glück, daß Heinrich dies nicht mehr erleben mußte!«

Meine Mutter, 1890 geboren, blieb bis zum Ende ihres Lebens vollkommen unpolitisch, ich glaube, sie hielt politisch Lied für ein garstig Lied. Wahrscheinlich hat ihr Vater sie noch in jener Denktradition des 19. Jahrhunderts erzogen, nach welcher Frauen keine eigene Meinung zu haben hatten. Sie war aus der Selekta gekommen, einer hamburgischen Einrichtung aus der Zeit vor dem Ersten Weltkrieg: Nach achtjähriger Volksschulpflicht durften die höher begabten Schüler noch ein Jahr länger zur Schule gehen, eben in die sogenannte Selekta-Klasse. Mein Vater war ebenfalls Volksschüler. Er war zäh und zielstrebig und hat sich hochgearbeitet: Unter Förderung durch einen seiner Lehrer wurde er zunächst Rechtsanwalts-Schreiberlehrling (es war für den Sohn eines ungelernten Arbeiters schon unerhört, daß er überhaupt eine Lehre machte und dann noch in einem Kontor!), sodann, mehrere Jahre später, mit Hilfe eines privaten Gönners über das Lehrerseminar Volksschullehrer. 1911/12 diente er als »Einjähriger«, 1914 machte er seine zweite Lehrerprüfung, wurde im August eingezogen und blieb bis ins Frühjahr 1919 Soldat. 1914 haben meine Eltern dann geheiratet, und weil Vati nach einer Verwundung »g.v.H. geschrieben« [garnisionsverwendungsfähig Heimat] worden war, konnten sie den größten Teil des Krieges in der Garnison Schleswig zusammen leben.

Von 1922 bis 1925 hat mein Vater neben seiner vollen Arbeit als Volksschullehrer abends studiert und schließlich ein Examen als Diplom-Handelslehrer abgelegt, durch das er Mitte der zwanziger Jahre Studienrat an einer Handelsschule geworden ist, später sogar vom Kollegium gewählter Schulleiter. 1933 haben ihn die Nazis als Schulleiter abgesetzt; ich weiß nicht, weshalb und ob es überhaupt eine Begründung gab. Nach meinem späteren Eindruck ist mein Vater gleichwohl der innerlich unpolitische Mensch geblieben, der er seit seiner Jugend war, all seine Energie hat er auf den beruflichen und sozialen Aufstieg verwendet. Nach 1945 habe ich von ihm gehört, daß er bis 1933 manchmal Deutsche Volkspartei, manchmal die Deutschen Demokraten (die spätere Deutsche Staatspartei) gewählt hatte – also mal ein wenig rechts und mal ein wenig links von der politischen Mitte.

Als Studienrat konnte mein Vater es sich 1932 leisten, mich im Zuge eines Schüleraustauschs, den ein hamburgischer Lehrer organisiert hatte, für drei Sommerwochen an eine englische Volksschule in Manchester zu schicken. Das war in Hamburg nicht so ungewöhnlich, wie es vielleicht anderswo in Deutschland gewesen wäre; aber innerhalb unserer Familie war es durchaus eine Extravaganz. Die kurze Schiffsreise mit vierzig Jungen im Kabelgatt eines kleinen Frachtdampfers hat sich mir tief eingeprägt, weil wir auf der Rückreise in einen schweren Sturm gerieten, am selben Tage, an dem in der Ostsee das Segelschulschiff »Niobe« unterging. Von England aber habe ich als Dreizehnjähriger fast nichts begriffen – außer daß ein englischer Lord, der bei einer Kinder-Gardenparty auftauchte, auch nur ein ganz normaler, weil normal gekleideter Mensch war.

In jenem Sommer des Jahres 1932 kam es zum »Altonaer Blutsonntag«, einer großen Schießerei in Ottensen; später habe ich gelesen, es habe dort siebzehn Tote gegeben. 1932 und 1933 gab es Prügeleien und Schießereien auch bei uns in der Schellingstraße in Eilbek, wohin meine Eltern nach den Gehaltskürzungen der Weltwirtschaftskrise umgezogen waren. Kommunisten schössen in das von der SA besuchte Lokal, das in einem Nachbarhaus im Halbkeller lag (wir wohnten im vierten Stock); am nächsten Morgen sahen wir die an vielen Stellen durchlöcherten Scheiben. Ein anderes Mal waren es umgekehrt SA-Männer, welche geschossen haben, und einmal wurde sogar vom Dach des uns gegenüberliegenden Hauses geschossen. Eine Zeitlang durften wir nicht zu Bett gehen, ehe die Krawalle zu Ende waren; mein Vater ordnete an: »Licht aus, unter die Fensterbank dukken!« Wer an den Schießereien schuld hatte, wie alles zusammenhing, das kam bei uns zu Hause nicht zur Sprache.

Über Politik wurde nicht gesprochen. Mein Elternhaus war bewußt apolitisch, vielleicht sogar antipolitisch. Nach dem Kriege habe ich von Gefährten aus Jugend und Kindheit erfahren, daß auch in den Familien der fünf mit meinem Vater befreundeten Kollegen (man traf sich gesellig reihum in den Wohnungen), die mit ihm zugleich über Abendstudium es bis zum Studienrat an einer Handelsschule gebracht hatten, über Politik kaum je geredet wurde. In meinem Elternhaus ist dies auch nach der Nazi-Zeit so geblieben; selbst als ich Minister und später Kanzler geworden war, blieb die Politik außerhalb des Gesichtskreises meiner Eltern.

Der Glücksfall einer guten Schule

Meine vier Grundschuljahre von 1925 bis 1929 habe ich auf der Volksschule in der Wallstraße 22 verbracht. Die Schule hatte mein Vater ausgesucht, trotz des für einen Sechsjährigen sehr langen Weges, weil er an dieser sogenannten Seminarschule sein Lehrerseminar absolviert hatte. Dort wurde noch geschlagen: mit dem Rohrstock, mit dem Lineal auf die Finger oder mit knopfbewehrten Lederhandschuhen links und rechts ins Gesicht. Es gab noch jedes Jahr am Sedantag eine Feier des Sieges von 1870. Ein einziger Lehrer war beliebt; er leitete im Sommer das Schullandheim in Großhansdorf. Wenn er auf dem Schulhof erschien, schrien alle Kinder: »Herr Werner, Herr Werner!«, und hängten sich an seine Rockschöße. Die übrigen Lehrer waren unbeliebt – wahrscheinlich mit Recht. Insgesamt haben mich die vier Grundschuljahre kaum beeinflußt.

1929, mit zehn Jahren, kam ich nicht auf ein Gymnasium, sondern in die Lichtwarkschule, die sich »Deutsche Oberschule« nannte. Der Eintritt in die Anfang der zwanziger Jahre begründete Lichtwarkschule führte mich in eine völlig unerwartete Atmosphäre. Wahrscheinlich erreichte diese Schule am Ende der zwanziger Jahre und zu Beginn der dreißiger Jahre die Blütezeit ihrer kurzen Existenz. Sie wollte – sehr idealistisch – eine innerlich freie, an musischen und kulturellen Werten sich orientierende Jugend im Sinne Alfred Lichtwarks erziehen, welcher gegen Ende des 19. Jahrhunderts der erste Direktor der Hamburger Kunsthalle gewesen war. Zugleich versuchte man, statt formaler Autorität und Unterordnung zwischen Lehrern und Schülern ein partnerschaftliches Verhältnis herzustellen. Beides ist wahrscheinlich weitgehend gelungen.

Ich sage »wahrscheinlich«, weil ich bis 1933 noch zu jung war, um die großen Leistungen wie auch die Defizite der Lichtwarkschule aus eigener Erfahrung und eigenem Urteil bewerten zu können, und mich heute auf das stützen muß, was ich nach Ende der Nazi-Zeit von älteren Mitschülern gehört und gelesen habe. Allerdings habe ich 1932 das viertägige große Goethe-Fest der Schule schon sehr bewußt miterlebt; wahrscheinlich war dieses Fest der absolute Höhepunkt der Schule. Aber auch wenn die pädagogische Vitalität dieser Schule, die 1937 von den Nazis geschlossen wurde und nach 1933 starken Reduzierungen und Verbiegungen ausgesetzt war, muß ich sagen, daß ich dort für das ganze Leben prägend beeinflußt worden bin. Ich habe zwar außer Schulenglisch und rudimentärem Latein keine Sprachen und nur wenig Naturwissenschaftliches gelernt; dafür aber habe ich dieser Schule den ersten, bewußten Zugang zur Literatur, zur bildenden Kunst und vor allem zur Musik zu verdanken – und außerdem die Fähigkeit zu selbständigem Arbeiten.

In der Lichtwarkschule bin ich zum ersten Mal mit Mädchen in Berührung gekommen; ich erinnere mich jedoch nicht, daß dies für mich eine Sensation gewesen wäre. Die Lichtwarkschule war nämlich eine sogenannte Koedukations-Schule, was damals ganz selten war – in den Augen einiger Nazis, als sie ein paar Jahre später ans Ruder kamen, beinahe schon »Kulturbolschewismus«. Es gibt noch ein Kindergeburtstags-Foto von Loki und mir aus dem Jahre 1929, sie ist groß und ich bin klein. Jungen und Mädchen haben sich relativ schnell miteinander befreundet, und in den späteren Jugendjahren gab es vielerlei Liebschaften, aus denen auch eine Reihe von Ehen hervorgegangen ist.

Im ersten oder zweiten Jahr hatte ich ein wichtiges Erlebnis, das mich nach dem Kriege zu politisch richtigen Schlußfolgerungen geleitet hat. Loki hatte bei uns ihre Baskenmütze vergessen, und ich mußte sie ihr in die Wohnung ihrer Eltern in der Baustraße in Hamburg-Borgfelde bringen. Diese lag in einer »Terrasse« – das war der in Hamburg gängige Name für die Hinterhäuser – mit allzu vielen Menschen in einer ganz kleinen, dunklen Wohnung. Mit einem Eindruck des Entsetzens bin ich wieder nach Hause gegangen. Ich habe das Entsetzen als Zehn- oder Elfjähriger nicht verarbeitet, ich empfand bloß den Vorwurf: Lieber Gott, daß Menschen so leben müssen! Nach dem Krieg bin ich dann – auch wegen dieser Erinnerung – ein überzeugter Verfechter des sozialen Wohnungsbaus geworden.

Die Lichtwarkschule ragte in vielerlei Weise unter den hamburgischen Schulen hervor. Wir haben alle Jahre hindurch jeden Tag eine Stunde Sport (genannt Turnen) gehabt, das war eisernes Muß. Es gab keinen Deutsch-, keinen Geschichts- und keinen Religionsunterricht; diese Fächer waren vielmehr zusammengefaßt zur »Kulturkunde«, die von ein und demselben Lehrer unterrichtet wurde, jede Woche viele

Stunden lang. Wir hatten keine Lehrbücher dafür. Überhaupt war die Schule ganz auf das Kulturelle und besonders auf das Musische orientiert ausgerichtet: Sie hatte zwei Orchester und zwei Chöre, und in unserer Klasse haben wir im Musikunterricht dank Ludwig Moormann über lange Jahre vierstimmig a cappella gesungen, zum Teil vom Blatt, was man in den meisten heutigen Schulen kaum noch fertigbringen würde.

Außerdem wurden wir zum selbständigen Arbeiten gezwungen oder angeleitet. Mir sind noch drei der »Jahresarbeiten« in Erinnerung, die ich damals geschrieben habe: Als Dreizehnjähriger habe ich einen Aufsatz über die Bauten der Weser-Renaissance in Hameln abgeliefert (die Klasse hatte im Sommer eine Fahrt ins Weserbergland gemacht), als Vierzehnjähriger eine Darstellung der Hafenkonkurrenz zwischen Rotterdam, Antwerpen, Bremen und Hamburg, und ein oder zwei Jahre später habe ich als Jahresarbeit zwanzig gegebene Melodien vierstimmig als Choräle gesetzt. Ich erwähne diese Vielfalt, um zu zeigen, was diese vorzügliche Schule mir alles beigebracht hat. Auf der anderen Seite fehlte nach meiner Erinnerung in meiner Klasse bis 1933 jedwede absichtliche politische Beeinflussung; der Geschichtsunterricht ging praktisch unter in der Kulturkunde und war eigentlich eher Kunst- und Literaturgeschichte; ähnliches galt für unseren Religionsunterricht, der auf Ausschnitte aus der Kirchengeschichte beschränkt war.

Am beliebtesten waren in meiner Klasse die musischen Lehrer und der Turnlehrer, vor allem der Zeichenlehrer John Börnsen, der uns das Schnitzen, Zeichnen und Aquarellieren beibrachte. Börnsen war sehr begabt im Umgang mit jungen Leuten, weshalb wir nicht nur als Kleine an ihm hingen, sondern auch später als Jugendliche, die schon auf das Abitur zugingen. Er zeigte und erklärte uns Kunstpostkarten und Kunstbücher und brachte uns dergestalt in Berührung mit den großen Malern des französischen Impressionismus und des deutschen Expressionismus, besonders mit Gauguin, Cezanne, Matisse, van Gogh, Barlach und der Kollwitz, mit Marc, Schmidt-Rottluff oder Nolde. Außerdem haben wir gelernt zu malen, in Holz und Linol zu arbeiten, zu drucken, zu weben. Manche dieser Aktivitäten spielten sich nachmittags außerhalb der eigentlichen Schulzeit ab; und dabei sangen wir mit Börnsen die Songs aus der Dreigroschenoper, und er las uns Ringelnatz vor. Es waren die Lichtwarkschule und besonders Jonny Börnsen, die mir die Augen für Kunst geöffnet haben.

Neben dem Musiklehrer unserer Klasse gab es an der Lichtwarkschule Hermann »Papi« Schutt, einen dynamischen Musikanten, der mit seinem großen Orchester und seinem Chor die ganze Schule mitreißen konnte, vor allem mit den Opern, die wir aufführten, aber auch in den Schulfeiern. Das Spektrum der Musik reichte von Schütz, Buxtehude und Bach bis zu Hindemith, Orff und Strawinsky. Auf diese Weise gewann ich endlich große Freude am eigenen Klavierspiel, besonders aber am Chorsingen. Selbstverständlich wurde an unserer Schule – bis 1933 – auch Theater gespielt.

Neben Börnsen und Schutt war unser Turnlehrer Ernst Schöning der dritte von mir hochverehrte Lehrer: Er war ein gütiger Mann mit großem Einfühlungsvermögen in die Pubertätsprobleme heranwachsender Jungen. Zugleich verstand er es, unseren sportlichen Ehrgeiz zu wecken und uns zu fordern. Wer nicht in der Untersekunda die Bedingungen des Jugendsportabzeichens und des Grundscheins der Deutschen Lebensrettungsgesellschaft erfüllt hatte, der bekam in Turnen als Zeugnisnote nicht einmal eine Drei (das bedeutete damals »Genügend«); das gleiche galt im Abitur für die Bedingungen des Reichssportabzeichens und des Leistungsscheins der DLRG.

Viele Lehrer waren als Begleiter an den alljährlichen »Klassenreisen« beteiligt, die von den Klassenlehrern vorbereitet und geleitet wurden. Wir wohnten dabei in Jugendherbergen, bisweilen während einer Woche an sechs verschiedenen Orten, und wanderten zu Fuß. Als in der Nazi-Zeit die Klassenreise einmal ausfallen sollte, haben wir dagegen aufbegehrt und uns auch durchgesetzt. Die Reisen haben uns angeregt, in den Ferien auch privat mit Mitschülern per Rad »auf Fahrt« zu gehen. Insgesamt habe ich so in der Schulzeit die ganze Ostseeküste von Neustadt und Lübeck bis Stralsund und Rügen, die Heide von Lüneburg bis Bremen und die Mittelgebirge vom Harz bis zur Porta Westfalica kennengelernt, und alle diese Landschaften sind mir dadurch zur Heimat geworden, ganz besonders aber die alten Hansestädte an der Ostsee mit ihrer Backsteingotik. Die Liebe zur Heimat ergab sich quasi selbstverständlich. Nach dem Krieg, nach

Vertreibung und Teilung, habe ich es als einen unerhörten Glücksfall angesehen, meine Heimat behalten zu haben.

Erst lange nach 1933 habe ich begriffen, daß einige unserer Lehrer Juden waren und daß das Kollegium zum Teil aus Kommunisten bestand. Andere Teile gehörten zur Sozialdemokratie oder zur politischen Mitte, aber es gab auch Deutschnationale unter ihnen, vermutlich waren auch Antisemiten darunter; Heinrich Landahl, der Schulleiter, war bis 1933 bei der Deutschen Staatspartei (nach dem Krieg wurde er – nunmehr für die SPD – für einige Jahre in Hamburg Schulsenator). Aber die Lehrer waren bis Ostern 1933 in einem einig: Sie waren von ihrer erzieherischen Aufgabe besessene, innerlich von ihr erfüllte Pädagogen. Wenn ich es richtig weiß, dann sind bis 1933 keine Nazis darunter gewesen.

Ostern 1933 gab es einen großen Lehreraustausch; die Nazis wollten, wie sie es nannten, den »roten Saustall ausmisten«. Erst vierzehn Jahre alt, habe ich den Vorgang zunächst nicht begriffen. Landahl wurde abgesetzt. Als er ging, versammelte sich die ganze Schulgemeinde spontan auf der Treppe, um dem scheidenden Schulleiter »Auf Wiedersehen!« zu sagen. Der Mann war geliebt, wie auch viele der Lehrer geliebt waren. In Wirklichkeit war die Schule gar nicht rot gewesen, sie ist nach 1933 ebensowenig wirklich braun geworden. Es wurde jetzt zwar ein Nazi als Schulleiter eingesetzt, der die Aufgabe hatte, in unserer Schule nationalsozialistische Erziehung durchzusetzen; zugleich kamen auch andere neue Lehrer dazu. Aber die Absicht, durch diese neuen Lehrer Nazi-Erziehung zu betreiben, war schlecht ins Werk gesetzt; denn zum Teil bekamen wir bloß dumme Pauker, die aus anderen Schulen abgeschoben worden waren. Meine Klasse verlor die engagierte, sehr bemühte Klassenlehrerin Ida (»Idl«) Eberhardt.

So ist, trotz des erheblichen Wechsels im Lehrkörper und trotz der 1933 eingeführten »Flaggenparade«, auch in den Jahren von 1933 bis 1937 in der Lichtwarkschule kein merklicher nationalsozialistischer Einfluß auf die Schülerinnen und Schüler meiner Klasse ausgeübt worden. Ich glaube, daß es eher umgekehrt war: Die Schule, die Schüler der oberen Klassen und das restliche Kollegium haben einen Teil der Nazi-Lehrer gewissermaßen umgedreht, so daß diese sich an unserer eigenartigen Schule wohl fühlten (dies brachte sogar der

Schulleiter Zindler Ostern 1937 mit seinem ehrlichen Bedauern darüber zum Ausdruck, daß die Nazis die Schule auflösten). Doch die partielle Fortsetzung der alten pädagogischen Traditionen war keine bewußte, zweckgerichtete Entwicklung, sondern ergab sich aus der Atmosphäre, die in der Lichtwarkschule herrschte. Wenn es nun zwar das Fach »Kulturkunde« nicht mehr gab, sondern in herkömmlicher Weise die Fächer Deutsch und Geschichte, so war doch der Geschichtsunterricht durch die Lehrer meiner Klasse keineswegs im Sinne der Nazis politisch gefärbt.

In unserer Klasse hat es von Anfang an keine jüdischen Kinder gegeben. Es gab nämlich eine Parallelklasse, die bis 1933 von einem jüdischen Lehrer geleitet wurde und in der von über dreißig Schülern etwa die Hälfte jüdischer Herkunft war, da sich die Schüler – oder die Eltern – zu Beginn der Sexta zwischen den beiden Parallelklassen und ihren Klassenlehrern hatten entscheiden können. Eigentlich hatte man mit den Kindern aus der Nebenklasse nur im Sport zu tun; für mich gab es jedoch eine Ausnahme, nämlich Hellmuth Gerson, mit dem ich befreundet war und in den Pausen auf dem Schulhof spielte. Daß die Gersons in Hamburg als bedeutende Architekten in Erinnerung sind, weiß ich allerdings erst seit dem Ende der Nazi-Zeit; damals hingegen interessierte man sich unter uns nicht für Beruf oder Vermögen der Eltern.

Viele der jüdischen Schülerinnen und Schüler aus unserer Nebenklasse sind 1933/34 dann von der Schule »abgemeldet« worden, so auch Hellmuth Gerson. Tatsächlich sind sie wahrscheinlich zumeist mit ihren Eltern emigriert; Ostern 1935, nach dem Erreichen der mittleren Reife, als die beiden Parallelklassen vereinigt wurden, war kaum einer von ihnen mehr bei uns. Zugleich gab es jedoch allgemein einen großen Schülerabgang, so daß der Abgang der jüdischen Schüler nicht auffiel, und ich erinnere mich nicht, daß der jüdische Exodus innerhalb meiner Schulklasse ein Thema gewesen wäre. Von einigen unserer jüdischen Mitschüler hörte man später, daß sie mit ihren Eltern nach England gegangen, von anderen, daß sie nach Ungarn, Rumänien, nach Frankreich oder in die USA ausgewandert waren.

Damals wurde mir bewußt, daß die Juden durch die öffentlichen Diffamierungen bedrückt und bedrängt waren, deshalb verstand ich ihre Auswanderung; einige Jahre später habe ich selbst auswandern wollen. Die Herabsetzung der Juden empfand ich als ungerecht; daß aber Gefahr für ihr Leben entstehen würde, davon hatte ich keine Ahnung. Überhaupt habe ich 1933 nicht verstanden, warum Juden eigentlich anders sein sollten als andere Menschen; ich meinte, es gebe Protestanten, Katholiken und Juden – drei verschiedene Spielarten von Religion, was ja tatsächlich auch nicht falsch, wenngleich unvollständig ist. Vom Nazi-Begriff der Rasse habe ich zuerst in der Hitler-Jugend gehört. Auch von den Bücherverbrennungen am 10. Mai 1933 habe ich damals nichts erfahren: erst nach dem Krieg habe ich von diesem Mord an der Literatur gehört.

Nach einem einjährigen Interregnum bekamen wir Ostern 1934 Hans Roemer als Klassenlehrer, der schon vor 1933 zu den Lehrern unserer Klasse gehört hatte; er war gewiß kein Nazi (übrigens war er nach der Nazi-Zeit Schulleiter meiner Tochter). Sein Geschichtsunterricht war wenig systematisch. Sehr oft bestanden die Stunden im wesentlichen nur aus Diskussionen zwischen ihm, unserem Klassenkameraden Jürgen Reme, genannt Mac, und mir über Details der neueren Geschichte, etwa von Bismarck bis zum Versailler Vertrag. Dabei wurden geschichtliche Tatsachenkenntnisse vorausgesetzt – Reme und ich lasen damals sehr viel in den Büchern unserer Väter, wir diskutierten auch zu zweit in seinem schönen Zimmer im Pastorat seines Vaters am Kuhmühlenteich –, der große Rest der Klasse hörte zu. Im Abiturzeugnis erhielt ich dann in Geschichte die Note Eins, wohl deshalb, weil ich in der mündlichen Prüfung mit meinen Kenntnissen von Lord Haldanes marinepolitischer Mission in Berlin im Jahre 1912 glänzen konnte, wobei ich mich – angesichts des herrschenden Nationalismus ziemlich naiv – auf die Seite des Engländers stellte, der – wenn auch vergeblich – ein Flottenbau-Begrenzungsabkommen angestrebt hatte.

Das einzige Zugeständnis Roemers an die nationalsozialistische Ideologie, an das ich mich erinnere, war eine Stunde, in der er uns Carl Schmitts Definition des Politischen als Freund-Feind-Verhältnis erklärt hat; möglich, daß das im Lehrplan vorgeschrieben war. Allerdings haben wir auch über Demokratie von ihm nichts gehört oder gelernt, wie auch im Bücherschrank meines Vaters die Geschichte praktisch 1919 aufhörte. Was Demokratie ist und wie Demokratie funktioniert, habe ich erst im Kriegsgefangenenlager gelernt, und sogar von der Geschichte der Weimarer Demokratie habe ich erst nach Kriegsende gehört und gelesen.

Der Versailler Vertrag war wohl die zeitlich späteste Phase der deutschen Geschichte, die in unserem Unterricht behandelt worden ist. Die Behauptung einer alleinigen »Kriegsschuld« Deutschlands, die Abtrennung deutscher Gebietsteile und die Last der Reparationen habe ich damals, ganz im Sinne unseres Unterrichts, als ungerechtfertigt gelernt und aufgefaßt; dazu kam die von uns Hamburgern als bösartig empfundene Ablieferung unserer Handelsschiffe, denn schließlich sahen wir unsere Schiffe und unseren Hafen als unsere Existenzgrundlage an – durchaus zu Recht. Darüber hinaus kam die Zeitgeschichte bei uns nicht zur Sprache. Die Weltwirtschaftsdepression seit dem Schwarzen Freitag 1929 spielte im Unterricht keine Rolle; darüber und über die früheren Schrecken der Inflationszeit bis 1923 habe ich jedoch zu Hause und auch von meinen Großeltern Koch viel gehört; die Notverordnungen seit 1930 hatten Vatis Gehalt empfindlich gekürzt, und Depression und Arbeitslosigkeit hatten zu großen Sorgen wegen des Umsatzrückgangs im Kochschen Weißwarengeschäft geführt. Später – nach dem Krieg – habe ich verstanden, wieviel sowohl Versailles als auch die Depression dazu beigetragen haben, daß so viele Deutsche 1933 auf Hitler hereingefallen sind und in welchem Umfang die schnelle Beseitigung der Arbeitslosigkeit dazu beigetragen hat, daß bis zum Kriegsbeginn so viele Deutsche Hitlers Handeln weitgehend – wenn auch mit Ausnahmen – als gerechtfertigt empfunden haben.

Ab Ostern 1934 wurde Erna Stahl unsere Deutschlehrerin. Ob sie schon vor 1933 zur Lichtwarkschule gehört hat, weiß ich nicht mehr; jedenfalls verstand ich bald, daß sie gegen den Nationalsozialismus war. Das zeigte sich allerdings nicht in ihrem Unterricht – es sei denn indirekt, in ihrer Auswahl von unpolitischem Lesestoff –, sondern an den Leseabenden, zu denen sie eine Gruppe von Schülern – darunter auch Loki und mich – des öfteren in ihre Wohnung einlud. Sie hat ein großes Verdienst daran, daß die gleichzeitige Beeinflussung durch HJ und BDM unsere Aufnahmebereitschaft und unser Empfinden nicht auf jenen geistlosen, grobschlächtig-primitiven Blut-und-Boden-

Mythos einengen konnte, der damals im Schwange war. Ich erinnere mich, daß sie mit uns Goethe gelesen hat, Hans Carossa, Albrecht Schäffer und Thomas Mann – auch Lyrik. Sie hat dafür gesorgt, daß ich im Umriß verstand, was Humanismus bedeutet, und auch, daß Literatur und Lesen Bildung sind.

Inzwischen gingen wir als Siebzehn- und Achtzehnjährige bisweilen zusammen ins Kino – ich erinnere mich als besonders eindrucksvoll an Spencer Tracy in »Manuel« –, wohl auch mal in das Kellerkabarett »Broncekeller«, um Fred Endrikat Gedichte vom Kürbis Knoll deklamieren zu hören oder Graf Luckner mit bloßer Hand Telefonbücher zerreißen zu sehen. Dennoch waren wir außerhalb der Schule eigentlich sehr brav, und meine größte Jugendsünde blieb, daß ich gemeinsam mit einigen Jungen aus unserem Wohnviertel einmal einige Scheiben eines Gewächshauses einwarf. Die Hauptsache blieben die Schule und die Klasse.

Ab 1936 brauchte Hitler Soldaten, weshalb wir schon 1937, ein Jahr früher als vorgesehen, Abitur machen mußten. Gleichzeitig wurde die Lichtwarkschule aufgelöst, offensichtlich deshalb, weil der Versuch mißlungen war, die Schule so umzuformen, daß sie den Erziehungsidealen des NS-Staates entsprach.

Die Lichtwarkschule hat mir Augen und Ohren geöffnet für Kunst, Musik, Literatur und Theater – nicht allerdings für Politik. Doch wenn unsere Lehrer uns zu politischem Interesse hätten erziehen wollen, so wäre dies nach 1933 nur noch im Sinne des Nationalsozialismus möglich gewesen; das aber wollten die Lehrer meiner Klasse gerade vermeiden. So hat die Lichtwarkschule zwar kein demokratisches Bewußtsein in mir geweckt, aber trotz allwöchentlicher Flaggenparade auch keinen NS-Einfluß auf mich ausgeübt. Ich bin dieser Schule noch heute dankbar.

Nationalsozialistische Einflüsse war es unter den Jungen in unserer Schulklasse Mode geworden, in die bündische Jugend einzutreten, und Anfang 1933 war wohl die Hälfte der Jungen Mitglied in einem der Jugendbünde. Dabei empfanden wir übrigens keine großen Unterschiede zwischen der damaligen SAJ (der Sozialistischen Arbeiter-Jugend), den Republikanischen Pfadfindern, der Deutschen Freischar, der Freischar junger Nation, dem Nerother Wandervogel und so weiter. Als Vierzehnjährige konnten wir wohl noch nicht erkennen, daß erhebliche ideologische und politische Gegensätze zwischen diesen Jugendbünden bestanden. Das gemeinsame Agens war das Gemeinschaftserlebnis »auf Fahrt« – so hießen damals die Wanderungen – und die Romantik des Lagerfeuers. Im Laufe des Jahres wurden dann alle Bünde aufgelöst oder gleichgeschaltet, und eines Tages waren alle Gruppen Teil der Hitler-Jugend.

Auch ich wollte 1932 und 1933 gern in die bündische Jugend; meine Eltern indessen ließen das nicht zu. Ich war darüber ein wenig unglücklich; denn die anderen Jungen hatten alle schicke Kletterwesten an, sie erzählten von ihren Fahrten, Lagern und Heimabenden, und ich war neidisch auf ihre Erlebnisse. Als im Laufe des Jahres 1933 die meisten meiner Mitschüler durch die Gleichschaltung ihrer Jugendbünde HJ-Mitglieder geworden waren, wollte daher auch ich gern in die HJ eintreten; aber ich durfte nicht.

Lange Monate hatten meine Eltern ihr striktes Verbot nicht begründet. Dann aber kam es eines Tages – wahrscheinlich im Herbst 1933 – doch zu einer ernsten Unterhaltung zwischen meiner Mutter und mir, nachdem sie wieder einmal gesagt hatte: »Das geht nicht.« Ich insistierte: »Warum nicht?« Schließlich antwortete sie: »Weil du einen jüdischen Großvater hast.« Davon hatte ich bis dahin nichts gewußt, nicht einmal ahnungsweise: Mir war völlig unbekannt, daß Opa Schmidt gar nicht mein leiblicher Großvater, sondern der Ziehvater meines Vaters war; sein leiblicher – und unehelicher – Vater hieß Gumpel.

Trotz erheblicher Bemühungen – nicht zuletzt mit Hilfe des Hamburger Instituts für die Geschichte der deutschen Juden und seines Leiters, Professor Peter Freimark – ist es mir auch Jahrzehnte später nicht gelungen, über Gumpel und seinen Lebensweg wesentlich Näheres zu erfahren. Auch von der Mutter meines Vaters weiß ich außer ihrem Namen und Geburtsdatum nichts. Sicher ist nur, daß Herr Gumpel sich nach Sachsen aus dem Staube gemacht hat, nachdem er offenbar durch eine finanzielle Zuwendung dafür gesorgt hatte, daß sein Kind von dem ungelernten Hafenarbeiter Gustav Schmidt und dessen Frau Katharina an Kindes Statt angenommen worden war. Nach dem Kriege habe ich begriffen: In den Augen meines Vaters war es keineswegs ein Makel, daß er einen jüdischen Vater hatte; doch lag für ihn durchaus ein Makel darin, unehelich geboren worden zu sein – die Vorstellungswelt meiner Familie war sehr kleinbürgerlich.

Meine Mutter schärfte mir ein: »Du darfst mit niemandem über die Sache reden. Die Schulbehörde weiß nicht, daß Vati ein Halbjude ist; aber wenn die davon erfahren, dann werfen sie ihn raus.« So kam es, daß ich nicht einmal mit meinem Vater darüber geredet habe; ich wußte ja nicht, ob meine Mutter mich mit seiner Zustimmung über meinen Großvater aufgeklärt hatte. Außerdem hatte ich viel zuviel Angst vor meinem Vater: Während meiner Pubertät gab es erhebliche Spannungen zwischen uns, die mir auch bisweilen eine Ohrfeige eintrugen, und überhaupt war es für meinen zwei Jahre jüngeren Bruder Wolfgang und mich nicht leicht, mit ihm umzugehen. Erst nachdem ich 1937 Soldat geworden war, hat sich ein offeneres, vertrauensvolleres Verhältnis zwischen meinem Vater und mir entwickelt. Dennoch hat er während der ganzen Nazi-Zeit nur ein einziges Mal und auch nur andeutungsweise mit mir über seinen Vater geredet, das war jedoch erst im Jahre 1942, als Loki und ich heiraten wollten. Ich komme noch darauf zurück.

Natürlich warf seit jenem Gespräch mit meiner Mutter im Jahre 1933 die Tatsache meiner jüdischen Abstammung einen Schatten auf mein Leben, zumal nach der 1935 bekanntgewordenen Nürnberger Rassengesetzgebung. Denn wenn es herauskommen würde, so wußte ich, drohte uns Übles, ohne daß ich eine nähere Vorstellung von den Konsequenzen hatte; zeitweilig allerdings konnte ich diese Angst während meiner Soldatenzeit aus meinem Bewußtsein verdrängen. So war seit jenem Gespräch mit meiner Mutter im Herbst 1933 für mich entschieden, daß ich innerlich kein Nazi mehr werden konnte. Aber was ich sonst politisch hätte denken oder wo ich politische Vorbilder hätte suchen können, davon hatte ich nicht einmal eine vage Idee.

Auch vom Judentum hatte ich keine noch so vage Vorstellung. Auf dem Weg zur Klavierstunde mußte ich stets an einem Schaufenster vorbei, in dem Streichers »Stürmer« ausgehängt war, der die Juden als die Inkarnation des Bösen und Schlechten darstellte und abstoßend häßlich karikierte. Ich habe einige Male hingeschaut und auch einige der Texte gelesen. Danach fand ich den »Stürmer« ekelhaft, er hat keinerlei antisemitische Affekte in mir erzeugt; andererseits habe ich mir – auch in meiner späteren Jugend – ebensowenig eine positive Vorstellung vom Judentum bilden können. Selbst heute, nach sechzig Jahren, empfinde ich zwar projüdische Sympathie, weiß aber nicht recht, wie man Jude-Sein objektiv definieren könnte.

Im Winter 1933/34 schickten mich meine Eltern zum Konfirmandenunterricht. Er ist bei mir zunächst ohne Wirkung geblieben. Pastor Walter Uhsadel gab jeder Konfirmandenstunde einen liturgischen Rahmen; die Kirchenlieder hatte ich auf dem Harmonium zu begleiten. Seine Auswahl aus der Bibel betraf, abgesehen von der Genesis im Ersten Buch Mose, fast ausschließlich Stücke aus den Evangelien. Sie haben mir zum Teil nicht eingeleuchtet; so habe ich nicht verstanden, warum Gott seinen Sohn erst zu den Menschen schickt, um ihn danach von ihnen kreuzigen zu lassen. Auch die jungfräuliche Geburt und besonders die heilige Dreieinigkeit blieben mir unverständlich, ebenso die von Jesus Christus vollbrachten Wunder und schließlich seine Rückkehr in den Himmel. Als ich im Geschichtsunterricht etwas später vom Investiturstreit zwischen Papst und Kaiser und vom Kampf der römischen Kirche gegen die protestantischen Reformatoren hörte, ergriff ich instinktiv Partei gegen den Papst und für den Kaiser, desgleichen für Hus, Luther und Zwingli – vielleicht deshalb, weil meine Eltern evangelisch-lutherisch erzogen waren und weil ich von ihnen, wie vor allem von den Großeltern Koch, in diesem Sinne beeinflußt war.

Der Pastor konzentrierte sich stark auf Luthers Kleinen Katechismus. Anspielungen auf die HJ oder auf andere Erscheinungen der NS-Zeit kamen nicht vor; auch vom Kampf der »Bekennenden Kirche« gegen die »Deutschen Christen« habe ich erst nach 1945 gehört. Obwohl ich Uhsadels tiefen Ernst begriff und ihn innerlich gern akzeptierte, blieb mein Verständnis des Christentums damals sehr rudimentär. Mein Glaube beschränkte sich auf Gott den Herrn und seine Allmacht. In mein Gewissen nahm ich das christliche Gebot der Nächstenliebe auf, ich fand es aber oft schwierig und sogar unmöglich, diesem Gebot zu folgen. Erst im Verlaufe des Krieges ist dann eine stärkere Hinwendung zum Christentum eingetreten. Gleichwohl habe ich mich als Fünfzehnjähriger bereits als Christ empfunden, wobei Kirchen als Bauwerke wie auch die Kirchenmusik eine bedeutende Rolle spielten. Stärker als vom Christentum war ich aber vom spätantiken Stoizismus des römischen Kaisers Marcus Aurelius angezogen, dessen »Selbstbetrachtungen« ich von Onkel Heinz zur Konfirmation geschenkt bekam – ein Buch, das für mich viel wichtiger war als die Bibel.

Etwa gleichzeitig mit dem Konfirmandenunterricht kam ich – entgegen den Absichten meiner Eltern – dann doch in die HJ. Denn die Schüler-Ruder-Riege der Lichtwarkschule wurde damals, wie die anderen Hamburger Schüler-Rudervereine und die Jugendabteilungen der Ruderclubs, in die Marine-Hitler-Jugend (die MHJ) eingegliedert – möglicherweise unter Mitwirkung der neuen Schulleitung. Keiner von uns wurde nach seiner arischen Abstammung gefragt. Und da ich seit dem Sommer 1933 der sogenannte Kapitän unserer kleinen Ruder-Riege von zwölf oder fünfzehn Schülern war, bekam ich nun den Titel eines Kameradschaftsführers, außerdem eine blaue Marine-Uniform mit HJ-Armbinde. Aus mehreren Schüler-Rudervereinen und Jugendabteilungen von Ruderclubs wurden MHJ-Scharen und Gefolgschaften gebildet und in einem MHJ-Bann zusammengefaßt. An den Bannführer Otto Ferro, einen Schiffsoffizier der Handelsschiffahrt, habe ich sympathische, keine negativen Erinnerungen; er ist später als Marineoffizier auf einem U-Boot gefallen.

Soweit ich ältere Führer der Hamburger MHJ kennengelernt habe, kann ich mich an keinen von ihnen als einen überzeugten Nazi oder als sogenannten alten Kämpfer erinnern; Ferro war die Ausnahme. Die übrigen kamen teils aus der bündischen Jugend, teils aus der Jugendarbeit der Sportvereine, auch aus dem CVJM; ansonsten waren auch Lehrerstudenten oder arbeitslose Junglehrer darunter, die auf ihre Anstellung warteten. Sie absolvierten zwar die politische Indoktrination, die ihnen aufgetragen war, aber sie taten dies nicht mit besonderem Nachdruck, weshalb ich sie mehr als jugendbegeisterte Idealisten denn als Nazis in Erinnerung habe. In der großen Mehrzahl waren meine damaligen MHJ-Kameraden höhere Schüler, dies galt auch für die jüngeren Führer. Aus diesem Grund war die MHJ bei der übrigen HJ in Hamburg nicht sehr gut angesehen; dazu kam der Neid auf unsere Segelei, die wirklich ein zwar bisweilen anstrengendes, aber doch auch großes Vergnügen war.

In der Marine-HJ lernte ich Erwin Laage kennen, der auf gleiche Weise Mitglied geworden war wie ich. Sein Vater, Richard Laage, ein hamburgischer Architekt, hat auf mich einen starken Einfluß ausgeübt. Er hat mir beigebracht, was gute Architektur ist: Bauhaus, Fritz Höger, Bernhard Hoetger, vor allem aber Fritz Schumacher. So habe ich damals, angeregt von Schumachers autobiographischem Buch »Stufen des Lebens« und von den Ratschlägen Richard Laages, den Entschluß gefaßt, Architekt und Städteplaner zu werden. Ich las die Literatur, die Laage mir gab, und bereitete mich, während meine Schulzeit sich dem Ende zuneigte, ernstlich auf den erstrebten Beruf vor.

Überhaupt waren die drei Jahre, während deren ich in der MHJ war, eine Zeit des Lesens. Weder für die MHJ noch für Schularbeiten benötigte ich allzuviel Zeit; statt dessen lag ich jede Woche viele Nachmittage und Abende in meinem kleinen Zimmer in der Schellingstraße, um – wahrscheinlich wesentlich unter dem Einfluß Erna Stahls – zu lesen, was ich mir aus den beiden Bücherschränken meiner Eltern herausgesucht oder in der öffentlichen Bücherhalle ausgeliehen hatte: Geschichtsbücher, vor allem aber russische, französische, englische und skandinavische Romanliteratur. Puschkin und Turgenjew, Zola, Maupassant und Balzac, Shaw, Oscar Wilde und Galsworthy sowie Hamsun haben mich meiner Erinnerung nach damals am meisten beeindruckt.

Übrigens hat mein Vater seinen Bücherschrank immer verschlossen gehalten – aus welchen Gründen, habe ich nie erfahren. Wollte er seine beiden Söhne politisch unbeeinflußt lassen, oder ging es ihm um die Bewahrung seiner väterlichen Autorität? Der Bücherschrank meiner Mutter dagegen war immer offen; dort fand ich die Tagebücher und Briefe der Paula Modersohn-Becker, und ich erinnere mich eindringlich des tiefen Eindrucks, den diese Schriften auf mich gemacht haben.

In der MHJ waren wir Jungens geistig weitgehend uns selbst überlassen. Das Beste an der MHJ war das Kutter-Segeln auf der Alster, das ich bald mit großer Begeisterung gegen das Rudern eintauschte; die sogenannten Kutter waren zum Segeln eingerichtete ehemalige

Rettungsboote, schwerfällige, aber praktisch unkenterbare offene Boote. Auch die Heimabende machten Spaß. Wenn wir jedoch mit Fahrrädern auf Fahrt gingen, so taten wir das meist außerhalb der Marine-Hitler-Jugend, entweder zu zweit mit meinem Bruder Wolfgang (bis zum Kölner Dom und nach Maria Laach!) oder mit Freunden aus der Klasse oder aus der MHJ, aber nur selten in der Uniform der HJ, sondern zumeist in »Räuberzivil«. Meistens schliefen wir bei Bauern in der Scheune, im Stroh oder im Heu.

Ende 1935 oder Anfang 1936 wurde ich in der MHJ um eine Stufe zum Scharführer befördert und mußte selbst die Heimabende leiten, wofür es Liederbücher und Schulungshefte gab. Aber der Wassersport blieb für mich das Wichtigste. Zweimal nahm ich an einem HJ-Sommerlager teil. Eines davon – in Sahlenburg bei Cuxhaven – bestand zur Hauptsache aus stupidem Kasernenhof-Drill; in dem anderen – in Neustadt an der Ostsee – konnte ich meinen zweiten Seesportschein erwerben, der zur Führung eines Segelbootes auf der Elbe und im Küstenbereich berechtigte; ich war sehr stolz darauf. Im Sommer 1936 habe ich dann noch einen großen Fußmarsch quer durch Deutschland mitgemacht, von Hamburg nach Nürnberg: den sogenannten »Adolf-Hitler-Marsch«, der einen Nürnberger Parteitag zum Anlaß hatte. Es kam mir als eine große Herausforderung vor, zu Fuß quer durch Deutschland zu marschieren; deshalb verzichtete ich auf unsere letzte Klassenreise, die zur gleichen Zeit nach Dresden führte. Der Parteitag selbst hat mich abgestoßen: ich empfand uns als mißbrauchte Kulisse.

Im Dezember 1936 kam das Ende meiner MHJ-Zeit. Ich flog schlichtweg raus: nicht, weil ich ein Antinazi geworden wäre, sondern einfach deshalb, weil ich ein freches Mundwerk hatte und oft abfällige Äußerungen über dieses und jenes machte, was mir mißfiel. In Nürnberg hatte ich eine herabsetzende Bemerkung über den Reichsjugendführer von Schirach fallenlassen, die nach oben gemeldet worden war. Auch hatte ich im Herbst den Keller in Eimsbüttel, in dem meine MHJ-Schar ihre Heimabende hatte, mit den anderen Jungen in folgender Weise ausgemalt: die Decke und die obere Hälfte der Wände weiß, die untere Hälfte dagegen rot, wobei ich zugeben muß, daß ich mir bei der Farbgebung nichts gedacht hatte. Und auf den oberen Teil der Wände, auf die weiße Grundierung, hatten wir als Fries rundumlaufend in roten Buchstaben einen Vers aus einem HJ-Liederbuch geschrieben. Dabei hatte ich mir allerdings etwas gedacht, der Vers lautete nämlich: »Freiheit ist das Feuer, ist der helle Schein, solang' sie noch lodert, ist die Welt nicht klein.« Irgend jemand in der MHJ-Führung verstand mich wohl ganz richtig.

Man konnte damals wegen der Vorbereitung auf das Abitur vom HJ-Dienst beurlaubt werden. Ich hatte um solchen Urlaub nicht nachgesucht, wurde aber kurz vor meinem achtzehnten Geburtstag als Scharführer abgesetzt – »abgesägt« sagte man damals – und beurlaubt. Ich ging nie wieder zur MHJ. Aber einige der in jener Zeit geschlossenen Freundschaften hatten Bestand, besonders mit Kurt Philipp, der später unser Trauzeuge und Hausarzt geworden ist.

Gewiß habe ich während der drei Jahre in der MHJ – anders als später in Arbeitsdienst und Wehrmacht – auch nationalsozialistische Einflüsse in mich aufgenommen. Worin bestanden sie? Am stärksten war wohl die funktionale Erziehung zu Kameradschaft und Gemeinschaft auf der Fahrt und im Boot; sie unterschied sich jedoch nicht prinzipiell von der Haltung in der Lichtwarkschule. Es muß damals in der HJ-Führung noch Nachwirkungen von Gregor Strassers sozialistischen Ideen gegeben haben, die von einigen meiner HJ-Vorgesetzten gepflegt wurde. Ich selber begriff Sozialismus damals weder im Sinne der SPD noch der KPD – von beiden Parteien hatte ich keine Vorstellung –, sondern vornehmlich als materielle, soziale Gerechtigkeit und als idealistische Solidarität. Es erschien mir ungerecht, daß es Arbeitslose gab, deren Familien, wie diejenige Lokis, jahrelang von einer äußerst geringen Arbeitslosenunterstützung leben mußten; daß begabte Kinder nicht auf die höhere Schule gehen konnten, weil die Eltern das Schulgeld nicht aufbringen konnten; daß überhaupt reiche Leute Vorrechte genossen. Dies alles müßte geändert werden, dachte ich, ohne daß ich dabei von ökonomisch-gesellschaftlichen Strukturreformen irgendeine Vorstellung gehabt hätte. Aber der »Sozialreferent« des MHJ-Bannes in Hamburg erschien mir einfach deshalb als eine besonders wichtige Instanz, weil er armen HJ-Kameraden helfen konnte. Später – im Laufe des Krieges – habe ich meinem Jugendfreund Kurt Philipp geschrieben, daß »Sozialismus« gegen Ende der

Friedenszeit »beinahe zu meiner Religion geworden« sei. Im übrigen blieben nationalsozialistische Einflüsse in der Hamburger MHJ sehr begrenzt. Auch in Hitlers »Mein Kampf« habe ich damals – trotz aller Lesewut – nur sporadisch hineingeschaut; ich weiß mich nicht mehr zu erinnern, warum es mich nicht sonderlich interessiert hat. Auch zu Hause wurde über Hitlers Buch nicht geredet.

Mein Vater war keineswegs ein Nationalist, wenngleich er durchaus patriotisch eingestellt war. Wenn in jenen Jahren überall geflaggt wurde, so hängte er keine Hakenkreuzfahne, sondern das Schwarz-Weiß-Rot vom Küchenbalkon (ob er das allerdings nach 1937 noch durchhalten konnte, weiß ich nicht mehr). Er war in die NSV, die NS-Volkswohlfahrt, eingetreten; deren an der Wohnungstür aufgeklebte Plakette hatte wohl eine ähnliche, wenn auch bloß vermeintliche, Schutzfunktion wie die Mitgliedschaft in einer Blockpartei unter Ulbricht. Daß meine Eltern mit Hitler und mit dem Nationalsozialismus nichts im Sinn hatten, war zu Hause deutlich, wurde aber niemals klar ausgesprochen. Heute weiß ich, daß darin eine typische Haltung liegt: Viele Eltern, welche – unter einer Diktatur lebend – ihre Kinder starker ideologischer Beeinflussung ausgesetzt wissen, wollen ihre Kinder nicht in Konflikte bringen, die für diese unlösbar wären. Auch mein Vater fragte nicht, wie es bei der MHJ zuging, und vermied dergestalt jede Stellungnahme; so wurden mein Bruder und ich jedenfalls in dieser Hinsicht vor häuslichen Konflikten bewahrt. Nachdem er sich irgendwann einen Volksempfänger angeschafft hatte, war ich einige Male dabei, wenn meine Eltern im Radio die Rede einer NS-Größe verfolgten; in meiner Gegenwart gab es dazu von meinem Vater höchstens einmal eine lakonische Randbemerkung, jedoch keine explizite Kritik. Einmal haben meine Eltern einen Hinweis von Freundesseite an uns weitergegeben, der uns vor einem der Hausbewohner als einem möglichen Spitzel warnte.

Mir war bewußt, daß mein Vater immer Angst hatte, sein jüdischer Vater könnte ans Tageslicht gezogen werden, die Schulbehörde, eine Parteidienststelle oder die Geheime Staatspolizei könnten sich näher mit seiner Person beschäftigen, zumal einige der mit ihm befreundeten Kollegen inzwischen – jedenfalls nach außen – als Anhänger des Nationalsozialismus auftraten (und etwa 1937 in die NSDAP eingetreten sind). Vermutlich aus Angst hat mein Vater Wolfgang und mich keineswegs in demokratischem Geist erzogen; er hat sich uns gegenüber negativer Kritik am Dritten Reich weitgehend enthalten. Ich selbst jedoch habe seit Ende 1935 zunehmend negative Seiten des NS-Systems entdeckt.

Zehn Jahre später habe ich im Kriegsgefangenenlager den Plan gefaßt, eine quasiautobiographische Aufzeichnung über meine Entwicklung zu schreiben, nur für mich selbst. Weil unverhofft die Entlassung dazwischen kam, habe ich diese Absicht nicht ausgeführt, abgesehen von einer Disposition, wie wir sie auch in der Schule für unsere Aufsätze machten. Diese Disposition aus dem Sommer 1945 – acht Seiten in Oktavformat – habe ich kürzlich wiedergefunden. Sie verzeichnet für das Jahr 1936: »Erstes Erkennen der Mißstände in Nazi-Deutschland. Krach in der HJ.« Ich bin ziemlich sicher, daß ich 1936 von der Tatsache der Verschleppung von Juden in Konzentrationslager nichts gewußt habe. Ich ahnte nicht einmal etwas von der Existenz des KZ Neuengamme innerhalb der hamburgischen Grenzen; wohl aber war mir seit 1933 bekannt, daß im Gefängnis Fuhlsbüttel Menschen eingesperrt waren, die in Wahrheit nichts verbrochen hatten, und mein Gerechtigkeitssinn empörte sich dagegen. Für das Jahr 1937 verzeichnet das erwähnte Papier aus der Kriegsgefangenschaft die Notiz: »Endgültige Abkehr, wenn auch zunächst noch tastend, vom N.S.«

Wenige Wochen nach meinem Ausscheiden aus der MHJ kam das Abitur, zugleich meldete ich mich – wie die meisten anderen Abiturienten – vorzeitig zur Wehrpflicht, des beabsichtigten Architekturstudiums wegen, das ich später nicht durch die Wehrpflicht unterbrechen wollte. Dies war, wie sich später zeigen sollte, eine Fehlentscheidung; denn meine Wehrpflicht dauerte praktisch acht Jahre, während gleichaltrige Abiturienten, die 1937 gleich ihr Studium aufnahmen, zum Teil erst 1940 und 1941 eingezogen wurden. Meine lange Soldatenzeit hatte jedoch auch ein Gutes: Seit 1937 bin ich jedem bewußten NS-Einfluß so gut wie entzogen gewesen.

Die Wehrpflicht dauerte damals zwei Jahre, denen noch ein halbes Jahr beim Reichsarbeitsdienst vorausging. Und es war ausgerechnet der RAD, der meine innere Ablehnung der Nazis verstärkt und beschleunigt hat. In meinem Arbeitslager in Reitbrook in den Vierlanden, wo wir einen Deich an der Dove Elbe bauten, kam ich nämlich unter den sehr bewußten, zielgerichteten Einfluß eines Kommunisten, durch den ich beinahe selber zum Kommunisten geworden wäre; er war einige Jahre älter und erheblich erwachsener als ich und hatte als Seemann die Welt gesehen. Hinzu kam noch etwas anderes: Der politische Unterricht in unserem Lager war effektiv schwachsinnig; der RAD-Feldmeister trug uns primitivste Nazi-Ideologie vor, die er mit offenbar angelesenen, aber nicht verstandenen Beispielen aus der Geschichte anzureichern versuchte. Das stank vielen von uns; ich dachte: Genau das Gegenteil muß man glauben! So war ich also als Achtzehnjähriger auf dem Wege, Kommunist zu werden. Allerdings hat meine Sympathie für die Ideen jenes Kommunisten nicht lange gedauert, weil ich bald von ihm getrennt wurde: Vom Dienst befreit, mußte ich nämlich für zwei Feldmeister, die ihre Zimmer und den Kantinenraum ausschmücken wollten, Landschaftsaquarelle malen, was ich mit Begeisterung tat. Ich bin dazu in den Vierlanden herumgezogen und habe Bauernhäuser, Bockmühlen, die Dove Elbe, Deiche, Wiesen und Bäume gemalt.

Gleichzeitig sorgte aber ein anderer Kamerad im Lager, Sohn eines Hamburger Einzelhändlers, dafür, daß ich Teile der europäischen Literatur, die mir bis dahin unbekannt geblieben waren, nun nachholte, darunter Tolstoj, Dostojewski, Lesskow, auch Marcel Proust, der mich jedoch weniger berührt hat. Mein literarisch gebildeter Arbeitskamerad sprach unter vier Augen unverhohlen abfällig über die Nazis, und möglicherweise ist er es auch gewesen, der mich veranlaßte, einige geschichtsphilosophische oder geschichtsideologische Bücher zu lesen; jedenfalls haben wir über sie diskutiert. Es waren Bücher aus dem Bücherschrank meines Vaters: Ortega y Gassets »Aufstand der Massen« und Gustave Le Bons »Psychologie der Massen«. Sie haben mich stark beeindruckt; von da an sah ich die Massenaufmärsche und Parteitage der NSDAP vor dem Hintergrund dieser Schriften. Auch Oswald Spenglers »Untergang des Abendlandes« hat mich, obschon ich es nur teilweise gelesen habe, fasziniert, denn ich erlebte hier zum ersten Mal eine umfassende Deutung der Geschichte, die frei war von NS-Ideologie. Houston Stewart Chamberlain kam mir dagegen zu romantisch vor. Von Rosenbergs »Mythus des 20. Jahrhunderts« hat mein Freund gesagt, den brauchte ich nicht zu lesen, was ich auch nicht getan habe. Ich stieß auch auf Carlyles »Helden und Heldenverehrung« und fand das Buch gräßlich, mir war die Glorifizierung des Heldentums bereits bei Richard Wagner auf die Nerven gegangen. Bismarcks »Gedanken und Erinnerungen« dagegen habe ich mit großem Interesse gelesen – wahrscheinlich ziemlich kritiklos. Die nationalsozialistischen Kriegsbücher dagegen (zum Beispiel Beumelburg oder Dwinger) waren mir unangenehm, während mich Remarques »Im Westen nichts Neues« durch seinen Realismus stark vorgeprägt hat – ich habe später im Kriege häufiger an Remarque gedacht.

Wenn ich an den dienstfreien Wochenenden nach Hause kam, gab es im Elternhaus nach wie vor keine politischen Unterhaltungen. Nachträglich glaube ich, daß meine Eltern inzwischen eine starke Scheu vor jeder Berührung oder Beschäftigung mit dem Nationalsozialismus entwickelt hatten. Zwar haben meine Eltern ab und zu den Volksempfänger eingeschaltet; mich hat das Radio aber nicht interessiert. Ich habe auch immer noch höchstens am Sonntagmorgen die Zeitung meiner Eltern gelesen, das Hamburger Fremdenblatt, das damals übrigens schon weitgehend auf NS-Kurs gebracht worden war. Während der Wochenendurlaube interessierten mich ganz andere Dinge, als alle sieben Tage einmal die Zeitung zu lesen.

Vor allem gab es meine Freundin Loki. Unsere Interessen waren inzwischen sehr stark orientiert auf die französischen Impressionisten und auf Cezanne, Utrillo, Gauguin und die Fauves, von denen ich Farbpostkarten mit kleinen Abbildungen sammelte. In Hamburg gab es zwei Kunstläden, zu denen wir ab und zu gingen, um uns in den Schaufenstern die Bilder und Drucke anzusehen, die für uns sonst völlig unerreichbar waren (im Arbeitsdienst bekam man 25 Pfennig am Tag; das reichte nicht viel weiter, als sich regelmäßig die Haare schneiden zu lassen, Rasierklingen zu kaufen und für das Fahrgeld am Wochenende): Maria Kunde am Hauptbahnhof und die Galerie Commeter in der Hermannstraße, Ecke Bergstraße. Von den zeitgenössischen Deutschen ließen uns Thorak und Breker kalt, auch Kolbe. Aber wir hingen an Barlach, Renee Sintenis, Käthe Kollwitz, Schmidt-

Rottluff, Pechstein, Feininger, Franz Marc, Nolde, Paula Modersohn-Becker und an dem Hamburger Eduard Bargheer. Gelegentlich gingen wir auch ins Theater, wo es uns Manfred Hausmanns romantische »Lilofee« eigentümlich angetan hat – sein »Abel mit der Mundharmonika« war ein gemeinsames Lieblingsbuch.

Kurz darauf – im Sommer 1937 – hat mich die von den Nazis in München veranstaltete Ausstellung »Entartete Kunst« tieferschüttert, auf der meine großen Idole als »entartet« und als »auszumerzend« herabgesetzt wurden. Damals habe ich gedacht: Die sind verrückt! Bei einem Wochenendurlaub bekam ich über diese Sache dann auch noch einen bösen Streit mit einem Lieblingsonkel, der gerade in die NSDAP eingetreten war, wahrscheinlich der einzige in der ganzen Sippe. Im Wohnzimmer meiner Oma Koch sitzend, zeigte sich dieser Mann, der um eine Generation älter als ich war, tief verletzt, als ich sagte: »Die Nazis sind verrückt«. Er verteidigte die Ausstellung und den Begriff der entarteten Kunst mit Nachdruck. Der Streit, der daraus resultierte, ist im Laufe des Lebens nicht mehr geheilt worden. Später – in den fünfziger Jahren – haben Loki und er sich recht gut verstanden, ich dagegen ging ihm immer noch aus dem Weg.

Meine Empörung über die Diffamierung der von mir bewunderten und geliebten deutschen Expressionisten und außerdem, vier Jahre zuvor, die Erkenntnis, daß ich einen jüdischen Großvater hatte, diese beiden Faktoren haben mich, so denke ich heute, am stärksten gegen die Nazi-Ideologie aufgebracht und verhindert, daß ich als Jugendlicher ein Anhänger Hitlers geworden bin. Beides waren – aus der Rückschau eines Dreiundsiebzigjährigen betrachtet – Glücksfälle für die Entwicklung des Heranwachsenden.

Acht Jahre Soldat

Im Herbst 1937 wurde ich vom Arbeitsdienst entlassen und sogleich zur Wehrmacht eingezogen. Ich kam zur leichten Luftwaffen-Flak nach Vegesack bei Bremen: zehn Soldaten auf einer Stube, immer zwei Betten übereinander. In unserer Stube gab es keinen Nazi, und nachdem wir uns näher kennengelernt hatten, stimmten wir überein in der ausdrücklichen Überzeugung: »Gott sei Dank, jetzt sind wir endlich im einzig anständigen Verein.« Es gab keinerlei NS-ideologische Berieselung, so daß unsere Batterie uns nach der Zeit in der HJ und beim RAD wie eine Oase vorkam. Ich habe damals in vollem Ernst gemeint, die Wehrmacht sei die einzig anständige Organisation im Dritten Reich. Davon brachte mich auch der blöde, endlos ausgedehnte Kasernenhofdrill nicht ab, der manchmal zirkusähnliche und oft schikanöse Formen annahm.

In aller Regel waren die zur Wehrpflicht eingezogenen Jugendlichen vom ersten Tage an den Einflüssen von außen weitgehend entzogen. In Friedenszeiten war man vom alltäglichen normalen Leben der Gesellschaft weitgehend isoliert und deshalb praktisch frei von Nazi-Einfluß. In den meisten Fällen war man auch in der Truppe frei davon – eine der wichtigsten Ausnahmen von dieser Regel galt später, während des Krieges, für die vielen Pechvögel, die zur Waffen-SS eingezogen wurden. Es dürfte umgekehrt äußerst selten gewesen sein, daß militärische Vorgesetzte auf die ihnen anvertrauten wehrpflichtigen Soldaten einen antinazistischen Einfluß ausgeübt haben.

Irgendwann bekam ich von der für meine Heimatadresse in Hamburg-Eilbek zuständigen Stelle der NSDAP ein Antragsformular zugeschickt, das mich zum Eintritt in die Partei aufforderte und von mir ausgefüllt werden sollte. Ich habe nichts dergleichen getan; vielmehr habe ich an die Kreisleitung (die wahrscheinlich nicht wußte, daß ich in der MHJ abgesetzt worden war) geschrieben, ich sei jetzt Soldat und wolle mich erst einmal auf meine Wehrpflicht konzentrieren; über das Weitere solle man erst danach reden. Ich habe damals lange darüber nachgedacht, wie ich diesen Brief abfassen könnte, ohne durch meine Absage Verdacht zu wecken; denn natürlich hatte ich Angst vor möglichen Folgen.

Ein Jahr lang blieb man unterster Mannschaftsgrad. Immerhin bekam man täglich 50 Pfennig und nicht bloß 25 wie noch beim RAD. Als dann im September 1938 die »Sudetenkrise« kam, war ich also noch Kanonier, und da damals viele Reservisten eingezogen und uns zugeteilt wurden, machte man mich jungen Spund zum Geschützführer, was nichts anderes hieß, als daß ich sechs oder sieben erwachsene Männer unter mir hatte und von ihnen mit »Herr Geschützführer« angeredet werden mußte. Ich kam mir sehr wichtig dabei vor.

Wir glaubten, daß das Sudetenland, das – wie ganz Böhmen – bis 1918/19 zu Österreich gehört hatte, den Österreichern durch den »Versailler Schandvertrag« widerrechtlich weggenommen worden sei. Und da nun Österreich seit dem März 1938 ein Teil des Deutschen Reiches geworden war, was auch viele Nicht-Nazis unter den österreichischen und deutschen Bürgern begrüßt hatten, erschien es uns lediglich als natürlich, daß das deutschsprachige Sudetengebiet jetzt zum Deutschen Reich kam. Als junge Soldaten hatten wir kein Gefühl für die Unrechtmäßigkeit des Vorgangs, empfanden allerdings auch keinen Triumph. Diese Einschätzung entsprach dem »Batterie-Unterricht«, den der Batteriechef, Hauptmann Paul Ullrich, uns während der beiden Jahre in Vegesack an jedem Sonnabendvormittag zu geben hatte.

Ich erinnere mich nicht, ob wir die internationalen Spannungen begriffen, welche Hitlers militärischer Aufmarsch – heute weiß ich, daß es sich de facto um eine als Übung getarnte Teilmobilmachung handelte – ausgelöst hat. Das Ganze wurde so ähnlich hingenommen, wie man morgens beim Aufstehen hinnimmt, daß das Wetter gut oder schlecht ist; das Wetter kann man ja nicht ändern. Keinesfalls hatten wir Kanoniere ein Gefühl für das von Deutschland verübte Unrecht und für die völkerrechtswidrige Pression auf die Tschechoslowakei, zumal schließlich die Annexion des Sudetenlandes in München von Frankreich, England und Italien gebilligt wurde.

Einen Monat später kam es zu jenem Judenpogrom, der mit dem üblen Wort »Reichskristallnacht« bezeichnet wird. Sonderbarerweise kann ich mich nicht daran erinnern: Am 9. November 1938, als diese Dinge geschahen, habe ich davon zunächst nichts gemerkt; im allwöchentlichen Batterie-Unterricht kam dergleichen nicht vor, Zeitungen las man nicht, und während des Sonntagsurlaubs war für mich alles andere wichtiger, als zu wissen, was in der Welt vor sich ging. Auch in meinem Elternhaus wurde noch immer nicht über Politik geredet. Gleichwohl sprach sich schließlich unter den Stubenkameraden herum, was am 9. November passiert war, und vermutlich haben wir darüber diskutiert (letzteres kann aber auch unter den Freunden in Fischerhude oder in Bremen gewesen sein). Meine oben erwähnten

Notizen aus dem Kriegsgefangenenlager verzeichnen für das Ende 1938 die Sätze: »Scham über die Judenverfolgungen«, und: »Nunmehr klare Kontra-Stellung zum N.S., lediglich Hitler persönlich noch ausgenommen«.

Daß ich Hitler von meinem Urteil ausnahm, entsprach einer Haltung, die 1938 vermutlich noch von manch anderen Menschen in Deutschland geteilt wurde; ich erinnere mich an die phrasenhafte Redensart: »Wenn das der Führer wüßte!« Uns war inzwischen bekannt, daß es Konzentrationslager gab, ich stellte mir jedoch vor, es seien notdürftig improvisierte Gefängnisse für Menschen, die ohne Prozeß inhaftiert worden waren, weil die Behörden sie aus irgendeinem Grund in Verdacht hatten. Mir war klar: Diese Menschen hatten wahrscheinlich nichts verbrochen, aber die Gestapo wußte, daß sie Gegner waren. Ich habe sehr lange gebraucht, bis ich begriff, daß Hitler die Quelle allen Übels war.

Die täglichen 50 Pfennig Wehrsold reichten – trotz eines gewissen Zuschusses von meinem Vater – nicht aus, um am Wochenende nach Hamburg zu fahren, so kam ich nur etwa jedes dritte Wochenende nach Hause. In den anderen beiden Wochen fuhr ich am Sonnabend nach Dienstschluß entweder nach Bremen zu Freunden meiner Eltern oder nach Fischerhude, einem Dorf in der Wümmeniederung, einer auch heute noch unglaublich schönen Landschaft. Die Wümme hatte damals über zwanzig Flußarme: ein Binnendelta, über flachen Weiden und Wiesen ein ungeheuer großer Himmel. In Fischerhude lebten – neben den Bauern, die wohl überwiegend naive Nazi-Anhänger waren und nach dem Status eines »Erbhofbauern« strebten – Otto Modersohn, den ich in jener Zeit kennengelernt habe, und seine dritte Frau, eine geborene Breling, deren Vater ebenfalls Maler gewesen war und schon vor Modersohn in Fischerhude gewohnt hatte. Außerdem gab es dort die Maillol-Schülerin Amelie Breling, eine andere Tochter des Malers, Bildhauerin und Keramikerin, die ihr Haus mit ihrer Schwester Olga Bontjes van Beek und deren drei Kindern Cato, Meme und Tim teilte. Olga war Tänzerin gewesen und hatte den später bedeutenden Keramiker Jan Bontjes van Beek geheiratet, von dem sie damals allerdings schon getrennt war. Inzwischen war sie Malerin geworden und schuf farblich zarte Bilder; heute indessen, deutlich über neunzig Jahre alt, malt sie sehr kräftige, sehr erdhafte Bilder, zumeist Landschaften. Auch die Bildhauerin Clara Rilke-Westhoff, einstmals Ehefrau von Rainer Maria Rilke, lebte in Fischerhude, wo sie in ihrem Haus improvisierte Konzerte und Lesungen veranstaltete. Mein persönlicher Anknüpfungspunkt hingegen war das kleine Haus von Haina und Fritz Schmidt, der ein Kriegskamerad meines Onkels Heinz Koch gewesen war.

Die größte Anziehung innerhalb dieser Künstlergemeinde ging für mich von Olga Bontjes van Beek aus. Ihr Haus – wie auch Fischerhude insgesamt – ist in den für mich entscheidenden, prägenden Jahren unmittelbar vor dem Kriege und zu Kriegsbeginn die wichtigste Quelle geistiger Orientierung gewesen und zugleich in höherem Maße Heimat als Hamburg und mein Elternhaus. Bei den Künstlern in Fischerhude waren häufig andere Künstler zu Besuch, aus Berlin und aus ganz Deutschland, sogar aus dem Ausland. Es waren fast nie Nazis dabei; falls aber doch, so wurde vorher leise Bescheid gesagt, daß wir uns vorsehen müßten. Aber ansonsten waren es immer ganz freie Unterhaltungen – über Probleme der Kunst, der Musik oder der Literatur, aber auch über die politische Entwicklung und – später – über den Krieg.

Ich war damals bereits zum Gegner der Nazis geworden, aber ich war doch auch, ohne dabei innere Zweifel zu haben, ein pflichtbewußter deutscher Patriot. Meine um eine Generation älteren Fischerhuder Freunde dagegen waren wohl überwiegend internationalistisch und weltbürgerlich orientiert. Aus diesem Gegensatz ergaben sich bisweilen auch politische Debatten mit Amelie Breling und auch mit Cato Bontjes. Amelie, gewiß doppelt so alt wie ich, war auslandserfahren, sie besaß ein klares Urteil und war eine respektgebietende Persönlichkeit. Cato war einige Jahre jünger als ich, hatte aber bereits einige Zeit in England und in Holland gelebt und war mir deswegen um manche positive Erfahrung voraus; sie war eine sehr jugendliche Idealistin.

Man hatte in jenem Fischerhuder Freundeskreis ungewöhnlich großes menschliches Vertrauen zueinander; gleichwohl habe ich damals nichts von meinen teilweise jüdischen Vorfahren erzählt, meine Fischerhuder Freunde haben wohl erst lange nach dem Kriege beiläufig davon gehört. Ebenfalls lange nach dem Kriege habe ich innerhalb der Sozialdemokratischen Partei Dr. Wilhelm Königswarter, MdB aus

Berlin, und Adolf Ehlers, Bürgermeister in Bremen, kennengelernt; beide hatten unabhängig voneinander während der Nazi-Zeit Kontakt zu Fischerhude und zur Familie Bontjes gehabt und sprachen darüber mit Hochachtung und in Herzlichkeit, ebenso wie ich selbst. Insgesamt haben die Fischerhuder Freunde meine Ablehnung der Nazi-Ideologie vertieft und bestärkt; zugleich haben sie meinen Zugang zur Kunst wesentlich erweitert, wofür ich noch heute dankbar bin. Und ich werde auch nicht vergessen, daß Olga mich einmal während des Gottesdienstes auf der Orgel der Dorfkirche hat spielen lassen, ohne daß Pastor und Gemeinde es bemerkt hätten.

Im Laufe von Frühjahr und Sommer 1939 haben mein Batteriechef Paul Ullrich – wir nannten ihn den »Alten Capitano« – und andere Vorgesetzte mehrere Male versucht, mich zur Laufbahn eines aktiven Berufsoffiziers zu überreden. Ich habe mich standhaft geweigert und als Grund stets mein Berufsziel des Architekten angegeben. So kam es, daß Ende September 1939, kurz vor meiner Volljährigkeit, als die zwei Jahre Wehrpflicht zu Ende gehen sollten, mein Vater mir schon zivile Kleidung gekauft hatte, eine zurückhaltend karierte blaue Jacke und eine graue Hose. So eingekleidet, ging ich zur Deutschen Shell an der Alster. Ich meldete mich in der Personalabteilung, um als Volontär angenommen zu werden: Denn ich wollte jetzt raus aus Deutschland; das Architekturstudium sollte zurückstehen. Ich hoffte, mit Hilfe des internationalen Konzerns nach Holländisch-Indien gehen zu können, wo die Shell – wie ich gehört hatte – nach Öl bohrte. Mir ist heute nicht mehr klar erinnerlich, ob ich mich lediglich für die begrenzte Spanne einiger Jahre dem Zugriff des Nationalsozialismus entziehen wollte oder ob auch eine Eventual-Absicht zur endgültigen Emigration dahinter stand. Jedenfalls war mein Plan, ins Ausland zu gehen, ernsthaft und fest.

Es wurde nichts daraus, weil ich gar nicht vom Wehrdienst entlassen wurde: Inzwischen nämlich hatte der Krieg begonnen. Gemeinsam mit Kameraden hörte ich im Radio, wie Hitler sagte: »Seit 5 Uhr 45 wird jetzt zurückgeschossen!« Ich habe nicht geahnt, daß der polnische Überfall nur vorgetäuscht war; ich glaubte tatsächlich, die Polen hätten den Sender Gleiwitz überfallen, weshalb wir Deutschen uns jetzt wehren müßten.

Nach Versetzung einiger unserer Kameraden zu anderen Truppenteilen hielten die in Vegesack zurückgebliebenen Abiturienten der Rekrutenstube des Jahres 1937 bis zum Kriegsbeginn immer sehr freundschaftlich und eng zusammen. Regelmäßig gingen wir gemeinsam Bier trinken, um in der abgeschlossenen Kneipe von Taake miteinander zu reden. Und soweit der Krieg uns am Leben ließ, haben diese Freundschaften sich auch später erhalten; inzwischen allerdings sind einige meiner engen Freunde, der spätere Bauingenieur Walter (»Moritz«) Plennis, Ernst Schult und Gustav (»Laban«) Reeckmann, zuletzt Oberst in der Bundeswehr, gestorben; ich bin ziemlich einsam nachgeblieben. Damals waren wir – wie alle Wehrpflichtigen – nach zwölf Monaten zu Gefreiten befördert und nach weiteren sechs Monaten, im Sommer 1939, als Abiturienten zu Unteroffizieren und zu sogenannten R.O.A.s – das heißt Reserve-Offiziersanwärter – ernannt worden. Keiner von uns zu jener Zeit sieben oder acht jüngeren R.O.A.-Unteroffizieren war Nazi; mit der Ausnahme eines einzigen – er ist später gefallen – lehnten alle das N.S.-System ab. Zu dieser Zeit waren wir alle besorgt wegen der Außenpolitik Hitlers; wir erkannten das Kriegsrisiko, haben allerdings nicht begriffen, daß Hitler den Krieg wollte.

Den Ausbruch des Krieges haben wir wie ein Naturereignis hingenommen. Erst der Frankreich-Feldzug, gut ein halbes Jahr später, und die schnelle Niederschlagung des Nachbarlandes, das uns doch zwanzig Jahre zuvor gerade erst besiegt hatte, hat viele meiner Altersgenossen zu der Frage geführt, ob nicht vielleicht doch etwas Richtiges an dem sei, was der Führer mache. Daß es 1918 nicht die Franzosen allein gewesen waren, die uns besiegt hatten, sondern daß am Ende fast die ganze Welt gegen Deutschland gekämpft hatte, dazu reichten bei manchem der jungen Soldaten die Geschichtskenntnisse kaum aus. Dagegen kannte ich Geschichte und Vorgeschichte des Ersten Weltkrieges recht gut; deshalb ahnte ich, daß es abermals zu einer Weltkoalition gegen Deutschland kommen würde. Im Hause meiner Nenntante Liesel Scheel in Bremen habe ich damals gesagt, der Krieg würde vier Jahre dauern, und am Ende würden wir ihn verlieren.

Damals begann für mich das, was man eine gespaltene Bewußtseinslage nennen könnte: Während ich einerseits den Nationalsozialismus ablehnte und ein schlimmes Ende des Krieges erwartete, zweifelte ich andererseits nicht an meiner Pflicht, als Soldat für Deutschland einzustehen, wobei übrigens für mich – anders als für viele andere Soldaten – der Fahneneid eine eher nebensächliche Rolle spielte. Gleichzeitig, so verzeichnet in meinen Notizen aus dem Kriegsgefangenenlager, gab es jedoch »immer wieder Annäherungen an einzelne NS-Ideen«, nämlich an die Ideen von Gemeinschaft und Sozialismus. Das NS-Schlagwort »Gemeinnutz geht vor Eigennutz« fand meine volle Zustimmung. Ich wußte nicht, daß Brüderlichkeit, Kameradschaft oder Solidarität lange vor den Nazis als Grundwerte entwickelt und von diesen nur oberflächlich übernommen worden waren.

Kurz nach Kriegsbeginn wurde ich Wachtmeister der Reserve (das ist soviel wie Feldwebel), Anfang 1940 dann – gemeinsam mit den meisten meiner ehemaligen Stubenkameraden – Leutnant der Reserve, übrigens wir alle ohne Kriegsschule, ohne Offizierslehrgang oder dergleichen – wahrscheinlich, so nehme ich heute an, aufgrund wohlwollender Beurteilungen durch unseren direkten Friedensvorgesetzten, den Batteriechef Hauptmann Paul Ullrich. Zwei Jahre später wurde ich schließlich noch zum Oberleutnant befördert, allerdings zu diesem Zeitpunkt nicht mehr d.R., sondern Kr.O. (Kriegsoffizier). Ich hatte nicht danach gestrebt, Offizier zu werden, hatte die Laufbahn eines Berufsoffiziers mehrfach ausgeschlagen, aber mit diesen Beförderungen als Reservist war ich durchaus einverstanden.

Ab Ende August 1939 mußten wir rund um Bremen mit unseren 2-cm-Kanonen die Stadt gegen die erwarteten Bombenangriffe der Engländer verteidigen, die damals jedoch noch ziemlich harmlos waren. 1940 kam ich für die gleiche Aufgabe in das oberschlesische Industriegebiet; 1941 wurde ich nach Berlin in das Oberkommando der Luftwaffe zur Inspektion der Flakartillerie (L.In.4) versetzt, um Schießvorschriften für leichte Flakgeschütze auszuarbeiten. Ich traf dort meinen alten Batteriechef Ullrich wieder, der inzwischen Major oder Oberstleutnant geworden war; offensichtlich hatte er mich angefordert. Von zwei relativ kurzen Ausnahmen abgesehen, habe ich bis Kriegsende zu diesem Stab, der später »General der Flakwaffe« und »General der Flakausbildung« hieß, oder zu einer der ihm unterstellten Flakartillerieschulen gehört, teils mit der Erprobung neuer Maschinenflakwaffen und der dazugehörigen Geräte beschäftigt, teils mit der Ausarbeitung von Bedienungs- und Ausbildungsvorschriften für dieselben, teils auch als Lehrer für Schießlehre.

1941 kam ich einmal während einer Kurier-Dienstreise nach Paris. Ich war völlig überwältigt von der kulturellen Fülle in dieser Stadt – so, wie ich es noch heute immer wieder bin, wenn ich Paris erlebe. Ich sah die Stadtlandschaften, die Maurice Utrillo gemalt hatte und die ich vorher nur von meinen kleinen Postkarten her kannte. Ich sah die Seine, Sacré-Coeur, Notre-Dame und die ganze wunderschöne Metropole, die sich mir als städtebauliches Gesamtkunstwerk schon damals tief eingeprägt hat. Aber so überwältigend jenes kulturelle Erlebnis 1941 auch war, hat es in mir doch noch keine politischen Schlußfolgerungen für die Zukunft ausgelöst, zumal ich in jenen beiden Tagen keinen Kontakt mit Franzosen hatte, weil meine Kenntnis des Französischen sich auf weniger als ein Dutzend Worte beschränkte.

Kurz nach Hitlers Angriff auf die Sowjetunion am 22. Juni 1941 kam es in Liesel Scheels Wohnung in Bremen zu einem bösen Streit mit einem Nennonkel, einem Studienkollegen meines Vaters und Hauptmann der Reserve. Ich wies auf Napoleons Feldzug nach Moskau hin und sagte: »Dieser Krieg wird fürchterlich ausgehen; wenn wir Glück haben, so werden wir danach alle in Baracken wohnen, wenn wir Pech haben, so werden wir in Erdlöchern hausen. Der neue deutsche Baustil wird Barack heißen.« Darüber gab es eine scharfe Auseinandersetzung, der Freund meines Vaters warf mir Defätismus vor. Sonst hatte der Streit keine Konsequenzen – abgesehen davon, daß wir später, auch nach dem Kriege, den Kontakt vermieden haben.

Für die Gespaltenheit meines damaligen Bewußtseins ist es bezeichnend, daß ich den katastrophalen Ausgang des Krieges zwar deutlich vor Augen hatte, mich aber schämte, anders als die Mehrheit aller Soldaten auf den Straßen Berlins auf meiner Uniform keinerlei Tapferkeitsorden tragen zu können, weil ich ja an keinem Feldzug teilgenommen hatte. So kam es, daß ich mich, unzufrieden mit dem ruhmlosen Papierkrieg in Berlin, darum bewarb, zur kämpfenden Truppe versetzt zu werden.

Zunächst aber kam es im Juli 1941 in Berlin abermals zu einem Treffen mit Loki. Nach mehreren beiderseitigen Abkühlungen, Affären mit anderen und Wiederanknüpfungen hat jene eine gemeinsame Woche zur endgültigen Bindung geführt. Wir haben verstanden: Dies ist nicht mehr eine Vorstufe zum Leben, sondern dies ist unser wirkliches Leben. Vielleicht würde es danach kein anderes Leben mehr geben, vielleicht würde unser Leben nur kurz dauern, so daß es später keine zweite Chance mehr gäbe, uns aneinander zu binden. Seither ist mehr als ein halbes Jahrhundert vergangen, die Bindung hat gehalten. Unsere Begegnung in Berlin war die bis dahin glücklichste Zeit meines Lebens; unmittelbar danach wurde ich an die russische Front versetzt.

In Erwartung eines grauenhaften Endes

Mein neuer Truppenteil war eine leichte Luftwaffen-Flakabteilung im Rahmen der 1. Panzerdivision, die vor Leningrad stand. Damals vertiefte sich meine Bewußtseinsspaltung. Ich war ganz sicher: Diesen Krieg werden wir verlieren. Nachts, wenn ich aus diesem oder jenem Grund oder auch vor Angst nicht schlafen konnte, dachte ich darüber nach. Aber tagsüber taten wir das, was uns befohlen war, und so auch ich: Es brauchte niemand hinter mir zu stehen, um mich zu beaufsichtigen; ich tat von mir aus, was ich für meine soldatische Pflicht hielt. Doch nachts dachte ich dann abermals: Hoffentlich ist der Krieg bald zu Ende.

Als sich der Vorstoß gegen Leningrad festgelaufen hatte, wurde die Division herausgezogen und im nördlichen Mittelabschnitt eingesetzt, um über Kalinin, das ehemalige Twer, gegen Moskau vorzustoßen. Unsere Division hatte hohe Verluste, und wahrscheinlich hat in meiner Batterie schon zu diesem Zeitpunkt kaum einer noch an den sogenannten Endsieg geglaubt. Am 6. Dezember 1941 begann nach großen Verlusten und nach Einbruch eines bis zu minus 35 Grad kalten Winters unser Rückzug über Klin. Von unseren Panzern und Schützenpanzern war nichts mehr zu sehen, unsere 2-cm-Flak auf Selbstfahrlafetten, ein Halbkettenfahrzeug, diente als Ersatz. Das Schicksal Napoleons in der Weite Rußlands schien sich zu wiederholen.

Bereits einige Monate zuvor, im Herbst, hatten wir eine längere Schlammperiode erlebt, in der sich nichts mehr bewegte, was der Truppe nicht nur Gelegenheit zur Auffrischung, sondern auch zum Nachdenken und zum persönlichen Meinungsaustausch gegeben hatte. Für mich spielte abermals Marc Aurel, dessen Selbstbetrachtungen ich immer bei mir hatte, eine wichtige Rolle bei der Beruhigung meiner Seele; er lehrte mich Gelassenheit und Selbstbeherrschung gegenüber Ereignissen, die man nicht beeinflussen kann, weil sie außerhalb der eigenen Reichweite liegen. Zugleich erschien er mir als Vorbild der Pflichterfüllung – auch und gerade im Kriege. Auch las ich erneut – in einem winzigen Heftchen des »Münchner Lesebogens« – das Vermächtnis des Matthias Claudius aus dem Jahre 1799, das den Titel »An meinen Sohn Johannes« trägt. Claudius hatte ich seines Abendliedes wegen schon immer geliebt. Sein Vermächtnis habe ich den ganzen Krieg über immer bei mir getragen und bis heute aufbewahrt. Damals waren es vor allem drei Sätze, die mir besonders wichtig erschienen: »... Gehorche der Obrigkeit und laß die anderen über sie streiten. Sei rechtschaffen gegen jedermann, doch vertraue Dich schwerlich. Mische Dich nicht in fremde Dinge, aber die Deinigen tue mit Fleiß ...« Mit einem Unteroffizier meiner Abteilung, der sich als Student der Theologie auf den Pfarrerberuf vorbereitete, hatte ich zwei lange Gespräche über das Thema des Gehorsams gegen die Obrigkeit. Er erklärte mir, daß Claudius' Ermahnung an den Römerbrief des Apostels Paulus anknüpfe, den er aus dem Kopf zitierte: »Seid Untertan der Obrigkeit. Denn wo Obrigkeit ist, die ist von Gott.« So suchte jener angehende Pastor mich damit zu beruhigen, daß auf der Welt nichts ohne Gottes Willen geschehen könne.

Erst lange nach dem Kriege habe ich verstanden, daß man den Römerbrief, Kapitel 13, und seine lutherische Übersetzung nicht als absolutes Gebot zum Gehorsam gegen jedwede menschliche Obrigkeit verstehen darf. Noch viel später habe ich durch Gustav Heinemann von der These der Barmer Bekenntnissynode des Jahres 1934 gehört, nach der nicht nur die Regierenden, sondern auch die Regierten Verantwortung tragen, eine These, die 1934 sehr wohl eine Umschreibung des demokratischen Prinzips gewesen ist. Anderthalb Jahrzehnte nach dem Kriege hatte ich schließlich eine öffentliche Debatte mit dem hamburgischen Landesbischof Witte; er war ein alter Pastor mit weißen Haaren, ich war ein junger Politiker. Wir stritten über Römer 13, und Bischof Witte sagte: »Herr Senator, Sie sind meine Obrigkeit.« Ich bestritt das energisch; denn inzwischen hatte ich begriffen, daß ein staatliches Amt an sich keine gottgewollte Obrigkeit bedeuten kann und daß staatliche Obrigkeit jedenfalls kein absoluter Wert sein darf; schon das Wort »Obrigkeit« war mir zuwider. Doch das war 1962, mehr als zwanzig Jahre nach der Lektüre des Vermächtnisses von Matthias Claudius.

1941 in Rußland habe ich gelernt, mich innerlich auf Gott zu verlassen. Dabei ist es auch während der weiteren, immer schlimmer werdenden Kriegsjahre geblieben, vor allem dann, wenn ich Angst hatte. Natürlich habe ich oft Angst gehabt. Streben nach Heldentum lag mir nicht. Als ich während dieser Zeit Ernst Wiecherts »Das einfache Leben« zu lesen bekam, ist mir diese Form menschlicher Existenz als vorbildlich erschienen.

Im Dezember 1941 ist mir dann ein Ereignis wie ein Tritt in die Knie gefahren, ähnlich wie vier Jahre zuvor die Ausstellung »Entartete Kunst«: Als mein Kommandeur uns bekanntgab, daß Hitler nunmehr selbst Oberbefehlshaber des Heeres und General von Brauchitsch in den Ruhestand versetzt sei, habe ich gedacht, daß Hitler größenwahnsinnig sein müsse. Ich hielt es für unvorstellbar, daß er sich zutraute, an die Spitze des Heeres zu treten, ein zwar naiver, gleichwohl aber im Ergebnis richtiger Gedanke. Soweit ich es miterlebt habe, gab es übrigens in unserer Truppe weder positive noch negative Reaktionen.

An dieser Stelle ist über eine Tatsache zu berichten, die sich die nachfolgenden Generationen wahrscheinlich nur schwer vorstellen können und die auch Leonid Breschnew, als ich ihm einmal davon erzählte, kaum glauben wollte: Unter all den Soldaten, die ich bis dahin kennengelernt hatte, war keiner, der sich als Nazi zu erkennen gegeben hätte, insbesondere kein Vorgesetzter. Ich bin auch später in meiner ganzen Militärzeit bis hin zur Kriegsgefangenschaft 1945 nur einem einzigen Nazi begegnet, der auch als solcher auftrat. Soweit ich es erkennen konnte, glaubten meine militärischen Vorgesetzten, ihre patriotische Pflicht erfüllen zu müssen, genau wie ihre Väter im Ersten Weltkrieg und ihre Vorväter 1870/71. Ebenso dachte ich. Unsere

Jahrgänge empfanden sich wohl zum weit überwiegenden Teil als »Deutsche Wehrmacht«, nicht als Kämpfer für den Nationalsozialismus; dennoch hat es natürlich – vor allem bei der Waffen-SS, aber auch in Heer, Marine und Luftwaffe – Truppenteile gegeben, in denen überzeugte Nazis als »Nationalsozialistische Führungsoffiziere«, aber auch als militärische Vorgesetzte bis hinunter in die Kompanien politische Beeinflussung und ideologische Indoktrination ausgeübt haben. Mein Bruder hat als Mannschaftsdienstgrad dergleichen in hohem Maße erlebt. Im Vergleich zu ihm habe ich mit meinen Vorgesetzten offenbar viel Glück gehabt.

Ich habe im Kriege überhaupt viel Glück gehabt. Denn schon im Januar 1942 bin ich von der russischen Front zunächst nach Bonn, dann erneut nach Berlin versetzt worden, abermals um Bedienungs- und Schießvorschriften für leichte Flak auszuarbeiten. Doch jetzt erfüllte ich meinen Dienst in der sicheren Erwartung eines furchtbaren Kriegsendes, und es war diese Erwartung, die dazu beigetragen hat, daß Loki und ich im Januar 1942 zu heiraten beschlossen. Wir brauchten Halt aneinander. Wir hatten die Hoffnung aufgegeben, daß nach dem Kriegsende unser eigentliches Leben erst beginnen würde.

Nun aber geschah etwas, was ich nicht vorausgesehen hatte: »Sie brauchen eine Heiratserlaubnis.« Ich erschrak; ich hatte geglaubt, diese Vorschrift gelte nur für aktive Offiziere. Ich befand mich gerade in einem Krankenrevier auf dem Venusberg in Bonn, wo ich eines Rheumas wegen behandelt wurde, das ich aus Rußland mitgebracht hatte, als der Kommandeur mich zu sich bestellte und sagte: »Sie wollen heiraten?« – »Jawohl, Herr Oberstleutnant.« – »Dann sorgen Sie bitte dafür, daß Ihr Fräulein Verlobte bei meiner Frau und mir Besuch macht.«

Loki war damals in Hamburg als Lehrerin tätig; sie mußte also mitten im Krieg während ihrer Osterferien nach Bonn reisen, um sich vorzustellen. Aus heutiger Sicht skurril – und für mich auch damals schon sehr komisch. Keineswegs komisch, sondern tief bestürzend war jedoch die völlig überraschende Mitteilung des Adjutanten, ich müsse für die Heiratserlaubnis meinen Ariernachweis erbringen. Es war das erste und übrigens einzige Mal, daß ich konkret vor dieses Problem gestellt wurde: Ganz plötzlich drohte die Sicherheit einzustürzen, welche mir die Luftwaffen-Flak und ihr Offizierskorps bis dahin geboten hatte.

Deshalb kam es mit meinem Vater erstmals zu einem Gespräch über unsere Vorfahren. Er zeigte mir eine Bescheinigung, die er sich vom Hamburgischen Staatsarchiv verschafft hatte (oder von einer nachgeordneten, für die Standesämter zuständigen Stelle) und die besagte, daß er dann und dann von der und der Mutter geboren worden sei, und daneben stand: »Vater unbekannt«. Diese Bescheinigung habe ich dann mit nach Bonn genommen, unsicher, ob man sie anerkennen werde, und nicht ohne Angst.

Aber der Abstammungsnachweis interessierte meinen Kommandeur Andersen überhaupt nicht; ihn interessierte es, die Verlobte dieses Kriegsoffiziers kennenzulernen, um zu sehen, ob sie auch standesgemäß sei. Offenbar hat dann Loki einen passablen Eindruck auf das Ehepaar Andersen gemacht, jedenfalls erhielt ich die Heiratserlaubnis – und außerdem eine mit Dienstsiegel und Oberstleutnant Andersens Unterschrift versehene Bescheinigung, daß ich meinen Ariernachweis bei seiner Dienststelle erbracht hätte. Dieses Dokument erschien mir als Kostbarkeit, auch für meinen Vater und für meinen Bruder.

Noch im selben Jahr ließen wir uns kirchlich trauen. Mein Jugendfreund Kurt Philipp erinnert sich, auf ihn habe unsere kirchliche Trauung wie eine Demonstration gewirkt. Aber wir hatten nichts dergleichen im Sinne, nur unsere eigene Bindung an die Kirche. Wir waren überzeugt, Deutschland werde zusammenbrechen und einen einzigen Morast zurücklassen, nicht nur die Trümmer unserer Städte, sondern darüber hinaus auch einen moralischen Morast. Wenn aber dann überhaupt noch jemand helfen könnte, so würden es die Kirchen sein – so dachten wir. Bis dahin hatten wir gar keine ausgeprägte Bindung an die Kirche besessen; Loki war überhaupt nicht Mitglied, war nicht getauft und mußte sich erst von einem älteren Pastor in Hamburg unterrichten lassen, um mit diesen Mühen die Berechtigung zur Taufe zu erwerben. Kurz darauf wurden wir von einem ihr vertrauten Pastor in einem Dorf am Rande der Hamme-Niederung nördlich Bremens in der Erwartung getraut, daß die Kirchen nach dem moralischen Zusammenbruch unserer Länder die einzige Kraft sein würden, in deren Umkreis wieder eine anständige Gesellschaft aufgebaut werden könnte. Wir haben beide damals untereinander gesagt: Wenn aber Hitler den Krieg doch gewinnen sollte, dann werden Leute wie wir als Deutschlehrer im besten Falle nach Tromso im Norden Norwegens, im schlimmsten Falle nach Sibirien geschickt.

Im selben Jahr 1942 hatte ich ein Erlebnis, das mich lange bedrückt hat. Unter meinen Freunden in Fischerhude war, wie berichtet, Cato Bontjes van Beek, einige Jahre jünger als ich; sie lebte jetzt ebenfalls in Berlin. Durch einen Zufall trafen wir uns dort 1942, und Cato lud mich ein, an einer privaten abendlichen Fete teilzunehmen. Es hatten sich dreißig oder vierzig Leute in jener großen Wohnung in der Bismarckstraße am Knie versammelt, die ihrem Onkel Hans Schultze-Ritter gehörte – eine Fete, wie sie auch heute intellektuelle jüngere Leute zu veranstalten pflegen, allerdings gab es kaum Alkohol. Aber es wurde in der freiesten Weise über Gott und die Welt und die Nazis geredet. Thomas von Randow, später Schwiegersohn der Schultze-Ritters, hat sich 1991 an jenes Fest erinnert: »Ich kannte nur wenige der Feiernden, zumal es jedem freigestellt war, seine Freunde mitzubringen ... in Thema war durch Helmut Schmidts Gegenwart angeregt worden. Es drehte sich um die Frage, ob ein Antinazi Offizier sein dürfe ... Die Verluste im Offizierskorps waren außerordentlich hoch. Just dies war die Basis, von der Helmut Schmidt in seiner beherzten Verteidigung ausging: ... wegen des größeren Risikos der Offiziere geriete jemand, der dies nicht werden wollte, in den Verdacht, sich vor der Gefahr zu drücken. Er aber wollte nicht als Feigling dastehen. Es gab viel Dissens wegen dieses Argumentes, aber der überaus faire Hans Schultze-Ritter machte uns dessen Stichhaltigkeit deutlich – während des Ersten Weltkrieges war selbst er, dem alles Militärische verhaßt gewesen war, aus ähnlichen Gründen zum Hauptmann avanciert.« Ich selbst erinnere mich nicht an diese Diskussion. Wohl aber erinnere ich mich fast überdeutlich an das lebensgefährliche, rückhaltlose Klima der Debatten in jener Nacht: Die Nazis und das Dritte Reich waren Ziel von Abscheu, Spott und Herabsetzung. Ich kannte fast niemanden, und fast niemand kannte mich, und ich gewann den Eindruck, daß auch viele der Anwesenden sich nicht kannten (erst nach dem Kriege habe ich erfahren, daß es in Wahrheit anders war). Das war überaus leichtsinnig, denn man konnte sich damals in Berlin vor Denunziation keineswegs sicher fühlen, so daß ich angesichts der rückhaltlosen Debatte mit Schrecken dachte: Die spielen ja alle mit ihrem Leben. Ich bin deshalb später nicht wieder hingegangen.

Sie riskierten wirklich ihr Leben. Cato Bontjes van Beek ist im Herbst 1942 verhaftet und später wegen Beihilfe zur Vorbereitung zum Hochverrat – sie hatte Flugblätter verteilt – zum Tode verurteilt worden; am 5. August 1943 ist sie in Plötzensee hingerichtet worden. Davon habe ich erst viel später erfahren. Aber nach jener Fete im Sommer 1942 habe ich mich vor mir selber geschämt, weil ich nicht eine abermalige Verbindung zu Cato gesucht habe, um sie wegen ihrer Leichtfertigkeit zu warnen. Ich weiß heute, daß sie damals schon seit einiger Zeit mit Menschen des Widerstandes zusammenarbeitete, die Harro Schulze-Boysen nahestanden. Meine Warnung wäre also zu spät gekommen, und wie ich sie kannte, hätte sie eine Warnung wahrscheinlich auch gar nicht akzeptiert. Meine Scham, die mir jüngst erneut gegenwärtig geworden ist, als Lew Kopelew Cato Bontjes van Beek anläßlich ihres siebzigsten Geburtstages würdigte, ist deswegen jedoch nicht getilgt.

Im Juli 1943 wurde Hamburg in einer Bombenkatastrophe zur Hälfte ausgelöscht, Zigtausende starben in einer einzigen Woche. Gemessen daran, hatten die Familien von Loki und mir Glück: Fast alle unsere nahen Verwandten blieben am Leben, doch starb die Schwester meines Schwiegervaters zusammen mit ihrem Mann. Das Haus in Barmbek, in dem Loki und ich eine Wohnung in Untermiete hatten, brannte aus, ebenso die Wohnblöcke, in denen meine Eltern in Eilbek und Lokis Eltern in Hörn gelebt hatten, und nicht anders erging es den Schwiegereltern meines Bruders an der Uhlenhorst und den Kochs am Mundsburger Damm. Wir alle waren plötzlich völlig verarmt, alles war verloren: die Bücher, die wir gelesen, die Bilder, welche wir gemalt, die Noten, nach denen wir musiziert hatten. Auch in Berlin wurde meine Dienststelle in der Knesebeckstraße ausgebombt, so daß wir uns kurz darauf in einer Kaserne in Bernau bei Berlin wiederfanden. Ein aktiver Hauptmann räumte Loki und mir ein Zimmerchen in der Wohnung seiner Familie ein, später fanden wir zwei Zimmer in der Schnitterkaserne des städtischen Gutes Schmetzdorf.

Das einfache Leben hatte begonnen. Abends sangen wir bisweilen im Hause der Arztfamilie Dr. Willy Arnold in deren Freundeskreis, ums Klavier versammelt. Als uns im Juni 1944 ein Sohn geboren wurde, haben die Arnolds uns sehr geholfen. Anders als in Berlin brauchte man in der Bernauer Kaserne kaum Angst vor Denunziation zu haben; sofern einmal ein Naziverdächtiger unter uns war, hatte man vorher Bescheid bekommen. Das galt auch in meiner Dienststelle. Zwei Jahrzehnte später konnten wir uns revanchieren: Wir nahmen Arnolds älteste Tochter bei uns in Hamburg auf, die wegen einer Körperbehinderung in der DDR nicht studieren durfte, und konnten später den Arnolds bei der Flucht aus der DDR helfen und ihre Gastfreundschaft in Hamburg erwidern. Außer dem Arnoldschen Kreise hatte ich in Bernau keinen Kontakt mit Zivilpersonen, Loki hingegen arbeitete als Lehrerin.

In Bernau erlebte ich von weitem, nur durch das Radio, den 20. Juli 1944. Sehr naiv habe ich das Attentat zunächst für die dilettantische Tat eines einzelnen gehalten. Ich habe gedacht: »Wenn man so was anfängt, dann muß es doch auch funktionieren!« Aus ähnlichem Motiv hat Helmut Pleß, ein Flieger mit Ritterkreuz aus unserer früheren Schulklasse, der damals gerade bei uns zu Besuch war, zu Loki und mir gesagt: »So doch wohl nicht.«

Die Stimmung in der Bernauer Kaserne war gedrückt. Mein direkter Vorgesetzter, Major i.G. Friedrich Georgi, wurde sogleich verhaftet; er war der Schwiegersohn von General Olbricht. Olbricht wurde umgebracht, Georgi hat sich durch alle Verhöre durchlügen können und ist nach dem Kriege Chef des Parey-Verlages geworden. Ich schätzte Georgi sehr, wußte jedoch nichts von seiner Verbindung zu den Männern des 20. Juli und von seiner Beteiligung an den Vorbereitungen des Attentats; wohl aber wußte ich, daß er mit den Nazis ebensowenig im Sinne hatte wie alle anderen Offiziere der von ihm geleiteten Gruppe, desgleichen unser General Heino von Rantzau und ich, der jüngste Offizier der Dienststelle.

Einige Wochen später wurde ich zu einem der Prozesse vor dem Volksgerichtshof als Zuhörer abkommandiert – zwecks Einschüchterung, so nahm ich an. Das ist vermutlich von einer politischen Dienststelle veranlaßt worden, denn aus unserem Stabe sind zu verschiedenen Verhandlungstagen des Volksgerichtshofes nacheinander mehrere Offiziere zum Zuhören abkommandiert worden. Lange nach dem Kriege habe ich von Professor Siegfried Schönherr, der damals in Berlin Gruppenleiter und Büronachbar gewesen und gleichfalls zu einer der Verhandlungen abkommandiert worden war, die Vermutung gehört, daß bei dieser Abschreckungsaktion der NSFO unseres Stabes eine Rolle gespielt hat, ein älterer Reserveoffizier, dem wir alle mißtrauten. Der Anlaß seiner Initiative – wenn es denn so war – könnte in der Tatsache gelegen haben, daß wir Mitarbeiter von Georgi waren. Übrigens hat Dr. Goebbels in einem Gespräch, das er im Flakturm am Zoo in Berlin im Spätsommer 1944 mit Oberst i.G. Fischer (der bis März 1944 Chef des Stabes in Bernau gewesen war) geführt hat, diesem persönlich befohlen, an einer der Verhandlungen teilzunehmen, »... damit Sie wissen, wie es Verrätern ergeht. Ich habe angeordnet, daß Soldaten aller Dienstgrade zu den Volksgerichtshof-Verhandlungen kommandiert werden, deren nationalsozialistische Einstellung einer Aufbesserung bedarf ...« (so mir durch Brigadegeneral a.D. Kurt Fischer brieflich mitgeteilt).

Schönherr hat 1978 geschrieben: »Das furchtbare Erlebnis dieses Tages hat sich meinem Gedächtnis unauslöschlich eingeprägt.« Dieser Satz gilt ebenso für mich, denn jener Verhandlungstag Anfang September 1944, den ich selbst erlebt habe, war entsetzlich und abschrekkend. Der würdelose, die Angeklagten fortwährend pöbelhaft und marktschreierisch beleidigende Gerichtspräsident Freisler hätte in Dantes Inferno gepaßt. Es war der Prozeß gegen Leuschner, Goerdeler, v. Hassell und Wirmer. Besonders v. Hassell und Wirmer machten auf mich einen vorzüglichen Eindruck. Sie standen mannhaft und bewahrten ihre Würde.

Nach dem Kriege habe ich der Witwe v. Hassells brieflich von meinen Eindrücken berichtet, ein Schreiben, das ihr Sohn Johann D. v. Hassell 1987 in ihrem Nachlaß gefunden und mir in einer Abschrift zurückgegeben hat. Mit Datum 2. Juni 1946 schrieb ich – bei damals noch ziemlich frischer Erinnerung – unter anderem: »Die Prozedur war ausschließlich auf menschliche Entwürdigung und seelische Vernichtung abgestellt. Die Beisitzer: der General, der Beamte, der Handwerker oder was diese Leute sonst waren, sie waren bloße Staffage, ich habe sie den Mund nicht aufmachen sehen. Auch der Rechtsanwalt war nur ein Regieassistent. Denn die ganze Verhandlung war eine einzige Schaustellung Freislers, der dabei Goebbelsche Intelligenz und demagogische Zungenfertigkeit mit dem Jargon des Pöbels vereinigte. Daß diese Verhandlung aller Prozeßordnung hohnsprach; daß keine Zeugen da waren; daß die Offizialverteidiger ganz offenbar erst in der voraufgehenden Nacht bestimmt worden waren; daß die Angeklagten kaum einen Satz vollenden konnten, ohne unterbrochen zu werden; daß nur verhandelt wurde, was in den Freislerschen Plan paßte: Es war so bedrückend, daß ich es nicht vermochte, auch den zweiten Tag wieder hinzugehen. Ich habe nachher im Gespräch mit Kameraden gesagt, daß ich mit Genugtuung und bedenkenlos Freisler töten könnte …

Desto klarer und eindeutiger aber mußte aus Sprache und Auftreten allen Anwesenden das Bild der Persönlichkeiten der Angeklagten werden. Es war sicherlich ein Zeichen stärkster Zucht, wenn es ihnen gelang, Würde und Selbstbeherrschung aufrechtzuerhalten. Nachdem der Botschafter noch hatte darlegen können, daß er seinerzeit (1933 oder 1934) auf Wunsch Hitlers im Amt geblieben sei und in dem Glauben, damit der Sache Deutschlands dienen zu können, obgleich er Hitler seine Ablehnung des N.S. klar ausgedrückt habe, gelang es ihm bald nicht mehr, zu sagen, was ihm zu seiner Verteidigung wesentlich schien; denn Freisler, dem es darum zu tun war, vor den Zuhörern und der Tonfilmapparatur jede Nuance zu vermeiden, die geeignet war, positiv für die Angeklagten ausgelegt oder empfunden zu werden, Freisler unterbrach ihn ständig in der verletzendsten Form, worauf Ihr Herr Gemahl vorzog, zu schweigen und alle Beschimpfungen und Anklagen mit unerhörter Beherrschung an sich abgleiten zu lassen … Er folgte der Verhandlung mit abgewandtem Blick und starren Gesichtszügen, denen die Verachtung für dieses Gericht abzulesen war, und gab die verlangten Antworten in knappster Form, ohne Freisler anzusehen. Ich glaube, daß selbst die SS-Führer im Zuhörerraum gemerkt haben, wer hier der eigentliche Sieger war …

Obgleich es uns Zuhörern unter Androhung schwerster Strafe verboten worden war, über die Verhandlung zu sprechen, habe ich erschüttert und erregt von dem Erlebnis dieses Tages am nächsten Morgen meinem damaligen Chef, dem Gen. Lt. v. Rantzau, berichtet. Ich erfuhr dabei von ihm, daß andere Offiziere unserer Dienststelle, die vorher als Zuhörer zu den Prozessen gegen Feldmarschall v. Witzleben, Gen. Fellgiebel usw. kommandiert gewesen waren, ihm in ähnlicher Weise ihre Empörung und ihren Abscheu zum Ausdruck gebracht hatten und daß er selbst unser Urteil und unsere Empfindung teile.

Sie werden verstehen, gnädige Frau, daß von dieser Zeit an der Konflikt zwischen der Erkenntnis des Endes, dem wir zusteuerten, und der Idee der soldatischen Pflichterfüllung gegen das Vaterland, zu der wir ja doch einmal unabdingbar erzogen waren, gerade in uns jüngeren Offizieren unerträglich wurde ...«

Ein knappes Vierteljahrhundert nach diesem Brief habe ich, damals Bundesminister der Verteidigung, dem damaligen Ministerialdirektor Ernst Wirmer in ähnlicher Weise mündlich von dem Geschehen berichten können, besonders auch über das ebenso mannhafte Verhalten seines Bruders Josef Wirmer am gleichen Prozeßtage.

Nachmittags um fünf Uhr war die Verhandlung des Volksgerichtshofes vertagt worden, am nächsten Tage sollte sie weitergehen. Ich bin nach Bernau zu meinem Kommandeur, Generalleutnant Heino von Rantzau, gefahren, und habe ihn darum gebeten, mich von dem Befehl zu entbinden, am nächsten Tage wieder zum Volksgerichtshof zu gehen. Rantzau begrüßte mich – ich hatte den Mund noch gar nicht aufgemacht –, indem er sagte: »Na, Schmidtchen, was haben die Braunen nun wieder angerichtet?« Er war General, und ich war ein kleiner, junger Oberleutnant; aber in dieser saloppen Form redete man unter den Offizieren jener Dienststelle »General der Flak-Ausbildung» miteinander über die Nazis. Rantzau hat mir väterlich erlaubt, nicht wieder hinzugehen.

Zu jenem Zeitpunkt im Herbst 1944 habe ich nichts davon gewußt, daß Juden vernichtet wurden, während heute bekannt ist, daß die großorganisierte, geplante Vernichtung der Juden schon vor der berüchtigten Wannsee-Konferenz des Jahres 1942 begonnen hat. Dagegen hatte ich einmal in Rußland während des halben Jahres in der 1. Panzerdivision von jenem »Kommissarbefehl« gehört, nach dem kriegsgefangene Politkommissare der Roten Armee erschossen werden sollten; der Befehl ist mir allerdings nicht dienstlich verkündet worden. Unsere Division hat, soweit ich es miterlebt habe, keine

Gefangenen machen können; denn wir stießen mit motorisierten Kampfgruppen vor, gingen wieder zurück, stießen wieder vor. Wir hatten Verluste, und ich habe viele tote Deutsche und auch viele tote Russen gesehen, Gefangene dagegen nur einmal, in der Etappe, und auch nur von weitem in einem Güterzug. Also haben wir nie vor der Notwendigkeit gestanden, den Befehl zum Mord an den Politkommissaren ausführen zu müssen. Ich glaube, wir hätten in solchem Falle den Befehl weder ausgeführt noch verweigert, sondern vielmehr uns um die Feststellung herumgedrückt, daß es sich bei einem Kriegsgefangenen um einen Kommissar handelte.

Es muß wohl um dieselbe Zeit gewesen sein, daß ich per Post in Schmetzdorf einen handgeschriebenen Brief von einer Loki und mir unbekannten Frau Hilde Ahlgrimm erhielt. Sie schrieb mir, Erna Stahl, unsere frühere Deutschlehrerin, sei verhaftet worden, und bat mich, für ihre Freilassung einzutreten. Loki und ich waren über Erna Stahls Verhaftung bestürzt; der Brief aber schien uns entweder eine Naivität oder eine getarnte Provokation zu sein. Die Versendung per Post sprach für Naivität, ebenso die Erwartung, daß ein unbedeutender Kriegsoffizier der Luftwaffe einem aus politischen Gründen verhafteten Menschen sollte helfen können, und dies auch noch auf Aufforderung eines ihm unbekannten Dritten hin. Aber konnte das Ganze nicht auch eine raffinierte Methode der Gestapo sein, mich auf die Probe zu stellen? Hatte man auch an andere Bekannte von Erna Stahl solche Briefe geschrieben, um möglicherweise ein Netz von Verbindungen aufzudecken? War ich vielleicht selbst verdächtig?

Nach langer Überlegung habe ich der Absenderin einen höflich absagenden Brief geschrieben; sonst habe ich weiter nichts unternommen. Zugleich stellte sich aber ein Gefühl der Scham ein – ähnlich wie gegenüber Cato Bontjes van Beek. Nach dem Kriege habe ich dann erfahren, daß Frau Stahl und Frau Ahlgrimm tatsächlich miteinander befreundet waren, und als ich nach 1945 Erna Stahl in Hamburg wiedertraf, wo sie sehr resolut eine Schule im Sinne der alten Lichtwarkschule leitete, meinte sie, ich hätte »auf der Gegenseite gestanden«. Dies war nun gewiß unrichtig; dennoch habe ich daraufhin den Ahlgrimmschen Brief nicht mehr zur Sprache bringen und Frau Stahl erklären mögen, daß ich ihr in keinem Falle hätte hilfreich sein können – aber ein Rest von Scham ist doch zurückgeblieben. Loki hingegen, die nach dem Kriege Frau Ahlgrimm kennengelernt und sich mit ihr über den Vorgang unterhalten hat, teilt dieses Gefühl nicht; sie berichtet, Frau Ahlgrimm habe nachträglich die Aussichtslosigkeit eines Versuchs durch mich verstanden, ebenso die damit möglicherweise verbundene zusätzliche Gefährdung.

Im Spätherbst 1944 wurde es für mich immer schwieriger, meinen seelischen Zwiespalt auszuhalten, jene Gespaltenheit des Bewußtseins, in der wir einerseits als Soldaten unsere Pflicht taten und andererseits doch wußten, daß damit im Ergebnis nur die unvermeidliche Niederlage und das Ende des NS-Regimes verzögert wurde. Einige Wochen nach dem Erlebnis im Volksgerichtshof habe ich dann auf einem Flak-Schießplatz in Rerik an der Ostsee wieder einmal den Mund sehr weit aufgemacht und ein paar negative Bemerkungen über Hermann Göring und über »die Braunen« fallenlassen – ganz so, wie ich es von meinem General gehört hatte. Das führte zu einer Anzeige wegen Wehrkraftzersetzung, die bei dem NS-Führungsoffizier des uns übergeordneten Stabes landete, einem Oberleutnant der Reserve, welcher der einzige Nazi war, den ich in der Wehrmacht mit Bewußtsein erlebt habe.

Aber die beiden Generalstabsobersten in meiner und in der übergeordneten Dienststelle in Bernau haben dafür gesorgt, daß mich kein Ermittlungsverfahren oder Kriegsgericht erreicht hat, sondern das Verfahren erfolglos hinter mir herlief. Sie versetzten mich von Berlin aus von einer Fronttruppe der leichten Flak zur anderen. Sie schuldeten mir gar nichts; ich war weder adelig wie meine Generale noch gehörte ich zu einer der vielen Cliquen von Berufsoffizieren eines bestimmten Regiments oder eines bestimmten Kriegsschullehrgangs; ich war vielleicht bloß jemand, den sie mochten – so nehme ich jedenfalls an. Diese Vorgesetzten haben mich als gute ältere Kameraden davor bewahrt, daß ein Kriegsgerichtsverfahren wirklich in Gang kam, zumal es bei »Zersetzung der Wehrkraft«, wie der eine der beiden zu mir sagte, nur zwei äußerste Möglichkeiten gab: entweder Freispruch oder Todesstrafe. Der Chef des Stabes meinte deshalb zu mir: »Sie müssen hier verschwinden. Sie gehen an die Westfront.« So bin ich im Winter 1944/45 in den Rückzug aus der Ardennenoffensive hineingeraten, welche die Amerikaner »Battle of the Bulge« genannt haben.

Ich wurde dort mehrfach versetzt und habe bis in den März 1945 hinein in verschiedenen Truppenteilen gekämpft.

Weil Feldpostbriefe damals sehr häufig verlorengingen, numerierte man seine Sendungen, um zu wissen, ob zwischendurch eine verlorengegangen war. Schließlich erreichte mich aus Bernau Lokis Brief Nummer 13 oder 17 – ich erinnere mich, daß es eine zweistellige Primzahl war –, dem ich entnahm, daß schon vor einiger Zeit unser Sohn gestorben war. Diese Nachricht hat mich sehr traurig gemacht. Ich meldete mich bei meinem damaligen Kommandeur, der sagte: »Ich schreibe Ihnen einen Urlaubsschein über drei Wochen; aber ich meine das nicht so. Sie versprechen mir: Sobald Sie Ihre Frau gesehen haben, kommen Sie zurück.« So etwas nannte man Urlaub auf Ehrenwort. Ich bin daraufhin sofort auf gut Glück nach Hamburg gefahren, wo ich Loki vermutete – und wo ich sie auch tatsächlich antraf; sie war inzwischen aus Bernau, wo man schon die russische Artillerie hören konnte, nach Hamburg zurückgekommen.

Aber ich wollte unbedingt an das Grab des Jungen in Schönow, jenem Ort nahe bei Schmetzdorf. Loki und ich sind deshalb zu General von Rantzau gegangen, der inzwischen Luftgaukommandant in Hamburg war. Ich fragte: »Herr General, können Sie nicht dafür sorgen, daß wir noch einmal nach Bernau fahren können?« Rantzau kam auf die Idee, Loki pro forma als Flakhelferin einzuziehen und ihr wie mir einen dienstlichen Marschbefehl nach Bernau zu geben, damit ich das Grab des Kindes besuchen konnte. Daneben saß sein Adjutant; Rantzau fragte ihn: »Was kostet das?« – »Wenn es rauskommt: Kopf ab, Herr General!« – »Dann machen wir das so«, sagte Rantzau und schickte uns los. Auf abenteuerliche Weise sind wir nach Bernau und an das Grab gefahren und am Tage darauf zurück nach Hamburg, von wo ich dann, noch einmal zwei Tage später, wieder an die Westfront in der Eifel zurückkehrte.

Ich erzähle diese Episoden, weil ich während der Zeit in der Wehrmacht gute, wesentlich bessere mitmenschliche Erlebnisse gehabt habe, als manch ein Jüngerer sich heute vorstellen kann. Ich habe mit vielen anständigen Menschen zu tun gehabt und immer wieder Kameradschaft erlebt; allerdings habe ich auch einige allzu menschliche Typen kennengelernt.

Als ich mich bei meinem Kommandeur in der Eifel zurückmeldete, war nun wirklich für jedermann das Kriegsende greifbar nahe. Ich sagte zu ihm: »Herr Hauptmann, es wäre viel vernünftiger, wir würden alle Kräfte nach Osten werfen und die Russen abwehren, hier im Westen dagegen die Amerikaner reinlassen, soweit wie sie wollen.« Seine Antwort: »Das will ich nicht gehört haben, das wird sofort wieder gestrichen!« Wir kannten uns nur flüchtig; aber ein Nazi kann jener Kommandeur nicht gewesen sein: Er hat keine Meldung über mich gemacht.

Wir haben damals noch einige der tieffliegenden amerikanischen Jabo-Flugzeuge abgeschossen, die ihrerseits uns zunächst in Luxemburg und danach im heutigen Rheinland-Pfalz schwere Verluste zugefügt haben. Einige Wochen später kam die englische Gefangenschaft in Belgien. Mein Block in Yabbecke war ein reines Offizierslager, mehrere hundert Offiziere. Die Engländer waren nicht darauf gefaßt, plötzlich Riesenmengen von Kriegsgefangenen versorgen zu müssen, und das einzige, was sie improvisieren konnten, waren Latrinen – aber leider kein Papier. Dieses Defizit war ihnen peinlich. Für uns aber war bei weitem das Schlimmste, daß sie auch fast gar nichts zu essen für uns hatten. Wir haben gehungert; morgens nach dem Aufstehen bin ich vor Schwäche erst einmal umgefallen. Bei manchen der Offiziere blätterte jetzt die Erziehung ab wie brüchig gewordene Farbe. Weil es alle paar Tage nur ein lockeres Weißbrot gab, das in vier Teile geschnitten werden mußte – jeder bekam ein Viertel, ungefähr soviel wie ein hamburgisches Rundstück –, bastelten sich einige erwachsene Männer Waagen, damit keiner mehr bekäme als der andere. Ein Teil der Generalität verlor die Façon – es war deprimierend.

Deutsche Landser in Kriegsgefangenschaft haben auf der ganzen Welt Lehrgänge eingerichtet, Lager-Universitäten und Vortragsreihen; so auch bei uns: Wir begannen einen Vortragsbetrieb. Ich lernte dabei einen älteren Oberstleutnant der Reserve mit Ritterkreuz und Eichenlaub kennen, Professor Hans Bohnenkamp, ein begabter Pädagoge, außerdem ein religiöser Sozialist. Er hatte einen gleichrangigen Kameraden, ebenfalls Reservist mit Ritterkreuz und Eichenlaub. Die beiden Oberstleutnants und ich, wir hielten eine Serie von drei Vorträgen. Ich berichtete über jenen Prozeßtag unter Roland Freisler, der Oberstleutnant über die scheußliche, würdelose und zugleich grausame Hinrichtung einiger Widerstandsleute in Plötzensee, die er entweder miterlebt oder in einem Film gesehen hatte. Den dritten Vortrag hielt Hans Bohnenkamp, eine groß angelegte moralische und politische Generalbewertung des Dritten Reiches. Er gab der Vortragsserie auch die Überschrift: »Verführtes Volk«.

Die Vorträge führten dazu, daß das Lager sich spaltete. Ein Teil der jungen Offiziere tat uns drei in Acht und Bann, weil wir »das eigene Nest beschmutzt« hätten. Die Mehrheit mochte sich nicht festlegen. Als die Engländer das herausbekamen, wurden wir drei und einige wenige andere entlassen; alle übrigen kamen erst sehr viel später frei, nachdem sie zunächst noch nach Frankreich verlegt worden waren.

Als ich Ende April 1945 im Kriegsgefangenenlager eingetroffen war, hatte ich noch immer keine Vorstellung davon, was Demokratie sein kann und sein soll. Den grundlegenden Anfang meiner Erziehung zur Demokratie hat Hans Bohnenkamp gemacht. Er gab mir die ersten positiven Grundvorstellungen von Demokratie, vom Rechtsstaat – und vom Sozialismus. Danach wurde es für mich fast zwangsläufig, Sozialdemokrat zu werden: demokratisch zu sein wegen des in der Nazizeit erlebten Bedürfnisses nach persönlicher Freiheit und sozial zu sein wegen der von mir erfahrenen Notwendigkeit von Kameradschaft oder Solidarität oder Brüderlichkeit – das waren für mich Synonyme, verschiedene Namen für dasselbe Prinzip. Die Nazi-Ideologie brauchte mir keiner auszutreiben; denn die hatte ich nie aufgenommen.

Ich hatte großes Glück: Schon Ende des Sommers war ich wieder mit meiner Frau vereint. Wir hatten sogar unsere Heimat behalten. »Gott sei Dank, es ist vorbei!«, das war unsere Grundstimmung, alles andere überdeckend. Es war die Befreiung von einem Alpdruck.

In mir erwachte ein riesenhafter Bildungshunger. Es dürstete mich nach positiven Vorstellungen von Staat, Gesellschaft und Wirtschaft; was mußte man nicht alles nachholen! Ich war jetzt fast 27 Jahre alt und hatte noch keinerlei Berufsausbildung. Als im November 1945 die Universität wieder eröffnet wurde, kam allerdings ein Architekturstudium leider nicht mehr in Frage; dazu hätte ich in eine andere Stadt an eine Technische Hochschule gehen müssen, außerdem hätte es relativ viele Semester verlangt. Also wählte ich, nolens volens, das Fach

Volkswirtschaft, weil es nur sechs Semester und keine Referendarzeit oder praktische Ausbildung verlangte.

Mir fehlte aber nicht bloß jedwede Berufsausbildung, ich hatte seit Beginn meiner Soldatenzeit auch nur allzu wenig an allgemeinen Bildungsgütern hinzugewonnen. Meine begrenzten Kenntnisse über Musik, Malerei und – sehr selektiv – über einige Ausschnitte der Geschichte waren die Ausnahmen. Meine philosophische Bildung beschränkte sich auf Marc Aurel, naturwissenschaftliches Wissen besaß ich nicht, Kenntnisse der Staatslehre und des Rechtes, der Psychologie, der Soziologie fehlten völlig, ebenso wußte ich sehr wenig über Rußland und Amerika und über unsere europäischen Nachbarvölker. Auch hatte ich seit dem Sommer 1943 fast überhaupt keinen Kontakt mit nichtmilitärischen Zeitgenossen gehabt, weshalb mein Wissensstand im Verhältnis zu meinem Lebensalter weit zurückgeblieben war. Fast alle meine etwa gleichaltrigen Kommilitonen waren in derselben Lage, wenn man von manchem der Mediziner und Schwerverwundeten absieht, die während des Krieges zeitweise hatten studieren dürfen. Deswegen stürzten sich die meisten von uns in alle uns verständlichen Vorlesungen anderer Disziplinen und Fakultäten, um unsere Allgemeinbildung nachzuholen, so gut es neben dem eigenen Brotstudium eben ging.

Es fiel mir jedoch schwer, alle Professoren ernst zu nehmen. Mit ein paar Ausnahmen: Denn einige von ihnen waren keine Nazis oder Anpasser gewesen, sondern hatten ihren eigenen Standort bewahrt und waren deshalb glaubwürdig, Männer, unter denen in meiner Erinnerung Eduard Heimann herausragt, der in die USA emigriert war, dort mit Paul Tillich an der New School for Social Research in New York gelehrt hatte und der mich während eines oder zweier Gastsemester in Hamburg gefesselt hat. Im Gegensatz dazu erschienen mir die meisten der Pflichtseminare ziemlich langweilig, weil sie die zentralen Gegenstände der Wißbegierde und der Erkenntnissuche der aus dem Kriege und aus der Nazi-Zeit überlebenden Studentengeneration gar nicht berührten.

Denn dies war die Zeit, in der uns erstmalig Informationen über jene Verbrechen erreichten, die unter der Nazi-Diktatur begangen worden waren. Von der Endlösung, von Gaskammern und Massenmord hörte ich jetzt zum ersten Mal, ebenso von Auschwitz, Bergen-Belsen oder Neuengamme. Zugleich mit dem tiefen Entsetzen darüber trat die Erkenntnis in unser Bewußtsein, daß wir als Soldaten in den verbrecherischen Versuch verstrickt gewesen waren, eine Gewaltherrschaft über den ganzen europäischen Kontinent zu errichten. Wir diskutierten Abende, Nächte, ganze Semester hindurch, um zu eigener Klarheit zu gelangen; wir lasen alles, was jetzt erstmalig für uns greifbar wurde. Für mich wurden die Hamburger Gruppe des 1945 gegründeten Sozialistischen Deutschen Studentenbundes (SDS) und die dort auftretenden deutschen und ausländischen Vortragenden ein wichtiger Ort der politischen Erziehung; quasi nebenher lernte ich im SDS auch zu diskutieren. So war es für mich selbstverständlich, daß ich noch 1945 in Hamburg-Neugraben, wo Loki und ich ein Zimmer gefunden hatten, zur SPD gingen und dort nach einigen Wochen auch Mitglied wurden. Loki war damals schon wieder Lehrerin und verdiente den bei weitem größten Teil unseres Familieneinkommens.

Jene ersten Jahre unmittelbar nach dem Ende von Krieg und Nazi-Zeit waren für Millionen eine Zeit der Flucht, der Vertreibung, des Elends, des Hungers und Frierens, des Verlustes von Heimat und vorangegangenem Leben. Gleichwohl hatte ich mir das Ende von Hitlers Weltkrieg für uns Deutsche noch viel schrecklicher vorgestellt, als es sich jetzt tatsächlich zeigte, und auch die Abtrennung der östlichen Provinzen Deutschlands und die Teilung des Restes in mehrere Besatzungszonen empfand ich noch als glimpflich; ich hatte geglaubt, die Siegermächte würden Deutschland ganz unter sich aufteilen.

In meiner Erinnerung sind die drei Reichsmarkjahre nach Kriegsende eigentlich durchaus glückliche Jahre gewesen, weil sie zum Nachdenken, zur Selbstprüfung und zur Läuterung geführt haben. Zu Beginn der Nazi-Zeit waren wir noch Schulkinder gewesen, jetzt endlich wurden wir wirklich Erwachsene.

Ein halbes Jahrhundert später

Auf die unumgängliche Frage, wie es zum Nationalsozialismus und zur Herrschaft Hitlers kommen konnte, sind in den vergangenen Jahrzehnten viele Antworten erarbeitet worden, im Ausland ebenso wie in Deutschland, von Historikern ebenso wie von Psychologen, Ärzten, Soziologen, Ökonomen oder Philosophen. Inzwischen fügen sich die Antworten weitgehend zu einem analytischen Mosaik zusammen. Die Ursachen für die innere Schwäche der Weimarer Demokratie sind deutlich, desgleichen die ab 1929 einsetzenden psychologisch-politischen Folgen der großen Wirtschaftsdepression und der Massenarbeitslosigkeit, die das Ende der ersten deutschen Demokratie ausgelöst haben.

Heute wissen wir, daß politische Entwicklungen nicht nur von den Tatsachen, sondern in noch höherem Maße von den Vorstellungen bestimmt werden können, welche die Menschen sich von diesen Tatsachen machen oder die ihnen durch ideologische Propaganda oktroyiert werden. Die meisten Menschen sind überzeugt, selbst für das Richtige und das Gute einzutreten, werden jedoch irgendwann von der Erkenntnis getroffen, daß sie es nicht immer erreichen können; dann müssen andere daran schuld sein. So kommt es zur Abstempelung anderer als Sündenböcke und als Feinde. So kommt es auch zu kollektiven Feindbildern – auch bewährte Demokraten sind davon nicht frei. Feindbilder entheben der Mühe des eigenen Denkens, sie solidarisieren die eigenen Freunde und diskriminieren die anderen. »Der Feind ist immer der Böse, man selbst will nur das Gute«, hat Marion Gräfin Dönhoff dazu gesagt; je weniger aber man über den anderen weiß, um so leichter ist es, seiner Verteufelung zuzustimmen. In unserer Nation hatte, als die Nazis ihren Siegeszug antraten, die Erziehung zur Demokratie, zum eigenen Urteil, zur Humanitas, zur Freiheit und Würde der Person seit mehreren Generationen nicht ausgereicht. So war der Boden bereitet, auf dem Hitler und seine Gesellen unser Land, unsere Nachbarvölker und die Juden Europas mit krimineller Energie in die Katastrophe führten. Über diese Einsicht kann ernsthaft nicht mehr gestritten werden.

Dagegen gibt es noch immer oder immer wieder Streit über die Bedeutung der deutschen Nation und die Notwendigkeit der Bindungen, die der einzelne in der Nation findet – oder sucht. Wer mit Recht die Solidarisierung mittels politischer Feindbilder ablehnt, der mag dazu neigen, auch die Solidarisierung mit der eigenen Nation abzulehnen – eine mögliche intellektuelle Konsequenz, wenn man die These vom Freund-Feind-Verhältnis als Agens und als Prinzip der Politik verneint. Ich habe nie daran gezweifelt, daß die Ablehnung der Nation eine verfehlte, weil unrealistische Philosophie ist. Ich bin überzeugt, daß die große Mehrheit der Menschen unseres Kontinents – aber auch weite Teile der übrigen Welt – der Identifizierung mit der eigenen Nation bedarf, zusätzlich zur Selbstidentifikation mit der eigenen Familie und mit der eigenen Heimat. Die nationale Selbstbefreiung, die sich gegenwärtig im bisher sowjetisch beherrschten Teil Europas vollzieht, zeigt, daß sich die Völker im Osten insofern keineswegs von den Völkern Westeuropas unterscheiden.

Während der ganzen vierzig Jahre meiner politischen Arbeit habe auch ich nie die Bindung an meine eigene, gegen ihren Willen in zwei Teile zerschnittene Nation aufgegeben. Die Bindung an das eigene Volk, im guten wie im schlechten, ist mir niemals zweifelhaft geworden – nicht unmittelbar nach Kriegsende, unter der Wucht der Erkenntnis der von Deutschen begangenen Verbrechen, und auch nicht später, als die Realität eines zweiten, abermals diktatorischen deutschen Staates auf uns lastete. Als ich mich am 1. Oktober 1982 vor dem Bundestag in einer Regierungserklärung aus der Bundesregierung verabschiedete, habe ich die Erhaltung der Einheit der Nation als den »innersten Kern unserer Deutschlandpolitik« bezeichnet; ein Satz, der eine Überzeugung aussprach, an der mich weder deutsche Nazis noch deutsche Kommunisten je haben zweifeln lassen.

Doch hat die Bewahrung und Pflege der eigenen nationalen Identität mich nicht daran gehindert, meine Kräfte gleichzeitig für die Integration der demokratisch verfaßten Staaten Westeuropas einzusetzen: eine doppelte politische Zielsetzung, die ich seit den späten vierziger Jahren, seit der Bekanntschaft mit Jean Monnet, für notwendig gehalten habe und die für mich eines der entscheidenden Ergebnisse meines Nachdenkens über die Nazi-Zeit, über den Zweiten Weltkrieg und über die Zukunft Deutschlands ist.

Weder mit diesem prinzipiellen politischen Ansatz noch mit einem kategorisch-moralischen Eintreten für die Grundrechte der Person, für Demokratie und für soziale Gerechtigkeit ist freilich die jüngere deutsche Vergangenheit schon »bewältigt«. Die Grenzen zwischen nationaler Würde einerseits und nationalistischer Hybris andererseits sind überall in der Welt ebenso fließend wie die Grenzen und Übergänge zwischen Demokratie und bürokratischer, autoritärer oder autokratischer Herrschaft durch eine demokratisch gewählte Exekutive. Die Versuchungen zur Überheblichkeit der eigenen Regierung und zur nationalistischen Überheblichkeit des eigenen Volkes bleiben ständige Gefahren. Wahrscheinlich sind diese Gefahren heute bei uns Deutschen nicht größer als anderswo, was nach einer begrenzten Periode von Fehlern und Wirrungen sicherlich auch für diejenigen Deutschen gelten wird, die in der DDR und somit insgesamt mehr als ein halbes Jahrhundert ununterbrochen unter zwei Diktaturen gelebt haben. Und doch führt die Erinnerung an die unsäglichen Verbrechen der Nazi-Zeit dazu, daß alle Nachbarn uns Deutsche – auch die »Nachgeborenen« – noch lange Jahrzehnte mit großer Aufmerksamkeit und mit teils verstecktem, teils offenem Argwohn beobachten werden. Ich hoffe zuversichtlich, daß unser Volk sich bewußt in die Gemeinschaft der europäischen Demokraten einfügen wird; wenn uns dies gelingt, dann haben wir aus der »Aufarbeitung« der Nazi- und der SED-Zeit gute Schlußfolgerungen gezogen.

Die meisten Deutschen, die das Ende des Zweiten Weltkrieges als Erwachsene erreichten, haben danach sehr bald jede nationalistische Hybris in sich überwunden. Aber damit und mit der Aneignung der menschenrechtlichen Grundwerte und der Demokratie haben wir jene Frage noch nicht beantwortet, die mich am meisten und immer wieder plagt: Was waren letztlich unsere Pflichten unter Hitlers Diktatur und im Kriege? Hat es andere moralische Pflichten gegeben, die wir Millionen Soldaten nicht erkannt haben? Und sofern das der Fall sein sollte: Haben wir sie subjektiv nicht erkennen wollen? Oder haben wir sie objektiv nicht erkennen können?

Ich glaube, die große Mehrheit der während der Nazi-Zeit heranwachsenden Jugend hat solche dem Befehl übergeordnete moralische Pflichten objektiv nicht erkennen können. Es setzte tatsächlich glückliche persönliche Umstände oder Erlebnisse voraus, wenn damals junge Menschen nicht zunächst auf den Nationalsozialismus ansprachen. Wer auch nur sieben Jahre älter war als ich, der hatte immerhin bis 1933 wenigstens etwas Demokratie miterlebt und konnte deshalb einige Vergleichsmaßstäbe in das Dritte Reich mitgebracht haben. Im Normalfall hatten die Älteren zwischen dem Ende ihrer Schulzeit und dem Beginn des Krieges einige Jahre in einem zivilen Beruf oder in einer Berufsausbildung erlebt, im Glücksfall auch den Einfluß älterer Lehrgesellen oder Meister oder älterer Kollegen, sei es in einer Werkstatt oder in einem Büro. Jugendliche konnten auch das Glück eines bewußt demokratischen, bewußt liberalen oder sozialdemokratischen, katholischen oder evangelischen Elternhauses haben oder das Glück aufrechter Lehrerinnen und Lehrer. Freilich waren dergleichen positive Einflüsse nicht gerade häufig, und in vielen Fällen waren sie auch nicht stark genug, um ausreichende Gegengewichte gegen Desinformation, Propaganda und Massenhysterie bilden zu können. Denn allzu viele der Erwachsenen gerieten nach 1933 alsbald in den Sog der Erfolge der Arbeitsbeschaffung durch den »Führer und Reichskanzler«.

Es gab also plausible Gründe dafür, daß wir jungen Soldaten eine dem Befehl übergeordnete moralische Pflicht nicht erkannt haben. Aber mir ist bewußt, daß Menschen in aller Regel nicht dazu neigen, die Versäumnisse und Fehler bloßzulegen, die sie begangen haben, und so könnten subjektive Motive uns heute hindern, unsere damaligen Defizite zu erkennen. Niemand bekennt sich gern als Schwächling, der einer schwierigen Situation moralisch nicht gewachsen gewesen ist.

Der große deutsche Aufklärungsphilosoph Immanuel Kant hat vor zwei Jahrhunderten das moralische Grundprinzip aufgestellt, nach dem der einzelne sich so verhalten solle, daß die Richtschnur für sein eigenes Verhalten zugleich immer auch als Richtschnur – Kant sagt »Maxime« – für das Verhalten aller gelten könne. Dieser kategorische Imperativ Kants erhebt den Anspruch, für jedermann zu gelten, für Regierende wie Regierte, also auch für Menschen, die unter einer totalen Diktatur leben.

Kants idealistisches Prinzip einer unbedingten, nicht durch Eigennutz oder Opportunismus verzerrten moralischen Pflichtauffassung hat mich zeitlebens fasziniert und motiviert – auch als Soldat. Doch habe ich inzwischen verstanden: Im praktischen Leben, zumal unter einer Informations- und Meinungsdiktatur, kann es für den einzelnen sehr schwierig, ja unmöglich sein zu erkennen, wie er sich dergestalt verhalten soll und kann, daß sein persönliches Verhalten zugleich als Richtschnur für jedermann gelten könne. Anders gesagt: Wie soll einer, der unter Maschinengewehrfeuer oder Bomben leiden muß, sich gegenüber dem Gegner, welcher die Bomben ja auslöst, so verhalten, daß die »Maximen des eigenen Handelns« auch für den Gegner gelten könnten? Der kategorische Imperativ des großen Königsberger Philosophen war eine der Glanzleistungen der deutschen Aufklärung; jedoch war es einfacher, ihn im Frieden der Studierstube abstrakt zu formulieren, als ihn im Leben, gar im Kriege, konkret zu befolgen. Im Kriege kommt im besten Fall ein ritterlicher Anstand gegenüber dem Gegner in Betracht.

Oder ist dies zu kurz gedacht? Hätten wir Soldaten wesentlich weitergehende Konsequenzen ziehen müssen? Hätten wir die moralische Pflicht zur Sabotage, zum Widerstand gegen die eigene Führung, zum Attentat gehabt – oder doch wenigstens zur Fahnenflucht? Die Meinung ist vertretbar, solche sittlichen Pflichten hätten für den einzelnen in der Tat bestanden, sofern er sich der Verbrechen auf der eigenen Seite bewußt geworden sei. Solches Bewußtsein setzte aber erhebliche Kenntnisse von wichtigen Tatsachen voraus – Tatsachen im eigenen Lager wie auch im Lager der Kriegsgegner. Personen, die während der Nazi-Zeit weitgehende Einblicke oder gar Überblick gewinnen konnten – was nicht vom Dienstrang abhing, sondern mehr vom Zufall der Berührung mit informierten, zugleich urteilsfähigen und mitteilsamen Menschen – sind in jener Zeit zu sehr verschiedenen moralischen Konsequenzen gelangt. In jedem Falle gehörten viel Mut und Tapferkeit dazu, aus moralischer Einsicht zur Tat des Widerstandes zu schreiten.

Es gab Menschen, die bewußt dem Gegner geholfen haben, um das Ende von Krieg und Drittem Reich zu beschleunigen, zum Beispiel Mitglieder der Roten Kapelle, aber auch manche überzeugten

Kommunisten. Dagegen haben die allermeisten Frauen und Männer des 20. Juli 1944 einerseits das Attentat gegen Hitler gewollt und damit Hochverrat betrieben, andererseits aber den Landesverrat zugunsten des Kriegsgegners bewußt abgelehnt; die Offiziere um Tresckow und Stauffenberg haben lange Zeit tatkräftig an der Kriegführung mitgewirkt. Manche haben als einzelne Information und Aufklärung verbreitet – die Geschwister Scholl in München sind dafür ein Beispiel. Die weitaus meisten Informierten haben jedoch die ihnen vom Staat auferlegten Pflichten erfüllt, sei es draußen als Soldaten, sei es in der Heimat. Millionen und aber Millionen hatten aber keinerlei Überblick; von ihnen haben sich einige gleichwohl zu Widerstandshandlungen herausgefordert oder gar verpflichtet gefühlt.

Die überwältigende Mehrheit dagegen hat es für geboten gehalten, im Kriege dem Vaterland so beizustehen, wie es ihr befohlen war, eine Haltung, die einer Mischung aus Furcht vor Bestrafung und aus Angst, zum größeren Teil jedoch dem Pflichtgefühl entsprungen ist. Zu dieser Mehrheit haben fast alle meiner persönlichen Freunde und Kameraden gehört wie auch ich selbst. Ich habe mich seither oft gefragt: Woher kam eigentlich das Bewußtsein meiner »verdammten Pflicht und Schuldigkeit« während des Krieges? War es Ergebnis der Erziehung durch meinen Vater? Stammte es aus der Schule, etwa aus dem Sport oder von den Jahresarbeiten? War dieses Pflichtgefühl Ergebnis einer quasifunktionalen, nicht intentionalen Erziehung im Sinne des Preußentums als eines wichtigen Elements im kulturellen deutschen Erbe? War es der geistige Einfluß des stoischen Pflichtmenschen Marc Aurel? War es Ergebnis der nationalsozialistischen Propaganda oder der MHJ? War es die funktionale Erziehung in der Wehrmacht? Wie wichtig erschien mir das biblische Gehorsamsgebot des Römerbriefes?

Wahrscheinlich wirkten alle diese Faktoren zusammen. Möglicherweise war unser Pflichtbewußtsein auch ein psychologisch notwendiges Korrelat zu dem Übermaß von Angst, mit dem wir die ganze Zeit zu leben hatten – physische Angst und metaphysische Angst. Ich habe vielerlei Ängste gehabt: Angst vor russischer Gefangenschaft; Angst vor schwerer Verwundung; Angst vor Verschüttung im Keller; Angst vor Aufdeckung der Abstammung; Angst vor einem Kriegsgerichtsverfahren; Angst vor Gestapo und Volksgerichtshof, die ich als einheitliche Organisation erlebt hatte. Auch Angst vor dem Tode hat eine große Rolle gespielt – wenn er denn nur rasch vor sich ginge, so hoffte man. Nach Heldentum habe ich nicht gestrebt; seit meiner Rückkehr aus der Sowjetunion war ich vielmehr froh über das Glück, den größten Teil des Krieges nicht an den Fronten, sondern im »Heimatkriegsgebiet« durchstehen zu können. Angst ist ein Teil der menschlichen Kreatur. Unsere Erziehung hat uns gelehrt, unsere Angst zu beherrschen und nicht erkennbar, werden zu lassen.

Wenn ich mich heute frage: Warum habe ich fast bis zum Ende des Krieges meine soldatischen Pflichten erfüllt?, so muß ich antworten: wahrscheinlich aus einer unentwirrbaren Vielfalt von Gründen. Aus ähnlich komplexen Gründen mögen die amerikanischen Soldaten in Vietnam auch dann noch gekämpft haben, als jener Krieg und seine Opfer für viele von ihnen, später vielleicht für die meisten, längst sinnlos geworden waren und obschon in ihrer Heimat eine heftige öffentliche Debatte darüber im Gange war. Das 19. und das 20. Jahrhundert ist die Epoche der Übertreibung des Nationalstaates, der Perversion des gehorsamen Patriotismus: Wenn mein Land mir einen Befehl gibt, so muß ich ihn befolgen.

Ich stelle mir die weitere Frage, ob ich mich anders entschieden hätte, wenn ich von der Vernichtung der Juden erfahren hätte, welche – wie man heute weiß – im Sommer 1942 im geheimen begonnen hatte. Mein Vater, der sie für möglich hielt (wie ich nach dem Kriege von ihm gehört habe), hat mit mir darüber nicht gesprochen; seine Angst vor der Aufdeckung seines eigenen leiblichen Vaters hat seine Persönlichkeit verformt: Aus dem ursprünglich aufstiegsorientierten, energischen und tatkräftigen Mann war gegen Ende des Krieges ein sehr vorsichtiger, entschlußschwacher Mensch geworden. Auch sonst hat niemand mit mir darüber geredet. Hätte ich mir aber nicht Wissen erwerben können? Vielleicht – wenngleich mir das nicht wahrscheinlich vorkommt. Warum aber habe ich mich gar nicht bemüht, mehr zu wissen? Aus Ohnmacht, aber auch aus Angst, die trotz allem relativ glücklichen Lebensumstände zu gefährden, deren Loki und ich uns in der Schnitterunterkunft des Staatsgutes Schmetzdorf erfreuten.

Unsere Tochter, 1947 geboren, hat, als sie einen ersten Entwurf dieses Berichtes gelesen hatte, dazu gesagt: »Es wird nicht klar, warum du so lange ein politisch nicht denkender, ein apolitischer Mensch gewesen bist. Das Nicht-Wissen oder Nicht-wissen-Wollen über die Judenfrage kommt entschieden zu kurz. Vielleicht kannst du versuchen, dich in die jüngere Generation mit ihren Fragen hineinzuversetzen.« Mich hat diese Kritik sehr getroffen; denn tatsächlich war ja gerade der Wunsch, nicht nur die Urteilsfähigkeit, sondern auch das Verständnis der nachfolgenden Generation zu erschließen, eines der Motive für meine Niederschrift gewesen. Es ist, so will mir scheinen, schwierig für jeden, der in einer Gesellschaft mit völliger Freiheit der Information, der Gedanken und der Meinungen lebt und keine andere Gesellschaft je erlebt hat, sich die Lebensumstände unter einer Diktatur vorzustellen, die sich ohne Skrupel sämtlicher Instrumente der Bevormundung und des Terrors bedient. Eine Diktatur kann mit allen Machtmitteln des Staates ein weitgehendes Nicht-Wissen erzwingen, so wie unter Hitler oder Stalin in ungeheurem Maße Tatsachen unterdrückt, andere verfälscht worden sind; aber eine Diktatur kann durch die Brutalität der von ihr angedrohten und tatsächlich exekutierten Strafen auch ein weitgehendes Nicht-wissen-Wollen erzwingen.

Wer unter Hitler oder, später, unter Ulbricht und Honecker gerüchteweise von staatlichen Verbrechen gehört hat, war oft nicht bereit, dem Gerücht zu glauben; wer indessen wissen wollte, was an dem Gerücht wahr oder unwahr sei, der mußte andere fragen. Er konnte aber nur jemanden fragen, von dem er wußte, daß er die Frage nicht argwöhnisch als Provokation mißverstehen und den Fragenden nicht bloßstellen würde. Deshalb setzte die Nachforschung bei einem heiklen Thema entweder ein persönliches Vertrauensverhältnis voraus – oder eine gefährliche Naivität. Derartig belastbare Vertrauensverhältnisse gab es selbstverständlich vielfach innerhalb der eigenen Familie, zwischen Freunden, zwischen Gleichaltrigen und zwischen Soldaten des gleichen oder benachbarten militärischen Dienstgrades, wobei totale Offenheit zwischen Obergefreiten vermutlich sehr viel häufiger war als zwischen Generalen oder Regierungsräten. Es blieb unter der Diktatur, unter Gestapo oder Stasi, ein relativ seltener Glücksfall, wenn man ein Verhältnis rückhaltlosen Vertrauens zu einem Menschen mit besserem Überblick gewann, als man selbst ihn besaß.

Ich habe zu niemandem so viel Vertrauen gehabt, daß ich ihn mit dem Wissen von meinem jüdischen Großvater hätte belasten mögen. Wenn ich aber in den letzten Kriegsjahren durch Vertrauen in einen mit Überblick, Urteil und Autorität ausgezeichneten Menschen und durch Vertrauen eines solchen Menschen in mich in den Stand wesentlich größeren Wissens versetzt worden wäre, so bleibt es eine hypothetische Frage, ob meine Vertrauensperson mich zur Beteiligung an Widerstandshandlungen ermutigt hätte. Und es bleibt des weiteren eine hypothetische Frage, ob ich auf solche Ermutigung oder Aufforderung positiv reagiert, mich positiv entschieden hätte. Aus rückschauender Erinnerung des Dreiundsiebzigjährigen an den Fünfundzwanzigjährigen glaube ich, diese Frage verneinen zu müssen; wahrscheinlich wäre die Angst größer gewesen als die Tapferkeit.

Während der ganzen zwölf Nazi-Jahre habe ich gehofft, mein Vater, unsere Familie und ich würden unentdeckt davonkommen. Dabei habe ich den jüdischen Großvater keineswegs als Makel empfunden; aber er war ein Anknüpfungspunkt für eine Gefahr, die sich schwer abschätzen ließ. Wahrscheinlich wollte ich gar nicht wissen, was diese Gefahr konkret hätte bedeuten können – vielleicht deshalb nicht, weil jede Konkretisierung zusätzliche Angst hätte auslösen müssen. Vierzig Jahre nach dem Pogrom des 9. November 1938 habe ich in der großen Synagoge zu Köln versucht, als Bundeskanzler sprechend, Schlußfolgerungen aus den Verbrechen und Verhängnissen der Nazi-Zeit anzubieten, darunter auch Schlußfolgerungen im Hinblick auf die Rolle, welche die Angst damals gespielt hat: »Wo immer wir Angst begegnen, da müssen wir sie ernst nehmen. Sie kann eingebildet oder eingeredet sein. Wir müssen sie verstehen und sie entkräften; oder wir müssen Abhilfe schaffen. Denn aus Angst kann Wahn und Hysterie, kann Aggressivität entstehen …«

Aus Angst kann auch Feigheit resultieren. Fast überall stellt die Erziehung deshalb der Angst den Mut, die Tapferkeit, zumindest aber die Pflichterfüllung gegenüber. Und doch haben nicht nur der Mut, sondern vor allem auch das Pflichtgefühl in Deutschland bis 1945 eine zu große, weil pervertierte Rolle gespielt. »Das preußische Heiligtum, die deutsche Kathedrale der Pflichterfüllung, an der Generationen gemauert haben, türmt sich über zerstörtem Glück. Dies auszusprechen heißt nicht, die Größe in den Staub zu ziehen. Das wirklich Große beginnt immer erst dort, wo ... der Schrecken einsetzt, hart am Abgrund, der schaudern macht.« Diese Bemerkung hat Christian Graf Krockow dem Satz Jeffersons vom Recht auf den »pursuit of happiness«, auf das Streben nach dem eigenen Glück, gegenübergestellt. Beide haben recht. Für mich ist – je älter ich geworden bin, desto mehr – die entscheidende Frage kaum jemals gewesen, ob ich der Pflicht zu gehorchen habe, sondern vielmehr: Wie erkenne ich, was heute und hier meine Pflicht ist?

Es war eine Mischung aus Angst und Pflichtgefühl, welche die große Mehrheit aller Deutschen tatsächlich und objektiv zu Beihelfern des Hitlerschen Krieges hat werden lassen: Soldaten und Beamte, Arbeiter und Angestellte in der Industrie, Belegschaften der Bahn und der Post, eigentlich fast alle, selbst die erklärten Nazi-Gegner – auch meinen halbjüdischen Vater als Beamten und, ganz zuletzt noch, als Volkssturmmann. Subjektiv allerdings war dies nur den wenigsten bewußt. Auch manche der mit Tapferkeitsauszeichnungen hochdekorierten Widerstandskämpfer des 20. Juli 1944, die als Generale oder Generalstabsoffiziere die militärischen Operationen und Feldzüge vorbereiteten und durchführten, waren ja zunächst – vielfach unbewußt – gehorsame Beihelfer des Dritten Reichs gewesen, ehe sie aus Verantwortung gegenüber ihrem Volk zu Widerstandskämpfern und am Schluß zu Opfern wurden. Auch sie unterlagen jener Dichotomie des Bewußtseins: Als Patrioten erfüllten sie ihre soldatischen Pflichten,aus moralischer Überzeugung und aus Verantwortung gegenüber den ihnen anvertrauten Soldaten; gleichzeitig aber wollten sie aufgrund ihrer Kenntnis der empörenden Tatsachen und – darauf aufbauend – aus Erkenntnis ihrer moralischen Pflicht den Oberbefehlshaber als einen verbrecherischen Verderber des Vaterlandes beseitigen.

Wo die Ausübung von moralisch akzeptierter Pflicht mit hoher Gefahr für den eigenen Leib, das eigene Leben und für die eigene Seele verbunden ist, dort darf von Heldentum die Rede sein. Aber Heldentum setzt Angst voraus; wer nämlich keine Angst vor der Gefahr hat, der handelt nicht heldenhaft, sondern bloß dumm. Diejenigen Deutschen, die aktiv Widerstand gegen Hitler geleistet haben, dürfen Helden genannt werden. Aber auch unzählige der anderen Deutschen, die von Furcht und Angst gepeinigt waren und die in Überwindung ihrer Angst die ihnen vom Staat auferlegten Aufgaben erfüllt haben, weil sie dies für ihre moralische Pflicht hielten – in den Städten oder an den Fronten – auch viele von ihnen haben heldenhaft gehandelt. Insgesamt jedoch ist für uns Deutsche auf lange Zeit kein Bedarf mehr an Heldentum.

Man kann als Deutscher den Zweiten Weltkrieg und die deutsche Katastrophe eine Tragödie unseres Pflichtbewußtseins nennen. Durch Generationen hindurch war die Erziehung der Deutschen zur Pflichterfüllung wesentlich erfolgreicher gewesen als die Erziehung zum eigenen politischen und moralischen Urteil. Für eigenes politisches und moralisches Urteil fehlten den allermeisten Soldaten daher die Maßstäbe. Hitler hat ihr Pflichtbewußtsein benutzt und mißbraucht. Nur relativ wenige haben kraft eigener Urteilsfähigkeit eine höhere moralische Pflicht zum Widerstand erkennen können. Ich habe nicht zu diesen gehört – und ich weiß nicht, ob und wieweit ich dieser höheren moralischen Pflicht gefolgt wäre, sofern ich sie geahnt oder gar erkannt hätte.

Die bei weitem überwiegende Zahl der Deutschen in der Nazi-Zeit hat weder zu den Verbrechern noch zu den Widerstandskämpfern gehört; das war später unter der kommunistischen Diktatur nicht anders. Auch wir durchschnittlichen Menschen vergessen allerdings gern unsere eigenen menschlichen und allzu menschlichen Unzulänglichkeiten, die wir eigentlich uns selbst zur Last legen müßten. Und wo wir sie nicht vergessen oder verdrängt haben, sind wir geneigt, sie zu beschönigen oder sie doch wenigstens mit den jeweils gegebenen äußeren Umständen zu erklären. Gleichgültig, ob ideologischer, religiöser oder militärischer Provenienz: Diktaturen aller Art zwingen die Menschen zu Verhaltensweisen, die ihnen unter normalen Umständen persönlicher Freiheit als ungewöhnlich, unsympathisch oder sogar als tief zuwider vorkommen würden. Dies gilt für die Diktaturen Hitlers, Stalins oder Ulbrichts ebenso wie z.B. für Diktaturen in Lateinamerika, in Afrika oder im Mittleren Osten. Dabei spielen Irreführung und ideologische Indoktrination, beides mit Hilfe der Macht moderner technischer Medien der Massenkommunikation, vielfach eine den einzelnen überwältigende Rolle.

Wer unter solchen Umständen anderen Hilfe leisten will, der muß zwangsläufig auf die eine oder andere Weise mit Leuten des jeweiligen Systems paktieren. Ich bin deshalb dem Holländer Max Kohnstamm dankbar, der mit Bezug auf die Deutschen in der DDR geschrieben hat: »Niemand kann in einem solchen Regime etwas für seine Mitmenschen tun, ohne auf fast unlösbare moralische Fragen eine unvollkommene Antwort geben zu müssen. Niemandem, der nicht unter denselben Umständen Entscheidungen treffen mußte, kommt das Recht zum Verurteilen zu ... Wir, die wir in der Freiheit des Westens gelebt haben und nie die unmögliche Frage beantworten mußten, wie wir unter einer Diktatur uns selbst treu bleiben könnten, sollten uns mit unserem Urteil zurückhalten ...« Ich wünschte, solche Zurückhaltung würde heute auch von den jüngeren deutschen Generationen gegenüber ihren Eltern und Großeltern geübt, ebenso von den seit Jahrzehnten in der Freiheit Westdeutschlands lebenden Deutschen gegenüber denjenigen ihrer Landsleute, die bis gestern unter der Diktatur der auf sowjetische Truppenpräsenz gestützten SED leben mußten. Es steckt ein großes Maß arroganter Selbstgerechtigkeit hinter den leichthin geäußerten Verurteilungen der eigenen Eltern für das, was sie bis 1945 geglaubt, getan und gelassen haben, und nicht weniger hinter den leichthin geäußerten Verurteilungen der Deutschen in der DDR für das, was sie bis 1989 geglaubt oder nicht geglaubt, getan oder gelassen haben.

Nur wer als bereits demokratisch gebildeter, wohlinformierter Erwachsener unter eine ideologische Diktatur gerät, kann – vielleicht! – wissen, was tatsächlich ist und – vielleicht! – was dagegen eigentlich sein sollte. Wer jedoch unter einer Diktatur aufwächst, der muß das Glück haben, einem erfahrenen Erwachsenen zu begegnen, der ihm erklärt, wie es sein soll. Nur wenige junge Menschen, die in der Nazi-Zeit aufwuchsen und als Soldaten dienen mußten, hatten dieses Glück und fanden einen Älteren, der nicht nur wußte, daß die NS-Diktatur ein großes Übel war, sondern die darüber hinaus auch Vorstellungen davon besaß, was moralisch, verfassungsrechtlich, politisch und ökonomisch an ihre Stelle treten sollte. Weil Adenauer, Schumacher, Dehler, Reuter, Erhard oder Böckler ihre positiven Grundüberzeugungen, aber auch ihre praktischen Erfahrungen mit Demokratie, Marktwirtschaft und sozialer Ordnung nicht erst 1945 suchen mußten, nur deshalb konnte unter der Führung ihrer Generation der Aufbau der Bundesrepublik in so kurzer Zeit zum Erfolg werden. Wir Jüngeren sind ihnen gefolgt – zu unserem Besten.

Das ist in den ehemals DDR genannten Teilen Deutschlands anders gewesen. In der DDR ist vor einem halben Jahrhundert die SED-Diktatur unter Ulbricht und Honecker fast nahtlos an die Stelle der Nazi-Diktatur unter Hitler getreten; infolgedessen gab es dort 1989 und 1990 nur noch sehr wenige Bürger, die schon vor Beginn der ersten Diktatur positive Maßstäbe und Erfahrungen gesammelt hatten und die, darauf aufbauend, sich konkrete Vorstellungen über das bilden konnten, was möglich und was nötig ist. Die durch die FDJ, durch die Ausbildungs- und Bildungssysteme und durch Gehirnwäsche und Indoktrination der Kommunisten gegangenen Generationen haben es daher in den neunziger Jahren ähnlich schwer wie meine Generation in den späten vierziger Jahren.

Es ist zu allen Zeiten ziemlich leicht, Jugend zu verführen. Das galt für die HJ der Nazis, den Komsomol und die FDJ der Kommunisten gleicherweise, es galt auch für Kommunisten und Faschisten in anderen Staaten Europas, es gilt für mancherlei Jugendbünde und -verbände. Was dabei ausgenutzt wird, ist der natürlich Hang der Jugendlichen und Jugendführer zum Idealismus sowie ihre Tendenz, sich gegen die Elterngeneration aufzulehnen und dergestalt eine jugendliche Autonomie zu erlangen. »Trau keinem über dreißig«, hörte man bei uns in den siebziger Jahren. Diese Kunstgriffe haben sowohl die HJ (»Jugend muß durch Jugend geführt werden«) als auch die FDJ angewandt. Kein Zweifel, daß auch unter den Führern von HJ, BDM und FDJ Idealismus eine große und beispielgebende Rolle gespielt hat; Kurt Schumacher, Carlo Schmid, Fritz Erler, Herbert Wehner und andere führende Sozialdemokraten haben das ausdrücklich anerkannt. Ohne daß dies den Führern der Studentenrevolten bewußt gewesen sein muß, sind vergleichbare Mechanismen auch 1968 in USA und später in Frankreich und bei uns sichtbar geworden. Wenn in solcher Situation zusätzlich noch ein Elitebewußtsein erzeugt wird, so werden Extreme wie die zum Teil fast selbstmörderische Aufopferungsbereitschaft von militärischen Verbänden der Waffen-SS oder die schließlich mörderische Rote-Armee-Fraktion möglich. Solche extremen Fehlentwicklungen setzen eine psychische Immunisierung gegen rationale Einflüsse voraus.

Idealismus kann Neugier, Vernunft und Urteilskraft blockieren. Es ist um so leichter, die kritische und auch die selbstkritische Ratio des einzelnen Menschen auszuschalten, je mehr die ihn in ihren Bann ziehende Ideologie im Habitus der – angeblichen – Vernunft oder im Gewände der – angeblichen – Wissenschaftlichkeit auftritt und je mehr sie sich mit einem idealistischen Pathos der Moralität verbindet. Im Falle der Hitler-Jugend hat allerdings – so meine persönlichen Erlebnisse – die vorgetäuschte Wissenschaftlichkeit der NS-Ideologie nur eine geringe Rolle gespielt; sie beschränkte sich auf die Rassentheorie, die in der Hamburger MHJ immer eher eine Sache der Pflichtübung als der Überzeugung war und bei den Jugendlichen meiner Altersstufe ohne nachhaltige Wirkung blieb. Statt dessen entwickelte das Gemeinschaftserlebnis große Bindungswirkung, der Reichsmythos blieb Appendix.

Auch in dem sich als Wissenschaft gebenden Marxismus hat die Indoktrination junger Menschen mit Hilfe des instrumentalisierten Gemeinschaftserlebnisses für jede der in dieser Ideologie aufwachsenden Generationen einen großen Einfluß gehabt – es ist dies wohl ein Kennzeichen fast jeder Jugendorganisation. Aber die behauptete und geglaubte Wissenschaftlichkeit des Marxismus hatte bis in die allerjüngste Vergangenheit einen überwältigenden Einfluß auf die Gesellschaft insgesamt. Im wahren Sinne des Wortes wurden alle anderen analytischen, synthetischen, historischen und philosophischen Denkansätze von der Übergewalt der ideologischen Doktrin erdrückt, weil die kommunistischen Diktaturen von Moskau bis Ost-Berlin keinerlei Raum für unabhängige Denkvorstöße gelassen haben. Sie schnitten für die Heranwachsenden jede Kommunikation mit nicht-marxistischer Wissenschaft ab; einzig die Naturwissenschaften und die Medizin blieben einigermaßen in Kontakt mit der Welt außerhalb des Moskauer Imperiums; aber die Kunst, die Musik und die Literatur unterlagen der Zensur – all dies vergleichbar der Situation, in der die Jugend zur Nazi-Zeit aufwuchs.

Es gab in beiden Epochen viele vergleichbare und sogar durchaus parallele Methoden, um die Entwicklung eigener Urteilskraft junger Menschen zu verhindern und statt dessen ihre Indoktrination zu bewirken. In beiden Epochen auch verstanden es die Regierenden in ähnlicher Weise, den natürlichen Hang junger Leute zum Idealismus für ihre Zielsetzungen auszubeuten. Daß es zu Hitlers Zeiten verboten war, Radiosendungen von »Feindsendern« (zum Beispiel von BBC) abzuhören, und daß die SED versucht hat, den Empfang westdeutscher Fernsehsendungen zu unterbinden, kennzeichnet die Parallelität.

Es wäre ein Fehler, wollten wir – nach dem Ende der kommunistischen Herrschaft und lange nach dem Ende der Herrschaft Hitlers – heute und für die Zukunft die Beschäftigung mit dem Ursprung und den Methoden totalitärer Herrschaft und totalitärer Ideologie für entbehrlich halten, weil sowohl die Nazi-Zeit als auch die kommunistische Epoche abgeschlossen sei. Denn tatsächlich bestehen Gefährdungen durch totalitäre Ideologien auch heute und morgen. Alles kann wieder auftreten: die Bereitschaft, an ausschließliche Theorien des Heils zu glauben, das angemaßte Bewußtsein der Elitezugehörigkeit, ebenso die Verbindung von Idealismus mit der Bereitschaft zur Gewalt. Die gewaltbereite Arroganz eines Teils der akademischen Jugend unter dem professoralen Einfluß des Neomarxismus und der Frankfurter Schule in den siebziger und achtziger Jahren der Bundesrepublik legt davon ebenso Zeugnis ab wie vorher die terroristisch handelnden jugendlichen Roten Garden in der chinesischen »Kulturrevolution« oder wie der heutige Hedonismus von Chaoten am Kreuzberg in Berlin oder in der Hamburger Hafenstraße. Auch die geistig primitiveren jungen Leute, welche die bei uns lebenden Ausländer zum Gegenstand ihres Feindbildes machen, sind anfällig für ideologische Indoktrination und für Massenhysterie.

In allen derartigen Fällen haben wir es mit der Ausschaltung kritischer, abwägender Vernunft zu tun. In tendenziell vergleichbarer Weise haben sich manche Führungspersonen der westdeutschen Friedensbewegung und ihre Anhänger in den achtziger Jahren gegen Einflüsse außenpolitischer Vernunft immunisiert, indem sie nicht nur dazu neigten, die Außenpolitik der Sowjetunion und der USA voller

Verachtung moralisch auf dieselbe niedrige Stufe zu stellen, sondern sogar glaubten, in Amerika den gefährlicheren Aggressor zu erkennen. Ihre Demonstrationen, überwiegend von Jugendlichen getragen, richteten sich nie gegen die Sowjetunion, die für die Kriege in Afghanistan, Angola oder Äthiopien oder für die Bedrohung Deutschlands durch nuklearbestückte SS 20-Raketen verantwortlich war, sondern gegen die USA und deren vernünftige Antwort mittels Pershing-Raketen. Sie richteten sich auch nicht gegen den Angriffskrieg Saddam Husseins und seine Mordtaten, sondern abermals gegen die USA. Erhebliche Teile der Friedensbewegung waren ideologisch eingeengt, einäugig und politisch irrational: Jugendliche wurden intellektuell zum »Widerstand« gegen jede Autorität, gegen jede Regierung in Bonn verführt, und die Bewegung der Grünen schwelgte geradezu in einseitigen Anklagen gegen das eigene Land, gegen »den Kapitalismus« und gegen die USA. Inzwischen haben der politische, ökonomische und geistige Zusammenbruch des »real existierenden Sozialismus« im Osten Europas und der Umstand, daß Gorbatschow – nur zum Teil mit Erfolg – aus seiner Not eine Tugend gemacht hat, schließlich auch die (vom Westen und von mir als Bundeskanzler von Anfang an vorgeschlagene) totale Abrüstung der Mittelstreckenraketen beider Seiten zu einer gewissen Ernüchterung geführt. Aber es wird auch in Zukunft immer wieder heilsgewisse Ideologien geben.

Die Entstehung immer wieder neuer Ideologien, neuer Weltbilder, neuer Theorien über Möglichkeiten und Wege zur Besserung der Gesellschaft, des Staates oder sogar der Welt ist eine zwangsläufige Folge der beiden Tatsachen, daß der Mensch in Gesellschaft lebt und daß seine Lebensumstände niemals über lange Zeiten unverändert bleiben. Besonders dann, wenn sich die Lebensumstände verschlechtern, bildet sich die Bereitschaft, neuen Ideologien zu folgen. All das sind keineswegs deutsche Besonderheiten.

Jedoch scheint in unserem Jahrhundert eine deutsche Besonderheit darin zu liegen, daß sich die Lebensumstände in relativ kurzen Zeitabständen viermal grundlegend verändert haben, nämlich beim Zusammenbruch des Kaiserreichs nach dem Ersten Weltkrieg; sodann im Zusammenhang mit der großen Weltwirtschaftsdepression und dem Zusammenbruch der Weimarer Demokratie; danach durch den katastrophalen Zweiten Weltkrieg und den Zusammenbruch des NS-Staates; und schließlich durch den Zusammenbruch des sowjetischen Großreiches und der kommunistischen Diktatur in der DDR sowie der anschließenden Vereinigung des bis dato in zwei Staaten geteilten Vaterlandes. In den ersten drei Fällen ist nach dem Zerfall der bisher vorherrschenden Ideologie ziemlich bald an deren Stelle ein neues Weltbild, eine neue Leitvorstellung, eine neue vorherrschende Ideenwelt getreten (im vierten Fall ist dieser Prozeß noch im Gang, besonders für die Deutschen in den neuen Bundesländern). Bisweilen wurden Teile der alten Ideologien herübergerettet, zum Beispiel 1919 und abermals 1933 die Reichsidee oder 1933 ein Teil der Ideenwelt der Jugendbewegung seit 1913; dabei sind alte, übernommene Schlüsselbegriffe in ihrem Inhalt mitunter stark verändert worden, zum Beispiel der Begriff Sozialismus. Insgesamt aber fehlte es schon seit der Epoche der Aufklärung am Ausgang des 18. und am Beginn des 19. Jahrhunderts in Deutschland an einer kontinuierlich entwickelten und in seelischen Tiefen verwurzelten Tradition politischer Vernunft, demokratischer und liberaler Ratio. Dem Katarakt der Umbrüche der deutschen Lebensumstände im 20. Jahrhundert waren unsere aufklärerischen Traditionen nicht ausreichend gewachsen.

Ich setze große Hoffnung auf die innere Verankerung der tragenden Grundrechte und Prinzipien des Bonner Grundgesetzes im Bewußtsein der heute lebenden Deutschen, obgleich es auch am Ende dieses blutigen Jahrhunderts eine beängstigende Erfahrung bleibt, daß selbst in unserer von freier Information und Meinungsvielfalt geprägten Gesellschaft eine Verführung junger Menschen zur Massenhysterie dann nicht unmöglich ist, wenn solche Verführung einhergeht mit einem – angemaßten – Bewußtsein moralischer Elite und mit dem Gemeinschaftserlebnis. Wir Deutschen sind immer noch ein gefährdetes Volk.

Unsere Gefährdung ergibt sich auch aus unserem Hang zum Idealismus, den sowohl die Nazis als auch die Kommunisten erfolgreich mißbraucht haben. Zwar haben die durch FDJ und »Nationale Volksarmee« hindurchgegangenen jungen Leute in ihrer Mehrheit am Ende wahrscheinlich nur noch partiell an den »real existierenden Sozialismus« geglaubt, so wie meine Generation in ihrer Mehrheit am Ende kaum noch an die Nazi-Ideologie geglaubt hat. Gleichwohl hat in beiden Fällen die übergroße Mehrheit den Gesetzen ihres Staates fast bis zur letzten Minute gehorcht und die ihnen vom Staat auferlegten Pflichten erfüllt. Wer ihnen daraus einen moralischen Vorwurf machen will, der muß ein hartes Herz haben. Wer die wehrpflichtigen Wehrmachtsoldaten der NS-Zeit schilt, weil sie die ihnen gegebenen Befehle befolgt haben, der muß ebenso die wehrpflichtigen NVA-Soldaten und die sogenannten Mauerschützen schelten, welche die ihnen gegebenen Befehle befolgt haben. Sollen aber nur diejenigen menschlich respektiert werden, die aktiven Widerstand geleistet haben oder aus Wehrmacht oder NVA desertiert sind? Ich kann solche Arroganz nur mißbilligen; sie kommt zumeist von Menschen, die ihrerseits in freiheitlichen Verhältnissen leben. Ich bin Martin Buber dankbar für sein schon 1953 ausgesprochenes Diktum »Mein der Schwäche des Menschen kundiges Herz weigert sich, meinen Nächsten deswegen zu verdammen, weil er es nicht über sich vermocht hat, Märtyrer zu werden.«

Die Parallelität der Pflichtenkonflikte in zwei aufeinanderfolgenden deutschen Diktaturen mag das nachträgliche Verständnis für unsere Jugend in der Nazi-Zeit erleichtern. Die alte Redensart, nach der Männer die Geschichte machen, läßt sich auch umkehren: Es sind die geschichtlichen Umstände, welche die Menschen formen. Für jeden Menschen ist die Variationsbreite der Entscheidungen, die er selbst treffen kann, über die längsten Strecken seines Lebens nur begrenzt, aber für all diejenigen, die unter einer Diktatur aufgewachsen sind, ist sie noch weitaus geringer, weil Informations- und Meinungsdiktaturen aller Art die Menschen zu Verhaltensweisen verleiten oder zwingen, die ihnen unter freiheitlichen Umständen durchaus zuwider wären. Das galt – mutatis mutandis – für die gewaltsame Christianisierung der größten Teile Europas mit dem Kreuz in der einen und dem Schwert in der anderen Hand, es galt später für die Inquisition und wieder später für die Eroberung fremder Erdteile durch die europäischen Kolonialmächte. Es galt in größtem Maße für die Jugend unter Hitler. Es galt auch für die Menschen, die unter fremder Besatzungsmacht leben mußten, sei es diejenige der Nazis oder diejenige der sowjetischen Herrschaft. Und doch hat der einzelne auch unter solchen

Umständen fast immer die Möglichkeit, in seinem Verhalten anständig zu sein gegen seine unmittelbaren Mitmenschen.

Die These einer gemeinsamen, »kollektiven« Schuld aller Deutschen hat mir nicht eingeleuchtet. Schuld ist immer persönlich. Weder ist das russische oder das georgische Volk schuldig an den psychopathischen Verbrechen des hochbefähigten Machtpolitikers Stalin, noch trägt das deutsche Volk als Ganzes Schuld wegen der paranoiden Verbrechen des charismatisch hochbegabten, größenwahnsinnigen Führers Hitler, noch kann dem rumänischen Volk die gräßliche Diktatur des megalomanen Conducators Ceaușescu als Schuld zur Last gelegt werden. Es gibt weder eine »Erbschuld« aller Vietnamesen, aller Kambodschaner oder Iraker, weder des japanischen noch des deutschen Volkes. Es gibt nur vielfaltig persönliche Schuld der Mörder, der Anstifter, der Befehlsgeber und der Beihelfer. Aber kein Deutscher und kein Mensch auf der Welt wurde »schuldig geboren«.

Ganz anders jedoch beantworten sich die Fragen nach der Haftung, nach der Wiedergutmachung, nach unserer Anstrengung, eine Wiederholung des Entsetzlichen zu verhindern, und ganz anders die Frage, ob wir uns dessen schämen, was im deutschen Namen geschehen ist. Diese Fragen treffen uns gemeinsam. Die zukünftige Geschichte verlangt gemeinsame Antworten von uns Deutschen, und es wird große Anstrengungen kosten, sie zu geben, Anstrengungen vornehmlich zur Aufklärung und zur politischen und moralischen Erziehung.

Dabei werden gewiß auch Fehler und Irrwege vorkommen. Einer der schlimmsten Irrwege wäre es, den nachgeborenen Deutschen die lange Geschichte ihres eigenen Volkes als einen einzigen Weg zum Verbrechen, als ein großes Verbrecheralbum darzustellen, da dies nichts anderes sein würde als eine verkappte Rückkehr zur kollektiven Verurteilung aller Deutschen. Neurotischer Antipatriotismus kann das krasse Gegenteil von dem provozieren, was er zu erstreben sich einbildet. Nationale Selbstidentifikation ist für die allermeisten Menschen des europäischen Kulturkreises eine seelische Notwendigkeit; wir erleben diese Tatsache gegenwärtig sehr deutlich im gesamten Osten Mitteleuropas, in fast allen Teilen der ehemaligen Sowjetunion, auch auf der Balkanhalbinsel. Wer die Sehnsucht der Menschen nach nationaler Identität mißachtet oder gar verletzt, der kann daran schuldig werden, daß natürlicher Patriotismus zu eiferndem Nationalismus pervertiert. Attitüden und Gesten moralischer Überlegenheit oder Überheblichkeit gegenüber patriotischer Identifikation sind schädlich, besonders wenn sie verallgemeinernd an alle Deutschen der Nazi-Zeit adressiert sind oder an alle deutschen Soldaten der Nazi-Zeit oder an alle Mitglieder der NSDAP oder an alle Deutschen in der kommunistisch regierten DDR oder an alle SED-Mitglieder – und so weiter. Kollektive Urteile sind fast immer falsch. Und fast immer verletzen sie nicht nur, sondern sie provozieren auch aggressive Reaktionen.

Viele Vorwürfe von großem Gewicht an vielerlei deutsche Adressen sind gerechtfertigt, für vielerlei Irrtümer, für vielerlei Schuld, für grauenhafte Verbrechen. Dies gilt für beide deutschen Diktaturen. Aggressive Reaktion auf gerechtfertigte Vorwürfe kann den Boden bereiten für neue Irrtümer. Deshalb bleibt es uns notwendig, den tatsächlichen Verlauf der deutschen Geschichte der letzten Generationen im Bewußtsein unseres Volkes zu halten und den bewußten Willen zu stärken, aus dieser Geschichte die richtigen politischen Konsequenzen für unsere Zukunft zu ziehen.

Wir müssen mit der Scham leben, mit der Scham wegen Auschwitz, mit der Scham wegen der deutschen Eroberungsfeldzüge, ebenso mit der Scham wegen Bautzen, wegen der Mauer und des Schießbefehls. Mit der Scham zu leben, gleichzeitig aber im Innern unseres Landes tatkräftig Humanitas und Demokratie zu verwirklichen, gleichzeitig nach außen uns voll und ganz in die Gemeinschaft der Völker einzufügen: Diese schweren Aufgaben hat das vereinigte Deutschland noch vor sich. Abermals gilt es, die politische Erbschaft der Schuldigen zu tragen und aus ihr vernünftige Schlußfolgerungen zu ziehen. Davon sind auch die später geborenen Deutschen nicht ausgenommen – gegenüber Erbschaft und Scham ist die »Gnade der späten Geburt« eine Selbsttäuschung. Immerhin aber dürfen wir stolz sein auf jene Deutschen, die zum Märtyrertum bereit gewesen sind – ein unvergängliches Verdienst inmitten des moralischen Verfalls unter den beiden deutschen Diktaturen.